U0687494

珞珈管理评论
Luojia Management Review

2008 年第 2 辑（总第 3 辑）

武汉大学经济与管理学院主办

武汉大学出版社

图书在版编目(CIP)数据

珞珈管理评论.2008 年.第 2 辑(总第 3 辑)/武汉大学经济与管理学院主办. —
武汉:武汉大学出版社,2008.11
ISBN 978-7-307-06088-3

Ⅰ.珞… Ⅱ.武… Ⅲ.企业管理—文集 Ⅳ.F270-53

中国版本图书馆 CIP 数据核字(2008)第 164298 号

责任编辑:柴 艺　　　责任校对:黄添生　　　版式设计:詹锦玲

出版发行:**武汉大学出版社** 　(430072　武昌　珞珈山)
　　　　　(电子邮件:cbs22@ whu. edu. cn 网址:www. wdp. com. cn)
印刷:军事经济学院印刷厂
开本:889×1194　1/16　印张:15.65　字数:451 千字
版次:2008 年 11 月第 1 版　　　2008 年 11 月第 1 次印刷
ISBN 978-7-307-06088-3/F・1201　　　　定价:28.00 元

目　　录

CONTENTS

5   Accounting and Financial Management

6   Logistics and Supply Chain Management

7   Marketing

8   Technical Economics and Management

9   Management Theory and Practice

出口贸易的技术溢出与
经济增长关系的实证研究[*]
——基于中国中部六省的相关面板数据

● 陈继勇[1]　　郝群花[2]

（1，2　武汉大学经济与管理学院　武汉　430072）

【摘　要】本文通过 Panel Data 分析，考察出口贸易如何通过影响全要素生产率来促进中国中部六省经济增长，并以出口内生技术进步的增长模型为基础进行实证分析。结果表明，出口贸易主要通过其自身要素生产率的提高对中部六省经济增长产生直接效应，其外溢效应对经济增长的作用尚不明显。同时，人力资本的积累提高了出口部门的技术外溢效应，进而促进了经济增长，但是，由于目前中部六省人力资本积累程度不高和出口商品结构不尽合理等，这种促进作用并未充分发挥出来。

【关键词】中部六省出口贸易　技术外溢　全要素生产率　人力资本

一、问题的提出

自改革开放以来，中国中部六省经济快速增长，与此同时，出口贸易也保持着强劲的增长势头。为了更好地实施中央提出的"中部崛起"战略，贯彻落实科学发展观，促进区域协调发展，不少学者提出，扩大开放是实现中部崛起的根本途径。从中国改革开放的成功经验来看，出口贸易的发展的确可以在很多方面创造出有利于经济增长的条件，但具体到一个地区而言，这些机制的作用往往会受到其本身条件的限制。那么，对中国中部六省而言，出口贸易对其经济增长究竟有着怎样的影响？中部六省出口贸易部门是否对其他经济部门存在技术溢出？溢出程度如何？我们应采取什么样的措施来利用出口贸易对经济增长的有利影响从而推动中国中部六省的经济增长？本文将就这些问题进行研究。

二、文献综述

从中国改革开放近30年来经济发展的实践看，国际贸易，尤其是出口贸易与经济增长的关系问题受到学者们的广泛关注，但由于所采用的研究方法和选取的数据对象不一样，他们得出了不同的结论。李文（1997）的定量分析发现，中国出口部门要素生产率要高于非出口部门要素生产率，因而出口增长对中国经济增长具有明显的拉动作用；赵陵等（2001）运用协整分析和 Granger 因果检验，认为短期内中国的出口增长确实对经济增长有明显的拉动作用，但从长期来看这种效应并不明显；周阳（2006）运用线性回

＊ 本文是陈继勇教授主持的 2007 年度国家自然科学基金项目（编号：70773082）和国家社会科学基金重点项目（编号：07AJL016）的阶段性成果。

归和方差分解技术进行计量分析，发现出口贸易促进了经济增长，但在推动经济增长方面存在一定的时滞；钟昌标、叶劲松（1999）以区域研究为出发点，认为中国大多数东部省份出口与经济增长呈正相关关系，而在大多数中西部省份二者则呈现出负相关关系；冯春丽、赵东（2006）则从中国出口产品的结构出发，发现资本密集型产品出口、劳动密集型产品出口与 GDP 之间均存在长期的动态均衡关系，且劳动密集型产品出口构成经济增长的主要原因，而资本密集型产品出口对经济增长的拉动作用尚未显现。

出口贸易影响经济增长的作用机制问题一直以来是人们争论的焦点，目前较为主流的观点主要集中于研究出口贸易是否通过促进技术进步进而带动经济增长。自新经济增长理论出现以来，技术进步就被当作是促进经济增长的一个很重要的因素，在经济全球化快速发展的背景下，吸引和利用国际技术溢出效应成为促进一个国家技术进步与经济增长的重要途径。一般认为，外商直接投资、国际贸易、劳务输出、人口迁移以及信息交流是国际技术溢出的传导途径，而国际贸易尤其是进口贸易被认为是最主要的方式之一。近年来已有不少国内外学者对进口贸易的技术溢出问题进行了研究，大部分是在 Coe 和 Helpman（1995）的 CH 模型与 Lichtenberg 和 Pottelsberghe de la Potterie（1998）的 LP 模型的基础上展开的，即分别使用进口份额和进口占来源国 GDP 的份额作为权重来构造国外 R&D 存量，考察贸易伙伴的 R&D 如何通过进口贸易的传导机制影响本国技术进步，得出的结论大致相同，即进口贸易带来了显著的技术溢出，从而促进了进口国的技术进步。相比之下，目前研究出口贸易技术溢出问题的就少得多，而且由于进、出口贸易技术溢出的原理不一样，所以也鲜有像研究进口贸易的技术溢出问题那样普遍采用 CH 模型和 LP 模型的，如赖明勇等（2003）以出口内生技术进步的增长模型为基础，将出口贸易对全要素生产率的促进作用分为出口部门自身相对要素生产率的提高和出口部门对非出口部门的技术外溢两类，考察了出口贸易如何通过影响全要素生产率从而促进中国经济增长，结果表明，出口贸易主要通过对非出口部门的技术外溢来促进中国经济增长，而出口部门相对要素生产率优势对增长效应并不显著。

目前，关于中国中部地区出口贸易技术溢出与经济增长关系的实证研究，其研究对象仅仅是选取了中部地区的某一个省份，而采用面板数据进行实证分析的文献很少，如刘胜辉等（2006）只是针对湖南省考察了其出口贸易技术溢出与经济增长的关系。基于此，本文借鉴了以往研究的计量模型，采用面板数据分析方法，探讨中部六省出口贸易的技术溢出与经济增长的关系。

三、中国中部六省经济增长与对外贸易现状及比较分析

（一）中部六省经济增长现状及区域比较

改革开放以来，中国中部六省的经济获得了长足的发展：中部六省 GDP 由 1985 年的 1 956.8 亿元，上升到 2007 年的 51 864.18 亿元，增长了 25.5 倍。其中，湖南、湖北、河南三省为中部六省的经济发展作出了主要贡献，如表 1 所示，回顾过去 10 年，河南的 GDP 一直处于中部之首，湖北、河南、湖南 3 省GDP 之和占中部六省的 64% 左右。

表1　　　　　　　　　　近 10 年来中部六省 GDP 所占份额的比较（%）

年份 省份	1998	1999	2000	2001	2002	2003	2004	2005	2006	2007
河南	26.40	26.27	26.73	26.73	26.59	26.55	27.05	28.44	28.91	29.03
湖北	19.08	18.78	18.76	18.75	18.56	18.39	17.82	17.51	17.54	17.64

年份 省份	1998	1999	2000	2001	2002	2003	2004	2005	2006	2007
湖南	18.53	18.69	18.79	18.51	18.29	18.01	17.85	17.49	17.51	17.63
安徽	15.58	15.77	15.35	15.69	15.51	15.16	15.05	14.44	14.23	14.16
江西	10.54	10.78	10.60	10.51	10.80	10.85	10.93	10.90	10.81	10.54
山西	9.87	9.71	9.77	9.81	10.24	11.04	11.30	11.23	11.00	11.00
河南、湖北、湖南三省总和	64.01	63.74	64.28	64.00	63.45	62.95	62.72	63.44	63.97	64.30

数据来源：中经网数据库。

而从区域比较来看，图 1 表明，中部六省 GDP 所占份额比西部略高，比东部则差一大截，且东部呈稳步上升趋势，2001 年东部所占比重突破 60%，而中部六省一直在 20% 上下徘徊，增长缓慢，这表明中部六省与东部之间的 GDP 差距有逐渐扩大之势。

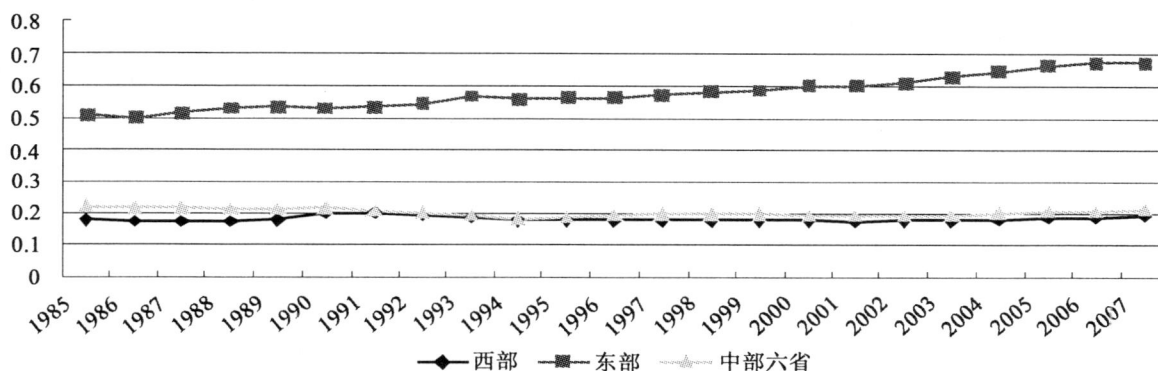

图 1　西部、东部、中部六省 GDP 所占份额

数据来源：中经网数据库。

（二）中部六省对外贸易现状及区域比较

改革开放以来，中国中部六省的对外贸易迅猛增长。进出口总额由 1985 年的 27 亿美元，上升到 2007 年的 743 亿美元，增长了 26.52 倍，其中出口额由 1985 年的 21 亿美元上升到 2007 年的 439 亿美元；出口商品结构发生了显著变化，工业制成品出口总额所占比重增加，尤其是 20 世纪 90 年代以来，中部六省工业制成品出口所占比重从 60% 上升到现在的 89%；出口贸易依存度也有所加大，从 1985 年的 3.1% 提升到 2007 年的 6.4%。

具体说来，中部六省在对外贸易发展上表现出了显著的不均衡，如表 2 所示。自 2000 年以来，安徽、湖北两省的进出口总额一直居于前列。除山西省外，其他五个省份的工业制成品出口所占比重均超过 80%。① 中部六省的对外贸易依存度都表现出很低的水平，河南为甚，1985—2007 年的平均水平在 5% 左

① 中国对外经济贸易年鉴编纂委员会. 中国对外经济贸易年鉴. 北京：中国对外贸易经济出版社，2003：122.

3

右，这说明河南省的对外贸易发展与其经济发展呈现出严重的不协调。

表2 近10年来中部六省进出口总额所占份额（％）

省份\年份	1998	1999	2000	2001	2002	2003	2004	2005	2006	2007
安徽	20.80	22.76	22.61	22.32	22.95	23.65	20.63	21.95	22.34	21.43
湖北	23.28	23.00	21.89	22.06	21.68	20.35	19.38	21.88	21.41	19.99
河南	11.54	15.05	15.44	17.22	17.59	18.78	18.92	18.61	19.11	17.23
湖南	20.51	16.87	17.06	17.00	15.79	14.87	15.56	14.45	13.77	13.03
山西	11.33	11.05	12.00	12.00	12.69	12.28	15.40	13.35	12.09	15.57
江西	12.53	11.28	11.03	9.44	9.30	10.07	10.11	9.77	11.29	12.75

数据来源：中经网数据库。

同时，由图2可以看到，长期以来，东部六省的进出口贸易总额占据了全国绝大部分比重，且呈现出不断上升的趋势，1997年超过80％，而中部六省与西部地区所占比重非常小，高峰时也未超过6％，总的说来，中部六省的对外贸易发展相对滞后，对经济增长的拉动效果并不明显。1996年以来，中部六省进出口总额占全国比重逐年下降，已不足5％，远远低于东部地区所占比重，其对外贸易在全国的地位逐年下降，与东部地区的差距呈"剪刀差"趋势，近期已无追赶的可能性。

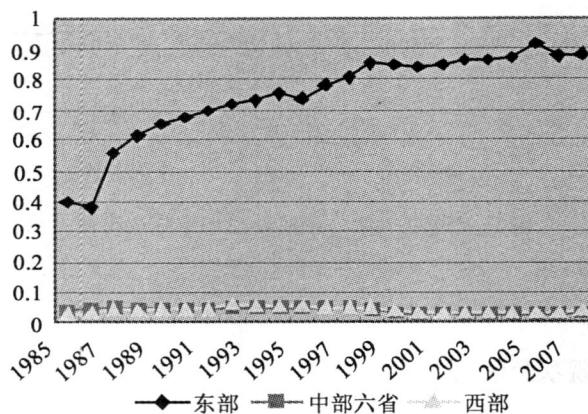

图2 东部、中部六省、西部①进出口额所占比

数据来源：《中国对外经济贸易年鉴》（1986—2004）；《中国商务年鉴》（2005—2007）。

此外，图3表明，1985—2007年，中部六省的外贸依存度基本上处在10％以下，增长十分缓慢，而同期东部地区则从1985年的17.9％上升到2007年的86.5％。一直以来，中部六省的外贸依存度水平基本与西部持平，大大低于全国平均水平，更是远远落后于东部地区，这说明中部六省的经济外向程度很低；从另一方面来说，中部六省未来外贸进出口具有较大的发展空间和机遇。

---

① 西部包括的省（直辖市、自治区）：内蒙古、四川、重庆、贵州、云南、西藏、陕西、甘肃、青海、宁夏、新疆11个；东部包括的省（直辖市、自治区）包括：北京、天津、河北、辽宁、上海、江苏、浙江、福建、山东、广东、广西、海南12个；中部六省指的是：安徽、江西、湖南、湖北、山西、河南。

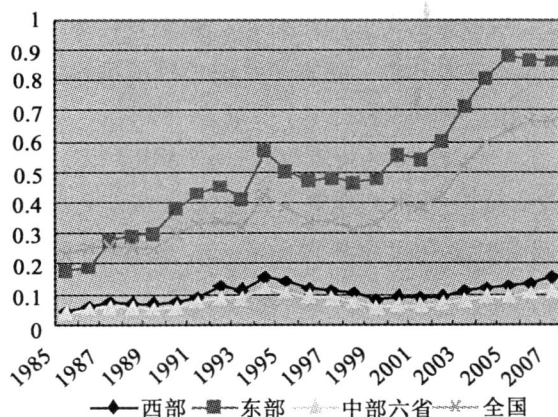

图 3　外贸依存度比较

数据来源：同图 2。

四、不考虑人力资本时的初始模型

（一）模型构建

1. 出口贸易影响经济增长的实证模型

传统的 C-D 生产函数为：

$$Y_{it} = A_{it} L_{it}^{\alpha} K_{it}^{\beta} \tag{1}$$

这里，借鉴了 Levin 和 Rault（1999）的思想"出口贸易影响经济增长的技术进步因素分为两类：出口部门相对非出口部门的要素生产率优势和出口部门对非贸易部门的技术扩散效应"[①]，建立出口贸易内生化的技术模型如下：

$$A_{it} = B_{it} [1 + \eta Esh_{it}] EX_{it}^{\theta} \tag{2}$$

其中，用 A_{it} 所表示的残值来度量全要素生产率（TFP），Esh_{it} 表示出口占 GDP 的比重，θ 表示出口部门自身提高的要素生产率，EX_{it} 表示出口总额，η 表示出口部门对其他部门的全要素生产率产生的外溢，常数 B_{it} 表示技术进步以外的各种外部要素，如制度等。

将式（2）代入式（1）中得到：

$$Y_{it} = B_{it} [1 + \eta Esh_{it}] EX_{it}^{\theta} L_{it}^{\alpha} K_{it}^{\beta} \tag{3}$$

一般而言，通过对原时间序列取对数后得到的新时间序列的平稳性将得到很大改善，因此，对式（3）取对数得：

$$\ln(Y_{it}) = \ln(B_{it}) + \ln[1 + \eta Esh_{it}] + \theta \ln(EX_{it}) + \alpha \ln(L_{it}) + \beta \ln(K_{it}) \tag{4}$$

利用泰勒展开，当 X 比较小时，有 $\ln(1 + X) \approx X$，于是上式可以写成：

$$\ln(Y_{it}) = \ln(B_{it}) + \eta Esh_{it} + \theta \ln(EX_{it}) + \alpha \ln(L_{it}) + \beta \ln(K_{it}) \tag{5}$$

式（5）即为出口内生化的经济增长模型。

---

① Levin, A., and Rault, L. K.. Complementarities between exports and human capital in economic growth: Evidence from the semi-industrialized countries. Economic Development and Cultural Change, 1997, 46: 78.

5

2. 出口结构影响经济增长的实证模型

一般而言，初级产品仅需要大量廉价的劳动力，资本、技术含量都不高；而工业制成品需要具备一定技能和知识的人力资本，资本、技术含量较高。这两类产品的性质决定了其生产部门的生产率存在较大差异，从这个角度出发，将式（2）进一步细分为：

$$A_{it} = B_{it}[1 + \eta_1 EXP_{it} + \eta_2 EXM_{it}]EX_{it}^{\theta} \qquad (6)$$

其中，EXP_{it} 表示初级产品在 GDP 中所占的比重，η_1 表示初级产品出口部门对其他部门的全要素生产率产生的外溢，EXM_{it} 表示工业制成品在 GDP 中所占比重，η_2 表示工业制成品出口部门对其他部门的全要素生产率产生的外溢。将式（6）代入式（1）并取对数得：

$$\ln(Y_{it}) = \ln(B_{it}) + \eta_1 EXP_{it} + \eta_2 EXM_{it} + \theta\ln(EX_{it}) + \alpha\ln(L_{it}) + \beta\ln(K_{it}) \qquad (7)$$

式（7）即为初级产品与工业制成品出口模型。

（二）数据选取和变量描述

本文所采用的原始数据均来自《中国统计年鉴》（1986—2007 年）、《中国对外经济贸易年鉴》（1986—2004 年）、《中国商务年鉴》（2005—2007 年）。其中，Y_{it} 为各省各年名义 GDP 根据 GDP 指数以 1985 年为基期转化成的实际 GDP（单位：亿元），L_{it} 为各省各年全社会年末从业人数（单位：万人），EX_{it} 为各省各年出口总额按 1985—2007 年平均汇率转换成人民币价格，并根据消费者物价指数（CPI）以 1985 年为基期转化成的实际可比变量（单位：亿元），EXP_{it}、EXM_{it} 分别为各省各年初级产品出口、工业制成品出口额按 1985—2007 年平均汇率转换成人民币价格后占 GDP 的比重，K_{it} 为各省各年全社会物质资本存量（单位：亿元）。

资本存量的测算采用祝树金等（2006）在 Goldsmith（1951）开创的标准的永续盘存法之上改进的方法，基本公式为 $K_{it} = I_{it} + (1 - \delta - g_{it})K_{it-1}$，$K_{it}$ 是各省各年的资本存量，δ 是经济折旧率，g_{it} 是各省每年的实际 GDP 增长率，I_{it} 是各省以 1985 年不变价格衡量的 t 年的固定资产投资。其中，基期的资本存量则是沿用张军（2004）的方法，测算的以 1952 年为基期的各省基本存量，每年的固定资产投资额则按照固定资产投资价格指数以 1985 年为基期进行平减。

（三）计量结果的分析

在对模型（5）、（7）进行 Panel-Data 分析时，首先进行 Hausman 检验，以确定选择固定效应还是随机效应模型。Hausman 检验方法是假设固定效应和随机效应的估计值符合一致性，当两种方法的估计值无显著差异时，采用随机模型更具有效率；当两种方法的估计值有显著差异时，则表示固定效应模型更适用，其检验结果见表 3。

表 3 **Hausman 检验结果**

	Test Summary	Chi-Sq. Statistic	Chi-Sq. d. f	Prob.
模型（5）	Cross-section random	17. 296 688	4	0.001 7
模型（7）	Cross-section random	84. 788 882	5	0.000 0
模型（9）	Cross-section random	19. 340 428	4	0.000 7
模型（11）	Cross-section random	17. 038 435	4	0.001 9
模型（13）	Cross-section random	171. 758 328	5	0.000 0

注：表 3 的检验结果表明，本文中的所有模型采取固定效应模型更合适。

由于本文旨在探讨中部六省的共同特征，而所建立模型的截距项包含了可能影响经济增长的制度因素等，故而选择了变截距的固定效应模型，并采用截面加权最小二乘法，以粗略地检验中部地区出口贸易与经济增长的关系。

式（5）模型回归结果见表4变量①，从检验值来看，回归方程显著，所有的弹性系数均显著。估计模型的结果表明，劳动力的弹性系数最高，其次是资本的弹性系数、出口部门自身的弹性系数。这一结果与中国中部六省经济的实际运行情况基本吻合：中国中部六省人口增长过快，剩余劳动力多，呈现出劳动力资源过剩、资本相对短缺的状态。因而，中国中部六省经济增长最主要的源泉是劳动力的投入。

表4   回归方程估计结果

变量	$\ln(K_{it})$	$\ln(L_{it})$	$\ln(Ex_{it})$	Esh_{it}	EXP_{it}	EXM_{it}
①	0.553 (12.640)***	1.054 (5.077)***	0.256 (6.794)***	−0.949 (−4.740)***	——	——
②	0.433 (7.811)***	1.034 (4.858)***	0.321 (6.121)***	——	−14.962 (−6.000)***	−3.146 (−2.572)**

注：括号内给出的是 t 值；*** 表示在1%的显著水平下是统计显著的；** 表示在5%的显著水平下是统计显著的。

进一步研究出口促进经济增长的两条途径：θ 为正，说明中部六省出口的确依赖其自身相对要素生产率的提高，即出口部门使用比其他经济部门更先进的技术，对中部六省的经济增长产生了一定的正面作用；η 为负，表示出口在 GDP 中所占份额与经济增长呈现出显著的负相关性，这一结果意味着出口部门对其他部门产生的外溢效应为负数，但是，不能由此断定中部六省出口依存度的提高对其经济增长起到了阻碍作用，因为中部六省的出口总额在 GDP 中所占份额极低，而且已有研究表明，出口部门对非出口部门的溢出效应在一定程度上可能依赖于经济的吸收能力，比如人力资本、研发投入、基础设施的建设等，在本文接下来的模型中，我们将考察出口贸易与人力资本互补所产生的溢出效应。

式（7）模型回归结果见表4变量②，结果表明，中部六省自1985年以来，劳动力对经济增长的贡献最大，其次是资本积累，而出口部门自身对经济增长的贡献要低于资本和劳动力。初级产品出口部门外溢系数和工业制成品出口部门外溢系数均为负，表明中部六省的出口主要还是依靠粗放型的增长方式（尤其是初级产品的出口），并没有给非出口部门带来技术上的提高。

五、加入人力资本后的模型

（一）人力资本决定技术进步的内生增长模型

按照新经济增长理论的观点，Lucas（1998）认为，人力资本作为技术进步的载体，应被视为和其他要素投入一样的一种要素投入，即经济增长率的差异来自于人力资本积累速度的差异。这里，采用 H（每万人中的大学生人数）内生化技术进步，模型如下：

$$A_{it} = B_{it}[1 + \eta H_{it}]EX_{it}^{\theta} \tag{8}$$

将式（8）代入式（1）并取对数得：

$$\ln(Y_{it}) = \ln(B_{it}) + \theta\ln(EX_{it}) + \alpha\ln(L_{it}) + \beta\ln(K_{it}) + \eta H_{it} \tag{9}$$

式（9）的面板分析结果见表5变量①。结果表明，人力资本弹性系数并没有像预期的那样，而是对经济增长产生较小的负向综合作用。与表 4 变量①相比较，我们注意到将 Esh_{it} 替代为 H_{it} 后，资本弹性系数上升，劳动力弹性系数略微下降，我们可以认为，中部六省的人力资本虽然在一定程度上促进了物质资本利用效率的提高，但是总的来说，并没有得到应有的配置。

表 5 估计模型结果

变量	$\ln(K_{it})$	$\ln(L_{it})$	$\ln(EX_{it})$	H_{it}	$H_{it}Esh_{it}$	$H_{it}EXP_{it}$	$H_{it}EXM_{it}$
①	0.702 (10.809)***	0.981 (3.509)***	0.148 (4.491)***	-0.001 (-1.495)	——	——	——
②	0.733 (13.506)***	0.771 (2.787)***	0.180 (5.007)***	——	-0.017 (-2.723)***	——	——
③	0.770 (14.751)***	1.002 (3.730)***	0.150 (4.441)***	——	——	0.033 (1.282)	-0.026 (-3.400)***

注：括号内给出的是 t 值；*** 表示在 1% 的显著水平下是统计显著的；** 表示在 5% 的显著水平下是统计显著的。

（二）人力资本与出口贸易的综合增长效应模型

进一步假设出口部门比其他经济部门能更有效地利用人力资本，本文在此基础上构造同时包含人力资本与出口贸易的内生增长模型，来考察开放经济中出口贸易如何与人力资本结合起来共同促进技术进步，从而最终作用于经济增长。

模型如下：

$$A_{it} = B_{it}(1 + \eta H_{it}Esh_{it})EX_{it}^{\theta} \tag{10}$$

将式（10）代入式（1）生产函数中，两边同时取自然对数，作近似估计，得到：

$$\ln(Y_{it}) = \ln(B_{it}) + \theta\ln(EX_{it}) + \alpha\ln(L_{it}) + \beta\ln(K_{it}) + \eta H_{it}Esh_{it} \tag{11}$$

式（11）即为包含人力资本与出口贸易内生增长的一般模型。

模型（11）的回归结果见表 5 变量②，结果表明，人力资本与出口份额增长间的综合效应（ η ）和经济增长显著负相关，但是，与表 4 变量①进行比较可以发现，加入 H_{it} 后， η 值由 -0.949 上升到 -0.017，明显减弱了 Esh_{it} 对经济增长的反向作用，说明人力资本的积累有利于出口部门的技术外溢，从而影响到经济增长。

进一步讨论人力资本与中国不同出口商品结构相结合对经济增长的综合作用，考虑工业制成品出口与初级产品出口的差异，把式（10）改进为：

$$A_{it} = B_{it}[1 + \eta_1 H_{it}EXP_{it} + \eta_2 H_{it}EXM_{it}]EX_{it}^{\theta} \tag{12}$$

做与前面同样的数学变换，得到：

$$\ln(Y_{it}) = \ln(B_{it}) + \theta\ln(EX_{it}) + \alpha\ln(L_{it}) + \beta\ln(K_{it}) + \eta_1 H_{it}EXP_{it} + \eta_2 H_{it}EXM_{it} \tag{13}$$

模型（13）的回归结果见表 5 变量③，各检验值表明，除了初级产品出口外溢弹性系数，各回归系数在 1% 的统计水平下均显著。同样，与表 4 变量②相比较，在考虑了人力资本与工业制成品、初级产品出口占 GDP 份额的共同作用后， η_1 从 -14.962 上升至不显著的 0.033， η_2 从 -3.146 上升到 -0.026，大大提高了工业制成品出口份额、初级产品出口份额对经济增长的效应。这表明，中部六省的人力资本的确在很大程度上促进了出口部门的外溢效应，其中，相对于工业制成品来说，人力资本在提高初级产品出口部门的生产率外溢上的作用更突出，而目前工业制成品出口部门的外溢对经济增长的促进作用还未显现出来，但是，其纳入人力资本后的外溢弹性系数有了显著的提高，这充分说明，中部六省以劳动力密集型产品出口为主的出口部门能在一定程度上与人力资本相结合，但是，人力资本与技术含量稍高的工业制成品出口部门的相互结合还处于发展阶段，未来还有很大的发展潜力。

六、结论与政策建议

由上文的分析可见，中国中部六省出口贸易部门主要是通过其自身的要素生产率优势，直接促进经济的增长，而出口贸易部门通过对其他非出口部门的技术外溢间接促进经济增长的效应并不明显，但是，在与人力资本相结合后，这种增长效应有了显著的提高，确切地说，人力资本提高初级产品出口部门的外溢效应对经济增长正向作用的程度要大于工业制成品出口部门。

（1）就中部六省而言，首先是劳动力投入在经济增长过程中起到了显著的推动作用，其次是资本积累，出口部门自身要素生产率的提高对经济增长也产生了正向促进作用。然而，这种促进作用相对而言并不是很大。同时，在不考虑与人力资本发展的互补作用的条件下，出口部门对其他部门的技术外溢为负。进一步分析，这是由于初级产品出口的负效应很大，从而加大了出口贸易的综合负效应作用。但是，纳入人力资本之后，出口部门对其他部门的外溢效应有了很大的改善。

（2）人力资本对中部六省经济增长的促进作用主要表现在两个方面：一是人力资本投资提高了物质资本的生产率，从而间接促进了经济增长；二是人力资本的积累提高了出口部门（目前主要体现在初级产品出口部门）外溢效应对经济增长的促进作用。然而，长期以来，中部六省劳动力受教育程度并不高，且人力资本没有得到合适的配置，所以对经济增长的促进作用并不明显。

鉴于此，本文提出以下几点政策建议：

1. 加快人力资本投资（数量上的增加和质量上的提升）

许多国家的经济实践表明，单纯的出口扩张并不必然带来经济的快速增长，低水平的人力资本积累往往成了发展中国家在开放条件下经济增长的瓶颈制约，中国中部六省目前也存在这种现象，具体可以通过以下途径加以解决：

（1）加大教育和培训的投资力度，提高人力资本的知识存量和技能存量，为人力资本的开发和充分利用奠定基础。

（2）深化就业体制改革，促进人力资源的充分利用与优化配置。中部六省是全国剩余劳动力最多的地区，为此应培育和完善人才市场，用市场导向合理配置人力资源。

2. 优化出口商品结构

劳动密集型产品技术附加值低，竞争力弱，因此其产品出口部门与国内部门相比并不具有要素生产率优势，这就限制了中部六省通过出口贸易获得技术外溢的效果。但是，目前中部六省出口商品结构仍以劳动密集型产品为主，而技术密集型产品比重偏小，虽然工业制成品出口的份额在加大，但是仍然主要集中于劳动密集型加工环节的机电产品和纺织品。因此，应优化出口商品结构。

3. 加大 R&D 投入

如前文所述，中部六省出口贸易对非出口部门的技术外溢效应起着促进经济增长的作用，但是这一技术外溢效应本身受到出口部门自身的要素生产率的制约。而目前中国中部六省的出口贸易仍是以劳动密集型产品为主，这样就大大降低了技术外溢效应。因此，应加大 R&D 投入，提高中国产业的自主创新能力和出口部门自身技术水平。

4. 仍以发展内需型经济为主

由于种种因素的限制，现阶段中部六省出口贸易对经济增长的促进作用并不大，同时，中国东部地区外向型经济已得到了极大的发展，大大地增进和提高了整个国民经济的实力，也带动了全国其他地区经济的相应发展。中部六省与东部地区相比，资源丰富，区位优势明显，农业优势显著，人力资源丰富，劳动力成本低，应发展成为满足国内市场需求的最佳地区，在全国的经济发展战略格局中，起到重要的战略支点和战略支撑作用。

参 考 文 献

［1］Balsssa, B.. Exports and economic growth : Further evidence. Journal of Development Economics, 1978, 5.

［2］Coe, D. T., and Elhanan Helpman. International R&D spillovers. European Economic Review, 1995, 39.

［3］Gold Smith, Raymond W.. A perpetual inventory of National Wealth. NBER Studies in Income and Wealth, 1951.

［4］Levin, A., and Rault, L. K.. Complementarities between exports and human capital in economic growth: Evidence from the semi – industrialized countries. Economic Development and Cultural Change, 1997, 46.

［5］Lichtenberg, F., and Pottelsberghe de la Potterie. International R&D spillovers: A comment. European Economic Review, 1998, 42.

［6］Liu, X., Song, H., and Romiliy, P.. An empirical investigation of the causal relationship between openness and economic growth in China. Applied Economics, 1997, 29.

［7］Lucas, R. E.. On the mechanics of economic development. Journal of Monetary, 1988, 22.

［8］Kwan, A. C. C., and Kwok, B.. Exogeneity and the export-led growth hypothesis: The case of China. Southern Economic Journal, 1995, 5.

［9］Shan, J., and Sun, F.. On the export-led growth hypothesis: The econometric evidence from China. Applied Economics, 1998b, 30.

［10］丁雯. 我国出口商品结构和经济增长关系的实证研究. 国际贸易问题, 2008, 4.

［11］冯春丽, 赵东. 出口商品结构与我国经济增长的协整因果关系检验. 湖北社会科学, 2006, 5.

［12］赖明勇, 许和连, 包群. 出口贸易与经济增长: 理论、模型及实证. 上海: 上海三联书店, 2003.

［13］李浩. 中国出口贸易对经济增长作用的实证研究. 世界经济研究, 2003, 4.

［14］李文. 出口对我国经济增长贡献的定量分析. 审计与经济研究, 1997, 5.

［15］刘胜辉, 钟爱龙, 祝树金. 湖南出口贸易、外商直接投资的技术溢出研究. 湖南社会科学, 2006, 5.

［16］李有, 刘万岚. 国际贸易与技术溢出: 经验研究的最新进展. 国际贸易问题, 2007, 3.

［17］马慧敏. 我国出口商品结构与经济增长. 国际贸易问题, 2008, 4.

［18］许和连, 赖明勇. 出口贸易带动经济增长假设在中国的进一步检验. 湖南大学学报（自然科学版）, 2002, 6.

［19］易丹辉. 数据分析与 Eviews 应用（第四版）. 北京: 中国统计出版社, 2005.

［20］张军, 吴桂英, 张吉鹏. 中国省际物质资本存量估算: 1952—2000. 经济研究, 2004, 10.

［21］赵陵, 宋少华, 宋鸿明. 中国出口导向型经济增长的经验的分析. 世界经济, 2001, 8.

［22］钟昌标, 叶劲松. 出口贸易与经济增长的省际分析. 数量经济技术经济研究, 1999, 10.

［23］周阳．我国出口贸易与经济增长的实证研究．对外经济贸易大学学报，2006，5.

［24］国家统计局．中国统计年鉴．北京：中国统计出版社，1986—2007年各卷。

［25］中国对外经济贸易年鉴编纂委员会．中国对外经济贸易年鉴．北京：中国对外贸易经济出版社，1986—2004年各卷。

［26］中国商务年鉴编纂委员会．中国商务年鉴．北京：中国对外贸易经济出版社，2005—2007年各卷。

企业风险管理中的文化因素分析及启示[*]

● 叶陈刚[1]　孙　然[2]

（1，2　对外经济贸易大学国际商学院　北京　100029）

【摘　要】在竞争日益激烈的今天，风险管理越来越受到企业的重视。其中，涉及从制度、技术到理念、人员等多方面内容的风险管理文化影响深远，关系到整个企业进行风险管理的成败好坏。本文认为，如果企业在认识到硬性文化与软性文化的相互作用规律的基础上，能够在这两方面分别采取有针对性的措施，着力构建起一个和谐的风险管理文化体系，那么就可以在风险管理工作上形成良性循环、事半功倍。

【关键词】企业风险管理　硬性文化　软性文化

随着科技的发展和竞争的激化，企业面临着越来越复杂的不确定性。为了在这个充满风险的世界博取一席之地，越来越多的企业注意到进行风险管理的重要性。于是，人们开始运用数量方法对风险进行计量和预测，通过建立指标体系和评级系统对风险进行控制和管理；可以说，在近几十年中，风险管理技术得到了长足的发展。但奇怪的是，在引入西方先进管理工具后，中国企业却常常发现难以达到预期的效果。这其中固然有生搬硬套、盲目跟风的因素存在，但同时也启发我们应当从传统经济学分析范式之外寻找原因。我们知道，传统经济学分析以"人是理性的"为出发点，通常采用成本—效益分析方法来评估某种策略或工具的好坏。但人的理性假设本身在很多情况下并不能得到满足，于是人们开始尝试从心理学的角度给自身的经济行为寻求解释。这种努力已经获得一定的成果，行为经济学的发展壮大就是证明。

不过，当具体到企业风险管理时，情况又与一般的经济学心理分析有所不同了。由于风险管理是针对一个企业整体进行的，而员工集体的行为总和与单个员工的行为又有所不同，所以从更高的精神文明层面——文化来对企业风险管理进行考察应该是很有意义的。出于这样的考虑，本文将首先探讨什么是风险文化以及文化在企业风险管理中的重要性，然后有针对性地给出一些建议，最后通过对相关案例的分析作进一步说明。我们将发现，除了技术和工具之外，文化因素对企业风险管理的绩效也有深远影响。因此，中国企业在学习管理方法的同时，更要从自身实际出发加强风险文化建设，从而更好地实现进行风险管理的目的。

一、文化和风险管理文化

文化一词来源于古拉丁文，本意指"耕作"、"教习"、"开化"等。中国的古籍《易经》则以"观乎人文，以化成天下"一句指出"文化"就是用诗书礼乐来教化天下。① 而到了近代，英国文化人类学家

＊ 本文是国家自然科学基金（项目编号：70672060）和教育部人文社科项目（项目编号：06JA630014）的阶段性成果。

① 周三多．管理学：原理与方法（第四版）．上海：复旦大学出版社，2005：358.

爱德华·泰勒在《原始文化》中第一次把文化作为一个中心概念来用，将其系统地表述为："文化是一个复杂的总体，包括知识、信仰、艺术、道德、法律、风俗以及人类在社会里所获得的一切能力与习惯。"① 如果说这一表述是从文化所包含的内容的角度对其进行界定的话，那么荷兰文化协作研究所所长霍夫斯特德对文化的观点则更多地体现了其形成的过程——他认为，文化是一个环境中的人的"共同的心理程序"，是具有相同的教育和生活经验的人所共有的心理程序，而不是一种个体特征。② 简单说来，文化是一种社会意识形态。不同的社会有不同的文化，不同的民族有不同的文化，不同的企业也有不同的文化。

人们对文化认识的深化延伸到企业管理领域，就产生了对风险文化的思考。在企业界，越来越多的事例证明文化环境与公司决策之间有着密切的相关性。例如，1999 年 Hsce 和 Weba 所完成的一项调查中就指出，在财务投资方面，中国人比美国人更喜欢选择高风险的投资。追究个中原因，倒不是中国人更加偏好风险，而是因为"关系"在中国社会中非常重要，使得不少投资人一方面变得盲从，一方面需要考虑资产收益之外的人际影响，最后表现出了比更强调个体发展的美国人更强的风险倾向③。从这个例子可以看出，文化是一种强大的决策力量，会通过身处其中的个体发生作用，对企业风险管理产生深远的影响。

正如美国著名管理学家德鲁克所指出的那样，"管理是以文化为转移的，并且受其社会的价值观、传统与习俗的支配"④，风险管理也具有同样的属性。在一个企业中，文化决定着人们对各种各样问题的基本态度，并通过经营目标、市场选择、原料选用、管理方式、处事作风、工作安排等各个环节的决策表现出来。当这些决策的结果具有不确定性时，文化就与风险产生了千丝万缕的联系，需要纳入到风险管理体系中来。另一方面，在风险管理的过程中，也会形成一种集企业经营思想、风险管理理念、风险管理行为、风险道德标准与风险管理环境等要素于一体的新的文化力，即企业的风险管理文化。换句话说，无处不在的风险决定了风险管理文化应该覆盖企业的所有部门和岗位，涉及企业的各项业务过程及每一个操作环节，渗透于每一位员工的日常工作中；从员工个体到企业整体，包括其工作方法和管理行为，都是风险管理文化的有机构成部分。

在此基础上，有学者通过研究指出，风险管理文化在整个企业风险管理体系中能够起到乘数作用⑤，即：

$$
\begin{aligned}
风险管理系统 = (&风险管理组织系统 + 风险管理功能系统 \\
&+ 风险管理信息系统 + 风险管理制度体系) \\
&\times 风险管理文化
\end{aligned}
$$

从这个式子我们可以推知，风险管理在组织、功能、信息、制度方面的作用也可以借助文化的作用成倍放大：如果能够在企业中建立起良好的风险管理文化，其风险管理可以达到事半功倍的效果。当然，反过来说，如果企业忽视对风险管理文化的建设，或者因为错误的处理方式形成不良的风险管理文化，其风险管理就会大打折扣，甚至失效。总之，风险管理文化对企业风险管理的成败意义重大。从这层意义上来说，国际国内一些金融机构之所以出现危机或者破产倒闭，未必是因为它们缺乏风险控制制度和机制，而很可能是由于其从业人员风险管理意识淡薄，风险文化建设落后所导致的。

二、风险管理文化的层次划分和运动规律

为了进一步了解风险管理文化，我们需要对其层次性进行考察。不难理解，企业的风险文化属于企业

---

① 刘红叶．企业经营中的文化风险及其管理．商业时代（原名《商业经济研究》），2006，30：94-96.
② 方芳．从联想并购 IBM PC 看跨文化经营的风险与管理．当代经理人，2005，18：180-181.
③ 郑子云，司徒永富．企业风险管理．北京：商务印书馆，2002：48.
④ 方芳．从联想并购 IBM PC 看跨文化经营的风险与管理．当代经理人．2005，18：180-181.
⑤ 中国工商银行资产风险管理部．商业银行风险管理文化研究与实践．中国城市金融，2003，9：37-39.

文化的一个分支，因而具有同企业文化类似的层次性。

　　具体说来，风险管理文化可以分为四个层面：由内及外分别是核心层的精神文化、中层的制度文化、幔层的行为文化和表层的物质文化（如图1所示）。其中，精神文化是在风险管理过程中形成的统一的风险管理理念、价值标准、道德规范；制度文化是对各类风险进行预防、控制和管理的一系列制度安排；行为文化是企业员工在经营管理过程中产生的行为活动，是风险经营理念、员工精神面貌、人际关系的动态体现；物质文化是企业在风险管理过程中形成的技术和艺术，包括风险评估、风险识别、风险收益权衡、风险管理绩效评价等具体内容。当然，精神文化是风险管理文化的核心和统帅，培育精神文化也是构建风险管理文化整体的最重要环节；而制度文化、行为文化、物质文化是精神文化的保证和表现形式。可以说，这四者有机结合，不可分割，共同组成了风险管理文化的全部内涵。

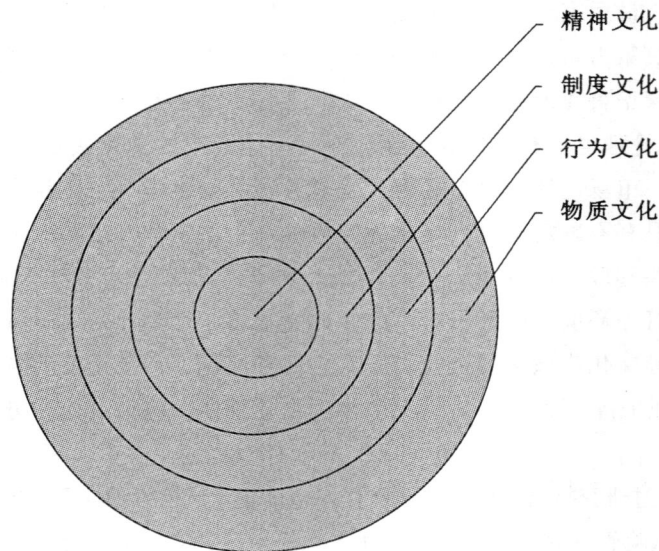

图1　风险管理文化的四个层面及其关系

　　具体说来，硬性的风险管理文化以制度和技术为内容，具有客观性和外生性，是企业风险管理手段在具体操作中的固化，也是比较容易学习和借鉴的部分，甚至可以在短期内实现跨越式发展。而软性的风险管理文化由企业全体利益相关者的风险观念和实际行为构成，具有主观性和内生性，当其与硬性风险管理文化存在差异或冲突时还具有隐蔽性，不仅难以复制，需要长时间的积淀和发展，而且一旦定型（如形成"潜规则"）就难以校正了。由此可见，硬性的风险管理文化与软性的风险管理文化之间存在着对立统一的关系，甚至在大多数情况下会表现出一种博弈的动态运动规律（如图2所示）。这种运动规律可以总结为：当硬性文化与软性文化相一致时，硬性文化可以逐步放松，从而逐步形成一种依靠内在激励而存在的自主性风险管理体系，产生良性循环，最后收敛至合意均衡（如图3所示）；而当硬性文化与软性文化存在较大差异时，硬性文化必然会被加强，虽然可以形成严密的风险管理规章制度，但在贯彻实施方面却可能让位给软性文化，导致不良后果，最后发散为分道扬镳（如图4所示）。可悲的是，中国的许多企业就属于后面一种情况，也就难免出现规章制度层出不穷、风险管理绩效却不尽如人意的现象了。尤其当硬性文化与软性文化之间的矛盾积累到一定程度的时候，企业风险管理体系的功能就会被严重削弱，即使是一个小小的风险事件也可能引起轩然大波，甚至造成企业破产和诉讼官司。

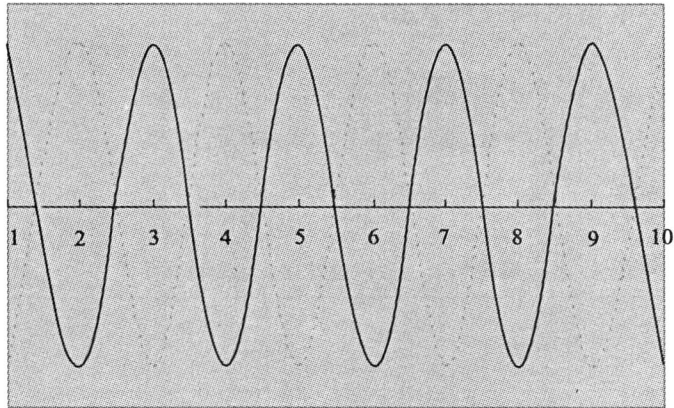

图 2　硬性风险管理文化与软性风险管理文化间的动态博弈关系

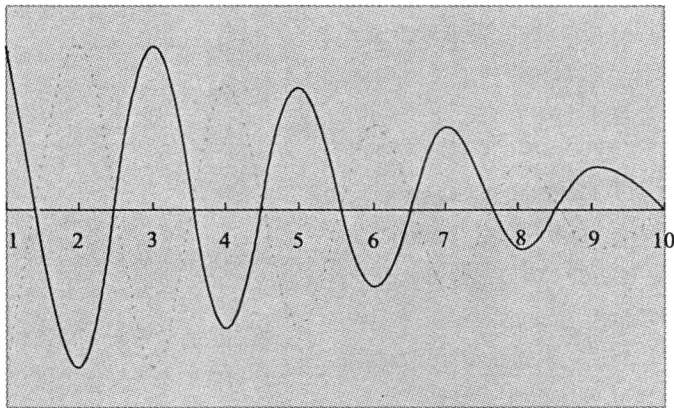

图 3　硬性风险管理文化与软性风险管理文化收敛至合意均衡

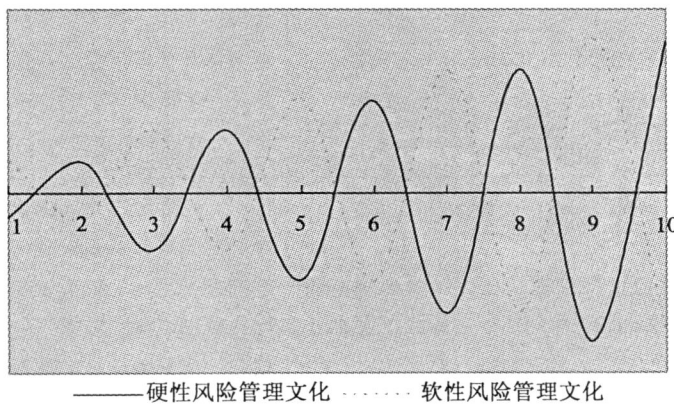

图 4　硬性风险管理文化与软性风险管理文化发散为分道扬镳

三、尝试构建和谐有效的风险管理文化

虽然将企业风险文化划分为软、硬两个层次，从而促进企业风险管理是一个新的想法，但就其具体内容而言，许多研究和实践已经提供了很多很好的建议。从新的角度将其重新归纳起来，可以用表1进行概括。

表1　　　　　　　　　　　　　　　　建设和谐有效风险管理文化的内容

文化属性	项目	内容	注意点
硬性	制度	第一，进一步明晰公司治理结构，在此基础上建立标准化的全面风险管理框架，从部门到个人明确每一个企业单位的风险责任 第二，开设一个独立的风险管理部门，并以之为中心在全企业上下推行一致的风险管理责任制，同时通过完善的反馈机制和快速的反应机制进行日常监督和危机处理	第一，有效的公司治理结构包括规范的股东大会、董事会、监事会和高级管理层制度，各方应当独立运作，同时互相制衡 第二，这一制度应当采取标准化的模式，这既是形成硬性管理基石的内在要求，也是促进具有共同性特征的软性文化发展的推动力
	技术	第一，学习掌握更为先进的风险管理技术，如在险价值 VaR、信用计量 Credit Metrics、KMV、RAPM、RORAC、经济资本等，加强对风险及其管理的量化分析和评估 第二，进行具有科学性、系统性和计划性的规划，研发内部评级技术（包括自身评级和外部评级），加强管理信息系统建设和实现数据共享	第一，如果企业对其所面临的各种风险缺乏系统专业的研究和量化分析，就容易滑入跟风行事的陷阱，成为风险最终的买单人 第二，在控制和转移风险方面，中国的企业本来就缺乏有效的市场工具来进行操作，因此在内部控制过程中就尤其不能只停留在定性分析的阶段
软性	理念	使对风险管理必要性和有用性的认识深入人心	第一，在强调追求企业利益的同时，也要注重对风险管理的宣传，使员工在实际工作中养成从风险管理角度看待和处理问题的习惯 第二，不能将风险管理摆在业务发展的对立面上，使整个企业在应当承担的风险面前变得缩手缩脚、停滞不前
	人员	建立一支高素质的风险管理队伍，同时处理好领导层与员工层之间的关系，培养全员风险管理文化，形成合力	第一，领导层作为风险管理政策规定的制定者、执行者和落实者，其风险意识的强弱、综合素质的高低、管理是否尽职、行为表现是否率先垂范，在整个风险文化建设中至关重要 第二，风险管理是一项渗透于企业经营各个环节的系统性工作，只有培养全员风险管理文化，才能达到风险管理"1＋1＞2"的效果

表1给出了从硬性和软性两方面构建良好风险管理文化的建议，这也是进一步将二者联结起来，促进其和谐互动的前提和基石。但是，在此基础上，如何利用硬性文化与软性文化之间的运动规律，切实构建

一个收敛到合意均衡的风险管理体系却仍然是一个值得深入探讨的问题。以现有的研究成果为基础，我们可以给出两个原则性的指导意见：一是在构建硬、软风险管理文化的过程中，在内容上应当相互衔接、相互融合，在手段上可以相互借鉴、相互呼应；二是不同的企业要实现其风险管理文化良性循环，会面临不同的境况和条件，因此应当根据自身的情况寻求合适的建设路径、确定合理的侧重点。总的说来，构建和谐有效的风险管理文化需要在促进软、硬文化形成合意收敛方面做出努力，或者至少不能使二者之间的离异性超出企业的风险管理体系所能容忍的变化区间。

那么，如何确定软、硬文化是否超出整个企业风险管理体系所能容忍的变化区间呢？一个比较理想的方法就是对软、硬文化内容的不同方面进行调查研究，然后通过指标评分等方法进行量化。这些指标应该涵盖制度、技术、理念、人员等所有风险管理文化的重要内容，然后一方面比照同业先进企业的情况进行硬性文化评分，另一方面根据本企业员工的工作状况和满意程度完成软性文化评分。在完成多次类似的调查和评价后，就可以绘制出硬性文化与软性文化二者之间的差异动态变化图，再结合这段时期内企业的风险管理评估结果并进行合理预测①，即可获得企业的风险管理软、硬文化离异可容忍区间，当以后定期评估所得到的差异结果接近甚至超过这个区间的边缘时，就必须进行调查研究，采取果断措施进行遏制（如图5所示）。当然，这种方法还处于设想阶段，在具体操作之前，还需要进行更为详细和深入的考察与试验。

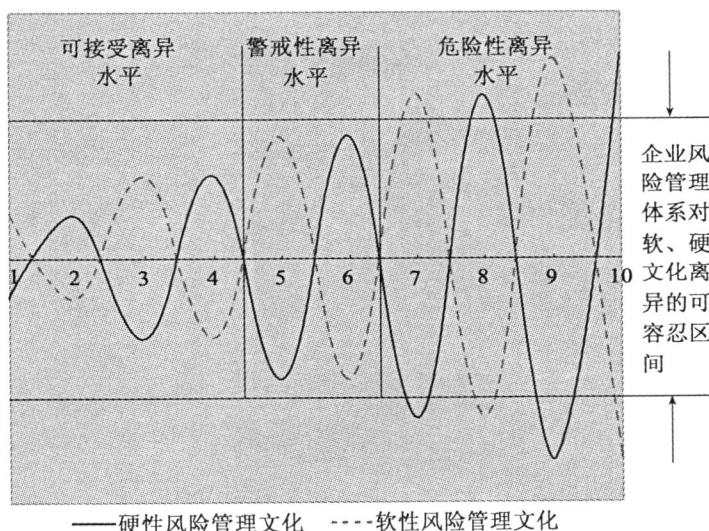

图5 软、硬文化离异水平与企业风险管理体系的可容忍区间

四、结论与启示

通过以上的论述我们发现，在企业风险管理中，文化是一个不可忽视的影响因素，因为它包含了从制度、技术到理念、人员等多方面的内容，而这些内容都会影响到企业进行风险管理的成败好坏。如果企业在认识到硬性文化与软性文化的相互作用规律的基础上，能够从这两方面分别采取合适的方法构建起一个

---

① 这种评估和预测可以根据企业的财务情况、审计结果、危机的出现和处理、人员变动等各个方面得出，既是对前阶段风险管理水平的衡量，又是对以后风险管理所应达到水平的建议。其具体方法可以在有关风险管理的文献中查到，这里不再赘述。

和谐的风险管理文化体系，那么就可以在风险管理工作上形成良性循环，从而事半功倍。

　　具体说来，就中国的企业而言，开展风险管理必须结合自身实际，一方面加强制度建设和技术学习，一方面树立理念和激励人员。换句话说，只有当员工的风险意识、价值观和企业的制度建设、技术水平都达到一定高度并形成良性互动时，企业风险管理才会从高深的理论转变为风险管理文化，成为所有员工乃至企业整体的自觉意识和行为，成为一种无法被对手模仿或替代的竞争优势。

参 考 文 献

［1］刘红叶．企业经营中的文化风险及其管理．商业时代，2006，30．
［2］方芳．从联想并购 IBM PC 看跨文化经营的风险与管理．当代经理人，2005，18．
［3］中国工商银行资产风险管理部．商业银行风险管理文化研究与实践．中国城市金融，2003，9．
［4］马步云．风险社会的文化透视．兰州学刊，2005，5．
［5］郭鹰．论公司治理文化的风险及对策．广东经济管理学院学报，2006，8（21）．

中美高校教师人力资源培训的比较分析

● 左征军[1]　张爱武[2]

（1　武汉大学经济与管理学院　武汉　430072；2　华中农业大学经济贸易学院　武汉　430070）

【摘　要】 高校教师的人力资源培训作为高校人力资源开发与管理的一个重要环节，不仅能够强化教师的职业使命感、有效地挖掘教师的潜能，而且能够科学规划教师的职业生涯、不断促进教师教学质量的提升。改革开放以来，我国高校教师的人力资源培训已经取得了很大的成绩，但与美国相比仍存在较大的差距。通过对中国与美国高校教师培训工作的比较与分析，加强我国高校教师培训的专业化、科学化与人性化，是当前我国高校人力资源开发亟待解决的一个重要课题。

【关键词】 人力资源　教师专业化　培训

一、研究背景

（一）世界范围内高等教育发展的需求

1966 年联合国教科文组织（UNESCO）和国际劳工组织（ILO）提出《关于教师地位的建议》，首次以官方文件形式对教师培训及专业化作出了明确说明，提出："应把教育工作视为专门的职业，这种职业要求教师经过严格的、持续的学习，获得并保持专门的知识和特别的技术。"[1] 此后，教师培训问题就成了世界范围内教育发展的一个核心问题。1996 年 UNESCO 21 世纪教育委员会发表的"德洛尔报告"指出，"教师培训需要重新加以审查，以期在未来的教师身上培养特有的人文和智力品质"。[2] 1992 年经济合作与发展组织（OECD）发表的"教师在职与专业发展"也指出，教师专业化发展应该被确定为改革的一个部分，21 世纪教师专业化发展应包括专业知识技能、技术的培训及运用等。2001 年 OECD 与 UNESCO 的统计研究所（UIS）联合发布了"面向明日学校的教师——世界教育指标分析"的报告。报告指出，与以往相比，今天的学校和教师面临更高的期望，主要表现为：专业技能（Expertise）、教学法的实际技能（Pedagogical Know-how）、技术的理解（Understanding of Technology）、组织能力和协作（Organizational Competence and Collaboration）、灵活性（Flexibility）、可流动性（Mobility）以及开放性（Openness）；对在职教师的知识、技能和能力的提升（Upgrading）、更新（Updating）和补充（Renewal），现在业已成为一个优先关注而被广泛认可的领域[3]。

---

① 联合国教科文组织总部中文科译. 教育——财富绮藏其中. 北京：教育科学出版社，1966：139.

② Report to UNESCO of the international Commission on Education for the Twenty-first Century, Learning: The TreasureWithin, UNESCO Paris, 1996：68.

③ UNESCO-UIS&OECD. Teachers for tomorrows schools : Analysis of the world education indicators, 2001：74, 80.

（二）国家经济与社会发展对高校教师培训的政策要求

党的十七大明确提出，"要优先发展教育，建设人力资源强国"，高校教师培训是我国高校人力资源开发的重要途径和人才队伍建设的重要手段，对于激发广大教师参与教育教学的积极性、创造性、主动性，发挥教师在高校办学中的主体性具有重要的促进作用。由此我国对高校教师培训提出了一系列的政策要求，《2003—2007年教育振兴行动计划》明确指出要"全面推动教师教育创新，构建开放灵活的教师教育体系"，并提出要"完善教师终身学习体系，加快提高教师和管理队伍素质"。1985年颁发的《中共中央、国务院关于教育体制改革的决定》指出，必须对教师进行认真的培训和考核，把培训在职教师作为教育事业的战略举措。1993年《中华人民共和国教师法》则以法律条款规定教师有"参加进修或者其他方式的培训"的权利。1996年版本的《高等学校教师培训工作规程》明确要求，各高校教师应通过岗前培训、教学实践、在职攻读学位、社会实践等形式参加培训，对不同职称的教师的培训期限、内容、方式等做了具体规定，并提出高校教师"无正当理由拒绝接受培训的，应当解聘"，"未认真履行职责或尚未完成培训任务的，应中止培训、不发给结业证书，情节严重的可以解聘"。1999年教育部印发的《关于新时期加强高等学校教师队伍建设的意见》指出要"强化教师培训，提高教师队伍素质"，要通过培训使高校教师"更新和拓展知识结构，提高教育教学能力，掌握必要的现代教育技术手段"，并要求将教师培训等教师队伍建设作为"学校教育教学工作的首要任务"。2004年，教育部印发的《普通高等学校本科教学工作水平评估方案》指出，"具有硕士学位或讲师职务，新教师应通过岗前培训，取得合格证的教师方具有主讲教师资格"，"专任教师中具有硕士学位、博士学位的比例"，A级标准为"≥50%"，C级标准为"≥30%～40%"。

（三）相关理论支撑

1. 教师发展阶段理论

20世纪60年代末，美国学者Franse Fuller通过广泛严密的访问晤谈以及大量周详的文献探讨，提出了教师发展四阶段论。第一阶段是教学前关注（Preteaching Concerns）阶段。此阶段是教师的职前培养时期，教师们对教师角色仅处于想象，因为未曾经历教学，没有教学经验，所以只关注自己。第二阶段是早期生存关注（Early Concerns about Survival）阶段。这一阶段的教师非常关注自己的生存适应性，面临的压力主要来自于外界。他们渴望尽快通过某种学习方式，掌握基本的教学技能，以求站稳教学岗位，显现出一种生存的愿望。第三个阶段是关注教学情景（Teaching Situations Concerns）阶段。此阶段教师重视自己的教学及其教学表现，学习和培训以"专业学科知识"与"一般的教学法知识"为重点。第四个阶段是关注学生（Concerns about Students）阶段。此阶段的教师能较全面地看待教育与学生的发展，能清醒地认识到自己的发展状况，并能有意识地通过培训与学习来规划自己的专业发展[①]。

2. 教师发展影响因素理论

美国学者A. Glatthorn认为，影响教师发展的因素主要有三个方面，分别是：（1）与教师个人相关的因素，包括认知发展、生涯发展、动机发展；（2）与教师生活、工作相关的因素，包括社会与社区、学校系统、教学小组、教室；（3）与促进教师发展的特殊活动相关的因素。他强调介入活动要依据教师独立的影响因素来予以考察，并要依据教师发展的内在需求、发展规律来进行，这样才能有的放矢地协助教

---

① Fuller. Concerns of teacher：A developmental conceptualization. American Educational Research Journal, 1969, 6（2）：207-226.

师的发展。上述三方面因素以一种复杂的方式彼此作用并最终影响教师的专业化发展①。

3. 现实主义教师教育培训理论

荷兰学者 Korthagen 从心理学研究的角度归纳了引导教师专业学习的三个主要手段：教师的专业学习受学习者内在需要而引导时将更有效；教师的专业学习植根于学习者自身的经验时将更有效；当学习者详细反思自己的经验时将更有效。由此，他提出了教师培训的三条原则：教师培训必须使教师意识到自己的学习需求；教师培训要帮助教师发现有用的经验；教师培训要帮助教师详细反思他们自己的实践。在具体的教师培训活动中，Korthagen 要求对教师的培训要建立培训与参加者个体问题之间的联系，提供的技能和理论必须与具体经验、参加者在培训期间的实践和技能相联结，培训内容要适合教师的需求②。

4. 教师培训学习的特征相关理论

Nicholas Corder 提出了教师培训学习的四方面特征，即知识、经验、使命和信心。他认为：第一，参加培训的教师个体所具有的知识基础很可能是不一样的。在终身教育的框架下，参加培训的教师所需的知识可能是多元的。因此，教师培训中应根据教师对知识的需求而开展相关培训。第二，教师的经验对于教师培训会有正反两面影响。第三，教师培训是教师教育的重要组成部分，在培训中对教师使命感的关注和重视，将有助于激发教师的学习动机，促进培训活动中学习团体的建立和良好学习氛围的形成。第四，教师的信心不足，是制约教师培训实施的一个重要因素。教师培训要求创造一个和谐、安全和轻松的学习环境，同时必须在培训内容的选择和对学习成果与培训效果的评价上予以相应的调整③。

二、美国高校教师培训的特点

美国具有世界上人力资源最丰富、人力资本最强的高校教师队伍，其教师培训也处于世界高等教育发展的前列。其教师培训有如下特点：

1. 培训内容上，重视教学技能和教育技术的培训

美国高校一般都以博士学位为教师的起始条件，因而不必开展类似于中国的学历补偿教育，而是非常关注教学技能的训练与提高，重视实际教学问题的解决，例如美国许多高校都开展了"教学咨询"活动，其基本做法是：首先让教师提出教学中所关心的问题，然后到课堂、学生中去观察，再提出问题，并由咨询人员提出解决办法或组织集体讨论，再由教师到课堂上加以试验。同时，美国一些知名高校还开设了教学方法的讲座，由知名教授对教师进行相关辅导，引导教师提升教学技能。美国还通过建立教育技术培训中心等教育机构，让教师及时了解和掌握各种现代教育技术手段的应用方法与最新发展动态，并鼓励教师在日常教学中使用这些手段。

2. 培训手段上，积极推行新教师入职导入计划

美国高校积极开展新教师的入职导入计划。其计划包括五个目标：提高教学质量；增加未来优秀教师的继存率；提升新教师的素质和职业素养；满足入职培训的根本要求；把教育体系的文化传递给教师④。这些计划的侧重点各有不同，分别关注教学不适应感的改善、教学情境不适应状况的改善、新手与教学情境的融合、对新手的情感支持、新手的教学专业化以及对原有教学情境的改善等一些新教师的切身问题。

---

① Allan A. Glatthorn. 校长的课程领导. 单文经，译. 上海：华东师范大学出版社，2003：102-210.

② Huibregtse, I., Korthagen, F., and Wubbels, T.. Physics teachers' conceptions of learning, teaching, and professional development. International Journal of Science Education, 1994, 16 (5)：535-572.

③ Corder, S. P. The visual element in language teaching. London：Longman, 1966：133.

④ 诺启标. 美国新任教师的入门指导计划. 外国中小学教育. 2006, 1：44-47.

内布拉斯加州（Nebraska）的 CADRE 计划，既为新教师提供导入计划，又为熟练教师安排专业发展综合方案。其主要内容包括：由师资培育机构提供适当课程，在教学导师协助下，为新教师的教学工作提供全面支持。一年实习期内，完成 CADRE 计划所提供的课程，并为新教师提供政府津贴。

3. 培训方式上，强调教师培训的全程化

美国教师培训贯穿于教师培养的全过程。20 世纪 90 年代，美国学院与大学联合会和研究生院委员会发起和实施了"未来教师培训计划"，规定想当大学教师的博士生，必须在学习期间去中央社区学院，通过与教师的交流与学习，了解教师职业的特点，并掌握教学的一些规律和方法[1]。在成为助理教授以后，美国高校还通过"导师制"等制度，对年轻教师进行系统化、专业化的跟踪培训，并且将这种培训内容有机地渗透到教师真实的教学情境和教学过程之中，使教师培训全程化，确保教师具有扎实的理论功底和完善的教学方法。

4. 培训保障上，建立完善的培训制度和充裕的培训经费

美国各高校均设立了若干学术讨论小组，通过定期和不定期地开展学术交流活动，扩大教师的学术视野、完善知识结构；实行带薪学术休假制度，鼓励教师积极参与国际学术交流，增强教师对学术前沿问题的及时把握；美国高校通过《国防教育法》、《富布莱特法案》等获得了政府给予的大量培训经费，同时学校本身也高度重视培训经费的筹措，多方筹集联邦、州和地方政府的拨款、国防项目、企业项目以及民间基金等，充裕的培训经费为教师进行专项考察进修、培训等创造了基础条件。

5. 培训机制上，构建教师培训绩效的评估体系

美国高校大多以评估机制来促进教师研究、教学或服务水平的不断提高，各高校都制定了较为科学的评估指标体系，使之规范化、制度化，并且与教师的去留、职称晋升、工资待遇挂钩。评估种类大体上分为：年度评估；申请终身职位的评估；晋升评估。评估内容：教学效果与水平评估；科研评估；行政服务及为地方经济服务评估。评估方式为：本人总结；学生问卷调查；同事和系主任评价等。教师评估非常严格，关乎去留，是美国高校的一条鞭子，形成教师不敢懈怠、自觉培训的压力和动力。

三、中美高校教师培训的比较分析

改革开放以来，我国高校的人力资源管理及开发取得了重要的进展，据统计，1985—2004 年，我国高校通过各种途径和方式，共培训教师 60.8 万人次，其中国内访问学者近 3 万人次，高级研讨班近 2.5 万人次，研究生水平培训（包括在职攻读硕士学位、以毕业研究生同等学力申请硕士学位和助教进修班）7 万人次，岗前培训 30.3 万人次，其他形式培训 20.8 万人次，年均培训规模近 3.18 万人次[2]。高校教师培训在规模、内容、手段上都取得了重要进展，与美国高校相比也存在着一些类似的地方：（1）两国高校都采取措施鼓励教师提高学术水平和教学水平；（2）两国高校都成立了相应的组织机构专门服务于教师队伍建设；（3）两国高校教师队伍建设都有相应的经费保证。

虽然我国高校教师培训工作已初见成效，但毋庸置疑的是，我国高校教师培训工作与美国高校相比仍有许多的不足，主要表现为：

1. 高校发展规模与教师培训间的供求矛盾突出

1999 年高校扩招以来，我国高校在校学生每年以 30% 左右的速度增加，而高校教师的增长速度却处

① 江贤泽. 美国的"未来教师培训计划"与博士生教育改革. 比较教育研究，2001，3：25-29.
② 中华人民共和国教育部发展规划司. 中国教育统计年鉴 1999—2005. 北京：人民教育出版社，2006：381-420.

于一种相对较低的水平（如表 1 所示）。

表 1　　　　　　　　　　　　　　　我国高校教师与学生规模统计

年份 分类	研究生在校学生数（万人）	普通本、专科在校学生数（万人）	普通高校专任教师数（万人）
1999	23.35	413.4	42.6
2000	30.12	556.1	46.3
2001	39.32	719.1	53.2
2002	50.1	903.4	61.8
2003	65.12	1 108.6	72.5
2004	81.99	1 333.5	85.8
2005	97.86	1 561.8	96.6

注：以上数据来自《中国教育统计年鉴（1999—2005）》。

从以上数据中可以看出，我国高校在校学生数量从 1999 年的 436.75 万人增加到 2005 年的 1 659.66 万人，增长幅度高达 280%，与此对应的是我国高校教师的数量从 1999 年的 42.6 万人增加到 2005 年的 96.6 万人，增长幅度为 126%，学生数量的增长幅度远远高于教师的增长幅度。由此表明，由于高校扩招，高校教师的教学任务和内容较之以往有大幅度的增加，这就必然对高校教师的培训和教师素质的提高提出了客观而迫切的要求。由于种种条件的限制，目前高校这种师生比的失衡无法在短时间内消除，这也就构成了高校教师培训的供求矛盾将在一定时期内长期存在。

2. 学历培训与学术培训间的矛盾突出

在我国现行高校教师职务评审制度中，高级职务评审的起始条件之一是获得研究生学历，而据教育部统计，截至 2005 年我国高校教师中具有研究生学历的共有 36.6 万人，仅占教师总数的 34.86%，这就导致高校教师在人力资源培训过程中具有极强的功利主义色彩，往往选择短期行为，无法产生持续的培训需求动机和行为。2002 年教育部全国高校教师培训专题调研统计数据也说明了这一点，在全国被调查的 1 084 所高校中有 699 所高校把"提高教师学历学位层次"作为培训的首要目标，占调查高校的 64.5%；被调查的 1 086 所高校中有 771 所高校把"参加学位进修班学习、在职攻读博士或硕士学位、委托培养研究生"作为高校教师培训的首选方式，占被调查高校的 71%①。我国高校教师把学历的继续教育作为其人力资源培训的主要内容和主要渠道，必然会淡化甚至冲击他们在学术培训方面的行为选择，这与美国高校把教育技能作为教师培训的重点形成鲜明的对比，将在很大程度上制约我国高等教育质量的提升。中美高校教师的专业技术要求的最低学历和任职条件的比较见表 2。

---

① 参见：教育部高校师资培训交流武汉中心．2002 年全国高校教师培训专题调研统计数据，2002 年中的相关资料。

表2　　　　　　　　　中美高校教师的专业技术要求的最低学历和任职条件的比较①

	专业技术职务	最低学历	其他任职条件
美国	教员 研究助手	硕士学位	具有一定的教学科研工作经验、能力
	助理教授 研究员	博士学位	具有一定的教学科研工作经验、能力和发展潜力
	副教授 高级研究员	博士学位	具有丰富的教学科研工作经验 具有被同行公认的学术地位和专业成就
	教授	博士学位	具有高度的学术地位和专业成就 具有创造性地进行教学科研工作的能力和领导本专业的能力
中国	助教 实习研究员	本科毕业	具有1年的教学科研工作经验
	讲师 助理研究员	本科毕业	具有规定的工作年限的教学科研工作经验 具有独立进行教学科研的工作能力
	副教授 副研究员	本科毕业	具有规定年限的工作经历 丰富的教学科研工作经验和被同行公认的学术地位与专业成就
	教授 研究员	本科毕业	具有规定年限的工作经历 具有高度的学术地位和专业成就 具有创造性地进行教学科研工作的能力和领导本专业的能力

3. 培训需求与培训经费间的矛盾突出

我国高校与美国相比一个重要的差距是办学经费的短缺，即使在教育经费相对宽裕的教育部直属重点高校中，其办学经费仍有很大一部分来自于学校通过多种途径的自筹（如表3所示）。

表3　　　　　2001—2005年8所教育部直属985高校教育事业经费收入情况（单位：亿元）

	2001年		2002年		2003年		2004年		2005年	
	总经费	自筹比例	总经费	自筹比例	总经费	自筹比例	总经费	自筹比例	总经费	自筹比例
清华大学	29.98	30%	25.25	41%	23.41	30%	32.5	39%	34.32	41%
北京大学	23.88	33%	22.00	44%	21.69	45%	23.85	46%	26.34	50%
上海交大	14.61	48%	16.06	61%	18.60	67%	20.12	59%	32.00	47%
复旦大学	12.88	36%	11.91	48%	13.36	48%	18.59	55%	18.35	50%
浙江大学	17.22	39%	17.70	45%	21.64	45%	24.08	52%	28.52	54%
南京大学	10.46	24%	7.06	41%	6.83	40%	9.26	40%	11.36	40%
西安交大	11.15	36%	9.94	48%	10.66	50%	10.12	44%	10.74	47%
武汉大学	10.29	55%	14.28	52%	15.68	56%	14.37	52%	15.50	55%

注：以上数据来自：《教育部直属高校基本情况统计资料汇编（2001—2005）》。

---

① 范瀛. 国内外高校师资管理模式的比较与借鉴. 高等教育研究，1992，2：46-48.

办学经费的短缺，必然导致许多高校在教师培训中"心有余而力不足"，无法制定长期的教师培训整体规划，也无法满足大多数教师的培训需求，甚至在一些高校教师培训反而成为一种稀缺资源，严重制约了高校教师培训的自觉性与积极性。从这一点来看，高校办学经费的短缺是目前制约高校教师培训的"瓶颈"，没有相应的培训经费的不断增加与投入，我国高校教师的人力资源开发始终会与美国等发达国家存在着无法弥合的差距。

4. 教师培训的监控评估体系尚未真正建立

在市场经济体制下，高校教师培训作为高校的一种经济行为，要始终考虑教师培训的效益，要通过合理的监控评估体系，确保教师培训的质量。美国高校大多以评估机制来促进教师培训水平的不断提高，并建立了完善的培训考评指标，评估指标涵盖了教学效果与水平评估、科研评估、行政服务及为地方经济服务评估等多方面的内容，使得美国教师的培训始终纳入到一种全程化的监控程序之中。我国高校的教师培训尚未建立比较健全的培训评估体系，也无法对教师的培训效果进行有效的绩效评估，教师的潜能开发程度、培训目标的效益、培训结果等始终游离于高校人力资源管理之外，无法科学地评判培训是否实现了预期效果、培训教师是否完成了培训任务等。所有这些，使得我国高校教师培训无法成为一个有机的整体，很难对教师的培训进行科学引导和调整，导致培训成为教师的一种个体化的无序行为。

5. 我国高校教师具有自身的培训特点

我国高校教师培训呈现如下特点：

（1）培训需求日趋多元化。高校教师培训正在由主要依靠政府行为向政府行为、学校行为、教师个人行为三者相结合的方向转变，培训需求逐渐呈现多元化格局。当前，从高校教师培训需求的主体看，大致可分为政府的需求、学校的需求、教师个人的需求三类。政府的需求通常体现了其所辖区域一个时期内高等教育发展和高校教师队伍建设的宏观需要，具有导向性；由于我国各地区高等教育发展很不平衡，所以各地政府的需求不尽相同。学校的需求一般反映了该校在一定发展阶段学科建设和人才队伍建设的实际需要，具有基础性；由于不同地区、不同层次、不同类别学校的实际情况千差万别，所以它们的需求有很大差别。教师个人的需求通常基于其本人履行教学科研岗位职责和自身发展的实际需要，具有丰富性；不同学科、不同职务、不同年龄教师的需求有着明显的差异。

（2）外部学习动机明显。资格制度是教师学习的外部驱动力。当所在高校实施了激励政策后，教师的积极性普遍被调动。高校教师们普遍认为专项培训可以提升自身的教学技能和提高教学效果，但较繁重的教学与科研工作使得教师们一再拖延培训学习，不过外在动机在培训接受后消失，教师也只满足于证书的获得，在后来的教学实践中大多疏于做出整合的努力。

（3）教师希望学习实用的知识和技能。教师们参加教育培训主要是为了满足教学的需要。据2005年教育部委托北京师范大学对高校教师培训的专题调研数据表明，在教师教育技术培训方面，目前教师最希望进行培训的内容集中于"课件开发制作"、"多媒体技术"、"网络教学"、"教学设计"和"应用于教学的最新技术介绍"，可以看出，由于高校教师的学科专业、教育背景、年龄、个人发展兴趣等原因，教师最希望培训的内容具有多样性，但是位于前列的主要是与教学实践密切相关的实用技能和教学设计。

（4）学习自主性和独立性强。高校教师的职业特点决定了教师的自我知识更新能力强。教师们的学习起点、动手能力存在很大差距，不同学科背景的教师之间入门起点差距较大。

四、加强和改进我国高校教师人力资源培训的措施

1. 要加大对教师培训的政策倾斜力度

高校要对教师培训进行政策倾斜，通过认真贯彻落实《高等学校教师培训工作规程》，建立完备的教师培训的制度体系，按照"理论与实践统一、按需培训、学用一致、注意实效"的方针，制定出符合高校师资现状、适应教师需求的培训目标、计划和方案，并使高校教师培训成为高校办学的一项制度化、规范化的重要举措；建立各种激励机制，引导高校教师树立终身学习的培训理念；高校要建立教师培训的专项经费，应从高校的教育经费支出中划出 5%～10% 的经费用于教师培训，同时，高校应充分利用市场机制，广泛吸收社会资源，建立和完善企业、单位、社会团体和个人等捐资支持教师培训的市场机制，拓宽培训经费来源。

2. 要完善教师培训开发系统

要根据高校实际和培训需求开发教师培训系统，在培训系统中要注意以下几个要点：（1）要把教师培训规划与教师的职业生涯规划两者有机地结合起来，既要考虑高校办学对教师培训的要求，又要考虑教师职业生涯的需求，要合理协调两者的利益，实现两者在最大范围内的"重叠"。（2）要把教师培训作为一个流程进行合理的开发，把教师的培训需求作为培训的起点，培训计划和培训活动作为具体内容，考核评估作为培训的终点，培训的四个环节缺一不可，且整个培训始终处于一种动态的管理过程。（3）要及时对培训进行组织分析、人员分析、任务分析，科学调整教师培训的任务、内容、手段与方法，保障培训质量。（4）要建立立体化的评估指标体系，在总体评估指标下建立若干个操作性强的评估参数，对培训的每一个方面、每一个步骤、每一项内容进行考核评估，实施严格的绩效考核，以保障培训的有效性。

3. 要提供多种教师培训手段

高校应积极开展岗前培训、校本培训、远距离在职培训，并提供高校访问学者、高层次学术研讨会等多种培训方式，还应针对不同的培训项目采取诸如单科进修、短期研修班、高级研讨班等培训手段，努力构建职前与职后教育一体的培训网络，实现教师学历培训与学术培训、教育技能培训共同发展的培训格局，避免单一的培训模式。同时还应鼓励教师自觉进行参与式培训，参与式培训着眼于参与者的实际能力、技能的提高和思维的改善，它通过使受训教师在参与式的氛围中培养主动、合作、学习与探究问题的能力，以激发自己的潜能，并能将所学知识和方法运用于自己教育教学工作。

4. 要增强对教师学术能力与教育技能的培训

高校在教师培训内容的选择上要在加强教师的学历教育的同时增强对教师的学术能力与教育技能的培训。教师培训归根结底是为教师的教学和科研服务的，学历培训的本身也是为了更好地开展教学与科研，因此，教师的学术能力与教育技能的培训应处于整个教师培训的中心环节，高校培训的计划、方案、内容应该紧紧围绕学术能力与教育技能来进行。一方面要通过培训，提高教师的科研能力、创新能力、发现和解决问题的能力；增强教师对学术前沿的洞察力、判断力；帮助教师培养高尚的学术精神、完备的学术交流能力。另一方面，高校教师培训还应增强教师对现代教育技术的掌握能力，要通过培训使教师普遍掌握现代计算机的应用知识、网络技术知识、多媒体教学课件的应用与开发等，不仅使教师的学术能力能够通过信息化手段直观、立体地传授给学生，进一步丰富教师的学术研究手段，提升自身的科研能力，而且使得教师培训建立在一个更加科学、更加有效的平台之上，提高高校教师培训的质量与效益。

5. 要加强对高校教师培训绩效的评估

提高高校教师培训绩效，不仅能够优化与合理配置高校办学资源、为高校节省大量人财物经费，而且有利于教师更有针对性、有效地提高自身的学历、教育技能与学术素养，从而有效地提高我国高校教师队

伍的整体素质。

参 考 文 献

［1］Glatthorn，A.．Teacher development international encyclopedia of teaching and teacher education．Elsevier Science Ltd.，1995.

［2］Korthagen．Fred A. J.．Linking practice and theory：The pedagogy of realistic teacher education．Mahwah，New Jersey & London：Lawrence Erlbaum Association Publishers，2001.

［3］Nicholas corder．Learning to teach adults：An introduction routledge famer，2002.

［4］闫月勤．从中美加比较看我国新世纪高校教师队伍建设．清华大学教育研究，2001，3.

［5］陈久青，高桂林．高校教师培训个体需求探析．高等教育研究，2003，4.

［6］辽宁省教育厅赴美高校人力资源配置与管理培训考察团．美国高校人力资源配置及管理模式培训考察报告．辽宁教育研究，2001，8.

［7］廖惠芝．美国大学教师的培训培养的经验与思考．理工高教研究，2003，8.

IT 从业者的工作压力及其应对风格研究

● 王玲玲[1]　　胡建林[2]　　王洪涛[3]

（1，2，3　武汉大学经济与管理学院　武汉　430072）

【摘　要】本文在对 IT 从业者的工作压力及其应对风格进行问卷调查的基础上，运用 SPSS12.0 统计软件对人口统计变量在压力源和压力反应上进行方差显著性分析和回归分析，进而对 IT 从业者的压力应对风格做统计分析。研究结果表明：IT 从业者的工作压力源主要集中在工作负荷、与领导的冲突、公司管理这三个维度，在与同事的冲突维度上感知的压力较小。IT 从业者的压力应对风格大多数为问题应对和情绪应对两种。压力应对风格与个体性别和工作岗位相关。

【关键词】工作压力　压力反应　应对风格　IT 从业者

一、研究背景与意义

在信息时代，信息技术代表一个国家的生产力水平和竞争能力。当今的 IT 产业已经成为经济增长的主要驱动力量之一，带动着整个国民经济的发展和现代化。然而很多调查表明：IT 行业已经成为压力最大、痛苦指数最高的行业。近年来新闻媒体报道揭示了 IT 从业者承受压力的一些极端情况：2006 年 4 月 8 日爱立信中国区总裁杨迈因过度劳累倒在了健身房的跑步机上；2006 年 5 月 28 日华为员工 25 岁的胡新宇被诊断病毒性脑炎而死亡，他身上的多个器官在紧张的工作中不断衰竭，直至最后一刻。2008 年 2 月和 3 月接连有两名华为员工跳楼自杀。北京大学精神病防治中心的一项调查研究分析表明 IT 行业的过劳死人群年龄仅为 37.9 岁。来自雅虎科技的一项调查显示，近 75% 的 IT 行业人群精力不足，70% 以上的 IT 人感觉到来自工作的压力很大。劳动部《中国社会保障》杂志社曾对 IT 从业人员的社会保障状况进行调查。调查表明，IT 行业的特点和工作内容、性质决定了 IT 从业人员必须承受巨大的心理压力和很高的劳动强度。对 IT 族来说，加班几乎是常事，却不一定能够享受应有的法定待遇。调查结果表明，只有 23% 的人能够拿到加班工资，14% 的人有机会轮休，两种待遇都有的人占总数的 11%，但是一半以上（52%）的人这两种待遇都没有。另一方面，精神、心理的病态在 IT 业内早已不是什么新鲜事。如著名的"硅谷综合症"，它流行于从事互联网工作的 IT 人群中，发病原因是长期在电脑屏幕前工作，工作压力大，长期脑力支出过度，缺少锻炼等。主要症状是：经常腰酸背痛，手指、腕等关节疼痛；记忆力明显衰退；脾气暴躁、焦虑、窘迫症、紧张等。

在此背景下，IT 行业的工作压力对其从业者已产生了较严重的负面影响。如何能准确了解 IT 行业的工作压力现状以及从业者面对压力时的应对风格，进而采取相应的策略缓解工作压力，避免事故的发生，进一步提高企业生产率和经济效益，这对 IT 行业的组织和个人都非常重要。因此，对 IT 从业者工作压力源和相应的应对方式进行调查研究具有较强的理论和现实意义。

二、研究对象和方法

（一）研究对象

本文调查对象为武汉、深圳、北京、上海、南京、惠州、佛山等几个城市的 IT 从业者，共发放纸质和电子问卷 130 份，回收 118 份，其中有 17 份回答不完整或者全部选择同一答案而被视为无效问卷，最后得到有效问卷 101 份，其中：男性 53 人，占 52.5%；女性 48 人，占 47.5%；年龄 20~30 岁的有 98 人，占绝大多数，31~40 岁的只有 3 人，40 岁以上的样本数为 0；文化程度：大专以下的 7 人（6.9%），大专 4 人（4.0%），本科 83 人（82.2%），研究生 7 人（6.9%）；职位：普通员工 43 人（42.6%），基层管理 32 人（31.7%），中层管理 24 人（23.8%），高层管理 2 人（2.0%）；工作岗位：管理 38 人（37.6%），技术 35 人（34.7%），生产 10 人（9.9%），销售 18 人（17.8%）；在本单位的工作年限：1 年以下的 34 人（33.7%），1~3 年的 50 人（49.5%），3~10 年的 17 人（16.8%），10 年以上的样本数为 0。

（二）研究方法

1. 量表选择

工作压力源主要指组织中可能或者已经引起员工压力反应的条件和情景。很多研究者在深入访谈中获得关于压力源的丰富资料，通过内容分析以及因素分析等方法归纳和确定组织中不同类别的压力源，编制了相关压力源问卷。

本文使用的量表是北京师范大学心理学教授石林在国外专家研究的基础上，编制的适用于我国国情的企业员工工作压力测量量表和应对风格问卷。企业员工工作压力测量量表共有 5 个维度，分别为工作负荷、与上级的冲突、组织局限性（公司管理）、与同事的冲突以及压力反应。前四个维度为压力源的维度，每个维度都包括 7 个题项；压力反应维度的问卷包括 11 个题项。5 个维度的 Alpha 信度都在 0.80 以上，说明该量表具有很好的内部一致性信度。该量表采用四级计分方式，得分越高，压力源越多，压力反应越大。

应对是压力承受者为了管理超出自身资源的需求所做出的认知和行为上的努力。大量的研究结果已表明，应对在个体经历压力的过程中发挥着一种重要的作用。良好的应对方式有助于缓解精神紧张，从而起到维持心理平衡、保护身心健康的重要作用。应对既是一种过程，也是一种人格特质。不同的人有着不同的应对风格，在研究中发现有些人的应对风格较稳定，而另一些人则变化较大。

本研究仍采用石林教授提出的四种类型应对风格模式，这一模式将压力情境按可控性分为可控和不可控（此处为客观控制性）两种类型；个体在每一情境下的应对策略分为问题应对和情绪应对两种类型。根据个体在两类应激情境中的应对灵活性和应对策略的使用情况，可将压力应对风格分为灵活应对、问题应对、情绪应对和异常应对四种应对风格。

灵活应对风格的个体能够对应激情境进行客观的评估。他们在面对可控的应激事件时，以问题应对为主，而当面对不可控的应激事件时，以情绪应对为主。问题应对风格的个体在两类应激情境下，都倾向于将应激情境评价为可控性的，因而都以问题应对为主。情绪应对风格的个体在两类应激情境下，都倾向于将应激情境评价为不可控性的，因而都以情绪应对为主。异常应对风格的个体与灵活应对的个体对应激情境的可控性评价恰好相反。因此，他们在面对可控的应激事件时，以情绪应对为主；而当面对不可控的应激事件时，反而以问题应对为主。

本研究的应对风格问卷分为两部分，第一部分为不可控压力事件及应对；第二部分为可控压力事件及应对。两部分的题目是一样的，都包括26个项目，但排列顺序不一样。对于每一部分的26个项目，可以分为两个维度：第一部分不可控压力事件及应对中的奇数项为情绪应对，偶数项为问题应对；第二部分可控压力事件及应对中的奇数项为问题应对，偶数项为情绪应对。问卷总体的克伦巴赫系数为0.76，说明此问卷具有较好的信度。

2. 研究工具

采用SPSS12.0统计软件中的描述性统计分析对工作压力源和压力反应进行描述性统计，用独立样本T检验和单因素方差分析来验证工作压力源和压力反应在人口统计变量上的差异，采用相关分析来验证压力源的各个维度和压力反应之间是否相关，并进行工作压力源对压力反应的回归预测，最后利用SPSS统计软件对应对风格问卷进行统计分析，得出IT员工面对压力时的应对风格。

三、调查结果分析

（一）压力源状况

从整体状况来看，压力源的四个维度中，IT从业者在与同事的冲突这一维度上的压力感受程度较低，而在其余三个维度：工作负荷、与领导的冲突、公司管理上都表现出明显的压力体验。

通过方差分析，发现不同背景的IT从业者在工作压力源的某些维度上存在显著差异。

（1）男性和女性在压力源的各个维度上所体会到的压力相差不大，尤其是在工作负荷层面，男性和女性对压力的感知程度差别很小。在与同事的冲突层面，男性和女性对压力的感知程度则具有显著差异（t = 2.435，p < 0.05）。在其他三个压力源的维度上，男性和女性没有显著差异，这与很多关于工作压力在性别上是否具有显著差异研究的结果不太一致，但与Martocchio和O'Leary[1]的研究结果相符合。

（2）由于本调查被试者20~30岁的人占绝大多数，比例高达97%，而在101份有效问卷中仅有3位被调查者年龄在30~40岁，40岁以上样本数为0，鉴于该项目样本分布的不均衡性，无法对工作压力源各维度及压力反应在年龄上进行平均数差异显著性检验。从另一角度看，IT的从业者以年轻人为主体。

（3）不同文化程度的IT员工在压力源的三个维度：工作负荷（F = 20.256，p < 0.01）、与领导的冲突（F = 14.571，p < 0.01）、与同事的冲突（F = 4.077，p < 0.05）上对压力的感知程度都有显著差异，在组织管理层面差异不显著。

（4）在公司管理（F = 6.311，p < 0.05）和与同事的冲突（F = 5.609，p < 0.05）这两个维度上，普通员工、基层管理者与中高层管理者对压力的感知程度具有显著差异。而且在压力源所有层面上，中高层管理者得分平均值都是最高的，表明中高层管理者在压力源各维度体会到的压力最大。

（5）不同工作岗位的员工在压力源某些维度上对压力的感知具有显著差异。生产类岗位在工作负荷维度与管理和销售类岗位相比，对压力的感知程度较低。而管理类岗位的工作需要较大的灵活性，管理人员在企业必须协调好与其他员工之间的关系，才有可能做好自己的管理工作，这在一定程度上加大了管理人员的工作压力。销售人员则因为必须在规定的时间内完成自己的销售任务和目标而产生巨大的工作压力。

---

[1] Martocchio Joseph J., and O'Leary, Anne, M.. Sex differences in occupational stress: A meta-analytic review, journal of Applied Psychology, 1989, 74 (3): 15.

（6）除与同事的冲突这一维度外，在企业工作年限不同的员工分别在工作负荷（$F = 8.473$，$p < 0.01$）、与领导的冲突（$F = 16.089$，$p < 0.01$）和公司管理维度（$F = 25.723$，$p < 0.01$）上都具有显著差异。而且在这三个压力源维度上，在企业工作 1~3 年的员工对压力的感知程度最大。

（二）压力反应状况

从数据统计分析结果得出，在 11 个压力反应的题项中，全部题项的得分均值都超过 2，表明 IT 员工具有较强烈的压力反应，说明目前员工的工作压力已经对员工的身心健康造成一定的影响。除性别对压力反应没有显著差异外，压力反应在其他人口统计变量的差异均显著。

（三）压力源与压力反应的相关性

通过相关分析和线性回归分析，我们发现压力反应和压力源各维度之间均存在显著的正相关关系，说明压力越大，压力反应越强烈。而且我们得到了压力反应与工作负荷、公司管理、与同事的冲突这三个压力源维度的回归方程，即：压力反应 = 0.206（工作负荷）+ 0.382（公司管理）+ 0.340（与同事的冲突）。压力反应与压力源各维度的相关分析见表 1。压力反应与压力源各维度的回归分析见表 2。回归系数列表见表 3。

表 1　　　　　　　　　　　压力反应与压力源各维度的相关分析

		工作负荷	与领导的冲突	公司管理	与同事的冲突
压力反应	Pearson 相关	.462**	.365**	.502**	.422**
	显著性（双尾）	.000	.000	.000	.000

注：** 表示在显著性水平 $0.01 < P < 0.05$ 时（双尾），显著相关。

表 2　　　　　　　　　　　压力反应与压力源各维度的回归分析

模式	R	R 平方	调整后 R 平方	估计标准误	变更统计量				
					R 平方改变量	F 改变量	分子自由度	分母自由度	显著性 F 改变
1	.649（a）	.421	.397	4.88487	.421	17.468**	4	96	.000

注：预测变量：（常数），工作负荷，与领导的冲突，公司管理，与同事的冲突。

表 3　　　　　　　　　　　回归系数列表

模式		未标准化系数		标准化系数	T 值	显著性	共线性统计量	
		B 估计值	标准误	Beta 分配			容忍度	方差膨胀因素（VIF）
1	（常数）	5.478	3.058		1.791	.076		
	工作负荷	.329	.146	.206	2.247	.027	.718	1.393

模式	未标准化系数		标准化系数	T 值	显著性	共线性统计量	
	B 估计值	标准误	Beta 分配			容忍度	方差膨胀因素（VIF）
与领导的冲突	−.041	.168	−.024	−.242	.809	.593	1.688
公司管理	.565	.155	.382	3.644	.000	.549	1.820
与同事的冲突	.459	.109	.340	4.196	.000	.920	1.087

注：因变量：压力反应。

（四）应对风格的统计分析

在 101 个有效调查样本中统计出有 39 人属于控制型应对风格，也称问题应对，即在可控和不可控情形下，这些人都倾向于采用问题应对的方式。34 人属于非控制型应对风格，也称情绪应对，即不管在哪种情形下，都倾向于采用情绪应对的方式。而灵活应对和异常应对的人数较少，这两种应对风格都为 14 人。这与石林教授编制该应对风格问卷所做的调查结果相符合。女性 IT 员工控制型应对风格多于男性，这可能与本研究的调查样本有关，男性员工的灵活应对风格比女性员工多。从工作岗位来看，技术类员工灵活应对风格的人数比其他三类岗位要多，各个岗位控制型和非控制型应对的人数相差不大。虽然我们把所有人分为四种应对风格，但事实上应对灵活性是一个连续体，在实际应对过程中，这四种应对风格不存在明显的界限，所以不能把 IT 员工面对压力时的应对风格简单地归类为控制型应对或者非控制型应对。不同研究群体的压力应对风格的统计结果如表 4、表 5 所示。

表 4　　　　　　　　不同性别的 IT 员工应对风格统计结果

性别	应对风格	数目
男	灵活应对	10
	控制型应对	19
	非控制型应对	17
	异常应对	7
女	灵活应对	4
	控制型应对	20
	非控制型应对	17
	异常应对	7

表 5　　　　　　　　不同工作岗位的 IT 员工应对风格统计结果

工作岗位	应对风格	数目
管理	灵活应对	3
	控制型应对	17
	非控制型应对	15
	异常应对	3

工作岗位	应对风格	数目
技术	灵活应对	10
	控制型应对	10
	非控制型应对	9
	异常应对	6
生产	灵活应对	0
	控制型应对	4
	非控制型应对	4
	异常应对	2
销售	灵活应对	1
	控制型应对	8
	非控制型应对	6
	异常应对	3

由表4可以看出，不同性别的IT员工控制型应对风格的数目都是最多的，而且女性多于男性，这与以往很多研究结果不同。以往研究结果大多表明女性面对压力时更倾向于选择情绪应对方式，也就是非控制型应对，但从本文的研究结果可以看出，IT女性员工更喜欢采用控制型应对（问题应对）的方法来面对压力，这可能与IT行业员工的特质有关，作为一个IT行业的员工，人们大多具有较强的理性思维，女性也不例外，当面对压力和难题时，她们不是从情绪上选择逃避，而是针对难题进行规划，逐步解决问题，从而缓解压力。上述结果与样本的选取有关，可能会有一定的误差。从表4我们还可以得知，男性灵活应对风格的人数比女性要多。

从表5统计结果可以看出，IT员工的应对风格大多为控制型应对和非控制型应对，由于样本结构的问题，生产和销售类岗位员工人数偏少，各个应对风格的数目相差不大，差异不明显。管理类工作岗位的IT员工控制型和非控制型应对风格的数目远大于灵活和异常应对风格的数目；技术类员工各应对风格相差不是很大，但技术类员工灵活应对风格的人数比其他岗位多。

四、建议与对策

通过对IT从业者工作压力源、压力反应及应对风格的调查，我们认识到IT从业者的压力源来自工作负荷、与领导的冲突、公司管理和与同事的冲突这四个方面，下面分别从组织和个人角度对这四方面提出相应的压力管理策略。

（一）压力管理策略

1. 组织角度

（1）IT企业要制定合理的目标，根据员工的实际能力分配任务，尽可能充分发挥每一个员工的力量，不使某个人负担过多的工作。企业可以不采用上下班打卡制度，而采用灵活的弹性工作制，只要保证员工每天的工作时间不低于8小时即可，这种灵活的工作方式可以极大地提高IT员工的工作积极性和主动性。

（2）领导者应该加强对员工工作方面的反馈，使员工进一步了解领导对自己的工作是否认可和肯定，只有这样才能增强员工的工作成就感。另外应加强上下级之间的组织沟通，这对于缓解员工压力也具有良好的效果。

（3）IT 企业应该关注自己的组织结构是否合理，加强公司中团队和凝聚力的建设，一方面要通过良好的企业文化来实现，另一方面需要增强员工的工作自主性。针对公司的报酬制度，企业应做到公正、公平，IT 企业应该确保自己的员工报酬与行业内的报酬至少保持一致，在此基础上，再根据企业的实际情况，尽可能做到让员工对报酬满意，这样可以避免员工产生不满以至对工作缺乏积极性的消极情况发生。

（4）IT 企业应该提供轻松自由的工作环境和公正、公平的绩效考核与晋升政策，轻松自由的氛围可以提升团队合作精神和增强企业凝聚力，而公正、公平的绩效考核和晋升政策可以使员工之间能够进行良性竞争，这样可以使得 IT 员工同事之间减少冲突，因为很多冲突可能由于恶性竞争而引起。

2. 个人角度

（1）IT 从业者可以根据工作的轻重缓急来做好时间安排，学会时间管理技巧，提高自己的工作效率；也可以根据自己的工作要求来制定自己的学习计划，保证自己的技能水平能够符合工作所需，这样还可以提高自己的工作效率，从而避免长时间工作带来的工作压力。

（2）IT 从业者应该积极主动地和上级领导进行交流沟通，在工作中遇到困难和问题或者有新的观点和想法都可以和领导进行交流，在交流互动中，领导才能对自己的工作有所了解，并针对工作中遇到的困难和问题尽可能地给予解决，还可以对自己的工作进行反馈。

（3）每一个企业都可能存在问题，IT 从业者在工作中不要整天自怨自艾，抱怨企业工作氛围沉重、公司缺乏团队精神和凝聚力、公司的报酬制度不合理等，要知道很多时间都是在这些无谓的抱怨中浪费掉了，作为一个负责任的员工，自己发现问题时，可以主动向上级领导提出，争取在大家共同的努力下尽可能解决这些问题，而光抱怨只能增加自己的压力。

（4）IT 企业中，行业的特殊性使得工作经常以项目小组或者团队的形式进行开展，员工之间具有紧密的联系，一个项目的完成要靠大家共同的努力，这就要求员工之间互帮互助。

（二）应对方式建议

根据本调查研究，IT 从业者大多采用问题应对和情绪应对的方式来面对压力，而且问题应对（控制型应对）比情绪应对（非控制型应对）风格的人数多，灵活应对和异常应对风格的人数较少。问题应对是指正视问题的存在，通过改变环境或自己的行为方式来减少压力的消极作用；而情绪应对是指通过调整自己的认知、情绪或逃避的方式来适应压力的存在。其实应根据事件是否可控来选择具体的应对策略才能使压力反应达到最好的调节效果，这就比较符合灵活应对风格的要求。IT 从业者问题应对风格的人数较多，说明他们能够正视压力的存在，采取适当的措施来应对压力，如果能在可控条件下采用问题应对方式，而当情形不可控时采用情绪应对，也就是说在不同情形下采用不同的应对方式，可能会使压力缓解达到最好的效果。

参 考 文 献

[1] Martocchio Joseph, J., and O'Leary, Anne, M.. Sex differences in occupational stress: A meta-analytic review. Journal of Applied Psychology, 1989, 74 (3).

[2] Vivien, K. G., Lim, Thompson, and S. H. Teo.. Gender difference in occupational stress and coping strategies among IT personnel. Women in Management Review, 1996, 11.

[3] Koeske Gary, F., Kirk Stuart, A., and Koeske Randi, D.. Coping with job stress: Which strategies work

best？. Journal of Occupational and Organizational Psychology，1993，12（66）.

［4］石林．职业压力与应对．北京：社会科学文献出版社，2005.

［5］杨帆，李阳模，袁利．高学历员工工作压力应对方式的实证研究．职业时空，2005，12.

［6］徐长江．工作压力研究系统：机制、应付与管理．浙江师大学报（社会科学版），1999，5.

［7］Philip L. Rice. 压力与健康．石林，古丽娜等，译．北京：中国轻工业出版社，2000.

［8］程志超，刘丽丹．IT业员工工作压力因素分析．北京航空航天大学学报（社会科学版），2006，6.

［9］黄红．工作压力影响因素及因素相互关系的探讨．暨南大学硕士论文，2003.

［10］加里·德斯勒著．人力资源管理．刘昕，吴雯芳，译．北京：中国人民大学出版社，1999.

［11］舒晓兵，廖建桥．工作压力研究：一个分析的框架．华中科技大学学报（人文社会科学版），2002，5.

［12］吴明隆．SPSS统计应用实务：问卷分析与应用统计．北京：科学出版社，2003.

人力资源管理系统、
实践与员工流动研究述评

● 朱　舟

（上海财经大学国际工商管理学院　上海　200433）

【摘　要】长期以来，员工流动一直是组织及人力资源研究中的重要课题。早期的流动研究往往从心理学及社会学视角分析个体的流动过程和影响因素，近年来的研究则突破这一微观分析层面，转而强调运用战略人力资源的研究成果，分析组织层面的人力资源管理、工作特性及环境因素对员工流动的影响。本文在梳理流动概念的基础上，分别就人力资源管理系统及具体实践（甄选、薪酬、绩效、人力资本投资）对员工流动的影响的相关研究进行回顾，并提出了进一步研究的可能方向。

【关键词】人力资源管理系统　人力资源管理实践　员工流动

员工流动，是指员工跨越某一社会系统边界的移动（Price，1977）。流动研究通常只关注员工流出，特别是员工主动离职的行为。员工流动既是个人行为，也是一种组织现象。在个体层面上，研究者从心理学及社会学视角分析个人对当前工作的评价、辞职或留任决策以及对工作环境的认知调整和情绪反应的全过程。个体层面的研究无疑对理解员工流动的动因和后果有着积极意义，但由于个人的情感和认知差异是流动过程模型中的关键要素，而这类要素的信息往往难以直接观察并度量，从而削弱了这类研究对组织总体流动问题的解释力，限制了它在组织政策制定中的指导作用。在近二十年的流动研究中，理解不同的人力资源管理（HRM）战略及实践、工作特性及环境因素与组织总体流动水平的关系，以及组织流动水平与组织绩效之间的关系，构成了组织层面的员工流动研究的主要问题。本文拟就组织 HRM 系统（战略）、具体 HRM 实践对流动的影响的近期研究进展做一理论评述，并提出进一步研究的可能方向。

一、员工流动的分类

传统的员工流动研究将流动分为自愿流动和非自愿流动两类。自愿流动，是指员工主动离开企业的行为（辞职），而非自愿流动则是企业主动终止与员工的劳动关系的行为（辞退或开除）。这两类行为的原因及其结果存在明显差异，研究者通常更关注对自愿流动的研究，他们假定，自愿流动是组织管理者期望尽量减少的一种现象，流动管理的意图在于将自愿流动纳入组织的控制之下，以降低其发生频率和影响。沿着这一思路，研究者往往就如何减少高绩效员工的自愿流动提出模型和建议，而较少考虑这一管理行为与组织绩效之间的真实联系。

Dalton 等人（1981）基于员工流动对组织成本和收益的影响，提出将自愿流动分为功能性流动与功能不良的流动。所谓功能性流动，是指组织无意保留的员工主动终止劳动关系的行为。而功能不良的流动，是指企业期望留住的员工主动选择离开的行为①。自愿流动的这一两分法（如图1所示）将员工绩效与流动联系在一起，对于组织层面的流动研究特别有益，它使得研究者和管理者重新将关注点放在如何差异化地管理流动（而非笼统地避免流动）以及流动对组织绩效的影响上来。

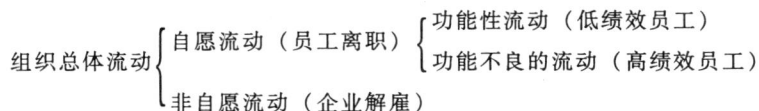

$$\text{组织总体流动}\begin{cases}\text{自愿流动（员工离职）}\begin{cases}\text{功能性流动（低绩效员工）}\\\text{功能不良的流动（高绩效员工）}\end{cases}\\\text{非自愿流动（企业解雇）}\end{cases}$$

图1　组织流动的分类

二、人力资源管理对员工流动率的影响

Steel 和 Ovalle（1984）的研究表明，自愿流动与员工态度（如组织归属感、工作满意度和总体满意度）负相关，但 Mathieu 和 Zajac（1990）发现，组织归属感、工作满意度等态度通常不能用于预测员工绩效②。据此看来，基于绩效的员工流动研究不能仅着眼于员工态度、认知等微观层面，而应关注在组织层面上如何通过人力资源管理系统的安排和具体实践，优化绩效、自愿流动间的关系。具体来说，组织要想减少功能不良的流动，必须使组织及工作特性对高绩效员工更具吸引力，同时提高低绩效员工退出的动机。

对这一领域的研究，基本可以分为两类：一类是将组织的人力资源管理视为一个整体，从管理系统（战略）的角度来探讨它对流动意愿和行为的影响；另一类则分别考虑具体的人力资源实践对员工流动的影响。

（一）人力资源管理系统（战略）对流动的影响

组织通过运用不同的人力资源管理战略或实践的组合，影响员工的效用评价或企业成本收益评价，进而影响组织的流动水平和结构。流动研究往往基于人力资源管理战略研究中的构型（Configuration）观点，运用两分法对组织的 HRM 系统（战略）进行分类（如表1所示）。虽然不同文献在分类名称上存在差异，但根据员工—组织关系中的时间维度和关注点可将其归并为两种类型：类型 I 是面向短期视角和交易导向的 HR 系统，表现为明确界定的工作任务、甄选和培训中仅关注员工的通用型知识和技能、厂商主要通过外部劳动力市场获得所需员工；类型 II 则是面向长期视角和关系导向的 HR 系统，表现为宽泛的工作任务界定、强调厂商专用人力资本投资和员工的高参与度。

Arthur（1994）沿用 Walton（1985）的分类，将组织的人力资源管理系统分为高承诺型及控制型两类。前者以员工及其拥有的专用知识为核心，较多地依赖员工决策和主动参与完成工作，从而增加了员工流动对组织造成的潜在危害；后者则以成本最小化为目标，以简单清晰的工作界定、低人力资本投资、高度集权和制度化为特征，以期提高在职员工的可替代性，使员工流动对组织成本的负面影响最小化。基于这一原因，高承诺型组织更有动力运用战略性 HRM 系统对员工流动进行主动干预。Arthur 对美国钢铁业的 30 家小型钢铁厂的实证研究表明，采用高承诺型 HRM 系统的厂商员工流动率远低于控制型 HRM 系统

①　Charles R. Williams. Reward contingency, unemployment, and functional turnover. Human Resource Management Review, 1999, 4: 549-576.

②　Charles R. Williams. Reward contingency, unemployment, and functional turnover. Human Resource Management Review, 1999, 4: 549-576.

的厂商，前者的低流动率最终体现为组织的低次品率和高生产率。Arthur 认为，高承诺型 HRM 系统与流动间的负相关关系，源于它对员工的技能要求较高，组织绩效的改善要求员工具备较长的工作任期和经验（即较低的流动性）；同时，员工流动对于组织绩效具有不利影响，组织有意愿对流动进行管理干预①。此外，Pfeffer（1998）提出了另一种解释，即高参与或高承诺的人力资源管理系统，有助于增加员工掌握的信息和技能，提高其激励水平和组织参与度②。Guthrie（2001）针对新西兰 164 家企业的研究，也证实员工流动与组织绩效之间存在交互关系，当组织采用高承诺的 HRM 系统时，员工流动与组织生产率（人均销售收入）负相关，而当组织采用控制型 HRM 系统时，员工流动与生产率正相关③。

表1   人力资源管理系统（战略）的两分法研究

HR 系统	特　征	Walton (1985)	Delery & Doty (1996)	Malos & Campion (2000)	Ferratt, Agarwal, Brown & Moore (2005)
类型 I	短期视角 通过外部劳动力市场吸引员工 较少关注厂商专用人力资本的投资 交易导向	控制型	市场型	以项目为基础	任务导向
类型 II	长期视角 通过内部劳动力市场选拔人才 关注员工的职业发展 员工参与度较高 强调培训和开发 关系导向	承诺型	内部型	以选择权为基础	人力资本导向

Malos 与 Campion（2000）对专业人员（律师事务所）的研究表明，与基于项目的 HR 系统相比，基于选择权的 HR 系统（关注培养专业人员的未来发展潜力）更有可能留住员工，员工表现出较低的离职意愿和流动率④。此外，Ferratt 及其同事（2005）对美国 106 家企业的 IT 人员的研究发现，任务导向的 HR 系统（关注短期生产率）和人力资本导向的 HR 系统（关注承诺）对于 IT 人员的流动率存在不同影响，前者的平均流动率明显高于后者（分别为 14.5% 和 10.3%）。他们指出，当企业做出"自制"（而非外购）的生产决策以及 IT 人员使用领先（而非通用性）技术时，企业更有可能采用人力资本导向的 HR 系统，关注员工的非技术技能（厂商专用人力资本）和内部培养，提高员工的工作保障性和组织归属感，从而降低员工流动水平。此外，Ferratt 及其同事还依据实证分析结果，指出在两分法的 HR 系统之外，还存在某些"中间类型"（如保障型、功利型等），这些中间类型态对员工职业发展、职业安全、激励、信息共享等方面各有侧重，研究发现不同中间类型的 HR 系统所对应的流动率与两分法的 HR 系统存在明显

---

①　Arthur, J. B.. Effects of human resource management systems on manufacturing performance and turnover. Academy of Management Journal, 1994, 10：670-687.

②　Charles R. Williams. Reward contingency, unemployment, and functional turnover. Human Resource Management Review, 1999, 4：549-576.

③　Jason D. Shaw, Delery, J. E., Jenkins G. D., and Gupta, N.. An organizational-level analysis of voluntary and involuntary turnover. Academy of Management Journal, 1998, 8：511-525.

④　Thomas W. Ferratt, Ritu Agarwal, Carol V. Brown, and Jo Ellen Moore. IT human resource management configurations and IT turnover：Theoretical synthesis and empirical analysis. Information Systems Research, 2005, 16（3）：237-255.

差异，但作者关于中间形态的 HR 系统对应于居中的流动率（即高于人力资本导向的系统，而低于任务导向的系统）的假设则未获得支持①。

与前述研究不同，Huselid（1995）采用的是普适性（Universalistic）的 HR 战略观点，他运用因子分析将组织的 13 项人力资源实践划分为"员工技能和组织结构"因子与"员工激励"因子，并将这两大因子的组合称为高绩效 HRM 系统。Huselid 对 968 家美国公司的研究发现，在控制了厂商规模、工会影响和员工薪酬等变量后，一家缺乏任何有效 HRM 实践的公司如果全面启用高绩效 HRM 系统，其流动率的降幅可高达 40%。换言之，组织对高绩效 HRM 系统的使用每提高一个标准差，企业的员工流动率将减少 1.3 个百分点（企业的平均员工流动率为 18.36%），也即降低 7.05%②。这一证据有力地支持了普适性人力资源战略观点所提出的"最佳"HR 战略→中间变量（如流动）→组织绩效间的正向关系。

（二）人力资源具体实践对员工流动的影响

Shaw 及其同事（1998）的研究表明，影响自愿离职与非自愿离职的人力资源管理实践截然不同，仅仅关注 HR 战略与组织总体流动率的互动无助于问题的分析和解决，有必要分别探讨具体的 HR 实践对流动的影响。Tsui 及其同事（Tsui Pearce, Porter, & Tripoli, 1997）指出，员工以个人利益（效用）最大化为目标，当留在企业会使其总收益最大化时，他们会选择留下；而当这一交换关系的天平偏向雇主时，员工会因其他工作机会的吸引而离职。据此，他们将组织的 HRM 实践分为两部分：雇主期望员工做出的贡献（努力）；雇主向员工提供的回报。雇主对员工的回报和投资会提高员工预期产出，使得工作更具吸引力（流动率下降）；反之，雇主的期望会提高员工的预期投入，将降低工作的吸引力（流动率上升）。具体来看，组织中的员工招募与甄选、薪酬管理、培训和开发、工作设计和绩效评估系统等，都会分别影响员工的努力和回报，进而影响组织的员工流动水平③。

1. 员工招募与甄选实践对流动的影响

针对员工甄选配置程序的流动研究，学者们往往认为员工甄选、配置实践是组织解雇水平的良好预测指标④。低效度组织的人员甄选和配置程序，有可能导致甄选错误，组织随后的错误识别和纠正机制将对应于更高的解职率（非自愿流动）。在这一过程中，选择比（录用者/求职者）的高低和甄选工具的效度是关注的重点。Huselid（1995）的研究证实，高选择比的甄选实践与组织总体流动率正相关⑤。选择比与高效度甄选程序的交互影响，对员工流动的影响更为显著。当选择比较高时，高效度甄选技术的使用不会对员工流动有明显影响。而当组织有选择性地挑选员工（低选择比），高效度的甄选工具的效用得到了强化，进而有效减少了组织的非自愿流动水平。Goldstein（1991）发现，当组织的确发生了甄选错误，运用培训手段有助于员工获得必要的技能，也有助于清晰地界定员工角色，因而培训有助于减少员工流动⑥。

不同的员工甄选方法对自愿流动的预测能力也存在差异。Kinicki, Lockwood, Hom 和 Griffeth（1990）

① Thomas W. Ferratt, Ritu Agarwal, Carol V. Brown, and Jo Ellen Moore. IT human resource management configurations and IT turnover: Theoretical synthesis and empirical analysis. Information Systems Research, 2005, 16 (3): 237-255.

② Huselid, M. A.. The impact of human resource management practices on turnover, productivity, and corporate financial performance. Academy of Management Journal, 1995, 6: 635-672.

③ Jason. D. Shaw, J. E. Delery, G. D. Jenkins, and N. Gupta, An organizational-level analysis of voluntary and involuntary turnover. Academy of Management Journal, 1998, 5: 511-525.

④ Jason D. Shaw, Delery, J. E., Jenkins, G. D., and Gupta, N.. An organizational-level analysis of voluntary and involuntary turnover. Academy of Management Journal, 1998, 5: 511-525.

⑤ Huselid, M. A.. The impact of human resource management practices on turnover, productivity, and corporate financial performance. Academy of Management Journal, 1995, 8: 635-672.

⑥ Rodger W. Griffeth, and Peter Hom. Retaining valued employees. C. A.: Sage Publications, 2001: 201.

指出，如果企业能筛选出具有"流动员工综合症"（Hobo Syndrome，即一种频繁更换工作的本能冲动）特征的员工，则可以有效稳定员工队伍。Bernadin（1987）及其他多项研究均发现，加权申请表法（WAB）能为员工流动行为提供最准确的预测。通过分析组织中留任者与离职者在人口学及其他关键特征方面的系统性差异，WAB能为组织未来的员工筛选标准提供有效的指导。Breaugh和Dossett（1989）对银行出纳员的研究发现，员工的前一份工作的任职期限、员工的相关工作经验、是否由内部员工举荐，以及员工的教育程度，均可以作为员工流动倾向的预测指标（$r = .44$）。与WAB相似的个人历史资料（Biodata）甄选法，也可用于预测员工流动。Schmitt等人（1984）所做的元分析表明，运用个人历史资料法预测员工流动的平均效度系数为0.21。在员工甄选中使用最广泛的面试方法，其流动的预测能力在两项研究中得到了确认。McDaniel、Whetzel、Schmidt和Maurer（1994）所做的元分析发现，面试能在一定程度上预测员工工作任期（对样本规模加权并剔除度量误差后，相关系数的均值为0.13）。由于该项元分析涉及的研究既包括结构性面试，也包括非结构性面试，仅对前者进行元分析可能会得到更强的相关系数。事实上，Schmidt和Rader（1999）对结构性电话面试所做的元分析发现，经样本规模加权和误差调整后的相关系数达到了0.39，说明结构性面试可以相当准确地预测员工工作任期。关于人格/兴趣测试与流动关系的早期研究往往表明，这类测试对流动的预测效度较低，但近年的研究给出了一些不同的结论。Barrick和Mount（1991）的元分析发现，责任心、经验开放性和随和性可以预测员工流动，外倾性与情绪稳定性则与流动无关。同一组研究者在1996年对长途卡车司机的研究也发现，高责任心、情绪稳定的司机离职的可能性较小（这两项人格特质与测试后6个月内的流动的相关系数为 -0.20）[1]。

2. 薪酬管理

Williams和Dreher（1989）指出，组织以高工资、高福利等形式进行的人员投资会减少员工自愿流动，在这一过程中，组织通过吸引和保留高素质员工队伍而受益。高工资水平与自愿流动率之间的负相关关系，在个人、组织和行业层面上都得到了证实。高福利与自愿流动的关系也在个人和组织层面上得到了证实[2]。

除了设定高薪资水平之外，企业也采用多种不同的薪资结构、绩效工资及福利方案来影响员工的离职动机和行为。其中，基于技能/知识的工资、市场定价、宽带薪酬以及绩效工资制度被认为是最有可能减少员工自愿流动的做法。Leblanc（1991）对北电公司所做的研究表明，基于技能的工资降低了员工流出。市场定价则是组织为应对外部人才竞争和保持工资竞争力而采用的策略，它在强调外部公平性的同时牺牲了组织薪酬体系的内部公平性。研究表明，尽管薪酬的市场定价策略有助于留住组织内的紧缺人才，但其对内部公平性的破坏却会同时增加其他员工离职的可能。Gross（1998）对万豪国际的研究表明，其14 500名管理者在新的宽带薪酬（共4个薪级）下获得了更多的加薪机会，并在不改变薪级的前提下，拥有更多的机会拓宽个人在不同职业领域中的经验。同时，由于扩大了薪酬浮动幅度，宽带薪酬可以在不损害内部公平性的同时，为热门职位提供市场定价的工资，这一做法有助于留住员工[3]。

关于绩效工资对流动的影响，Miller等人（1999）的研究表明，利润分享和个人奖励计划有助于减少组织的总体流动率。特别需要指出的是，Harrison等人（1996）的研究表明，将奖金与工作绩效挂钩，有助于降低功能不良的流动。高绩效者对公司有更高的忠诚度和归属感，这一点因其绩效表现得到了相应的回报而得到强化。Griffeth等人（2000）的元分析证实了这一关系，发现当报酬与绩效相关时，高绩效者

① Rodger W. Griffeth, and Peter Hom. Retaining valued employees. C. A.: Sage Publications, 2001: 201.

② Charles R. Williams. Reward contingency, unemployment, and functional turnover. Human Resource Management Review, 1999, 4: 549-576.

③ Rodger W. Griffeth, and Peter Hom. Retaining valued employees. C. A.: Sage Publications, 2001: 201.

的离职率低于绩效不达标者；但当组织没有绩效工资安排时，高绩效者比绩效不达标者的离职率更高。另有一些流动研究针对不同种类的绩效工资安排进行了分析。Harrison 等人（1996）发现，100%的销售佣金制可以提高销售明星的留任率，并将低效的销售人员逐出企业。Williams（1999）对销售人员薪酬制度的研究也证明，在控制了外部工作机会的条件下，高佣金制企业的低绩效员工更有可能离职（功能性流动），而高基薪制企业的低绩效员工则较有可能选择留任。此外，Trevor 等人（1997）的研究还发现，快速的工资增长（及加速的晋升激励）可以降低高绩效员工的离职率。这一点对于减少高端人才（特别是高度受人关注的职业或其客观绩效易于为外界所知时）的流失尤其重要。延期报酬也是减少员工流动的常用手段。由 Cooper 和 Lybrand 对美国企业所做的一项全国性调查发现，采用留任红利（Retention Bonus）的企业数由 1995 年的 14% 上升到 1997 年的 43%，其中 70% 的企业认为这一做法在转轨时期有效地留住了关键员工①。

员工对薪酬管理中的程序性公平的判断也会影响其组织归属感和流动意愿。Folger 和 Cropanzano（1998）的研究表明，不公正的薪酬管理实践会降低员工的忠诚度。Tyler（1990）的研究指出，基于程序性公正的薪酬管理策略对于员工忠诚度和归属的影响，要优于以结果公平（或有利的分配结果）为基础的策略。同样，Folger 和 Konovsky（1989）也观察到，加薪的程序性公平对员工归属感的影响大于实际加薪幅度产生的影响②。

3. 组织绩效评估系统

多项流动研究沿用 March 与 Simon（1958）的思路，认为正式的组织绩效评估系统有助于区别绩优员工和绩差员工，进而影响员工对工作吸引力和流动难易程度的感知。他们认为高绩效使流动更为容易，从而绩效与流动成正相关关系；但绩效工资制度会降低高绩效员工的流动意愿。但 McEloy 与 Cascio（1987）对探讨绩效—流动关系的 24 项研究进行元分析并发现，绩效与流动间的相关系数均值为 -0.22，即高绩效员工的流动水平较低，而低绩效员工的流动水平较高。对此，他们有两点解释：其一，获得低于平均水平的绩效评级会带给员工压力，这种压力的存在将推动员工更多地进行工作信息搜寻活动；其二，流动的过程模型通常假定存在绩效→工作满意度（+）→流动意愿（-）→流动行为（+）这一因果链，当流动的难度保持不变时，绩效与流动行为之间应存在负相关关系③。

但也有部分研究认为绩效与员工流动间不存在线性关系。Steers 和 Mowday（1981）预测，高绩效会导致员工提高其期望报酬，如果这一期望未得到满足，将会增加流动率水平，同时，低绩效将降低工作对员工的内在激励，也会增加员工流动。Jackofsky（1984）也假定，在员工绩效和组织总体流动率之间存在一种非线性关系。她指出，绩效最差的员工的非自愿流动率较高（被组织解雇），而绩效优秀的员工面临更多的外部工作机会，因而可能有较高的自愿流动率。如果这一假定正确，研究中将很难发现总体流动率与绩效的相关关系，但这一假定并未获得实证研究的有力支持④。

针对上述相互冲突的研究假设和经验证据，Allen 和 Griffeth（1999）在个体绩效和自愿流动的关系研究中，加入了回报一致性（Reward Contingency）和绩效可视性（Visibility）两项调节变量。回报一致性是指个人报酬与其绩效的关联度。绩效可视性是指个体绩效被其他组织认可的程度。两项调节变量的不同组合，为绩效与离职行为间的不稳定关系提供了解释：当一致性和可视性同时高或低时，绩效和离职之间为

① Rodger W. Griffeth, and Peter Hom. Retaining valued employees. C. A.: Sage Publications, 2001: 201.

② Charles R. Williams. Reward contingency, unemployment, and functional turnover. Human Resource Management Review, 1999, 4: 549-576.

③ Jason D. Shaw, Nina Gupta, and John E. Delery. Alternative conceptualization of the relationship between voluntary turnover and organizational performance. Academy of Management Journal, 2005, 6: 50-68.

④ Rodger W. Griffeth, Peter Hom. Retaining valued employees. C. A.: Sage Publications, 2001: 201.

弱相关关系；当一致性高、可视性低时，绩效和离职之间为显著的负相关关系；当一致性低、可视性高时，绩效和离职之间为显著的正相关关系。Allen 和 Griffeth 最近的一项实证研究验证了以上假设①。

4. 人力资本投资

组织的人力资本投资（如工作稳定性、培训开发等）通过改变员工的心理感受和流动的难易程度，影响员工的流动意愿和行为。在频繁发生精简、并购的年代，组织提供的工作保障就是人力资本投资的一种重要表现，它会降低员工的自愿离职率。另一项典型的人力资本投资是对员工的培训开发，研究发现，培训投资可以有效地预测自愿离职。Lynch（1991）发现，参加由公司提供的课堂培训的员工，更有可能主动离职。Trevor（2001）发现，当工作满意度、失业率和工资水平保持不变时，获得较多教育和一般培训的员工更有可能主动离职或被其他组织的工作机会所吸引②。这一观点与人力资本理论的观点保持一致，但也存在相反的经验证据。Loewenstein 和 Speltzer（1997）在探讨员工参加学历教育与流动率的关系时，未发现相关关系。为此，Benson，Finegold 和 Mohrman（2004）引入两个变量（是否获得证书、开发后的晋升机会）后发现：对于颁发证书的研究生学历教育项目，员工在受训期间的离职率会下降，在获得证书后的离职率会显著提高；在控制晋升加薪后，接受研究生教育的员工的晋升机会与其流动意愿负相关。但在其他层次的学历教育中，上述效应并不显著③。

与人力资本理论的解释不同，Mitchell，Holtom，Lee，Sablynski 和 Erez（2001）提出，其他工作机会的吸引力部分取决于员工与其当前工作的匹配度。Lee 与 Maurer（1997）则指出，员工开发有助于人力资本的维护和更新，从而减少员工因不适应工作要求而离职的可能性。对于需要定期更新技能的知识员工来说，如果缺乏持续的人力资本投资，个人职业目标、工作技能、工作要求都将随着时间推移而下降，这一匹配水平的下降将使员工重估外部工作机会的吸引力（流动意愿上升）。从这个意义上说，组织的人力资本投资是保持员工—工作匹配程度的努力，也会降低员工流动水平。Benson、Finegold 和 Mohrman（2004）对培训后晋升机会与流动的正相关关系的研究结论表明，当组织的人力资本投资项目被纳入人力资源的整体规划和个人职业发展计划时，投资有助于减少员工流动④。

三、未来研究应关注的问题

在过去 20 多年间，流动研究的重点越来越多地由个人层面转向组织层面的研究，并较多地运用战略性人力资源管理研究的成果分析组织管理实践对流动的影响。大量研究证明，企业的人力资源系统及实践将影响组织流动水平，进而影响组织绩效。但这一层面的流动研究仍处于发展阶段，一些重要问题的实证结论仍存在分歧，同时针对中国企业的研究也才刚刚起步。因此，未来的研究有必要关注以下几个方面：

（1）解释变量的选择。在组织层面的流动研究中，以单个人力资源实践为对象的研究与以人力资源整体战略为对象的研究同时存在。针对单个实践的研究有重要的理论价值，但存在一个重大缺陷，即由于组织中各项人力资源实践之间存在内在关联性，例如采用高效度甄选方法的企业，往往也更有可能乐于在

---

① Jason D. Shaw, Nina Gupta, and John E. Delery. Alternative conceptualization of the relationship between voluntary turnover and organizational performance. Academy of Management Journal, 2005：50-68.

② Jason. D. Shaw, Delery, J. E. , Jenkins, G. D. , and Gupta, N.. An organizational-level analysis of voluntary and involuntary turnover. Academy of Management Journal, 1998：511-525.

③ George S. Benson, David Finegold , and Susan Albers Mohrman. You paid for the skills, now keep them：Tuition reimbursement and voluntary turnover. Academy of Management Journal, 2004：315-331.

④ George S. Benson, David Finegold, and Susan Albers Mohrman. You paid for the skills, now keep them：Tuition reimbursement and voluntary turnover. Academy of Management Journal, 2004：315-331.

其他人力资源管理实践上投资，仅仅探讨单个具体实践对组织流动率的影响，会夸大或高估其影响效应。因此，在组织层面的流动研究中，有必要更多地关注从人力资源系统（战略的视角）来研究组织流动的干预效果。

（2）现有研究多以战略性人力资源管理中的构型观点作为人力资源系统分类的基础。在普适性观点、权变观点和构型观点中，构型观点涵盖了多种人力资源系统并存的现实可能性，这也是经多项实证研究所证实的。但由于现有研究中较多采用两分法对构型予以分类，仅考虑了短期交易型和长期关系型的两种极端，从而在研究中排除了其他中间类型的存在，进而将人力资源战略的内部一致性（具体人力资源实践之间的匹配）与外部一致性（经营战略与人力资源战略的匹配）对流动水平的影响这一研究课题排除在研究者的视野之外。因此，后续研究有必要考虑中间类型的人力资源战略对流动的影响，以及战略一致性对流动的影响。

（3）因变量的选择。现有的研究中，组织流动率的数据往往由关键管理人员提供，该数据往往同时包括自愿流动和非自愿流动。由于自愿流动与非自愿流动的影响机制和动因存在明显差异，不加区别的分析实际上会影响结论的可靠性。另外，由 Dalton 等人（1981）提出的功能性流动及功能不良的流动，对于组织人力资源管理→员工流动→组织绩效的研究更有价值，但受限于其操作性定义和度量上的难度，多数实证研究中并未将其作为因变量加以分析。未来的研究有必要在采集组织数据时，将组织流动率予以细化，并探讨人力资源管理对功能性流动和功能不良的流动的不同影响机制。

（4）加强我国对组织层面的流动研究。在经济转轨和全球化过程中，我国企业在人才战中处于不利地位，相当多的企业面临组织流动率高、大量关键人才流失、人才储备有限的问题。如何通过人力资源战略留住人才、减少功能不良的流动，分析具体人力资源实践对员工离职行为的影响，都是我国组织流动研究中亟待解答的问题。但中西方的文化差异、体制差异和经济发展进程的差异，都要求我们借鉴国外同行的研究方法并结合中国实践进行理论与实证研究。

珞珈管理评论［2008 年卷 第 2 辑（总第 3 辑）］　　　　Luojia Management Review No. 2，2008（Sum. 3）

在美中国上市公司董事会与公司绩效关系的实证研究[*]

● 周　建[1]　华心怡[2]　刘小元[3]　张文隆[4]

（1，2　南开大学商学院　天津　300071；3，4　南开大学公司治理中心　天津　300071）

【摘　要】在中国企业海外上市的大环境下，有关董事会与公司绩效的研究又呈现出一个崭新的视角。本研究选取在纽约证券交易所上市的中国企业为研究样本，从董事会构成情况、董事会特征、董事会结构、董事会行为四个维度分别选取了董事会规模、独立董事比例、连锁董事比例、领导权结构以及董事会会议次数作为董事会治理指标来检验董事会与公司绩效之间的关系。通过统计软件 SPSS13.0 进行了描述性分析以及回归分析。实证结果表明：董事会规模与公司绩效不存在显著的相关关系；独立董事比例与公司绩效存在显著的负相关关系；连锁董事比例与公司绩效不存在显著的相关关系；CEO 与董事长两职合一和公司绩效存在显著的负相关关系；年度内董事会会议次数与当年公司绩效存在显著的负相关关系。

【关键词】在美上市　中国上市公司　董事会　公司绩效

一、引言

在过去的 20 年中，资本市场的全球化步伐进一步加快，资本市场的扩大使得全球范围内的证券交易更为便捷。20 世纪 90 年代，在海外的主要交易所发行股票上市的公司已经达到 4 700 家，不仅发达国家的公司在进行海外上市，其中也包括那些第一次向外国投资者开放它们的证券市场的新兴经济体国家①。

在全球资本市场开放的环境下，中国的公司也逐渐加快了海外上市的步伐，在海外各主要交易所发行上市。其中有相当一部分中国企业选择在美国上市，主要是在纽约证券交易所、纳斯达克证券交易所、美国证券交易所这三大交易所上市。其中，在纽约证券交易所上市的中国企业主要是大型企业，在纳斯达克证券交易所、美国证券交易所上市的大多是中小型企业，这些企业获得了良好的融资。总体来看，中国企业在美国这样一个资本市场比较发达并且制度比较健全的国家选择上市，很大程度上能够使公司的信息获得市场更为广泛的关注，使企业在资本市场上寻求更为广泛的融资机会，促进企业能力的提升。

在美国上市的中国企业，必然面临的一个问题是要受到美国的公司治理制度的监管。因此，对这些中

＊　本文得到国家自然科学基金项目（项目编号：70872048）、教育部人文社科重点研究基地"南开大学公司治理研究中心"重大项目（项目编号：04JJD630004）、国家自然科学基金重点项目（项目编号：70532001）子课题"企业跨国治理研究"和 2007 年度天津哲学社会科学规划项目重点课题（项目编号：TJGL07—83）以及南开大学"985 工程"哲学社会科学创新基地"中国企业管理与制度创新"的资助。

①　G. Andrew Karolyi. The world of cross-listings and cross-listings of the world：Challenging conventional wisdom. Working paper，2004：3.

国企业提出了相比国内上市公司而言更为严格的要求：要建立适应美国公司治理制度背景的完善的公司治理结构。旨在改革会计职业监管、公司治理、证券市场监管等的重要法律《萨班斯-奥克斯利法案》的颁布及正式实施，意味着目前所有在美国上市的公司（包括在美国注册的上市公司和在外国注册而于美国上市的公司）都必须遵守该法案，这使得在美国上市的中国企业纷纷为达到严格的监管而完善公司治理结构以及提高公司披露的准确性和可靠性，这种管制一方面给企业带来了构建严密的内部控制体系的艰巨任务，另一方面也能有力地推动企业完善公司治理结构。

在这样一种跨境上市的制度背景下，对董事会这一公司治理结构中的有机组成部分的研究会衍生出很多值得探索的问题。以前关于这一领域的研究样本大多取自在本国上市的本国公司，对于跨境上市公司的董事会治理及其对公司绩效的影响的关注程度相对较低。本研究从董事会构成情况、董事会特征、董事会结构、董事会行为四个维度分别选取了董事会规模、独立董事比例、连锁董事比例、领导权结构以及董事会会议次数作为董事会治理指标来检验董事会与公司绩效之间的关系，并且根据实证结果及制度背景提出了几点建议，可以为今后中国加快海外上市步伐提供有关董事会治理方面的有益启示。

二、文献回顾及研究假设提出

通过有关董事会规模与公司绩效关系的文献回顾可以发现，学者们都在试图寻找董事会的最佳规模，虽然各个学者的研究角度不同导致了研究结果的差异，但是总体上达成了一些看法，比如：当董事会的人数超过一定规模时，增加了沟通与协调上的困难，董事会的效率也有所下降。

Yermack 于 1996 年利用实证分析研究了董事会规模与公司绩效之间的关系，分析表明，董事会规模与托宾 Q 值之间呈现出负相关的倒"U"型曲线关系，当董事会规模从 6 人上升到 12 人时，公司价值的损失相当于董事会人数从 12 人上升到 24 人时的损失，即当董事会的规模从小型向中型变化时，公司价值的损失最大[1]。于东智、池国华（2004）以 2001 年 12 月 31 日以前在深、沪证交所上市的 1 160 家公司为研究样本，以 1998—2001 年为研究区间进行实证分析，结果表明董事会规模与公司绩效之间存在倒"U"型的曲线关系[2]。董事会规模过小，董事不能有效地代表利益相关者的利益，在做决策时可借助的资源也相对欠缺，而董事会规模过大又会造成沟通与协调上的低效率以及"搭便车"问题造成的障碍，保持适度的董事会规模能够在一定程度上保证董事会日常运作的高效率。因而提出假设 1 如下：

假设 1：董事会规模与公司绩效之间存在着显著的倒"U"型曲线关系。

独立董事是刻画董事会独立性的一个重要方面。由于他们能够在参与董事会日常活动中充分发挥其独立性，在有关公司决策中发表自己的看法而不受到公司内部的一些影响，往往能够更为有效地促进公司决策的科学性。同时，独立董事能够促进对董事会的监督，更好地维护股东利益。独立董事拥有的行业工作经验或专业知识为公司带来了丰富的资源，这些资源对于公司重大事项的决策是十分有益的。

Fama 和 Jensen（1983）认为由于声誉激励的作用，独立董事能够有效地降低管理者对剩余索取权的侵害[3]。Byrd 和 Hickman（1992）认为独立董事占多数的董事会可以公正客观地提出建议，使股票收益大

① Yermack, D.. Higher market evaluation of companies with a small board of directors. Journal of Financial Economics, 1996, 3: 185-211.

② 于东智，池国华. 董事会规模、稳定性与公司绩效：理论与经验分析. 经济研究, 2004, 4: 70-78.

③ Fama, E. F., and Jensen, M. C.. Separation of ownership and control. Journal of Law and Economics, 1983, 27: 301-325.

于其他类型的企业，但当独立董事比例超过 60% 时，这个优势就不存在了①。Dechow、Sloan 和 Sweeney（1996）研究发现，与处于同一产业、相近规模的公司相比，执行董事占多数且没有审计委员会的上市公司公布虚假财务信息的比率大大提高②。

独立董事越来越成为董事会中重要的一部分，《纽约交易所上市公司手册》第 303A.01 款要求上市公司董事会大部分成员必须为独立董事。2004 年及 2005 年在美上市的中国公司的董事会中独立董事的平均比例达到 40% 左右，而这些来自公司外部的独立董事有一部分同时兼任着其他公司的董事职位。作为政策上的要求以及公司积极顺应发展的需求，在美上市的中国公司都设置了较大比例的独立董事以保持董事会的独立性。因而提出假设 2 如下：

假设 2：独立董事的比例与公司绩效存在显著的正相关关系。

Mizruchi（1996）将同时在两家或两家以上公司的董事会中担任董事职务的董事称为连锁董事③。由于他们具有丰富的管理经验以及专业知识，他们较容易在其他同行业或不同行业的公司担任董事职务，起到决策咨询的作用。因而，这种由董事任职于不同公司的董事会而形成的公司间的网络关系，成为考察董事形态的一个重要方面。作为连接公司间的纽带，连锁董事为公司提供了获取公司外部资源的渠道，他们在行业内的声誉以及掌握的其他公司的信息能够使本公司在外部市场的竞争中处于有利地位。

由连锁董事构成了一个复杂的商业网络，而"关系"这个因素在中国商业网络中又具有相当重要的作用。Burt（1983）认为企业间的连锁董事网络缓解了企业面临的市场限制，他同时认为，在单纯意义上的市场之外，存在一个连锁董事的企业间市场，企业的经济行为与绩效镶嵌于这样一个网络之中，受其影响与塑造④。任兵、区玉辉、林自强（2001）通过对中国企业连锁董事的考察得出以下观点：中国企业目前越来越重视资源的互相依赖，市场化机制使得企业不得不自己寻找出路。而为降低交易成本，企业间亦利用关系网来疏通渠道，获得必要的资源⑤。在这种视角下，连锁董事对公司绩效的提高可能存在着积极的作用，因而提出假设 3 如下：

假设 3：连锁董事的比例与公司绩效存在显著的正相关关系。

公司的领导权结构涉及两种形态：一种是 CEO 兼任董事长，另一种是 CEO 和董事长分别由不同的人来担任。领导权结构反映了 CEO 与董事会的交互方式。《凯德伯瑞报告》建议将 CEO 与董事长这两个职位相分离，支持这一措施的主要观点是：将 CEO 与董事长这两个职位相分离能够使董事会更有效地实施其控制功能，从而达到改进公司绩效的目的。而在 CEO 和董事长这两个职位由同一个人担任的情况下，CEO 在董事会中自己评估自己的工作业绩，从而也不利于保持董事会的独立性。支持这一改革的人认为从两职分离中获取的收益将超过成本⑥。Fama 和 Jensen（1983）同时指出决策管理与决策控制如果集中

① Byrd, J. J., and Hickman, K. A.. Do outside directors monitor managers?. Journal of Financial Economics, 1992, 32: 195-221.

② Dechow, P. W, Sloan, R. G., and Sweeney, A. P.. Causes and consequences of earnings manipulation: An analysis of firms subject to enforcement actions by the SEC. Contemporary Accounting Research, 1996, 13 (10): 1-13.

③ Mizruchi, M.. What do interlocks do? An analysis, critique, and assessment of research on interlocking directorates. Annual Review of Sociology, 1996, 22: 271-298.

④ Burt, R. S.. Corporate profits and cooptation networks of market constraints and directorates ties in the American economy. New York: Academic Press, 1996.

⑤ 任兵，区玉辉，林自强. 企业连锁董事在中国. 管理世界，2001，6: 134.

⑥ Nikos Vafeas, and Elena Theodorou. The relationship between board structure and firm performance in the U. K. British Accounting Review, 1998, 30: 383-407.

在同一个人手中会减少董事会监督高层管理者的有效性①。Jensen（1993）指出，在单一领导结构下，当CEO的个人利益与高级管理层的利益比股东的利益更加一致时，管理层操纵董事会的力度就增强了，这很有可能导致管理层的投机行为和无效行为，这些行为将损害股东的利益，只有当董事长独立于管理层，才能使董事会的监控更加公平②。因而提出假设4如下：

假设4：CEO与董事长两职合一与公司绩效存在显著的负相关关系。

在刻画董事会行为的各个因素中，年度董事会会议次数是一个较为重要的量化指标，它能够反映出董事会对企业运营情况做出的反应以及对公司绩效改进做出的努力。

Nikos（1999）认为，调整董事会会议的频率比改变董事会的构成或企业的所有权结构更容易取得更好的董事会治理效果。Nikos通过对1990—1994年的307家公司的实证研究得出：年度董事会会议次数与公司绩效呈负相关关系，这是由股价下跌造成的董事会活动频率增加③。谷祺、于东智（2001）以1997—2001年697家中国上市公司为样本，通过实证研究得出以下结论：在一定程度上由于绩效的下降驱动了董事会从事更高频率的活动④。

从这个视角考虑，董事会会议的召开通常是对公司现在的运作状况做出的一个反应，在公司业绩下滑的时期，相应的董事会会议召开频率也可能比平常有所提高。因而提出假设5如下：

假设5：年度内董事会会议次数与当年公司绩效存在显著的负相关关系。

三、研究设计

本研究选取在纽约证券交易所上市的中国企业为研究样本，以2003—2005年为研究的时间区间，剔除了金融类公司以及涉及指标不全的公司，共获得有效样本34个。有关董事会规模、独立董事比例、领导权结构及董事会会议召开情况的数据是从公司各年度年报以及CCER经济金融数据库中获得的，样本公司各年度的财务指标（净资产收益率ROE、总资产收益率ROA）以及资产规模是通过OSIRIS全球上市公司分析库中获得的，数据库中部分缺失数据是通过公司年报数据计算获得的。关于董事在其他公司兼任董事职务的情况是通过各公司年报中董事简历一项的信息处理而获得的。

在自变量设计上，本研究将采用董事会规模、独立董事比例、连锁董事比例、领导权结构以及董事会会议次数作为自变量，分别代表了董事会构成情况、董事会特征、董事会结构、董事会行为四个维度的特性。本研究将同时采用ROE以及ROA作为衡量公司绩效的指标，它们分别表示的是净利润/股东权益以及净收入/总资产，这两项财务指标较为有效地反映了公司绩效，Richardson（1987）、Pennings（1980）、Geoffrey和Gavin（2003）、Nikos（1999）等人都曾用ROA作为衡量公司绩效的指标；Rechner和Dalton（1991）、Bowman和Haire（1975）等人曾采用ROE作为衡量公司绩效的指标。在考察董事会与公司绩效的关系时，应该考虑到公司规模对公司绩效的影响，因此将公司规模设置为控制变量。公司规模是通过对公司总资产取自然对数获得的。具体的变量定义及含义见表1。

① Fama, E. F., and Jensen, M. C.. Agency problems and residual claims. Journal of Law and Economics, 1933, 27: 327-349.

② Jensen, M. C.. The modern industrial revolution, exit and the failure of internal control systems. Journal of Finance, 1993, 48: 831-880.

③ Nikos Vafeas. Board meeting frequency and firm performance. Journal of Financial Economics, 1999, 53: 113-142.

④ 谷祺，于东智. 公司治理、董事会行为与经营绩效. 财经问题研究，2001，1: 58-64.

表1   变 量 定 义

变量	变量含义	符号
净资产收益率	净利润/股东权益	ROE
总资产收益率	净收入/总资产	ROA
董事会规模	董事会人数取自然对数	Ln（Boardsize）
独立董事比例	独立董事人数/董事会人数	Indep_rate
连锁董事比例	连锁董事人数/董事会人数	Interlocks_rate
领导权结构	虚拟变量，CEO 和董事长两职合一则取 1，两职分离则取 0	Duality
董事会会议次数	年度董事会会议召开次数取自然对数	Ln（Num_boardm）
公司规模	公司总资产取自然对数	Ln（Assets）

四、实证分析

（一）描述性统计分析

为了对样本公司的董事会各因素及财务指标 ROE、ROA 在均值、标准差以及各变量的相关性有所了解，首先运用 SPSS13.0 对研究样本进行简单的描述性分析。

表 2 的统计结果显示：ROE 与独立董事比例存在显著的负相关关系，相关系数 $r = -0.510$，显著性水平 $P < 0.01$，ROA 与独立董事比例也存在显著的负相关关系，相关系数 $r = -0.589$，显著性水平 $P < 0.01$；ROE 与董事会会议次数（以年度董事会会议次数的自然对数表示）存在显著的负相关关系，相关系数 $r = -0.555$，显著性水平 $P < 0.01$，ROA 与董事会会议次数也存在显著的负相关关系，相关系数 $r = -0.468$，显著性水平 $P < 0.01$；ROE 与公司规模（以总资产的自然对数表示）存在显著的正相关关系，相关系数 $r = 0.393$，显著性水平 $P < 0.05$；公司规模与董事会规模呈现显著的正相关关系，相关系数 $r = 0.473$，显著性水平 $P < 0.01$，即较大规模的公司趋向于拥有人数较多的董事会。

表2   描述性统计与相关分析

变量	均值	标准差	1	2	3	4	5	6
1 Ln（Boardsize）	2.484	0.170						
2 Indep_rate	32.519	9.563	− 0.433**					
3 Interlocks_rate	24.072	14.758	− 0.037	0.090				
4 Duality	0.441	0.504	− 0.077	− 0.354*	0.229			
5 Ln（Num_boardm）	1.963	0.635	0.016	0.343*	− 0.186	− 0.510**		
6 Ln（Assets）	11.519	1.252	0.473**	− 0.380*	0.215	0.420*	− 0.098	
7 ROE	12.177	10.285	0.204	− 0.510**	0.263	0.232	− 0.555**	0.393*
8 ROA	7.290	5.426	0.103	− 0.589**	0.231	0.244	− 0.468**	0.265

注：$* p < 0.1$（双尾），$** p < 0.05$（双尾）。

（二）回归分析

运用统计软件 SPSS13.0 对在纽约证券交易所上市的 2003—2005 年时间区间内的中国企业的董事会与公司绩效相关关系进行实证研究。为了增强实证分析的有效性，本研究分别采用了不同的模型并且设置了两个不同的公司绩效指标对董事会的各因素与公司绩效的关系进行研究。通过统计软件 SPSS13.0 对样本数据进行回归分析，实证分析结果如表3、表4所示。

表3

公司绩效 ROE 与董事会指标回归结果

Dependent variable		ROE		
Models		（1）	（2）	（3）
Constant		640.093(1.879)	31.651(1.144)	27.873(1.119)
Independent Variables	Ln(Boardsize)	−505.062(−1.822)	−4.970(−0.450)	−6.139(−0.595)
	(Ln(Boardsize))^2	102.097(1.801)		
	Indep_rate	−0.517(−3.073)**	−0.689(−0.971)	−0.456(−2.661)*
	(Indep_rate)^2		0.003(0.338)	
	Interlocks_rate	0.091(0.936)	0.152(1.555)	0.160(1.711)
	Duality	−7.330(−2.206)*	−7.473(−2.113)*	−7.612(−2.203)*
	Ln(Num_boardm)	−8.834(−3.745)**	−8.380(−3.347)**	−8.478(−3.466)**
Ln(assets)		2.459(1.803)	2.464(1.598)	2.652(1.874)
N		34	34	34
Durbin-Watson		1.429	1.529	1.532
Adjusted R^2		0.540	0.484	0.501
F-Value		6.525***	5.429**	6.529***

表4

公司绩效 ROA 与董事会指标回归结果

Dependent variable		ROA		
Models		（4）	（5）	（6）
Constant		296.012(1.578)	40.678(2.785)*	34.321(2.560)*
Independent Variables	Ln(Boardsize)	−220.434(−1.444)	−5.204(−0.893)	−7.172(−1.292)
	(Ln(Boardsize))^2	43.641(1.398)		
	Indep_rate	−0.416(−4.494)***	−0.782(−2.088)*	−0.390(−4.228)***
	(Indep_rate)^2		0.004(1.079)	
	Interlocks_rate	0.072(1.342)	0.088(1.709)	0.101(2.016)
	Duality	−2.814(−1.538)	−2.701(−1.447)	−2.934(−1.578)
	Ln(Num_boardm)	−2.730(−2.102)*	−2.412(−1.825)	−2.577(−1.958)
Ln(assets)		0.559(0.745)	0.325(0.400)	0.642(0.842)
N		34	34	34
Durbin-Watson		1.130	1.198	1.187
Adjusted R^2		0.499	0.484	0.481
F-Value		5.687***	5.421**	6.094***

注：* $p < 0.1$，** $p < 0.05$，*** $p < 0.01$。

所有六种模型的回归结果显示：董事会规模与公司绩效（以 ROE 或 ROA 来衡量）没有显著的相关关系，实证结论不支持假设1。这一结论与 Yermack 于1996年利用实证分析研究得出的董事会规模与托宾 Q 值之间呈现出负相关的倒"U"型曲线关系的结论不相一致。这一实证分析结果表明：并不存在一个最佳的董事会规模，根据公司规模的不同以及公司的特定情况，应合理确定董事会的人数设置。对于规模较大的公司，往往需要处理更多更复杂的经营决策问题，因而配备较多人数但其规模还未妨碍沟通及协调的董事会，能够充分利用较大规模董事会内部充裕的专业知识、管理知识及经验，从而形成知识互补，更加有力地促进决策的科学性。同时，较大规模的董事会能够更广泛地代表利益相关者的利益，以及促进董事会成员间的相互制衡。对于规模较小的公司，其经营决策复杂程度相对比较低，采用中等规模的董事会比较合适。

模型（1）、模型（3）的回归结果显示：独立董事比例与 ROE 存在显著的负相关关系，模型（4）、模型（5）以及模型（6）的回归结果也显示出独立董事比例与 ROA 存在显著的负相关关系，不支持假设2。这一实证结论与吴淑琨、刘忠明、范建强（2001）①、Dehaene 等（2001）②的研究结论不相一致，即这些学者通过实证验证得出：独立董事比例与公司绩效之间存在正相关关系。模型2的回归结果显示：独立董事比例与 ROE 也不存在显著的二次曲线关系。导致独立董事比例与公司绩效之间存在显著的负相关关系而非假设所描述的独立董事比例越高越能够促进公司财务绩效提高的结果可能是因为：在公司注重独立董事结构性比例的时候，并没有充分发挥独立董事在参与董事会活动中的作用，独立董事的独立性一方面也造成了对公司现有运营情况的了解程度不及内部董事，这使得他们在参与公司决策时无法掌握足够的信息来支持他们做出科学的决策。而且，在有些董事会中，独立董事充当了名誉董事的角色，他们介入董事会活动的程度并没有达到预期的程度，因而影响了他们对公司绩效改善的积极作用。

所有六种模型的回归结果显示，连锁董事比例与公司绩效（以 ROE 或 ROA 来衡量）存在较弱的正相关关系，不支持假设3。这一实证结论与 Geoffrey 和 Gavin（2003）的实证研究结果相一致，即连锁董事和基于市场的公司绩效指标间存在较弱的正相关关系③。导致这一结果的原因可能是连锁董事作为一种获取外部资源的纽带，其作用并没有真正发挥出来，大多数连锁董事在不同的公司董事会中任职是由于其声望、管理能力及专业素质，但处于商业网络关系中的连锁董事在沟通内外部资源以促进公司绩效改进方面的能力并没有很明显地体现出来。

模型（1）、模型（2）和模型（3）的回归结果显示，CEO 与董事长两职合一与公司绩效 ROE 存在显著的负相关关系，实证结果支持假设4。这一结论与 Rechner 和 Dalton（1991）对1978—1983年财富500强中领导结构保持不变的141家公司的实证分析结果相一致，即他们发现双重领导结构的公司总是比单一领导结构公司的业绩好④。Jensen 和 Meckling（1976）所持的代理理论认为，除非在大公司里实行了保护股东利益的治理措施，否则经理层的行为并不以股东利益最大化为导向⑤。董事会和经营层的价值取向存在差异，因此，若董事会的领导结构表现为两职合一，董事长的行为很有可能体现出两面性，并失去

---

① 吴淑琨，刘忠明，范建强. 非执行董事比例与公司绩效的实证研究. 中国工业经济，2001，9：80-87.

② Dehaene, A., Vuyst, V. D., and Ooghe, H.. Corporate performance and board structure in Belgian companies. Long Range Planning, 2001, 34: 383-398.

③ Geoffrey C. Kiel, and Gavin J. Nicholson. Board composition and corporate performance: how the Australian experience informs contrasting theories of corporate governance. Corporate Governance, 2003, 11 (3): 197.

④ Rechner, P., and Dalton, D.. CEO duality and organizational performance: A longitudinal analysis. Strategic Management Journal, 1991, 16: 85-99.

⑤ Jensen, M. C., and Meckling, W.. Theory of the firm: Managerial behavior, agency costs, and ownership structure. Journal of Financial Economics, 1976, 3: 305-360.

作为董事的监督职能，公司经营的绩效也就不能得到很好的保证①。

模型（1）、模型（2）和模型（3）的回归结果显示，董事会会议次数与 ROE 存在显著的负相关关系，模型（4）显示董事会会议次数与 ROA 也存在显著的负相关关系，实证结论支持假设 5。这一结论与 Nikos（1999）、谷祺、于东智（2001）的研究结论相一致。董事会会议次数与 ROE 的负相关关系显示，董事会会议频率高是对公司财务绩效低的一种反应。作为董事会的一种议事机制，董事会会议召集董事们集中起来参与公司的一些决策，其目的是为了促进公司整体绩效的提高，在董事会活动频率过高的情况下，反映了董事会对当期较差的财务绩效做出应激性的反应。

五、结论与建议

第一，应该根据公司情况以及行业特点对董事会规模进行合理的配置，并不存在一个普遍适用的董事会规模，公司规模、行业特征以及治理环境都会影响董事会规模的选择。不管是从理论角度还是从公司实际运营的角度考虑，董事会的规模应根据不同情况进行配置，并不存在一个最佳的董事会规模。

第二，在美上市的中国公司在外部公司治理环境的压力下，应该在遵守相关治理制度的条件下做到"积极合规"。美国三大交易所都体现了对董事会独立性的关注，而独立董事是体现董事会独立性的一个重要方面。在有关独立董事的政策上，纽约证券交易所多次修订上市审查规则，加强上市公司的董事会中独立董事的地位。作为一种制度上的规定，在美上市的中国公司董事会都配备了一定比例的合乎在美上市要求的独立董事。作为一种合规行为的体现，在美上市的中国公司在关注独立董事促进董事会独立性提高的同时，是否使这一机制有效地推动了公司绩效的改进？实证分析结果显示，独立董事比例与公司绩效之间存在显著的负相关关系，这就要求上市公司改变"消极合规"的心态，将"合规"的要求不仅体现在结构上，而且要体现在董事会运作中，即"积极合规"②。独立董事在信息获取方面没有内部董事那样具有优势，而且有一部分充当咨询角色的独立董事对董事会活动的介入程度还值得今后进一步深入研究。

第三，连锁董事作为连接公司与外部资源的一个纽带，越来越受到理论界与实务界的关注。许多公司鉴于认受性及合理性的考虑而促成连锁董事的出现③。Mizruchi（1996）指出，公司常会邀请高威望的人进入董事会④。而美国的三大交易所要求董事会中大多数董事为独立董事，这种制度上的规定促使在美上市的中国公司聘用更多的独立董事，而在某个行业具有权威性及丰富经验的人才相对呈现集中的状态，从而导致了同一人在多家公司的董事会中担任独立董事的情况的出现。这种制度背景使得连锁董事成为一种重要的董事形态。实证结果显示，连锁董事比例与公司绩效之间存在较弱的正相关关系，即连锁董事作为公司寻求外部资源的一种媒介，在促进公司绩效的作用上还没有很显著地体现出来。

第四，为了更好地实现董事会的独立性以及对管理层的有效监督，应该将 CEO 与董事长进行分离，由不同的人来担任。两职分离的领导权结构使董事长独立于管理层，从而使董事会对管理层的监控更为公平。

第五，董事会会议作为反映董事会行为的一个重要部分，其召开频率反映了当期的公司绩效状况。高

①　蒲自立，刘芍佳．公司控制中的董事会领导结构和公司绩效．管理世界，2004，9：121.

②　2007 年 4 月，南开大学公司治理中心在北京举行的中国公司治理指数发布研讨会中，提出了中国上市公司治理经历着一个从"违规"到"合规"过程，而当前公司治理"合规"阶段仍呈现消极和强制合规态势。此处对在美中国上市公司在独立董事设置上为了符合美国当地治理环境的情况具有相似的"消极合规"行为的表征。

③　任兵，区玉辉，林自强．企业连锁董事在中国．管理世界，2001，6：134.

④　Mizruchi, M．What do interlocks do? An analysis, critique, and assessment of research on interlocking directorates. Annual Review of Sociology, 1996, 22：271-298.

频率的董事会会议往往体现了董事会对公司某个时期较差的财务绩效做出的反应。董事会会议的议事质量也应该作为完善董事会治理的一个重要方面。

多层次商业银行国际竞争力 评价体系及方法研究

● 何国华

（武汉大学经济与管理学院　武汉　430072）

【摘　要】 商业银行国际竞争力评价体系应该是多层次的，主要包括现实竞争力、核心竞争力和环境竞争力等方面。现实竞争力可以采用因子分析法计算出来。现实竞争力、核心竞争力和环境竞争力具有相互独立性，因此可采用线性加权和函数法计算出国际竞争力的最后得分。通过运用上述方法计算 12 家样本银行国际竞争力得分并进行回归分析，说明这一评价体系和方法具有合理性和可行性。

【关键词】 商业银行　国际竞争力　因子分析法　评价体系

一、引言

目前国际上关于商业银行国际竞争力评价体系和方法的研究主要包括世界经济论坛和瑞士洛桑国际管理学院国家竞争力中的金融体系指标和测评；有关专业报刊，如英国《银行家》杂志、《欧洲银行家》杂志以及《亚洲货币》等对世界大银行的排名和比较；国际评级机构如穆迪、标准·普尔等公司对银行进行的信用等级评定以及相关的评价方法等。近年来，国内学者也就相关问题进行了研究，如焦瑾璞（2001）从银行业的现实竞争力、潜在竞争力、竞争环境和竞争态势等四个方面研究了中国银行业国际竞争力；黄兰（2001）、朱纯福（2002）、陈柳（2002）和于良春（2003）等学者对焦瑾璞提出的银行竞争力指标体系进行了修改，增加了很多软性指标（非显性指标），如银行信誉、R&D 能力、政府产业政策和法律规范等，具有一定的创新意义。

总的来说，现有的商业银行竞争力评价体系和方法的研究有以下两个特点：

（1）从评价体系和研究方法来看，在体系设计上很难做到全面性和可操作性的兼顾，有些指标设置只具有理论意义，数据较难获得，或者主观影响大，指标体系的应用性不强。而且主要通过对银行一定时间段内的财务数据进行静态的对比分析，而对于商业银行核心竞争力方面不可量化的因素，如产权制度与公司治理结构、金融技术和人力资源等方面涉及不多。

（2）从评价方法和数据处理来看，很多采用主观赋权法确定权重，人为因素对结果的影响很大，评价的准确性不好。

本文在吸收和借鉴现有商业银行国际竞争力评价体系和方法研究成果的基础上，首先构建了包括现实竞争力、核心竞争力和环境竞争力在内的多层次银行国际竞争力评价指标体系。其中，现实竞争力共包括规模实力、发展水平、经营管理能力、盈利能力、流动性管理能力和风险管理能力六大能力共 12 个指标。然后采用因子分析法计算出样本银行的现实竞争力分数，并考虑现实竞争力、核心竞争力和环境竞争力的相互独立性，采用线性加权和函数法得到银行国际竞争力的最后分数。最后根据样本银行的国际竞争力分数，建立国际竞争力的二元回归模型，证实非利息收入与国际竞争力高度相关，从而说明本文提出的银行国际竞争力评价体系和方法具有合理性和可行性。

二、商业银行国际竞争力评价体系的构建

商业银行国际竞争力是银行在长期国际市场的竞争中形成的抵御各种金融风险，提供具有一定市场占有率的创新金融产品和服务，从而获取长期利润的能力。商业银行国际竞争力是多因素综合作用的结果，本身是一个较难量化的复杂系统。恰当评价商业银行国际竞争力状况，应综合考虑银行的内在特性和外部环境，具体来说，应包括以下 3 个方面：一是商业银行国际竞争力首先应当体现作为竞争结果的现实竞争力，这是商业银行的竞争优势的外在表现，它可以通过一些财务指标加以反映，代表商业银行静态的国际竞争能力；二是商业银行国际竞争力应当能够动态地反映银行竞争优势的形成与维持，要对反映银行间本质差别的核心竞争力加以考察；三是银行国际竞争力要反映各个商业银行所面对的竞争环境差异。

所以，本文从现实竞争力、核心竞争力和环境竞争力三个方面来构建商业银行国际竞争力评价体系。

（一）现实竞争力指标

1. 规模实力指标

雄厚的资本和资产是银行实力的象征和信誉的保证。规模直接决定了商业银行的市场影响力，作为依赖信用而生存的商业银行，规模对其竞争力优势具有决定性影响，规模越大越能赢得客户的信任。本文选取的评价规模实力的指标有核心资本、资产总额。

2. 发展能力指标

发展能力是指商业银行的成长性，它从银行资本、存款和资产等方面的变化趋势来反映银行未来的竞争力。银行参与市场竞争不仅需要现实竞争实力，作为一个不断发展的金融企业更需要竞争力的成长和持续性。本文选取的评价发展水平的指标有资本充足率、存款增长率、资产增长率。

3. 经营管理能力指标

经营管理能力也是商业银行竞争力不可或缺的部分，是充分发挥商业银行竞争力的保证。本文选取的评价经营管理能力的指标有利差率、成本收入率。

利差率既可以反映银行的盈利能力和成本控制能力，又可以反映该银行在同行中所处的状态或竞争策略，其计算公式为：

$$利差率 = \left(\frac{利息收入}{总盈利资产} - \frac{利息支出}{总含息负债} \right) \times 100\%$$

成本收入率是银行经营成本占银行总收入的比率，能较好地评价银行的经营管理能力，其计算公式为：

$$成本收入率 = \frac{总成本}{总收入} \times 100\%$$

4. 盈利能力指标

企业经营的目标是盈利最大化，银行作为自主经营、自负盈亏的市场主体也不例外，商业银行盈利能力的高低不仅意味着是否能够给投资者满意的回报，还关系到商业银行是否能通过盈利来增加自有资本，增强银行的抗风险能力。因此，盈利能力指标是反映商业银行国际竞争力的重要方面。本文选取的评价盈利能力的指标有权益报酬率、净利息差额率、非利息收入率。

权益报酬率可以反映投资者利用自有资本的获利能力，其计算公式为：

$$权益报酬率 = \frac{税后利润总额}{资本总额} \times 100\%$$

银行利息收入是其主要收入来源，利息支出是其主要成本支出项目，因此净利息差额率是影响银行经营业绩的关键因素。该指标综合性比较强，既可以反映银行对资产的运营能力和流动性管理水平，也可以反映银行对资金的盈利能力和成本控制能力。

$$净利息差额率 = \frac{利息收入 - 利息支出}{总盈利资产} \times 100\%$$

非利息收入主要来自中间业务，利息收入主要来自存贷款业务，因此非利息收入率指标可以反映商业银行中间业务的开拓状况，其计算公式为：

$$非利息收入率 = \frac{非利息收入}{经营收入} \times 100\%$$

5. 流动性管理能力指标

由于银行面对的市场主体众多，并且是负债经营，所以在国家宏观形势恶化或银行经营情况不好时很容易出现客户挤兑，出现流动性危机。因此，流动性管理能力指标是衡量商业银行国际竞争力的传统指标。本文选取存贷比率来评价流动性管理能力。

存贷比率越高，预示着银行流动性越差，同时这一比率也不能过低，因为超额的流动性是有机会成本的，其计算公式为：

$$存贷比率 = \frac{贷款余额}{存款余额} \times 100\%$$

6. 风险管理能力指标

商业银行的风险控制能力指标主要是对银行的安全性进行评价，本文选取不良贷款率作为衡量指标。

不良贷款率是反映商业银行资产质量的重要指标。选择这一指标是因为：从国际上银行破产的案例来看，不良贷款比例过高往往是银行破产的根本原因，其具体机制往往是：不良贷款比率过高—贷款无法收回—支付能力不足—公众信任危机—存款人挤兑—破产，从一些国家商业银行破产的情况我们也可以看出，这一指标是反映银行破产风险的关键因素。

（二）核心竞争力评价指标

无论是瑞士洛桑国际管理学院（IMD）与世界经济论坛（WEF）推出的《世界竞争力年鉴》，还是英国《银行家》杂志的1 000家银行排名，基本上是以银行的各项财务指标为主构建一个指标体系进行评价。上述研究确实可以反映商业银行的现实竞争力水平，但是没有回答商业银行如何提升现实竞争力并保持持久的竞争优势，所以，作为商业银行国际竞争力评价这样一个涉及多因素的综合评价，有必要深入考察商业银行核心竞争力的构成，在静态分析商业银行国际竞争力的基础上，动态地对商业银行竞争优势的形成和维持加以反映。

核心竞争力是由竞争能力中起关键作用的部分构成的。如果将核心竞争力无限扩展和叠加，任意扩大核心竞争力的内涵，则失去了核心竞争力的意义。所以，本文认为商业银行的核心竞争力应当由产权制度和公司治理结构、金融技术和人力资源三种竞争能力构成。产权制度和公司治理结构是核心竞争力的保障，金融技术是核心竞争力的基础，人力资源则是核心竞争力的载体。

（三）环境竞争力评价指标

对于商业银行国际竞争力评价来说，商业银行所处国家的宏微观环境对商业银行竞争力的形成和维持发挥了重要作用。任何一家商业银行进行计划、决策、执行等经营管理活动都是在不断变化的社会经济环境中进行的，其资源配置效率不仅取决于商业银行自身的经营管理水平，还取决于银行发展的外部环境。因此，在银行的国际竞争力评价中，需要对商业银行面临的宏观环境和微观环境进行分析。

1. 宏观环境指标

影响商业银行国际竞争力的宏观因素众多，本文主要分析政府管制和法制环境对竞争力的影响。

总体来看，政府管制是作为一种外生的、制度性因素对商业银行国际竞争力产生影响的。当前世界金融管制的主流向着放松管制和谨慎监管的方向发展，货币与资本市场具有逐渐统一的趋势，银行与证券的混业经营越来越具有现实意义，这种公共政策与基本环境的改变对银行业未来竞争力表现具有重要意义。

另外，法制环境也是影响商业银行国际竞争力的主要方面。在一个健全的法律环境中，银行与客户之间的经营行为在一个公开透明的法律框架下进行，双方的合约受到法律保护，制度要求每个市场主体，包括政府、企业、个人以及银行自身诚实守信。因此，银行对客户从而对自己的经营行为和结果是可以预期的，对可能导致的许多不确定因素也可以进行有效防范。所以，银行的经营决策和业务活动是理性或比较理性的，这对一个银行来说，也体现为一种竞争力。

2. 微观环境指标

本文的微观环境指标主要关注金融人才的可得性和信贷的难易程度。

真正的竞争力不仅在于技术或产品，还在于组织中的人，因为银行业的竞争很大程度上是人才的竞争。丰富的金融人才资源有利于银行业获得其发展需要的员工，为其竞争优势的形成和维持打下良好的基础。另一方面，丰富的金融人才也反映了金融教育的卓有成效，人们的金融意识较强，多元化和深层次的金融需求有利于银行业不断进行金融创新，大力提高业务产品的开发能力和推广应用能力。信贷（从银行流入企业）的难易程度一方面可以反映银行与企业之间是否具有良好关系，另一方面也可以反映企业的融资倾向。

三、商业银行国际竞争力评价方法的选取

在国际竞争力评价的过程中，各个指标所起的作用不同，即对综合评价值的贡献率有差别，因此需要对不同的指标赋予不同的权重，以体现各自的重要性。确定指标的权重要考虑指标包含的信息量，有些指标的综合能力强，包含的信息量多，对综合评价所起的作用大。同时要考虑指标在指标体系中的独立性，若指标对其他指标信息重复过多，则独立性弱，应赋予较小的权重；反之，对独立性强的指标应赋予较大的权重。确定权重的方法主要有主观赋权法和客观赋权法。

主观赋权法主要包括德尔菲法和层次分析法，客观分析法主要包括熵权法、加权平方和法和因子分析法。主观赋权法考虑了专家的知识和经验，以及决策者的意向和偏好，但是该方法的指标权重都是由专家评定结果计算得出的，主观性强，人为因素影响大。客观赋权法根据数据反映信息量的多少来确定指标的权重，能够充分挖掘原始数据本身蕴涵的信息，计算结果客观、自适应功能强，而客观赋权法的缺点在于有可能出现分析结果难以解释的问题。

目前的商业银行国际竞争力评价除了采用逐一对比指标方法外，综合评价中使用最多的是层次分析方法，这种方法直观、清晰，并可以在没有指标数据时，根据指标的含义通过专家评价确定指标权重，但缺点是人为影响大、说服力不强。而其他的人工神经网络等新方法虽然可以基本消除人为影响因素，但对结果成因和评价过程的经济学解释说服力不强，其确定的指标权重可能与实际重要程度产生较大的偏差，影响评价的准确性。

本文的现实竞争力评价涉及规模实力、发展能力、经营管理能力、盈利能力、风险管理能力和流动性

管理能力共六大能力十二个指标，指标众多且存在指标的相关性较强和指标间反映的信息重复等问题。为了避免主观赋权法带来的人为误差，同时充分利用指标间相关性较强的特点，本文选取因子分析法进行现实竞争力评价。

因子分析可以看成是主成分分析的一种推广。它的基本目的是用少数几个因子 F_1，F_2，$\cdots$，F_m 去描述许多变量之间的关系。被描述的变量 X_1，X_2，$\cdots$，X_m 是可以观测的随机变量，即显在变量。而这些因子是不可观测的潜在变量。因子分析就是利用这些潜在变量或本质因子（基本特征）去解释可观测的变量的一种工具。

因子分析法的思想是，将观测变量分类，将相关性较高即联系比较紧密的变量分在一类中，而不同类的变量之间的相关性则较低。那么每一类变量实际上就代表了一个本质因子，或一个基本结构。因子分析就是寻找这种类型的结构，或者叫模型。

设有 N 个样本，P 个指标，$X=(X_1,X_2,\cdots,X_p)$ 为可观测的随机向量，要寻找的公因子为 $F=(F_1,F_2,\cdots,F_m)$，则模型 $X=AF+E$ 称为因子模型。矩阵 $A=(a_{ij})$ 称为因子载荷阵。找出公因子就是采用某种方法找出因子载荷阵 A。

因子分析的算法步骤：首先将样本数据 $X=(X_{ij})_{n\times p}$ 进行标准化，消除量纲的影响；其次求样本相关系数矩阵 $R=(r_{ij})_{p\times p}$；接着求相关系数矩阵 R 的特征值，计算特征值贡献率；再次确定因子个数；然后求因子载荷阵 $A=(a_{ij})_{p\times m}$。因子载荷阵 A 不是唯一的，用不同的方法可求出不同的 A，本文采用主成分法；最后对因子载荷阵进行旋转变换，使其结构简化，以利于对因子更好地进行解释，本文采用方差最大化法进行变换。

在常规多指标综合评价中，建立评价指标体系、确定各个评价指标的权重是第一步，进而要将各项评价值进行合成，合成方法大致可以分成四种：线性加权和函数法、乘法合成法、加乘混合合成法和代换法。由于现实竞争力、核心竞争力和环境竞争力之间相互独立，对国际竞争力综合水平的贡献彼此没有什么影响，所以，本文选取线性加权和函数法进行合成：

$$f(x)=\sum_{i=1}^{n}\omega_i x_i$$

公式中，$f(x)$ 为被评价对象的综合评价值；ω_i 为各评价指标的权数；x_i 为单个指标的评价值；n 为评价指标个数。为了将核心竞争力和环境竞争力的定性分数的偏差对国际竞争力评价的影响控制在可以接受的水平，我们将现实竞争力（其值以 RCS 代表）、核心竞争力（其值以 CCS 代表）和环境竞争力（其值以 ECS 代表）的权数设为 0.5、0.3、0.2，以 ICS 代表国际竞争力分数，即：

$$\text{ICS}=0.5\text{RCS}+0.3\text{CCS}+0.2\text{ECS}$$

四、12 家样本银行国际竞争力实际评价

为了检验上述评价体系和方法的可行性与合理性，本文选取 12 家银行进行商业银行国际竞争力实际评价。样本银行包括 7 家国内银行和 5 家国外银行，选取国外银行时，主要参照 2006 年 7 月英国《银行家》杂志，选择核心资本排名比较靠前的 5 家银行。

（一）计算现实竞争力分数

现实竞争力指标中，资产总额、核心资本、存款增长率、资本充足率、成本收入率、权益报酬率、净利润增长率和不良贷款率来自 2006 年 7 月的英国《银行家》杂志，其他指标根据各银行 2005 年年报和联邦金融机构（FFIEC）网站提供的数据计算得到。根据 SPSS 输出的方差分解提取主成分分析表（见表

1），观察方差贡献率的累积情况，提取合适的主因子数目。

表 1 总方差分析表

Component	Initial Eigenvalues		
	Total	% of Variance	Cumulative %
1	5.167	43.056	43.056
2	2.227	18.560	61.616
3	1.774	14.787	76.403
4	1.250	10.414	86.818
5	0.657	5.477	92.295
6	0.456	3.798	96.093
7	0.327	2.724	98.817
8	0.099	0.821	99.638
9	0.029	0.242	99.880
10	0.010	0.083	99.963
11	0.004	0.037	100.000
12	3.455E-16	2.879E-15	100.000

按照累计贡献率达到90%的原则，取5个主因子，旋转后的因子载荷矩阵见表2。

表 2 旋转后的因子载荷矩阵

	Component				
	1	2	3	4	5
VAR00012	−0.884	−0.036	−0.337	−0.061	0.092
VAR00010	0.882	0.397	0.099	−0.091	−0.058
VAR00007	0.864	0.102	−0.398	−0.186	0.050
VAR00011	0.732	0.286	0.605	0.013	0.047
VAR00005	0.134	0.899	−0.276	−0.126	0.183
VAR00009	0.000	0.834	0.325	0.131	0.238
VAR00001	0.474	0.762	0.189	−0.251	−0.006
VAR00002	0.486	0.754	0.131	−0.368	−0.037
VAR00008	0.111	0.071	0.969	0.051	−0.140
VAR00004	−0.123	−0.232	0.024	0.907	−0.131
VAR00006	−0.084	0.191	−0.207	−0.149	0.884
VAR00003	0.050	0.090	0.153	0.615	0.626

根据表1中前五大主因子的方差贡献率，我们可以确定各主因子在现实竞争力计算公式中的系数分别为0.43、0.19、0.15、0.1、0.05，具体计算公式如下所示：

$$F_i = \beta_1 F_{1i} + \beta_2 F_{2i} + \beta_3 F_{3i} + \beta_4 F_{4i} + \beta_5 F_{5i}$$
$$= 0.43 F_{1i} + 0.19 F_{2i} + 0.15 F_{3i} + 0.1 F_{4i} + 0.05 F_{5i}$$

式中，F_i 为 i 银行的现实竞争力综合分数，β_m 为 i 银行第 m 各主因子分数 F_{mi} 之权重，通过计算得到如表 3 所示的排名和分数：

表3   样本银行现实竞争力分数

名次	银行名称	因子分数	T 标准分
1	汇丰控股	0.719986	64.24
2	苏格兰皇家	0.628988	62.44
3	花旗银行	0.466969	59.24
4	摩根大通	0.3908	57.73
5	美洲银行	0.342208	56.77
6	民生银行	0.110259	52.18
7	浦发银行	− 0.21517	45.74
8	招商银行	− 0.28819	44.3
9	交通银行	− 0.31595	43.75
10	建设银行	− 0.45331	41.03
11	中国银行	− 0.66878	36.77
12	工商银行	− 0.71781	35.8

数据来源：根据《银行家》杂志、各银行 2005 年年报整理。

（二）计算核心竞争力分数

如前所述，核心竞争力评价包括对产权制度和公司治理结构、金融技术和人力资源三个方面的评价，由于这些均为软性指标，为了避免问卷调查和专家评价带来的偏差，本文采用我国《银行家》杂志的综合评分，国外银行部分由于缺少相关数据，主要来自笔者的赋值。

在我国《银行家》杂志的核心竞争力评价中，采用层次分析法来确定权重，分项指标采用专家问卷打分和灰色白化函数法对定性指标进行量化。专家评分组共 20 位专家，主要由学界、业界和监管部门的资深银行问题专家组成。根据参考资料以及专家自己了解的情况，进行独立判断，对每个单项打分。

本文分别以我国《银行家》杂志中的公司治理、信息科技和人力资源指标的数据作为本文核心竞争力评价的依据，三项指标加总后的原始分数及标准分如表 4 所示。

表4   样本银行核心竞争力分数

	原始数据	T 标准分
花旗银行	1.85	64.98
汇丰控股	1.62	60.43
摩根大通	1.72	62.41
美洲银行	1.69	61.81
苏格兰皇家	1.3	54.08
建设银行	0.696	42.11

	原始数据	T 标准分
中国银行	0.574	39.69
工商银行	0.5	38.22
交通银行	0.811	44.39
招商银行	0.881	45.77
民生银行	0.81	44.37
浦发银行	0.678	41.75

数据来源：根据《银行家》杂志、《2005—2006 年度中国商业银行竞争力评价报告》整理。

（三）计算环境竞争力分数

由于这一部分是定性软指标，为了避免问卷调查和专家评价带来的偏差，本文同样借鉴了已有的研究成果，这部分指标均来自瑞士洛桑国际管理学院的《国际竞争力报告》（2005 年），可以在一定程度上将银行面临的竞争环境的差异用数值精确量化出来。

宏观环境方面，政府管制指标采用瑞士洛桑国际管理学院的"中央银行政策对经济发展的影响"（来自政府效率—组织结构—中央银行项目）评分来衡量；法律环境指标采用瑞士洛桑国际管理学院的"国内公司进入国外资本市场的限制程度"（来自政府效率—企业法规—资本市场法规项目）评分来衡量；微观环境方面，采用瑞士洛桑国际管理学院的"金融人才在贵国劳动市场上容易获得"（来自企业效率—人才获得性项目）以及"信贷从银行流入企业的难易度"（来自政府效率—金融—银行效率项目）评分来衡量，具体分数如表 5 所示。

表 5   样本银行环境竞争力分数

	宏观环境		微观环境		T 标准分
	政府管制	法制环境	金融人才可得性	信贷难易度	
花旗银行	8.21	8.65	8.17	8.63	64.08
汇丰控股	7.2	7.66	6.67	6.86	56.24
摩根大通	8.21	8.65	8.17	8.63	64.08
美洲银行	8.21	8.65	8.17	8.63	64.08
苏格兰皇家	7.2	7.66	6.67	6.86	56.24
建设银行	6.46	4.43	2.95	3.06	42.18
中国银行	6.46	4.43	2.95	3.06	42.18
工商银行	6.46	4.43	2.95	3.06	42.18
交通银行	6.46	4.43	2.95	3.06	42.18
招商银行	6.46	4.43	2.95	3.06	42.18
民生银行	6.46	4.43	2.95	3.06	42.18
浦发银行	6.46	4.43	2.95	3.06	42.18

数据来源：根据 IMD2005 年《国际竞争力报告》整理。

（四）国际竞争力最后分数

根据前面的现实竞争力、核心竞争力和环境竞争力 T 标准分和前述国际竞争力计算公式（ICS = 0.5RCS + 0.3CCS + 0.2ECS），我们可以计算出国际竞争力分数，如表 6 所示。

表 6   样本银行国际竞争力分数

	现实竞争力	核心竞争力	环境竞争力	国际竞争力
工商银行	35.8	38.22	42.18	37.802
中国银行	36.77	39.69	42.18	38.728
建设银行	41.03	42.11	42.18	41.584
交通银行	43.75	44.39	42.18	43.628
招商银行	44.3	45.77	42.18	44.317
浦发银行	45.74	41.75	42.18	43.831
民生银行	52.18	44.37	42.18	47.837
花旗银行	59.24	64.98	64.08	61.93
美洲银行	56.77	61.81	64.08	59.744
摩根大通	57.73	62.41	64.08	60.404
苏格兰皇家	62.44	54.08	56.24	58.692
汇丰控股	64.24	60.43	56.24	61.497

由此，我们可以得到国际竞争力最终分数和排名，如表 7 所示。

表 7   样本银行国际竞争力排名

名次	银行名称	分数
1	花旗银行	62
2	汇丰控股	61
3	摩根大通	60
4	美洲银行	60
5	苏格兰皇家	59
6	民生银行	48
7	招商银行	44
8	浦发银行	44
9	交通银行	44
10	建设银行	42
11	中国银行	39
12	工商银行	38

从表 7 可以看出，花旗银行名列国际竞争力第一名，汇丰控股紧随其后，摩根大通和美洲银行并列第

三位。国内方面，以民生银行为首的股份制商业银行处于国际竞争力领先地位，三家国有商业银行位列倒数三位，反映了我国国有商业银行有待进一步加快改革步伐以提高国际竞争力。

五、国际竞争力分数的回归分析

下面以样本银行的国际竞争力分数为被解释变量，选取以下 8 个指标作为解释变量：存贷比率 X_1、资本充足率 X_2、权益报酬率 X_3、净利息差额率 X_4、成本收入率 X_5、不良贷款率 X_6、拨备覆盖率 X_7、非利息收入率 X_8，然后逐一进行回归分析，使用 Eviews 软件分别进行 8 次一元回归分析后的结果如表 8 所示。

表 8　　　　　　　　　　　　　　商业银行国际竞争力一元回归模型回归结果

Variable	Coefficient	Std. Error	t-Statistic	Prob.	F-statistic	Prob（F-statistic）	R-squared
X_1	0.51009	0.10621	4.80250	0.00070	23.06403	0.00072	0.69756
X_2	3.46150	1.29422	2.67459	0.02330	7.15344	0.02331	0.41703
X_3	0.77502	0.75908	1.02100	0.33130	1.04244	0.33132	0.09440
X_4	16.31288	5.40615	3.01747	0.01300	9.10511	0.01295	0.47658
X_5	0.49803	0.20249	2.45953	0.03370	6.04930	0.03370	0.37692
X_6	-3.89618	2.08820	-1.86581	0.09160	3.48124	0.09164	0.25823
X_7	0.05035	0.04718	1.06736	0.31090	1.13925	0.31090	0.10227
X_8	0.37194	0.06974	5.33322	0.00030	28.44323	0.00033	0.73988

从回归结果上看，X_8 非利息收入率作为解释变量时的一元线性回归模型具有最好的整体显著性，而且回归元的显著性也明显优于另外七个回归模型。这说明商业银行的国际竞争力水平对非利息收入率很敏感，非利息收入率越高时，商业银行的国际竞争力越强。

商业银行的业务大致可以分为传统的资产负债业务和中间业务两大类，因此可以从业务经营管理的角度，建立银行国际竞争力的二元回归模型。本文以前述国际竞争力分数（ICS）作为被解释变量，以净利息差额率（NIM）和非利息收入率（NIIR）作为解释变量。净利息差额率可以近似代表商业银行的传统资产负债的业务经营管理能力，非利息收入率可以近似代替中间业务的经营管理能力，二者应当与国际竞争力正相关。

$$ICS = \beta_1 + \beta_2 NIM + \beta_3 NIIR + \mu$$

国际竞争力二元回归模型的估计方程如下所示：

$$ICS = 25.12 + 5.3 NIM + 0.39 NIIR \qquad R^2 = 0.94 \qquad F = 64.78$$
$$\quad (4.9) \quad (2.48) \qquad 9.94$$

两个解释变量的 t 值都比较大，因此可以认为对应的系数显著不为零。可决系数为 0.94，调整后的可决系数为 0.92，说明回归方程整体拟合得较好，ICS 能很好地被 NIM（净利息差额率）、NIIR（非利息收入率）两个解释变量解释。两个变量的系数都为正，与理论上的正相关关系吻合。

六、结论

本文建立了包括现实竞争力、核心竞争力和环境竞争力的商业银行国际竞争力评价体系，对核心竞争力和环境竞争力进行评价时借鉴了已有的研究成果，尽量避免了定性评价带来的误差，并在评价体系中运用了客观赋权法中的因子分析法来确定权重，克服了传统方法确定权重方面的缺陷，最后实际计算了 12 家商业银行的国际竞争力。从回归结果来看，国际竞争力的二元回归模型不仅整体是显著的，而且对于单变量也是显著的，这说明本文的国际竞争力评价体系和方法能够反映商业银行的国际竞争力，具有较好的实用性和操作性。本文的意义在于为商业银行的国际竞争力评价提供了一个科学、可行的思路和方法，对于尽快提高我国商业银行的国际竞争力，在与外资银行的竞争中建立起竞争优势具有一定的指导意义。

参 考 文 献

［1］焦瑾璞．中国银行业国际竞争力研究．北京：中国时代经济出版社，2002.

［2］朱孔来．国民经济和社会发展综合评价研究．济南：山东人民出版社，2004.

［3］章文波．实用数据统计分析及 SPSS12.0．北京：人民邮电出版社，2006.

［4］魏春旗，朱枫．商业银行竞争力．北京：中国金融出版社，2005.

［5］温彬．商业银行核心竞争力研究．国际金融研究，2004，4.

［6］陈柳等．商业银行产业竞争力指标设置初探．金融研究，2002，4.

［7］冯宗宪，谈毅．我国银行业国际竞争力分析．改革，2000，4.

［8］黄兰．中国银行业竞争力评价指标体系研究．现代经济探讨，2001，6.

［9］朱纯福．银行业竞争力评价方法及其指标体系的构建．金融论坛，2002，10.

［10］于良春，陈志勇．中国银行业竞争力评价指标体系研究．山东大学学报，2003，1.

家族企业给予非家庭成员
经理人员股份的决定因素的实证分析

● 覃　忠[1]　邓　欣[2]

（1　汕头大学商学院　汕头　515063；2　School of Commerce　University of South Australia Adelaide SA5001）

【摘　要】家族企业是我国私营企业中相当普遍的一种模式。随着近年来私营经济的高速发展，许多家族企业越来越多地依赖家庭成员以外的职业经理人员来管理企业。这就有可能产生委托-代理问题。缓解该问题的最常见的做法就是给予职业经理人员一部分股份。本文以 296 家私营企业的调研数据为基础，用计量模型评估了影响家族企业给予非家庭成员经理人员股份的因素。研究结果表明，即使是在家族控股的情形下，委托-代理问题仍然不容忽视。企业外部环境的不稳定性和业绩下降是目前家族企业计划给予非家庭成员经理人员股份的主要原因，而家族企业中的治理机制的不完善是企业回避这一激励机制的主要原因。

【关键词】家族企业　产权结构　代理成本　股权激励

一、导言

回顾过去十余年中国企业的发展，私营企业的发展无疑是最令人瞩目的。1998—2006 年，国有企业及国有控股工业企业数量从64 737家减至24 961家，年均下降 11.2%；而私营企业的数量则由10 667家激增至149 736家，年均增长 39.1%。而数量的增长还只是私营企业发展的一个方面。同一期间，私营工业企业的工业总产值及增加值分别增长 31 倍和 35 倍，年均分别增长 54% 及 56.9%；资产总值增加了 26 倍，利润总额增加了 47 倍；年均增长率分别为 51.5% 及 62%；从业人员增长了 11 倍，年均增长 36.8%①。

在私营企业的兴起中，其发展在制度形式上有一个主要特点，即家庭成员的广泛介入而导致了家族式企业的盛行。据估计，家族企业占全部私营企业的 90% 左右。从公司治理角度而言，家族企业体现了所有权和经营权的统一，这在中国家族企业尤为明显。在典型的家族企业中，控制权由所有者掌握，而所有者同时也是企业的管理者，也就是说这种类型的企业可以看做所有者兼经理的企业。因此，一些文献著作把家族企业的管理称为"三合一"（投资者、所有者和管理者）或者"四合一"（加上生产者）的管理②。这一模式的最大优势在于企业所有者和经营者的利益高度一致。

然而上文的数据表明私营企业的高速发展不仅仅表现为数量的增长，更体现为规模的扩大。而随着规模扩大而来的一个难以避免的问题就是家族内部人力资源的不足。换言之，这些家族企业将不得不越来越多地依赖家庭成员以外的专业经理人员来管理企业。根据代理理论，这有可能产生委托-代理问题，即代

---

①　国家统计局．中国统计年鉴．北京：中国统计出版社，2007：18-24.
②　甘德安．中国家族企业研究．北京：社会科学文献出版社，2002：65.

64

理人（专业经理人员）在制定决策时不以委托人（企业所有者）的利益为重，甚至损害委托人的利益。缓解委托-代理问题的基本思路是引入各种激励机制使得代理人与委托人的利益一致①。其中最常用的方法就是给予经理人员一部分股份。

一般认为，家族企业中委托-代理问题通常并不严重，因为关键决策人还是来自家族内部，会以家族的利益为重。如果这种假定成立，那么目的在于协调经理人员和所有者利益的激励机制也就是多余的了。

本文试图通过直接了解家族企业给予非家庭成员经理人员股份的意向及原因来寻求以下问题的答案：其一，委托-代理问题是否已经在家族拥有控制股份的企业里得到解决？换言之，是否绝大多数家族企业认为没必要用给予股份方式来激励非家庭成员经理人员？其二，哪些因素会促使家族企业给予非家庭成员经理人员股份？其三，哪些因素会阻止家族企业给予非家庭成员经理人员股份？

二、文献综述

任何有关公司治理的研究均不可避免地要涉及代理理论。因为信息的不对称，委托-代理问题会由隐性行为（或者道德风险）产生。按照 Alchian 和 Demsetz（1972）的观点，企业的本质是允许人们以团队方式进行生产，产品是由几个或更多团队成员共同生产来完成的。因此，描述作为所有者或股东的委托人和作为经理的代理人之间利益冲突的委托-代理问题不可避免地在公司治理过程中产生，这会导致剩余控制权取代企业自由现金流的剩余收益而落入经理人员手中。Jensen 和 Meckling（1976）进一步解释代理成本由三部分组成：委托人对代理人的监督费用，代理人（用以保证不伤害委托人）的约束费用，以及委托人所丧失的剩余价值。总的来说，当一个企业的产权越分散，代理问题会由于相关小股东对经理行为的无力管辖而加剧；另外，股东对经理的监督也会由于所谓的"免费搭车"问题而削弱。简言之，当企业产权分散时，代理成本会增加。在实证分析中，Murphy②、Ang et al.③、Denis 和 Sarin④ 发现经理人员的股份份额和代理成本有着负相关关系。因此，为了减轻代理问题，一个明显的方法就是增加经理人员的股份份额。

初看起来，家族持有绝对控制股权的企业应当是避免委托-代理问题的最佳模式。因为决策者（经理）一般来自家族内部，而且家族掌握控制股权，不但决策者的利益与家族利益一致，具有控股权的家族也有动力和资源对经理进行更好的监督。因为利益冲突较少或者冲突较轻、监督和约束费用相应减少，家庭股份的集中和依靠家庭联系可以看做减轻代理成本的一种方式。有相当多的研究也证实了股权集中和企业绩效的正相关关系。Berle 与 Means⑤ 认为股权的分散程度与企业绩效之间的关系是负相关的。这是因为经理的利益往往不与股东的利益相符，所以企业资源不会用来实现股东利益的最大化，这一观点得到了许多

① Jensen Michael, and Meckling William. Theory of the firm: Managerial behaviour, agency costs and ownership structure. Journal of Financial Economics, 1976, 3: 305-360.

② Murphy, Mork, K.. Corporate performance and managerial remuneration. Journal of Accounting and Economics, 1985, 7: 11-42.

③ Ang, J. S., Colwm, R. A., and Wuh Lin, J.. Agency costs and ownership structure. Journal of Finance, 1998, 55: 478-517.

④ Denis, D., and Sarin, A.. Ownership and board structures in public traded corporations. Journal of Financial Economics, 1999, 52: 187-223.

⑤ Berle Adolf, and Means Gardiner. The modern corporation and private property. New York: Macmillan, 1932: 123.

学者的认可。Shleifer 与 Vishny①，McConnell 与 Servaes②，Zingales③ 发现在美国和其他发达国家产权集中程度与企业绩效之间的关系高度正相关，他们把这一结果归因于对经理更好的监督。在转轨型经济中，Xu 与 Wang④，Chen⑤ 发现中国上市企业的绩效和产权集中程度成正相关关系；而其他对俄罗斯⑥和捷克⑦企业的分析也得到了同样的结果。

尽管在缓解代理成本方面有一定优势，家族持有绝对控制股权的企业却不能完全避免这一问题。其原因有三个方面：一是虽然经理和所有者来自同一家族，经理的个人利益与家族中其他个人及整个家族的利益并不完全一致，也可能部分或全部为其个人利益驱动⑧。二是家族绝对控股并非可持续的模式。规模经济的存在使得企业在一定阶段必须通过扩大规模赢得竞争优势，而通过资本市场融资无疑是最快捷的手段。纵观全球的大企业，家族控股的企业并非主流，而像浙江模式中家族控制 50% 以上股权的企业更为罕见。三是即使是在家族绝对控股的情况下，企业也需要雇用一些家族以外的经理人员从事管理。现实中，家庭成员经理人员有可能因为缺乏足够的管理技能而会降低家族企业的获利能力。Barth et al.⑨ 发现挪威家族企业的生产效率要比非家族企业的低，其主要原因在于家庭成员经理人员与非家庭成员经理人员的专业技能存在差距；这个发现与 Demsetz⑩ 关于代理（人）专业化的观点一致。对大多数企业而言，所有权和经营权统一的企业并不是企业的最佳组织方式，因为具有生产效率的专业化和规模经济需要使用代理人。当所有者选择一个更为分散的产权结构虽然会增加代理成本，但是可以减少企业资本的风险权重成本，因而企业运营的全部成本不一定随着代理成本的增加而增加。因此，家族企业会从外部专业人员中招录经理。而且企业规模越大，对家族以外的经理人员依赖程度就越高。但是，这些经理人员的决策权越大，家族企业就越要确保他们的决策以股东的利益最大化为目标。

那么，具体是哪些因素影响了家族企业将股份给予非家庭成员经理人员呢？Demsetz⑪ 认为产权结构是由市场中各种力量达到均衡而内生决定的，企业的产权结构应该被看做反映了股东和市场股权交易影响

① Shleifer Andrei, and Vishny Robert. Large shareholders and corporate control. Journal of Politic Economy, 1986, 94 (3): 461-488.

② McConnell John, J., and Servaes Henri. Additional evidence on equity ownership and corporate value. Journal of Financial Economics, 1990, 27 (2): 595-612.

③ Zingales Luigi. What determines the value of corporate votes?. Quarterly Journal of Economics, 1995, 110 (4): 1047-1073.

④ Xu Xiaonian, and Wang Yan. Ownership structure, corporate governance, and corporate performance: The case of Chinese stock companies. 1997//World Bank Working Paper, World Bank, 1794.

⑤ Chen Jian. Ownership structure as corporate governance mechanism: Evidence from Chinese listed companies. Economics of Planning, 2001, 34: 53-72.

⑥ Barberis Nicholas, Boycko Maxim, Shleifer Andrei, and Tsukanova Natalia. How does privatization work? Evidence from the Russian shops. Journal of Political Economy, 1996, 104 (4): 764-790.

⑦ Claessens Stijn, and Djankov Simeon. Ownership concentration and corporate performance in the Czech republic. Journal of Comparative Economics, 1999, 27: 498-513.

⑧ Morck Randall, Shleifer Andrei, and Vishny Robert. Management ownership and market valuation: An empirical analysis. Journal of Financial Economics, 1988, 20: 293-315.

⑨ Barth Erling, Gulbrandsen Trygve, and Schone Pal. Family ownership and productivity: The role of owner - management. Journal of Corporate Finance, 2005, 11: 107-127.

⑩ Demsetz Harold. The economics of the business firm: Seven critical commentaries. Cambridge: Cambridge University Press, 1997: 126-131.

⑪ Demsetz Harold. The structure of ownership and the theory of the firm. Journal of Law and Economics, 1983, 26: 375-390.

的内生结果。Demsetz 与 Lehn[①] 认为企业经营不稳定性是决定产权集中程度的一个因素，当企业有着稳定的价格、技术和市场份额时需要较少的管理判断力，从而可以用相对低的成本来监督经理；相反，相对价格、技术和市场份额的剧烈变化要求对公司资产和人员作出及时准确的管理判断。企业经营环境不稳定性越高，所有者维系强有力控制的成本也越大，因此，经营环境不稳定性的增加会导致更为集中的产权结构。一般认为，发展中国家包括中国的经营环境与发达国家相比更为多变[②]。因此，中国私营企业特别是家族企业产权的高度集中，显然是私营企业受到当前不完善市场的限制而采取的适当的公司治理模式，因为家庭成员提供的廉价而灵活的资本和劳动力可以弥补中国不完善资本和劳动力市场的不足。

三、数据

1. 调查样本的选择

我们选择浙江省宁波市的私营企业为调查对象。国内民营企业在各个地区的发展不同，根据其发展的方式不同可以归为三大代表模式：以江苏省为代表的苏南模式中的私营企业主要衍生于原有的国营和集体企业；珠江三角洲模式的特征则是依托香港、澳门地区和国外投资，而浙江模式则表现为大多数私营企业由自身资本原始积累发展而来，具有浓郁的家族色彩。因而研究家族企业，浙江的私营企业是最有代表性的样本。

浙江的私营企业的发展在全国处于领先地位。在全国 500 强民营企业中，浙江占 203 席，总量居全国第一。中国社科院公布的全国民营企业自主创新 50 强，浙江占 19 席，全国民营企业自主创新十大领军人物，浙江有 4 位。据 2006 年底统计，浙江全省有私营企业 40.6 万户，投资者人数 92.6 万人，雇工 508.6 万人，注册资本金额 6 936.7 亿元[③]。

宁波市是浙江省第二大城市，2006 年末人口数为 560 万人。私营企业已成为宁波经济增长的主力军。截至 2006 年底，宁波市共有私营企业 8.33 万户，注册资本 1 132.75 亿元。其中，注册资本 500 万元以上的私营企业达 4 623 户，私营企业集团为 128 户。宁波市累计拥有的 34 项中国驰名商标中 31 项为私营企业拥有。2006 年，宁波市个体及私营企业实现总产值 2 270.68 亿元，销售总额 1 627.49 亿元，社会消费品零售额 694.7 亿元，出口交货值 763.58 亿元[④]。

2. 数据调查简述

对私营企业的调查是本文第一作者于 2005 年 12 月至 2006 年 2 月在宁波市进行的。本次调查在宁波市工商行政管理局和宁波市私营企业联合会的帮助下共给私营企业（不含个体工商户）发放了 400 份调查问卷，至调查期结束共收回 327 份调查问卷，占问卷总数的 82%；剔除不完整的问卷，共有 296 份有效调查问卷，占发放问卷总数的 71%。所有有效问卷的数据在进入数据库之前都被核对了两遍。

我们在问卷中收集了企业经营时间、组织形式、经营产业、企业产权结构变动（包括家庭持股额，单个最大股东的股份额，高层管理人员及政府的持股额）、资产、销售收入及净利润等信息，而后询问答卷人是否计划给予非家庭成员经理人员股份，并各列举了五项因素供其选择。

在所有有效的 296 家样本企业中，有 283 家企业的家庭股份份额在 50% 以上，占样本总数的 95.6%，

① Demsetz Harold, and Lehn Kenneth. The structure of corporate ownership: Causes and consequences. Journal of Political Economy, 1985, 93: 1155-1177.

② Singh Ajit. Competition, corporate governance and selection in emerging markets. The Economic Journal, 2003, 113: 443-464.

③ 浙江省工商管理局. 浙江省民营经济发展报告. 2006: 38-48.

④ 浙江省工商管理局. 浙江省民营经济发展报告. 2006: 38-48.

也就是说样本企业中的大部分是家族企业。从组织形式来看，样本企业中个人独资公司为97家，合伙制公司14家，有限责任公司185家，分别占样本总数的32.8%、4.7%和62.5%；在样本企业中没有股份有限公司。如表1所示，这296家样本企业的产业分布也与宁波市私营企业的产业分布相一致。总体而言，这296家样本企业基本代表了宁波市的私营企业。

表1   **2004年底宁波市私营企业和被调查企业的产业分布**

	宁波市		被调查企业	
	户数	比例	户数	比例
全部企业	68 500		296	
第一产业	840	1.20%	8	2.70%
第二产业	39 860	58.20%	163	55.07%
制造业	37 395	54.59%	152	51.35%
建筑业	2 090	3.05%	10	3.38%
第三产业	27 800	40.60%	125	42.23%
批发零售服务业	17 590	25.68%	66	22.30%

资料来源："2005年宁波市私营企业发展报告"和笔者的调查。

四、计量模型

1. 数据描述和变量确定

为了回答在什么情况下企业业主会把股权份额转让给予非家庭成员经理人员这个问题，我们使用probit模型来检验给予非家庭成员经理人员股权份额意愿的影响因素。模型的变量如下：

（1）因变量。在回答"您是否计划对非家庭成员经理人员实施持股计划"这个问题时，141家企业业主回答"是"，而155家回答"否"，分别占样本总数296家企业的47.6%和52.4%。在本概率模型中，因变量即给予非家庭成员经理人员股权份额的意愿（GM）是二进制变量，当回答"是"时为1，回答"否"时为0。

（2）解释变量。

第一，家庭股份（Family）：这一变量指家庭（包括单个最大股东及其家庭成员）所持有的股份份额的百分比，对应于家族企业定义并可用来说明所有权和经营权的统一。如表2所示，家庭股份的平均值为92.87%，反映了本调查样本企业中家庭产权的高度集中。

表2   **296家样本企业的数据统计描述**

变量	定义	平均值	标准偏差	最小值	最大值
家庭股份（%）	家庭（包括单个最大股东及其家庭成员）持股数量	92.8711	17.9405	10	100
企业经营时间	从登记为私营企业开始至被调查时的时间	6.4466	3.3253	2.08	20.17

变量	定义	平均值	标准偏差	最小值	最大值
企业规模	过去三年的企业平均总资产的自然对数	0.7971	1.5692	-4.1626	6.1257
经营环境不稳定性（%）	企业被调查前三年的销售收入的标准偏差	630.6928	2 956.83	0.1637	25，166.1
平均利润率（%）	被调查前三年的平均利润	4.1975	25.9170	-306.424	114.9124

从概念上来说，家庭股份份额可能是给予非家庭成员经理人员股权份额意愿的一个重要决定因素。如果家庭处于牢固的控制地位，该企业会给予非家庭成员经理人员股权份额而不用考虑会丧失对企业的控制，并且可以以此股权分享来作为激励计划；而如果家庭股份处于或者低于一定的临界点，该企业会因为丧失控制的成本而不会把股权给予非家庭成员经理人员。这也说明家庭股份份额地位的影响不是线性的，而是有一个转折点。我们预期家庭股份（Family）与企业给予非家庭成员经理人员股权份额意愿有着正相关的关系。

第二，企业经营时间（Age）：企业经营时间从企业登记为私营企业开始算起。一般而言，家族企业经营初期，因为规模小，运作相对不规范，多依赖家族内部的人力物力和资金。时间越长，规模越大，越可能从家族以外引入专业管理人员，从而需要考虑是否要以股权的方式予以激励。如表2所示，至2004年底，样本企业的平均经营时间为6年，表明大多数私营企业成立在1997年中共十五大实行国有企业和乡镇企业改制之后，以及1999年宪法修正案对私营企业的确认之后。我们预期企业经营时间与其给予非家庭成员经理人员股权份额意愿存在正相关的关系。

第三，企业规模（LnAsset）：这一变量用过去三年的企业平均总资产的自然对数来表示。文献著作中的一个观点是企业规模与产权集中程度具有负相关的关系（Demsetz，1983；Demsetz 与 Lehn，1985；Demsetz 与 Villalonga，2001）。换言之，企业规模越大，产权越分散，所有者对管理者的监督越困难，代理成本越高，则越需要激励经理人员。因此，我们预期企业规模与其给予非家庭成员经理人员股权份额意愿有着正相关的关系。

第四，经营环境不稳定性（Instability）：Demsetz 与 Lehn（1985）认为企业经营不稳定性是决定产权集中程度的一个因素。市场风险上升会促使股权向大股东和管理层集中。我们用过去三年企业销售收入变化的标准偏差来表示经营环境不稳定性。如表2所示，经营环境不稳定性指标平均值为631，其变化区间从0.16到25 166，强烈预示着中国企业经营环境的多变性。在这种环境下，企业所有者需要集中他们的股份份额。因此，我们预期经营环境不稳定性和企业给予非家庭成员经理人员股权份额意愿是正相关的关系。

第五，平均利润率（AvPR）：指的是企业在被调查前三年的平均净利润与平均总资产的比例。这一指标用来衡量企业绩效[1]。尽管 Demsetz 与 Villalonga[2]认为经理股份与企业绩效之间没有单一相关关系，他们指出企业绩效对产权结构至少会与产权结构对企业绩效一样有同样的影响。例如 Claessens 与 Djankov（1999）认为在捷克企业利润率影响产权结构，Barth et al.（2005）发现在挪威家族企业中当企业经营困难

---

[1] 因为大多数中国私营企业的市场价值很难得到，所以对于衡量企业绩效而言，利润率比以市场价值来计算的 Tobin's Q 要准确。

[2] Demsetz Harold, and Villalonga Belen. Ownership structure and corporate performance. Journal of Corporate Finance，2001，7（3）：209-233.

时职业经理会被招录而在企业经营良好时家庭业主会自己享受对企业的控制。因此，我们预期这一指标和企业给予非家庭成员经理人员股权份额意愿是负相关的关系。

2. 计量结果

模型的计量结果如表3所示。计量模型的结果与我们的预期方向基本一致，但仅有两个因素：经营环境不稳定性及企业绩效具有统计显著性。

家庭股份与GM之间的关系不显著，表明家庭股份份额对给予非家庭成员经理人员股份的意愿没有影响。一个可能的解释是在296家样本企业中有241家企业（包括97家个人独资公司）的家庭股份占全部企业股份的100%，这意味着在样本企业中家庭股份高度集中，达到93%，如表2所示。换句话说，因为数据中家庭股份只有微小变化，不足以找到家庭股份份额影响的转折点。这个结果反映了收集的数据缺少足够的变化。

表3　　　　　　　　　给予非家庭成员经理人员股权份额意愿决定因素的概率单位模型

Probit regression	GM
家庭股份	0.000609
	(0.14)
企业经营时间	0.0232396
	(1.03)
企业规模	0.0691885
	(1.18)
经营环境不稳定性	0.0001283 **
	(2.20)
企业绩效	− 0.0192099 **
	(− 2.46)
常量	− 0.29085
	(− 0.68)
样本数	296
Log likelihood	− 194.77082
虚拟 R^2	0.0492
LR chi2 (5)	20.14
Prob > chi2	0.0012

注：** 表示5%的统计显著水平；括号内为 z 统计数字。

企业经营时间和企业规模这两个变量在模型中的符号与我们的预期一致，但与GM之间的关系均不显著。这说明家族企业是否给予非家庭成员经理人员股份与企业的大小或经营时间长短并无关联，这也可能与我们的样本有关。我们样本中绝大多数企业的运营时间介于3~9年，都是属于非常"年轻"的企业，尚不足以发生质的变化。同样，样本企业的规模也偏小，不能体现规模变化所产生的影响。

经营环境不稳定性与GM之间的关系是正相关的，其显著水平为5%，表明在经营环境不稳定性增加的条件下企业业主更愿意给予非家庭成员经理人员股权份额，这与我们的预期一致，也与 Demsetz（1983），Demsetz 与 Lehn（1985）和 Demsetz 与 Villalonga（2001）的内生产权研究结论一致。

我们对企业绩效影响的预期也得到了证实，即企业绩效与 GM 之间有着负相关关系，其显著水平为5%，表明经理股份被企业业主当做提高企业绩效的一个关键因素。也就是说，企业效益不好时，企业业主更愿意把股权份额给予非家庭成员经理人员从而增强经理提高企业绩效的动力。这个结果也和其他的一些研究结果相一致。

3. 给予或者不给予非家庭成员经理人员股权份额的理由

以上的计量模型使我们能够确认影响给予非家庭成员经理人员股权份额的因素，但却无法让我们了解这些因素后的深层动机。为此，我们在问卷中对回答"是"与"否"的回答者各列出了五项理由供其选择。回答者的选择如表4所示。

表4　　　　　　　　被调查企业计划或者不计划给予非家庭成员经理人员股份的理由

理由	计划		不计划	
	户数	比例	户数	比例
全部企业数量	141		155	
形成利益共同体	42	29.80%		
增强经理人员责任心	38	27.00%		
分担经营风险	17	12.00%		
稳定经理人员	24	17.00%		
提高企业决策水平	20	14.20%		
企业的盈亏都应当由投资者（所有者）来承担			16	10.30%
经理人员是否忠诚和有责任心是值得怀疑的			16	10.30%
支付高薪已经足够，不需要再为经理人员提供股份			24	15.50%
当经理人员业绩不佳时，如果他们有股份，就会难以辞退			49	31.60%
在企业决策过程中容易引起纠纷			50	32.30%

在计划给予非家庭成员经理人员股份的141家企业中，最主要的理由是"形成利益共同体"（有42家企业，占29.8%），其次是"增强经理人员责任心"（有38家企业，占27%）。这些回答反映了家族企业已经充分意识到了企业中的委托-代理问题，并希望用给予股权份额的方式使得非家庭成员经理人员与家族的利益一致（形成利益共同体），或在决策中以所有者的利益为重（增强责任心）。另一方面，在不打算进行非家庭成员经理人员持股计划的155家企业中，最主要理由是"在企业决策过程中容易引起纠纷"（有50家企业，占32.3%），其次是"当经理人员业绩不佳时，如果他们有股份，就会难以辞退"（有49家企业，占31.6%）。这两项回答从某种程度上均反映了目前我国家族企业中治理机制的不足。在严格遵循公司法治理的公司中，只要家族能够控制股份，给予家庭以外成员的少量股份不足以影响到企业的决策，更不至于无法辞退拥有股份的经理人员。从另一个角度来看，目前家族企业的治理机制不完善是采用股份分享这一激励机制的主要障碍。

五、讨论及总结

本文讨论了在家族企业和权力高度集中在所有者手中的条件下影响家族企业给予非家庭成员经理人员股份的因素，通过本文的分析，我们能对本文第一节所提出的研究问题做出以下回答。

第一个研究问题：委托-代理问题是否已经在家族拥有控制股份的企业里得到解决？我们的回答是尚未得到解决，或家族企业已经普遍意识到这一问题，也在试图缓解之。尽管超过 80% 的被调查企业是 100% 家族控股，但有将近一半的被调查企业计划给予非家庭成员经理人员股份，而在这些企业中，接近 60% 的企业这样做的目的是为了使非家庭成员经理人员的利益与他们的利益一致。这正符合代理理论中采用股份激励机制使经理人与所有者利益一体化的结论。

第二个研究问题：哪些因素会促使家族企业给予非家庭成员经理人员股份？通过计量模型，我们确定了两个因素：外部环境的不稳定性及企业绩效。这说明家族企业给予非家庭成员经理人员股份的根本原因在于家族内部的人力资源已不足以有效应对经营中的外部风险，或是改善下滑的企业绩效，因而不得不向家族外部寻求专业管理人员的帮助。

第三个研究问题：哪些因素会阻止家族企业给予非家庭成员经理人员股份？我们发现，家族企业治理机制的不完善是阻碍其用股份分享来激励非家庭成员经理人员的主要原因。

我们的研究让我们得以深层次地了解代理理论在股权高度集中的家族企业中的适用性。但我们也意识到这一研究也有一定的局限性。一是样本数尚偏少；二是样本较集中，80% 的企业是家族完全持股，大多数企业经营时间偏短，规模较小。这虽然是我国私营企业的现状，但如果样本数足够大，将能够得到更令人信服的结果。这也是我们下一步研究的目标。

参 考 文 献

[1] 张厚义，明立志，梁传运. 中国私营企业发展报告（2001）. 北京：社会科学文献出版社，2001.
[2] 张厚义，明立志，梁传运. 中国私营企业发展报告（2002）. 北京：社会科学文献出版社，2002.
[3] 张厚义，明立志，梁传运. 中国私营企业发展报告（2003）. 北京：社会科学文献出版社，2003.
[4] 张厚义，明立志，梁传运. 中国私营企业发展报告（2004）. 北京：社会科学文献出版社，2004.
[5] 张厚义，明立志，梁传运. 中国私营企业发展报告（2005）. 北京：社会科学文献出版社，2005.

中国金融部门风险问题研究[*]

——一个基于宏观金融工程的分析

● 叶永刚[1]　赵振宗[2]　熊志刚[3]

（1，2，3　武汉大学经济与管理学院　武汉　430072）

【摘　要】 本文基于宏观金融工程的分析框架，使用资产负债表及或有权益资产负债表分析方法，通过建立和分析我国 2002—2006 年整个金融部门的资产负债表、或有权益资产负债表，探讨了我国金融部门面临的风险问题。

【关键词】 宏观金融工程　资产负债表　或有权益资产负债表　金融风险

美国次贷危机爆发以来，全世界继东南亚金融危机之后再一次意识到一国的金融是国民经济发展中最敏感、最脆弱的领域。结合以往历次经济危机的教训来看，金融危机传导速度快、波及面广、危害性大，往往是经济发展中面临的最大的风险。近年来，党中央对金融行业发展的重视程度空前提高，党的十七大报告明确提出要提高银行业、证券业、保险业的竞争力。因此，从整体上考察中国金融部门的风险状况和稳健程度具有现实意义。

本文基于宏观金融工程的分析框架（叶永刚、宋凌峰，2007），使用资产负债表及或有权益资产负债表分析方法，通过分别建立我国 2002—2006 年整个金融部门的资产负债表、或有权益资产负债表，探讨了我国金融部门面临的风险问题。

全文分为四个部分：文献综述、金融部门资产负债表及或有权益资产负债表编制、金融部门资产负债表及或有权益资产负债表分析，最后是结论及政策建议。

一、文献综述

20 世纪 70 年代以来，许多新兴市场发生的危机都是根源于经济中某些部门资产负债表的错配，降低了国外投资者的信心，引发了资本账户危机，或者通过资产负债表联系蔓延至其他经济部门，最后造成全面的宏观经济危机。，

1. 关于资产负债表分析的文献综述

Allen，Rosenberg，Keller，Setser，Nouriel，Roubini（2002）系统地提出了分析金融危机的资产负债表分析框架。资产负债表分析指的就是对金融存量变量的分析——在某一时点上对一个国家的主要资产负债表进行评估，可以衡量货币、期限、资本结构的搭配不当和具体部门所面临的流动性和清偿性风险，以及更广义上的一个国家对冲击的脆弱性，这些冲击可能是通过汇率变化、利率变化和其他金融资产价格的变化来传递的。这种分析是对较常用的宏观经济变量的流量分析的补充。

＊ 本文受教育部哲学社会科学后期资助项目（编号：07JHQ0003）：宏观金融工程研究项目资助。

其实，在过去的 10 年内，国外很多学者都曾经运用过资产负债表分析方法对某些国家的经济部门的稳定性进行了研究。Blejer 和 Schumacher（1998）利用中央银行资产负债表信息结合 VaR 方法提出了评估中央银行脆弱性的模型。Gray 和 Stone（1999）以企业部门的资产负债表为基础，使用财务指标、利润模拟及经济价值估计（EVE）等方法分析了公司部门的脆弱性以及公司部门对宏观经济风险的影响。Allen，Rosenberg，Keller，Setser，Nouriel，Roubini（2002）指出，在资产负债表的结构和头寸规模中所反映出来的到期日不匹配和货币不匹配以及资本结构和清偿能力问题往往是金融风险的重要来源。Johan Mathisen 和 Anthony Pellechio（2006）还系统总结了资产负债表分析方法中的数据要求及数据的可获得性。

2. 关于或有权益资产负债表分析的文献综述

单纯的基于传统资产负债表的分析存在着缺陷——不能提供预测未来风险的信息，不利于政府对国家风险进行防范；另外，某些部门和国家整体的资产价值并不容易直接观察得到。以 Gray（2002）为代表的研究成果弥补了这种分析方法的不足。Gray（2002）指出不同部门或企业间的联系可以通过相关部门的隐含期权反映，首次提出用"或有权益"为核心概念来构建"经济资产负债表"。或有权益分析方法的理论基础是 Black，Scholes（1973）和 Merton（1974）的期权定价思想。或有权益分析方法认为，若将各种公司债务，如普通股、公司债券、认股权证等视为某种基于公司价值的期权，则公司的全部债务就可以视为是一组期权的组合。Gray，Merton，Bodie（2003）指出政府部门的或有权益资产负债表中的资产项应包括外汇储备和或有外汇储备、税收和收入的现值以及其他公共资产（公共股权、土地、矿产资源、社会日常资本、货币发行垄断的价值），负债项应包括政府支出现值（社会保险和其他津贴）、本币债务、外币债务、金融担保和基础货币。

2007 年之前，国内学者没有引入或有权益资产负债表分析方法。叶永刚、宋凌峰（2007）首次在国内整合了资产负债表分析方法及或有权益分析方法，并且提出了"宏观金融工程"的研究思想，同时还针对国内金融风险作了研究。

二、中国金融部门资产负债表及或有权益资产负债表编制

一个发达的现代金融体系涵盖了由银行、证券、保险这三个主要金融行业和其他各类金融机构，以及资本市场、货币市场、外汇市场、金融衍生品市场等各类金融市场。虽然中国的金融体系差不多三分之二的金融资产集中在银行领域，但本文仍以中国银行、证券、保险这三个主要金融行业充当整个中国金融部门作为研究对象。

1. 中国金融部门的资产负债表编制

首先编制出 2002 年各行业的资产负债表（见表 1），然后合并这三个行业的资产负债表作为金融部门的资产负债表。其他年份的数据用同样的方法处理。

表 1   2002 年度中国金融部门资产负债表   （单位：亿元）

	银行业	证券业	保险业	金融部门共同科目加总
总资产	230 770. 830 0	5 034. 071 9	6 494. 930 0	242 299. 831 9
流动资产	14 940. 180 0	4 427. 523 2	4 453. 340 0	23 821. 043 2
长期资产	190 412. 780 0	606. 548 7	1 940. 650 0	192 959. 978 7
无形资产及其他	25 417. 870 0		100. 940 0	25 518. 810 0
总负债	221 998. 610 0	3 933. 828 5	6 461. 620 0	232 394. 058 5
短期负债	75 296. 570 0	3 884. 256 4	1 185. 980 0	80 366. 806 4

	银行业	证券业	保险业	金融部门共同科目加总
长期负债	128 138.480 0	49.572 1	5 275.640 0	133 463.692 1
外币存款	12 159.080 0			
国外负债	3 916.580 0			
其他负债	16 506.820 0			
权益	8 772.220 0	1 100.243 4	33.100 0	9 905.563 4
其中：实收资本			352.630 0	

类似地，编制出我国金融部门资产负债表（2002—2006 年），见表 2。

表 2　　　　　　　　　　**2002—2006 年度中国金融部门资产负债表**　　　　　　　　（单位：亿元）

年份	2002 年	2003 年	2004 年	2005 年	2006 年
总资产	242 299.831 9	345 208.7	414 940.86	502 740.3	599 489.15
总负债	232 394.058 5	327 345.83	392 815	476 236.13	567 053.54
短期负债	80 366.806 4	160 596.93	195 928.25	236 615.08	291 052.29
长期负债	133 463.692 1	166 748.9	196 886.75	239 621.05	276 001.25
总权益	9 905.563 4	17 862.87	22 125.86	26 504.18	32 435.61

资料来源：历年《中国金融年鉴》，其中 2002 年和 2003 年数据由计算得到。

2. 中国金融部门的资产负债表的数据处理说明

数据来源于相关年度的《中国金融年鉴》、《中国保险年鉴》以及相关证券行业信息。

银行业年度数据直接引用了《中国金融年鉴》（2003 年、2004 年、2005 年、2006 年）。

依据"2004 年全国证券业首次经济普查数据公报"得到了 2003 年、2004 年证券业资产负债数据。由此，本文也依据上证指数推算得出了证券业 2002 年、2005 年、2006 年的数据。

保险业 2002 年、2003 年度数据直接引用了《中国保险年鉴》（2003 年、2004 年），2004 年、2005 年、2006 年度数据引用了《中国保险年鉴》以及中国保险监督管理委员会网站提供的数据（http：// www. circ. gov. cn/Portal0/InfoModule_ 443/）。

3. 中国金融部门的或有权益资产负债表编制

首先将我国逐年的银行行业、证券行业，以及保险行业的资产负债表合并，然后将反映风险的市场信息考虑进去，就可得出我国金融部门的或有权益资产负债表（见表 3）。其具体原理及算法参见叶永刚、熊志刚等（2008）。

表 3　　　　　　　　　　**金融部门或有权益资产负债表（2002—2006 年）**　　　　　　　　（单位：亿元）

年份	2002	2003	2004	2005	2006
资产市值	232 340	266 170	306 290	373 620	474 200
负债市值	198 247	227 652	273 200	334 930	407 400
权益市值	34 093	38 518	33 090	38 685	66 850

三、中国金融部门资产负债表及或有权益资产负债表分析

鉴于我国金融部门以银行体系为主，因此我国金融部门若存在问题，则主要问题应该都能够从银行业反映出来。以下的分析主要侧重于银行业。

1. 期限错配风险分析

李扬（2004）指出，银行、证券及保险等金融中介机构经营的或有资产业务和负债业务，最主要的原则是遵循期限配对——短期资金来源就作短期的资金运用，长期资金来源就作长期的资金运用。如果是将短期资金作长期资金运用，则会出现期限错配的问题。

从存款和贷款的结构来看，中国的银行存款结构是短期化的，从 2002 年、2003 年、2004 年、2005 年、2006 年我国金融部门资产负债表可知，其短期债务占总债务比重分别为 33.91%、32.54%、30.40%、28.70% 以及 27.89%（未包括外币存款），在绝对数量上分别是短期资产的 5.04 倍、2.27 倍、2.07 倍、1.77 倍和 1.71 倍。图 1 显示了 1997—2003 年末中国银行业的存款结构变化。在 1997 年，活期存款对定期存款的比重是 30%，到 2003 年末这个比重为 52%。这就使得整个金融机构的资金来源趋向于短期化。

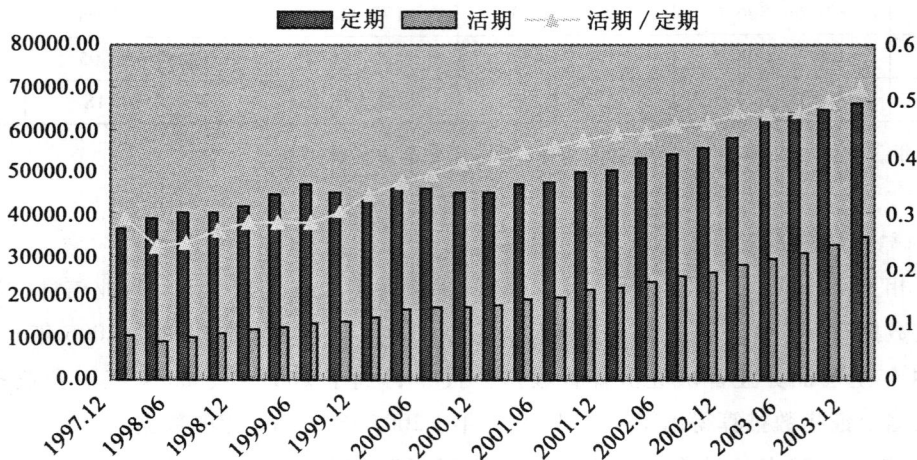

图 1　1997—2003 年中国银行业存款结构短期化

资料来源：http://econ.pku.edu.cn/ccissr/society%20magazine/ccissr2004/liyang.pdf。

而银行业的主要资产是贷款，图 2 反映了 1997—2003 年的贷款结构趋向于长期化，到了 2003 年末，已经超过了短期贷款。

中长期贷款要压占中长期资金，但是，资金的来源是短期化的，这种趋势在 2004 年、2005 年、2006 年仍在延续。

由表 4 可知，2003 年余期在一年以上的存款占总存款的比重是 45.9%，但是余期一年以上的中长期贷款占 90.3%。2004—2006 年的占比略有变化，由此从总体而言，2002—2006 年，我国银行业存在着比较严重的期限错配风险。

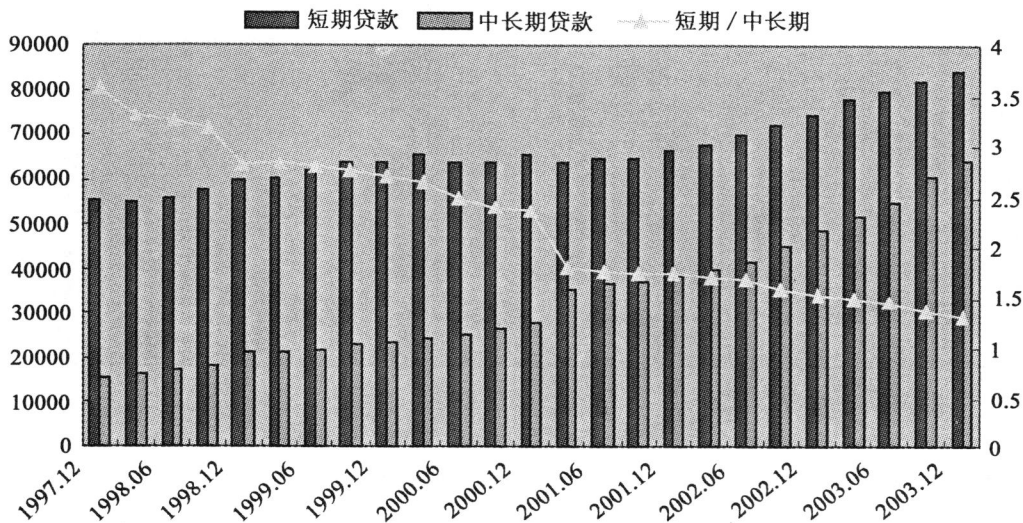

图2　1997—2003年中国银行业贷款结构长期化

资料来源：http：//econ. pku. edu. cn/ccissr/society%20magazine/ccissr2004/liyang. pdf。

表4

2002—2003年的存贷款余额占比

项目	2003 年		2002 年	
	余额占比	当年新增占比	余额占比	当年新增占比
余期一年以上的定期存款	45. 9	44. 9	45. 3	45. 3
余期一年以上的中长期贷款	90. 3	94. 5	89	91

资料来源：http：//econ. pku. edu. cn/ccissr/society%20magazine/ccissr2004/liyang. pdf。

2. 资本结构问题的风险分析

从2002—2006年的金融部门资产负债表（如表1所示）可知，自2002年开始连续3年权益占比一直在4%左右徘徊，到2005年下降为3.13%，尽管资产的绝对值增加，然而负债的绝对值也几乎同比例增加。

金融部门的3类行业固然属于资产负债比较高的行业，但是这样高的资产负债率显然是由于其过分依赖债务融资而不是股权融资造成，从2000年开始中国的直接融资比重是下降的，如图3所示。由此可见，中国的金融部门存在着资本结构风险。

3. 清偿力问题的风险分析

我国金融部门的资产负债率分别是95.81%（2002年）、95.73%（2003年）、95.92%（2004年）、96.87%（2005年）及96.87%（2006年）（如图4所示）。显然，资产的绝对值与负债绝对值相差无几，可以看出我国金融部门存在着偿付力不足的风险问题。

4. 或有权益资产负债表分析

按照Gary（2002）所提供的框架，并结合2002—2006年度上市的有连续数据来源的10家金融企业资产负债表和2005年度金融部门资产负债表，分析金融部门的或有权益资产负债表。

金融部门会计报表的资产负债率为96.87%，或有权益的资产负债率则只有67.169%，可见金融部门的实际资产负债率没达到96.87%。而对于银行业、证券业、保险业这类高负债率的行业而言，67.169%

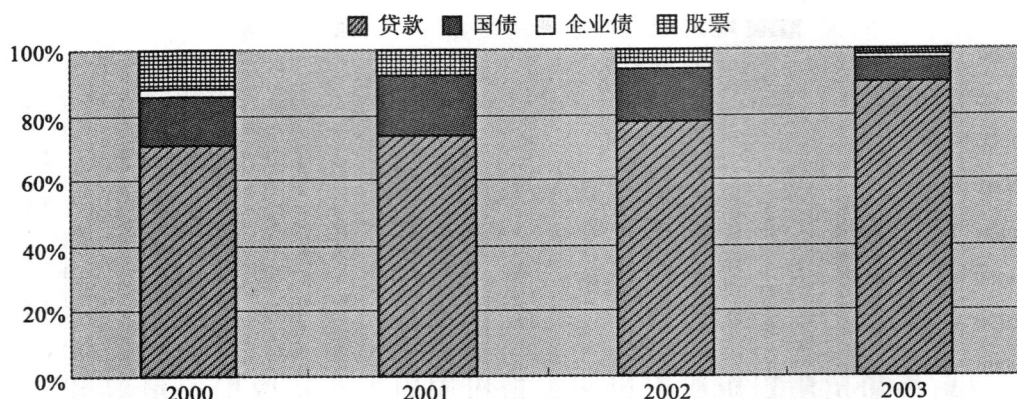

图3 2000年以来中国金融结构的变化

资料来源：http://econ.pku.edu.cn/ccissr/society%20magazine/ccissr2004/liyang.pdf。

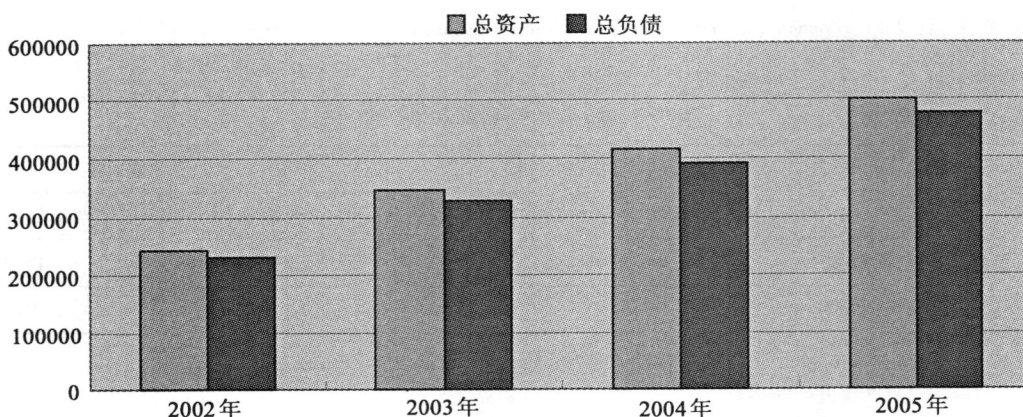

图4 2002年、2003年、2004年、2005年中国金融部门总资产与总负债的数值比较

的比例也并不高。而且，从资产总市值367 050.547 646亿元这个数值也可知（尽管相对于资产账面价值而言是跌价了），它远远大于违约点247 877.929 2亿元。因此，总体而言，金融部门的违约概率是很小的。

四、结论及政策建议

本文通过构建2002—2006年中国金融部门的资产负债表及或有权益资产负债表，分析了中国金融部门的风险状况。文章发现，中国的金融部门风险状况连年来已经有所改善，金融部门抗风险能力已经得到提高。

但是，在看到我国2008年以来金融体制改革取得初步成效的同时，也要看到我国当前的金融部门存在的问题。因此，文章提出如下建议：

1. 建议协调发展银行、证券、保险市场

协调是金融市场健康、快速、可持续发展的内在要求。在当前间接融资比例过高、风险过于集中于银行业的情况下，金融市场要在协调直接融资与间接融资发展、提高直接融资比重的过程中发挥重要作用。

同时，要增强金融市场之间的统一互联，促进金融市场的全面协调可持续发展。我国加入WTO以来，国际国内的金融形势发生了深刻变化，银行、证券、保险之间业务出现交叉。根据科学发展观的要求，从我国金融的长远发展战略考虑，应当制定一个金融发展规划，明确直接融资与间接融资、商业金融与政策金融、国有金融与民间金融、正规金融与非正规金融的关系及市场定位；探索货币市场、资本市场、保险市场等相对接的制度安排、政策走向及监管方式；协调好国内金融市场的改革力度与对外开放进度的关系，使开放的进程与风险管理能力相对称。

2. 建议切实发展多层次的金融市场

调整我国现有社会融资结构，降低对直接融资的管制，大力提高直接融资比例，改变债券市场与股票市场发展的不平衡，大力推进资本市场的改革开放和稳定发展。优先发展债券市场，尤其是大力发展公司债券市场。当前需要重点建设多层次市场，拓宽对中小企业的融资渠道；彻底解决证券市场的融资机制，克服市场交易风险、结算风险；研究资本市场股权流动的法律法规，保护投资者的利益；推出债券、金融期货，完善资本市场的功能与结构。借鉴国外经验，尝试参与国际信贷衍生品市场，发展适合国内市场的金融衍生工具，如远期利率协议、利率期货、利率期权、利率互换、信贷违约互换以及分层债务抵押证券等。商业银行应加大金融创新——可以从银行的资产和负债方两个方面优化资产负债结构。

参 考 文 献

[1] 陈雨露. 国家资本结构陷阱、金融创新与宏观套期. 河南师范大学学报，2004，3.

[2] 李扬，余维彬. 警惕升值后货币错配风险. 金融信息参考，2005，6.

[3] 李扬. 汇率制度改革必须高度关注货币错配风险. 财经理论与实践，2005，7.

[4] 李扬，余维彬. 全球经济失衡及中国面临的挑战. 国际金融研究，2006，2.

[5] 叶永刚，宋凌峰. 宏观金融工程论纲. 经济评论，2007，1.

[6] 叶永刚，宋凌峰. 宏观金融风险分析的新发展. 经济学动态，2007，5.

[7] 叶永刚，熊志刚，张培，宋凌峰. 基于抵补风险的我国外汇储备适度规模研究. 经济管理，2008，3.

[8] 于扬. 我国证券业家底摸清. 证券时报，2005-12-30.

[9] 张汉青等. 四大金融高官共推金融衍生品. 经济参考报，2006-10-25.

[10] 中国金融年鉴编辑部. 中国金融年鉴（2003、2004、2005、2006、2007年），北京：中国金融出版社.

[11] Allen, M., Rosenberg, C., Keller, C., Setser, B., and Roubini, N.. A balance sheet approach to financial crisis. IMF Working Paper 02/210，2002.

[12] Blejer, I. M., and Schumache, L.. Central bank vulnerability and the credibility of commitments：A value-at-risk approach to currency crises. IMF Working Paper 98/65，1998.

[13] Black, F., Scholes, M.. The pricing of options and corporate liabilities. The Journal of Political Economy，1973，81（3）.

[14] Dale, F. Gray, Robert, C. Merton, and Zvi Bodie. A new framework for analyzing and managing macrofinancial risks. IMF Risk working paper，2003，8.

[15] Gray, D., and Stone, M.. Corporate balance sheets and macroeconomic policy. Finance and Development，1999，September 57-59.

[16] Gray, D.. Macro Finance：The bigger picture. Risk Management for Investor，2002.

[17] Jan Willem van den End, Mostafa Tabbae. Measuring financial stability applying the MfRisk model to the

netherlands . DNB Working paper, 2005, 3.

[18] Jan Willem van den End. Indicator and Boundaries of Financial Stability . DNB Working Paper, 2005, 3.

[19] John Fell, Carry Schinasi. Assessing financial stability exploring the boundaries of analysis . National Institute Economic Review , 2005, 4.

[20] Johan Mathisen, Anthony Pellechio. Using the Balance Sheet Approach in Surveillance: Framework, Data Sources, and Data Availability . IMF Working Paper, 2006 , 4.

[21] Juan Manuel Lima, Enrique Montes, Carlos Varela, and Johannes Wiegand. Sectoral Balance Sheet Mismatches and Macroeconomic Vulnerabilities in Colombia, 1996—2003 . IMF Working Paper, 2006, 1.

[22] Mark Allen. Debt-related vulnerabilities and financial crises—An application of the balance sheet approach to emerging market countries. International Monetary Fund, 2004, 7.

[23] Merton R. On the pricing of corporate debt: The risk structure of interest rates. Journal of Finance, 1974, 29.

货币渠道、信贷渠道与通货膨胀的短期关系研究

——基于中国 1999Q1-2007Q4 的实证分析

● 王诺杨[1]　刘颖飞[2]

（1，2　中央财经大学金融学院　北京　100081）

【摘　要】本文主要运用向量误差修正模型（VECM）实证检验货币渠道与信贷渠道在货币政策传导中的作用。分析结果表明，货币渠道与信贷渠道在货币政策传导机制中均发挥了作用，但信贷渠道发挥作用的方向与经典理论中的情形相反。因此，我国货币当局应重视货币供应量中介目标制，在注重发挥货币渠道传导作用的同时兼顾信贷渠道的作用。

【关键词】货币政策　货币渠道　信贷渠道　通货膨胀　向量误差修正模型（VECM）

一、引言

作为现代经济理论的两大主要宏观经济政策之一的货币政策，其相关理论一直以来就受到学界、业界人士的广泛关注。被认为在一定程度上左右世界经济的美联储的货币政策历来是市场所密切关注的焦点，便足以证明其重要性与影响力。基于对提高宏观经济调控能力的迫切需求和央行的独立性不断加强，近年来，我国货币政策的决策、执行在宏观调控体系中的地位不断提高。面对我国目前固定资产投资增速长期处于高位，物价水平持续保持上升的经济状况，如何更好地利用货币政策调节经济稳定增长已受到经济学界的普遍关注。由此，正确地并且从定量角度理解货币政策操作、执行的方式及其效果成为我国学界与业界的当务之急。

所谓货币政策，狭义地来讲是指中央银行为实现给定的政策目标运用各种工具调节货币供给和利率所采取的各种方针和措施的总和（黄达 2003）。其中，货币政策传导机制的问题历来是货币政策理论的核心内容之一。它与货币政策中介目标的选择、货币政策的操作方式共同决定了货币政策的实施效果。在货币经济学领域，不同学派因其理论假设和分析框架的不同而对货币政策影响实体经济的机制产生了不同的观点，从而也形成了各自相应的货币政策传导机制理论。Stiglitz 和 Greenwald（2003）在阐述信贷对货币政策的影响时，区分了货币经济学领域内的两大学派——货币学派和信用学派，并指出二者的根本区别在于货币政策的操作方法：前者以货币供给量为基础，而后者则以信用可得性为基础。因此，它们的货币政策传导机制理论相应地被称为货币政策的"货币观点"和"信用观点"。

凯恩斯学派与货币主义学派所持的货币观点从负债角度阐释货币政策传导渠道，其分析基于两个前提：金融市场是完全的；金融资产（货币与债券）可完全替代。货币观点所阐释的货币政策传导渠道被称为货币政策传导的"货币渠道"。持信用观点的新凯恩斯学派所阐释的货币政策信用传导机制理论（信用观点）源于由 Roosa（1951）提出，后经 Lindbeck（1962）等人进一步完善和发展起来的信用可得性学

说（Credit Availability Doctrine）。与货币观点不同，根据这种学说，银行贷款市场是不完善的，金融机构的流动性管理使得贷款供给更依赖于借款者的资产负债状况、担保等非价格（利率）条款的作用，同时银行负债又缺乏可完全替代存款的其他融资来源，结果当经济紧缩时，信贷市场就呈现出以配给为主的特点。Bernanke 和 Blinder（1988）对传统模型中资产完全替代的假设进行了修正，将资产分为不可完全替代的货币、债券、银行贷款三类，并在此基础上提出了三市场均衡模型，对货币政策传导的"信贷渠道"做了完美的阐释。另外，在 Gurley 和 Shaw（1955）有关金融中介发展的文献中，经济的整体"融资能力"被视为总需求的决定因素。Williamson（1987）在一个一般均衡模型中使贷款人面临着 Townsend（1979）的"有成本的状态确认"（Costly State Verification，也即 CSV）问题。从而，信用观的另一种代表性渠道——"资产负债表渠道"开始逐渐受到重视。此后，学者们在 Bernanke 和 Gertler（1989）的初步研究的基础上做了进一步的拓展和深化，而且将信息经济学与公司金融理论结合起来考察资产负债表渠道的微观基础成为一种普遍做法。随后，Bernanke 和 Gertler（1995）正式提出了"资产负债表渠道"的概念。在目前的研究中，学者们对"信用观"的研究主要围绕着以上两个主要渠道展开。

鉴于我国与西方国家在经济体制上存在差异以及货币政策传导渠道的相关研究尚不丰富的现状，另外对于资产负债表渠道的分析需要涉及大量的公司财务理论，故笔者的分析只围绕货币渠道、信贷渠道在我国的存在性及有效性展开。本文的安排如下：在第二部分，笔者将主要分析国内相关研究的不足以及在此基础上本文研究的改进；第三部分详细分析了本研究中所使用的计量模型与方法，并展示了实证研究结果；第四部分是研究结论与政策建议。

二、国内研究的不足及本文研究的改进

由于在政策指示器变量、传导渠道变量的选择、实证分析方法的形式、研究期的划分等方面存在着诸多的差异，西方国家的学者在银行信贷渠道是否起作用，起多大的作用的问题上仍存在较大的争议。一些学者如 C. Romer 和 D. Romer（1990）、Oliner 和 Rudebusch（1996）认为银行贷款渠道的数量效应微不足道，从而拒绝其存在性的假设。而 Lown 和 Morgan（2002）、Bernanke（1993）、Peek、Rosengren 和 Tootell（2000）通过研究给出了银行信贷渠道不但存在且具有一定的重要性的结论。

国内的相关研究就目前而言，数量上还较为有限，研究结果主要分为以下三类：第一种观点认为在我国货币政策传导过程中信贷渠道起了主要作用，如王振山、王志强（2000），王国松（2004），蒋瑛琨、刘艳武、赵振全（2005）；第二种观点则认为货币渠道是我国货币政策主要的传导渠道，如陈飞、赵昕东、高铁梅（2002），冯春平（2002），孙明华（2004）；第三种观点结合了以上二者的结论，周英章、蒋振声（2004）等在承认货币渠道在发挥作用的同时，肯定了信贷渠道的重要性。

综合以上研究，笔者发现其中仍有不少不足之处，主要有以下几点：

（1）忽视金融体制改革的转折期。在各种经济研究中由于研究期选择的差异，对于某一相同问题的研究结果很可能存在着天壤之别。对于本文研究的问题，因为在不同时期，研究对象所处大背景的差别，如经济开放程度的差异、经济规模的不同，对最终研究结果的解释普遍性也存在着各种干扰。笔者注意到在我国货币政策传导的相关研究中，几乎没有学者关注 1998 年这一特殊的年份。1998 年我国金融体制迈出了关键的一步。随着中国人民银行的管理体制改革，人民银行的宏观调控手段也从直接转向间接。自当年 1 月 1 日起人民银行取消了贷款限额管理，实行资产负债比例管理，确立了货币供应量中介目标制。因而，当研究期选择处于或有较大部分处于 1998 年之前时，得出信贷渠道更为有效的结论有很大的可能性。在西方国家的相关研究中，信贷渠道是以发挥货币政策的中介目标（货币供应量、通货膨胀率等）与最

终目标（失业率、经济增长率等）之间的连接作用的角色出现的，所以当我国货币当局尚以信贷规模作为操作目标时（如我国 1998 年之前的情况），即信贷渠道是以发挥货币政策的操作目标与中介目标之间的连接作用的角色出现时，一些学者套用西方国家的相关研究方法，其研究成果难免存在一定程度上的谬误。

（2）不区分货币政策紧缩期与扩张期。区分紧缩与扩张时期之所以有其必要性，主要原因有两个：其一，紧缩的与扩张的货币政策效果可能存在不对称性（谢平，2000）；其二，如戴根有（2001）提到：货币政策在不同经济周期的作用时滞不同。自 1998 年至 2002 年，我国经济出现了明显的买方特征：社会总需求不足，通货膨胀率持续走低。但是自 2003 年始，我国经济迎来了继 80 年代和 90 年代的两次发展高峰后的第三次高峰。当年 GDP 增长 9.1%，是 1997 年以来的最高增速。鉴于国内经济环境在 2003 年前后的巨大差异，在研究中区分政策紧缩期与扩张期尤显必要。

（3）最终目标变量的选择存在缺陷。《中国人民银行法》第三条规定"货币政策目标是保持货币币值的稳定，并以此促进经济增长"，可知为证明货币政策传导机制的有效性，必须兼顾经济增长与通货膨胀两个目标。而我国目前的多数研究仅仅把 GDP 增长率作为考量指标，往往忽视了通货膨胀率指标。

（4）选取的数据频率较低。目前国内针对货币政策传导渠道的实证研究往往选取年度数据或者季度数据为研究对象。尽管选取频率较低的数据进行实证分析可以反映经济现象的长期变化情况，但是对于通常被认为是短期政策的货币政策来说，若选取的数据频率低，将会忽略或弱化其政策效果。

鉴于以上不足，并结合数据可得性以及样本期长度的综合考虑，笔者在研究期的选择上，只考虑 1999 年后的情况；在区分货币政策紧缩期与扩张期的问题上，笔者使用虚拟变量来区分 1999—2002 年与 2003—2007 年两个时间段①；在最终目标的选取上，由于前人已对 GDP 增长率进行了大量详尽的分析，故本文采用了以前研究很少涉及的通货膨胀率目标；为解决数据频率较低的问题，本文实证分析涉及的各个变量均使用月度数据。

三、基于 VECM 的实证研究

（一）变量设置、样本选择及数据说明

本文以金融机构的各项贷款余额作为我国货币政策传导信贷渠道的代表变量。由于我国名义货币供应量 M1 和 M2 供应增长基本是同步的，二者变化周期表现出很强的相关性（李安勇、白钦先，2006），所以本文只选用 M1 作为货币渠道的代表变量。本文以通货膨胀率 INF 作为检验货币政策有效性的代理变量。之所以选择通货膨胀率，而没有选择价格水平，原因在于：一方面，由于稳定物价是中国货币政策的主要目标，使用通货膨胀率能够更直接地度量货币政策最终目标的实现程度；另一方面，通货膨胀率作为价格水平的变化率，其中包含价格调整的因素，因此同样能解决价格谜②。另外，使用虚拟变量 D 来区分 1999—2002 年与 2003—2007 年两个时间段，设 1999 年 1 月至 2002 年 12 月，D = 0，2003 年 1 月至 2007 年 12 月，D = 1。

本文实证研究中使用的 M1、LOAN 均是对其名义月度值经由 CPI 的月度定基比指数调整后并作对数处理得到的值，INF 由 CPI 的月度定基比数据经差分得到。由于我国尚没有公布 CPI 的月度定基比数据，

---

① 1999—2002 年，虚拟变量 D = 0；2003—2007 年，虚拟变量 D = 1。

② 价格谜是指：关于紧缩的政策冲击的动态反应是价格水平的上升而不是下降。

需要经过计算整理得到。本文利用夏春（2002）的方法：设任一年为基期，利用我国公布的 CPI 月同比指数来构造月定基比指数。本文令 1998 年为基期，设当年各月居民消费品价格指数为 100 来构造 CPI 定基比指数。

各数据样本区间为 1999 年 1 月至 2007 年 12 月，均为月度数据。数据来源于各期《中国经济景气月报》。M1、LOAN、INF 均通过 X-11 方式消除其季节性因素的影响。

（二）平稳性检验

首先需要先对 M1、LOAN、INF 时间序列进行平稳性检验，即检验是否存在单位根，以判断各序列的平稳性[①]。笔者所使用的方法为 ADF（Augmented Dicky-Fuller）检验，检验模型为：

$$\Delta y_t = \beta_1 + \beta_2 t + (\rho - 1)y_{t-1} + \sum_{i=1}^{m} \delta_i \Delta y_{t-i} + \varepsilon_t \tag{1}$$

式（1）中 Δ 为差分算子，β_1 为常数项，t 为时间趋势，ε_t 为白噪声。原假设 $H_0 = 0$ 是 $\rho = 0$，即 y_t 有一个单位根，是非平稳的。Δy_t 的最优滞后期由 AIC（Akaike Info Criterion）准则确定。根据检验结果（如表 1 所示），各变量的水平值在 1% 的显著性水平上接受原假设，即各自存在一个单位根。而各变量的一阶差分在 1% 的显著性水平上拒绝原假设，构成平稳的时间序列，即为 I（1）。因此不能用传统的计量分析方法检验 M1、LOAN、INF 之间的关系，应该采用处理非平稳变量的协整等分析方法。

表 1   各序列的平稳性检验结果

变量	ADF Test Statistics	检验形式 （C、T、L）	AIC	变量	ADF Test Statistics	检验形式 （C、T、L）	AIC
INF	2.311	（C、0、3）	−8.234	ΔINF	−3.268***	（0、0、3）	−8.144
M1	−1.876	（C、T、3）	−6.539	ΔM1	−4.466***	（C、0、3）	−6.493
LOAN	−2.222	（C、T、3）	−6.902	ΔLOAN	−5.970***	（C、0、3）	−6.888

注：其中检验形式（C、T、L）分别表示单位根检验方程包括常数项、时间趋势和滞后项的阶数，加入滞后项是为了使残差项为白噪声，Δ 表示差分算子，*** 表示在 1% 显著水平下拒绝原假设，即在相应的显著性水平下认为变量是稳定的。

（三）协整检验

协整关系检验有助于分析变量之间的长期均衡关系。其原理是，如果两个或两个以上的时间序列变量是非平稳的，但它们的某种线性组合却表现出平稳性，则这些变量之间存在长期稳定关系，即协整关系。本文采用 Johansen-Juselius 方法，对 M1、LOAN、INF 之间的协整关系进行检验，具体结果如表 2 所示。在引入或不引入虚拟变量的情况下，无论采用 Trace 统计量还是 Max-Eigen 统计量作为检验统计量，表 2 的结果均显示 M1、LOAN、INF 之间存在两个协整关系，即变量间存在长期稳定关系，具有共同的随机趋势。货币政策能够分别通过货币渠道和信贷渠道影响通货膨胀率，因此，信用渠道和货币渠道都可以成为我国货币政策有效传导的主要途径。

[①] 本文计量分析所使用的软件均为 Eviews 5.0。

表 2   **Johansen-Juselius 协整检验**

INF、M1、LOAN <不引入虚拟变量>					
假设的协整关系个数	特征值	Trace 统计量（P 值）		Max-Eigen 统计量（P 值）		5% 临界值
无 **	0.290838	58.59350	（0.0000）	35.39812	（0.0004）	35.19275/ 22.29962
至多 1 个 **	0.149109	23.19537	（0.0192）	16.63159	（0.0383）	20.26184/ 15.89210
至多 2 个	0.061738	6.563781	（0.1515）	6.563781	（0.1515）	9.1645546/ 9.164546
INF、M1、LOAN <引入虚拟变量>					5% 临界值
无 **	0.286089	51.41664	（0.0000）	34.71062	（0.0001）	24.27596/ 17.79730
至多 1 个 **	0.121663	16.70662	（0.0087）	13.36165	（0.0208）	12.32090/ 11.22480
至多 2 个	0.031948	3.344366	（0.0799）	3.344366	（0.0799）	4.129906/ 4.129906

注：** 表示在 5% 水平上拒绝原假设，P 值指的是 MacKinnon-Haug-Michelis P 值，/左右两边分别表示 Trace、Max-Eigen 检验下的 5% 临界值。

（四）向量误差修正模型

根据 Granger 定理，一组具有协整关系的变量一定具有误差修正模型（VECM）的表达形式存在。VECM 的一般表达形式为：

$$\Delta y_t = \alpha ecm_{t-1} + \sum_{i=1}^{p-1} \Gamma_i \Delta y_{t-i} + \varepsilon_t \tag{2}$$

其中 ecm_{t-1} 是误差修正项，反映变量之间的长期均衡关系。系数向量 α 反映当变量之间的均衡关系偏离长期均衡状态时，将其调整到均衡状态的调整速度。所有作为解释变量的差分项的系数 Γ_i 反映各变量的短期波动对作为被解释变量的短期变化的影响，ε_t 为白噪声。由于主要考虑货币政策的短期效应，为便于分析，我们模糊了"只存在一个协整关系"与"存在两个协整关系"的区别，在此只考虑至少存在一个协整关系的检验结果，并且由于文章篇幅所限只考虑滞后三期的情况。我们把 VECM 的结果显示在式（3）中。

$$\Delta INF = -4.85E - 05ecm + (0.026 \quad 0.037 \quad -0.118)\begin{pmatrix} \Delta INF(-1) \\ \Delta M1(-1) \\ \Delta LOAN(-1) \end{pmatrix} + (0.201 \quad -0.015 \quad 0.125)$$

$$\begin{pmatrix} \Delta INF(-2) \\ \Delta M1(-2) \\ \Delta LOAN(-2) \end{pmatrix} + (-0.016 \quad -0.027 \quad 0.007)\begin{pmatrix} \Delta INF(-3) \\ \Delta M1(-3) \\ \Delta LOAN(-3) \end{pmatrix} + 0.002D \tag{3}$$

从式（3）误差修正项的系数为负，可以看出当变量之间的均衡状态偏离长期趋势时，该偏离能在短期内得到纠正。从解释变量的系数可以看出通货膨胀率的变化率相对于 M1 变化率的敏感度弱于通货膨胀率的变化率相对于银行信贷量变化率的敏感度，既短期内信贷渠道的政策传导效果强于货币渠道。M1 增速的上升在第一期内导致通货膨胀率的增速上升，而在第二期、第三期内导致通货膨胀率的增速下降，但效果相对第一期而言较弱；银行信贷增量的加大在第一期内导致通货膨胀率的增速下降，而在第二期将导致通货膨胀率的增速上升，且政策效果强于第一期。第三期的效果则很弱。

（五）因果关系检验

通过 VECM，可以探明通货膨胀率与 M1、通货膨胀率与银行信贷量之间的关系。但是，VECM 并未对内生变量之间变量关系给予解释。Granger 因果检验在这方面提供了重要的信息。

　　向量的 Granger 因果检验法分为 VAR-based Causality Test 和 VECM-based Causality Test 两种。由于存在协整关系①，我们只考虑 VECM-based Causality Test，结果见表3。表3显示 M1 与信贷量之间，M1 的增速与信贷量的增速之间存在双向因果关系。

表3　　　　　　　　　　　　　　　　　**Granger 因果检验矩阵**

滞后期	变量	F-statistics（P值）M1	F-statistics（P值）LOAN	变量	F-statistics（P值）ΔM1	F-statistics（P值）ΔLOAN
	M1	N/A	5.550	ΔM1	N/A	2.762
二期	LOAN		(0.005)***			(0.068)*
		8.534	N/A	ΔLOAN	8.908	N/A
		(0.000)***			(0.000)***	
	M1	N/A	2.760	ΔM1	N/A	2.567
三期	LOAN		(0.046)**			(0.059)*
		7.207	N/A	ΔLOAN	7.589	N/A
		(0.000)***			(0.000)***	
	M1	N/A	2.946	ΔM1	N/A	3.466
四期	LOAN		(0.024)**			(0.011)**
		7.101	N/A	ΔLOAN	5.519	N/A
		($4.9E-05$)***			(0.000)***	

　　注：纵向变量为 Granger 原因，横向变量为 Granger 结果，*、** 和 *** 分别表示在10%、5% 和1% 显著性水平下拒绝原假设，即在相应的显著性水平下认为因果关系存在。

（六）脉冲响应分析

　　为进一步分析通货膨胀对货币供给冲击和银行信贷冲击的动态响应以及货币渠道与信贷渠道的相对重要性，本文采用了基于 VECM 模型的脉冲响应函数进行检验，其基本思想是分析模型中随机扰动项单位标准差冲击对各内生变量当前及未来的影响。

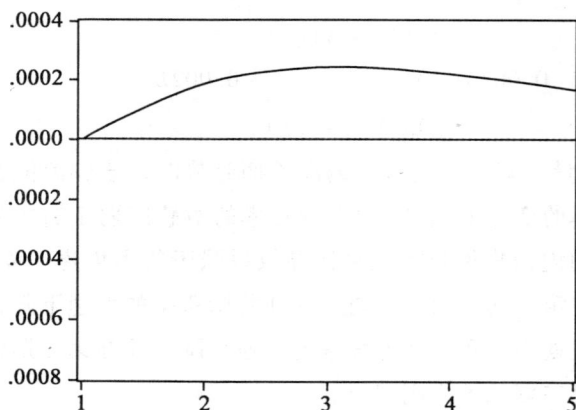

图1　INF 对 M1 冲击的响应

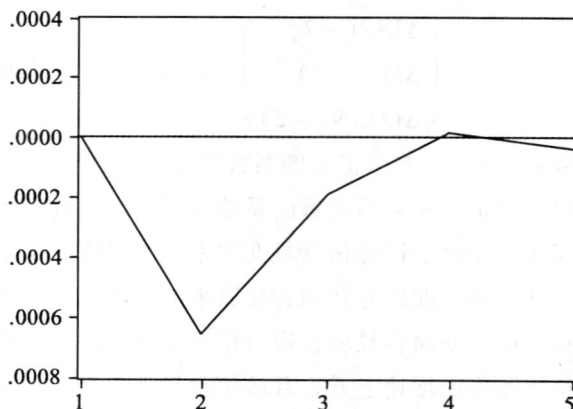

图2　INF 对 LOAN 冲击的响应

---

　　①　协整关系检验结果的展示由于文章篇幅原因在此略去。

图 1 反映了通货膨胀率对 M1 的响应，M1 的短期冲击使通货膨胀率短期内产生正向变化，冲击发生后第 3 个月的冲击效果最明显，而后效果将缓慢减弱直至恢复到初始状态①。在图 2 中，信贷量的短期冲击使通货膨胀率在第 2 个月产生明显的反向变化，之后效果减弱，第 4 个月左右效果消失。

四、结论与政策建议

本文对 1999 年 1 月至 2007 年 11 月期间我国货币政策的传导渠道进行了实证研究。Johansen-Juselius 协整检验结果表明 INF、M1、LOAN 序列之间存在着长期稳定的关系，这表明货币渠道和信贷渠道在我国的存在性。为进一步研究货币渠道与信贷渠道在短期内的有效性，笔者使用 VECM 进行分析，并得到以下两点结论和政策建议：

第一，作为货币政策最终目标之一的通货膨胀率对狭义货币供应量与银行信贷量（M1 与 LOAN）的冲击均做出了一定程度的响应。因此，我国的货币政策在短期内是通过货币渠道和信贷渠道共同传导的。增加（减少）货币供应量将使通货膨胀率升高（降低），从而我国货币当局在制定与执行货币政策时应重视货币供应量中介目标，充分发挥货币渠道在货币政策传导过程中的作用。与经典理论相反，增加（减少）银行信贷量反而导致通货膨胀率的降低（升高）。这一结论似乎可以解释，近期我国货币当局屡次收紧银行信贷，却仍无法遏制宏观经济持续过热，货币政策效果不佳的现象。

第二，通过 Granger 因果关系检验发现我国的货币供应量与银行信贷量之间存在着紧密的联系。因此，当货币当局在制定与执行货币政策时应充分重视货币渠道和信贷渠道在政策传导过程中的联系，切忌孤立地看待两者的作用，以免发生政策效应的相互抵消或弱化的情况。同时，本文的分析还表明货币政策的作用存在一定的时滞，货币当局应充分考虑这些效应并制定具有前瞻性的货币政策，以增强货币政策的有效性。

参 考 文 献

[1] Bernanke, B. S.. Credit in the Macro economy. Quarterly Review, Federal Reserve Bank of New York, 1993.

[2] Bernanke, B. S., and Gertler, M.. Agency costs, net worth, and business fluctuations. American Economic Review, 1989, 79.

[3] Bernanke, B. S., and Gertler, M., and Gilchrist, S.. The financial accelerator and the flight to quality. The Review of Economics and Statistics, 1996, 2.

[4] Bernanke, B. S., and Blinder, A. S.. Credit, money and aggregate demand. American Economic Review, 1988, 78.

[5] Joseph Stiglitz Bruce Greenwald. Towards a new paradigm in monetary economics. The University press, 2003.

[6] Peek, J., Rosengren, E. S., and G. M. B.. Tootell - identifying the macroeconomic effect of loan supply shock. Journal of Money, Credit & Banking, 2003.

[7] Lindbeck, A. L.. New theory of credit control in United States. Stockholm Economic Studies, 1962, 1.

[8] Lown, C. S., and Morgan, D. E.. Credit effects in the monetary mechanism. Economic Review, 2002, 5.

---

① 第 5 个月之后的脉冲响应分析图由于文章篇幅原因在此不做展示。

[9] Morgan, D. P.. The credit effects of monetary policy: Evidence using loan commitments. Journal of Money, Credit, and Banking, 1998, 1 (30).

[10] Oliner, S. D., and Rudebusch, G. D.. Is there a broad credit channel for monetary policy?. Economic Review, 1996, 1.

[11] Romer, C. D., and Romer, D. H.. New evidence on the monetary transmission mechanism. Brookings Papers on Economic Activity: Macroeconomics, 1990.

[12] Roosa, R. V.. Interest rates and the central bank. In, Money, trade, and economic growth: Essay in honor of John Henry Williams. New York: Macmillan, 1951.

[13] Williamson, S. D.. Financial intermediation, business failures and real business cycles. Journal of Political Economy, 1987, 1 (95).

[14] 陈飞, 赵昕东, 高铁梅. 我国货币政策工具变量效应的实证分析. 金融研究, 2002, 10.

[15] 戴根有. 关于我国货币政策的理论与实践问题. 金融研究, 2000, 9.

[16] 冯春平. 货币供给对产出与价格影响的变动性. 金融研究, 2002, 7.

[17] 黄达. 金融学. 北京: 中国人民大学出版社, 2003.

[18] 蒋瑛琨, 刘艳武, 赵振全. 货币渠道与信贷渠道传导机制有效性的实证分析——兼论货币政策中介目标的选择. 金融研究, 2005, 5.

[19] 李安勇, 白钦先. 货币政策传导的信贷渠道研究. 北京: 中国金融出版社, 2006.

[20] 孙明华. 我国货币政策传导机制的实证分析. 财经研究, 2004, 3.

[21] 王国松. 通货紧缩下我国货币政策传导的信贷渠道实证分析. 金融研究, 2004, 5.

[22] 王振山, 王志强. 我国货币政策传导途径的实证研究. 财经问题研究, 2000, 12.

[23] 谢平. 2000, 新世纪中国货币政策的挑战. 金融研究, 2000, 1.

[24] 周英章, 蒋振声. 货币渠道、信用渠道与货币政策有效性——中国1993—2001年的实证分析和政策含义. 金融研究, 2002, 9.

中国开放式基金反向选择的博弈论解释

● 单科文

（广西师范大学经济管理学院 桂林 541004）

【摘 要】 目前，开放式基金是国际基金市场的主流品种，美国、英国、中国香港和台湾地区的基金市场 90% 以上是开放式基金。开放式基金的设计初衷是投资者依据基金业绩表现好坏随时决定申购或是赎回该基金。基金的业绩越好，投资者的申购越多；相反，业绩越差，投资者的赎回越多。然而我国自 2001 年引入开放式基金以来，却出现了基金业绩越好，赎回反而越多的奇怪现象。本文运用博弈论的方法对开放式基金投资者赎回行为进行了分析，并依据结论提出了关于减少"反向选择"、维持基金管理公司稳定运作、保护基金长线投资者利益的政策建议。

【关键词】 开放式基金 反向选择 博弈论 进化稳定策略

一、引言

开放式基金在国外又称共同基金，它和封闭式基金共同构成了基金的两种运作方式。开放式基金是指基金发起人在设立基金时，基金单位总规模不固定，可视投资者的需求，随时向投资者出售基金单位，并可应投资者要求赎回发行在外的基金单位的一种基金运作方式。投资者依据基金业绩表现，既可以通过基金销售机构购买基金，使基金资产和规模相应增加，也可以将所持有的基金份额出售以收回现金，使基金资产和规模相应减少。这实际上就给基金管理者一种隐性激励，要求开放式基金的运作通过业绩与资金流动的互动关系（FPR）来发挥"优胜劣汰"机制①。

国外的基金业绩与资金流动关系的研究起步较早，研究涉及的范围也较广。

Spitz（1970）最早开始研究 FPR，通过研究美国 1960—1967 年的 20 只共同基金的业绩与资金净流入的关系，发现业绩与资金净流入呈现出正相关关系。

John Rea 和 Richard Marcis（1996）研究了基金的申购赎回行为与股价变动的关系，考察了 1944—1995 年美国股票市场表现和同期基金份额变动的关系。研究结果表明股市下挫并不必然导致赎回增加，但并不代表基金持有人对股价变动不敏感，而可能表现为申购的减少，说明在市场急挫时基金持有人并未发生大面积赎回，说明股票基金投资者大多为经验投资者，具有长期投资理念和一定的风险意识，并不一定会对短期市场波动采取反应。

Sirri 和 Tufano（1998）也证实 FPR 中业绩与资金流入的正相关关系，优秀的基金业绩会导致大量的新资金流入。

Alexander Kempf 和 Stefar Ruenzi（2004）研究了同一基金管理公司所管理的基金的相对排名与基金份

---

① 陆蓉，陈百助，徐龙炳，谢新厚．基金业绩与投资者的选择．经济研究，2007，6.

额变动的关系。结果表明，基金的相对业绩排名与基金份额变动呈正相关。

综合国外的研究结论，基金业绩与资金流入呈现较为显著的正相关关系，FPR 呈现正向凸曲线的形状。

国内对开放式基金持有人赎回行为的研究较少，且以定性分析和经验分析为主。

赵学军、王永宏（2001）对我国股市中的处置效应进行了实证研究，发现国内股市的投资者具有明显的"处置效应"，且其"售盈持亏"的倾向比国外投资者更为严重，即当投资者认为股票价格高于参考点时，投资者是风险规避的，倾向于过早卖出盈利的股票；当资产价格低于参考点时，投资人是风险偏好的，倾向于长期持有亏损的金融资产。

李曜（2003）对 2003 年上半年我国 17 只开放式基金的赎回比率和增长率进行了回归分析，发现基金增长率上升导致了赎回率的上升。

李曜、于进杰（2004）运用经济学中的外部效应理论对我国开放式基金的大面积赎回现象作出了解释。他们认为：投资者的赎回行为将对未要求赎回的基金持有人形成外部效应。

李斌（2005）、罗剑（2005）运用行为金融理论对开放式基金投资者赎回进行了解释。

陆蓉、陈百助等（2007）通过对中国 14 只偏股型开放式基金的面板数据进行分析，发现 FPR 曲线呈现负相关且为凹形。中国开放式基金业绩提高没有带来资金的流入，反而表现为赎回的增加。

国内的研究结论比较一致地认为我国基金业绩提高导致了投资者的大面积赎回，这与国外的研究结果不同，即国内 FPR 关系与国外相反，表现为凹向的形态。综合以上内容笔者发现国内对此问题的研究多以经验回归分析为主，采用博弈论分析方法的还很少见，本文借鉴博弈论中复制动态和进化稳定策略的思想，研究我国开放式基金投资者"反向选择"问题，研究发现我国投资者处置效应明显，必然导致"赎回异象"和"反向选择"的发生，为理解我国开放式基金赎回异象提供了新的理论证据。

二、基金投资者群体间的博弈

1. 开放式基金反向选择问题的提出

投资者的理性行为是决定市场有效性的基本力量。从理论上说，开放式基金申购赎回机制的设立，就是促使投资者将资金投入业绩好的基金，而将资金从业绩较差的基金中撤出。依据前面的文献综述不难发现，国外很多研究表明基金业绩好会吸引大量资金的进入。因此，基金净值增长率和开放式基金份额变动率之间应当是正相关的。开放式基金的净值增长率越高，吸引的申购资金就越多，其份额增长率就越高；开放式基金的净值增长率越低，吸引的申购资金就越少甚至出现赎回，其份额增长率就越低甚至出现负增长。但是对我国投资者的研究表明，我国的开放式基金交易却不满足这种理论假设。那么就有必要进一步考察我国投资者非理性行为的驱动因素是什么。

Kahneman 和 Tversky（1979）的前景理论认为，人们在不确定环境下决策的四个重要特征是：（1）人们关注的不只是最终的财富水平，还包括相对参考点的收益和损失；（2）人们对收益是风险厌恶的，但对损失却是风险偏好的；（3）人们是厌恶风险的；（4）人们是模糊厌恶的，即对越可能发生的结果赋予越高的权重，称为"确定性效应"。Odean（1998）认为前景理论可以很好地解释股票投资的"处置效应"，即投资者决策的重要依据是参考价格，当金融资产的当前价格高于参考点时，投资者是风险厌恶的，因而倾向于过早地卖出盈利的配置资产；而当资产价格低于参考价格时，投资者是风险偏好的，会长期持有亏损的资产[①]。应用到我国开放式基金的投资群体中，则会发现当基金净值高于某些投资人事先确

---

① 张峥，魏聃，唐国正，刘力．可转债投资者的转股行为是理性的吗？．金融研究，2007，8：23.

定的参考点时，或者过去一段时间内基金收益较高就很可能触发这批投资人过早地赎回基金。在很多情况下，这批提前赎回者实际上构成了理性预期理论模型中外生噪音，噪音交易者对该基金的预期未来收益为负，对市场的稳定构成一定的影响，且其辐射效应有可能诱使更多投资人加入噪音交易者的行列。因此，赎回与不赎回对潜在的赎回群体来说并不是一个简单的问题，而是有明显的博弈特征的重要选择问题。

为了研究问题的方便，我们把开放式基金投资者群体抽象为两个个体，他们都是有限理性博弈方（Boundedly Rational Player），那么可以这样假设：在某一特定基金的投资者群体中有两个投资个体。他们的策略组合和收益情况如下：如果他们都不赎回所持有的基金时的预期收益为（R，R），如果他们都赎回，则由于基金管理公司为迅速变现的需要，会折价出售资产池中一些优质资产并产生相应的费用，必然影响到基金的现值，此时两个投资个体的收益为（r，r）；如果只有一个潜在的赎回个体，此时的收益为（D，$2r-D$），这两个潜在的赎回个体之间就构成了如图 1 所示的收益矩阵代表的博弈。

潜在的赎回个体 2

		赎回	不赎回
潜在的赎回个体 1	赎回	r, r	D, $2r-D$
	不赎回	$2r-D$, D	R, R

注：R 为基金投资者不赎回该基金的前提下预期的未来收益；r 为基金投资者都赎回该基金后的当期收益，D 为某一投资个体赎回该基金后的当期收益。

图 1 潜在的赎回个体间的博弈收益矩阵

该博弈的纳什均衡取决于其中 R、r、D 的具体大小或者说相对大小，且以上字母所代表的值均为正数。

2. 赎回博弈的复制动态和进化稳定策略

潜在的赎回群体都对当前开放式基金业绩稳定增长抱有信心，高收益率产生了进一步增高的预期，此时潜在的赎回群体不赎回的收益大于赎回的收益，因而选择不赎回是上策。反之，由于基金业绩不稳定，不能产生进一步增高的预期，理性的投资者会选择规避风险，赎回所持有的基金，赎回风气盛行，此时选择赎回是上策。根据上述赎回与否的博弈关系，我们不难构建关于潜在的赎回群体之间博弈的进化动态规律，也就是复制动态方程（Replicator Dynamics Equation, RDE）。设潜在的赎回群体中赎回者所占的比例为 p，比例为 $1-p$ 的博弈方采用不赎回策略。那么，采用两种策略的博弈方的期望得益和群体平均期望得益分别为：

$$\begin{cases} u_1 = p \cdot r + (1-p) \cdot D \\ u_2 = p \cdot (2r-D) + (1-p) \cdot R \\ \bar{u} = p \cdot u_1 + (1-p) \cdot u_2 \end{cases} \tag{1}$$

上述博弈关系是 2×2 的对称博弈，因此复制动态方程可直接根据一般公式求得：

$$\begin{aligned} \frac{\mathrm{d}p}{\mathrm{d}t} &= p(u_1 - \bar{u}) = F(p) \\ &= p \cdot (1-p) \cdot [p \cdot (R-r) + D - R] \end{aligned} \tag{2}$$

根据该复制动态方程，令 F（p）=0，再求出其中的三个可能的稳定状态点：

$$\begin{cases} p_1^* = 0 \\ p_2^* = 1 \\ p_3^* = (R-D)/(R-r) = 1/[(D-r)/(R-D)+1] \end{cases}$$

并且，进化稳定策略（Evolutionary Stable Strategy，ESS）必须满足的条件为：

$$\begin{cases} F(p^*) = 0 \\ F'(p^*) < 0 \end{cases} \tag{3}$$

复制动态方程的一阶导数方程如下：

$$F'(p) = 3p^2(r-R) + 4pR - 2pr - 2pD + D - R \tag{4}$$

3. 讨论

当 $D > R > r$ 时，即噪音交易者在"处置效应"作用下，赎回个体的收益大于不赎回个体的收益。将 p_1^*、p_2^*、p_3^* 的值代入公式（4）得：$F'(0) > 0$，$F'(1) < 0$，$p_3^* < 0$（与实际不符，因为 $0 \leqslant p \leqslant 1$，舍去此根）。因此，根据公式（3）判断 $p_2^* = 1$ 是稳定的，即所有的潜在赎回群体都赎回，选择赎回是上策，即使在博弈开始的时候所有潜在的赎回群体都不赎回，但由于国民经济整体运行速度放缓或政府反通胀的力度太小，潜在的赎回群体发现赎回比不赎回要获得更大的收益，经过多次重复博弈，慢慢地只要有机会赎回的群体都会赎回。上述复制动态方程的相位如图 2. a 所示。

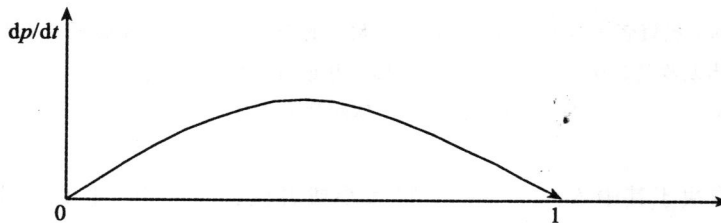

图 2. a

当 $R > D$ 时，即赎回的收益比不赎回的收益小。将 p_1^*、p_2^*、p_3^* 的值代入公式（4）得：$F'(0) < 0$，$F'(1) > 0$，$F'(p_3^*) > 0$，因此根据公式（3）判断 $p_1^* = 0$ 是稳定的状态点，也就是说在预期宏观经济发展稳定或政府反通胀的力度比较大的情况下，社会的投机风气得到有效遏制。此时都不赎回是博弈双方的上策。复制动态方程的相位如图 2. b 所示。

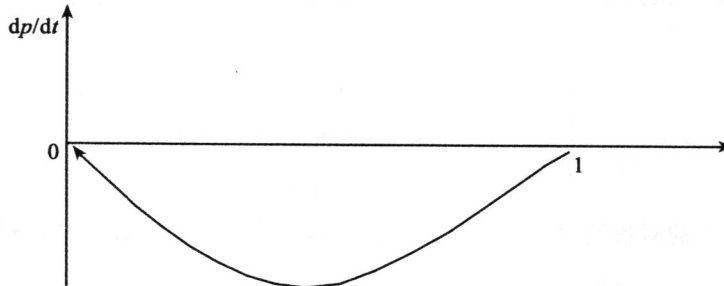

图 2. b

当 $r > D > R$ 时，即赎回的收益比不赎回的收益大，后赎回的收益比先赎回的收益大。但此假定不符合我们对开放式基金"赎回异象"的基本假设，即 $r < D$ 的基本假设。具体说来，对基金投资者而言，

"赎回异象"或"反向选择"给未实施赎回的基金持有人造成了外部效应或稀释效应。因为"反向选择"影响了基金的投资策略，基金被迫提前套现造成了未来收益低于预期收益，并且增加的额外的交易成本却由还继续持有基金的投资人承担，无赎回要求的该基金投资人被迫承担了这些损失。因此 p_3^* 不是本博弈的进化稳定策略，或者说此时存在一个混合策略的纳什均衡，两个潜在的赎回个体都以一定的概率 p_3^* 来赎回。复制动态方程的相位如图 2.c 所示。

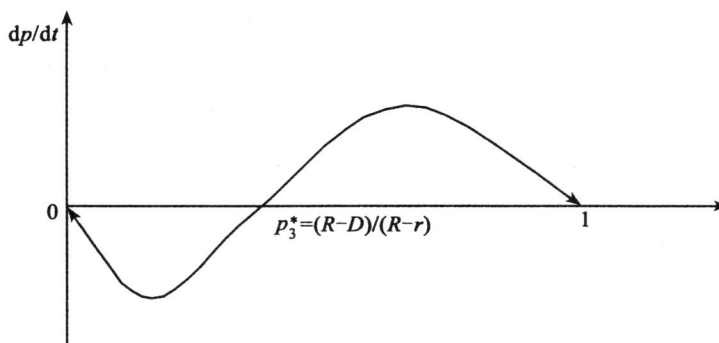

图 2.c

三、稳定基金业绩、控制噪声交易与复制动态均衡

从图 2 可以看出，潜在的开放式基金赎回群体选择赎回的概率与投资者赎回基金的当期收益是正相关的，即赎回当期收益越大，市场上的赎回风气越大，当投资者的赎回收益高于这些投资人事先确定的参考点时，赎回现象就会愈演愈烈。然而考虑到市场上有大量的参与者，并且每一个市场参与者都有自己独特的效用函数，依据前景理论的第一假定，他们也同样有各自独特的参考点，所以不论理论上还是实践中都不可能估计出不同投资者的参考点，但是我们可以找到影响参考点的相关因素，如基金收益的稳定程度、业绩增长率、分红金额、分红频率、基金规模等，通过对影响因素的人为干预，可以间接地控制噪声交易的发生。这其中一个理想的状态是当 $D = r$ 时，此时即使少量的噪声交易者发生"反向选择"也不会给未实施赎回的基金持有人造成外部效应，便不会迫使未赎回的投资者赎回手头所持有的基金，因此就大大降低了发生大面积非理性赎回的概率，对稳定基金管理公司的投资策略，降低市场波动都有积极的作用。

四、结论与建议

鉴于中国投资者的投资决策中也存在"处置效应"，且其"售盈持亏"的倾向比国外投资者还要显著，本文研究发现当某开放式基金的业绩表现不足以支撑起投资者对其未来持续稳定增长的预期时，理性基金投资者或者说是有限理性投资者会选择变现来规避可能的未来风险，发生"反向选择"有的时候并非反映了投资人的非理性，而恰恰说明了投资人对基金业绩的持续性增长无信心，从而选择退出游戏的理性策略。在目前的现实情况下，由于"反向选择"的外部效应的存在，必然会导致所有的潜在赎回群体都赎回，选择赎回是上策的情况。即使在博弈开始的时候所有潜在的赎回群体都不赎回，但由于国民经济整体运行速度放缓或政府反通胀的力度太小，潜在的赎回群体发现赎回比不赎回要获得更大的收益，经过多次重复博弈，慢慢地只要有机会赎回的群体都会赎回。

为减少"反向选择"，控制噪声交易的发生，提出以下政策建议：

（1）投资者应选择业绩持续表现良好的基金，回避业绩波动太大的基金。因为前期业绩良好的基金，会促进当期的份额增长，而当期业绩表现良好，则会使基金遭受赎回，两者的作用相互抵消，基金份额能保持比较稳定的规模，有利于基金公司的长线操作。

（2）投资者尽量回避资产配置过于集中的基金产品。因为持股集中会影响其收益的稳定性，加大波动的风险，并且在变现能力上也不很理想。

（3）基金管理公司可以适当地转变投资理念，从实现基金收益最大化，转变为灵活的投资管理，增持部分流动性强的资产，并经常跟踪研究投资者获利情况，对不同获利水平的投资者样本集合进行风险管理，以应对可能的集中赎回。

（4）必要时对申购也可做出一定限制。基金的巨额申购虽然不如巨额赎回那样对管理人造成比较严重的流动性危机，但是会使管理人难以迅速找到合适的投资资产，从而影响基金的业绩。

（5）基金管理公司通过树立自己稳健的经验风格将有利于规避投资人的"反向选择"，并应该及时进行分红，这对于维护投资人信心、培育投资人忠诚度都很有帮助。

（6）政府在控制与减少投资人"反向选择"方面能起到巨大的作用。因为政府在稳定市场信心、形成良性预期、降低市场系统风险、进行投资者教育、强化宏观调控和稳定物价等方面可以发挥举足轻重的作用。

参 考 文 献

［1］任淮秀，汪涛．国内外开放式基金赎回行为研究．投资研究，2007，6.

［2］陆蓉，赵乾明，谢新厚．开放式基金赎回现象研究综述．上海财经大学学报（哲学社会科学版），2007，3.

［3］陆蓉，陈百助，徐龙炳，谢新厚．基金业绩与投资者的选择．经济研究，2007，6.

［4］汪慧建，张兵，周安宁．中国开放式基金赎回异象的实证研究．南方经济，2007，8.

［5］David Goldbaum, and Bruce Mizrach. Estimating the intensity of choice in a dynamic mutual fund allocation decision. Journal of Economic Dynamics and Control，2008，4.

［6］Andrea Frazzini, and Owen A. Lamont. Dumb money: Mutual fund flows and the cross-section of stock returns. Journal of Financial Economics，2008，5（88）.

产权性质、债务及其期限结构与非效率投资

● 龚凯颂[1]　冯杏华[2]

（1，2　中山大学管理学院　广州　510275）

【摘　要】本文基于股东和债权人之间的利益冲突以及股东和经理人之间的利益冲突的视角，结合我国主要存在国有产权和私有产权两种产权控制类型的制度背景，就债务融资与企业非效率投资行为之间的关系进行了理论分析，并以我国上市公司2003—2006年的数据为样本，实证检验了我国目前债务、债务期限结构对非效率投资行为的影响。研究结果发现，相对于国有产权控制的上市公司，私有产权控制的上市公司中的债务较少地引发非效率投资行为，而较多地抑制非效率投资行为；私有产权控制的上市公司更好地利用了债务期限结构，短期债务更能够发挥抑制非效率投资行为的作用。

【关键词】产权性质　利益冲突　债务杠杆　债务期限结构　非效率投资

一、引言

企业融资决策与投资决策之间的关系研究是财务研究领域的重要课题。Jensen 和 Meckling（1976）、Jensen（1986）以及 Myers（1977）分别明确提出了股东、经理和债权人相互之间的利益冲突引发了非效率投资行为：资产替代、投资过度与投资不足。作为外源融资的一个重要手段，给企业投资提供资金来源的债务融资，与上述非效率投资行为之间的关系也引起了学者们的注意。一方面，Jensen 和 Meckling（1976）以及 Parrino 和 Weisbach（1999）等认为债务引发了资产替代行为的发生，而 Jensen（1986）以及 Aivazian、Ge 和 Qiu（2005）等又认为债务能够抑制投资过度行为。另一方面，Myers（1977）以及 Berkovitch 和 Kim（1990）等认为债务引发了投资不足行为。同时，短期债务和长期债务具有不同的激励特征，如短期债务可以规制管理者、减少债权人承受债务人掠夺的程度、阻止投资过度和投资不足问题等；而长期债务也可以使管理者处于控制之中和降低利率等（Caprio 和 Demirguc-Kunt，1997）。债务期限结构就是关于债务融资中短期债务与长期债务的选择及其比例的确定问题（Barclay 和 Smith，1995）。Jensen（1986）以及 Barclay 和 Smith（1995）认为短期债务更能够抑制投资过度行为，Myers（1977）以及 Childs、Mauer 和 Ott（2005）也认为短期债务更能够抑制投资不足行为，但是 Elyasiani、Guo 和 Tang（2002）的研究却不支持短期债务对投资不足行为更好的规制作用。可见关于债务、债务期限结构与非效率投资行为之间的关系研究，国外并没有得出一致性的看法。具体到我国，伍利娜和陆正飞（2005）认为债务引发了非效率投资行为，但是唐雪松、周晓苏和马如静（2007）的研究却支持债务对投资过度行为的制约作用。童盼（2005）不支持短期债务对非效率投资行为更好的治理作用，但是江伟（2007）却认为短期债务能够有效削减资产替代的动机。可见，我国关于债务、债务期限结构与非效率投资行为之间的研究也没有定论。

本文认为我国在产权制度安排、法律保护体系等诸多方面仍旧与西方国家存在较大差距。我国最为经济学家诟病的就是普遍存在的预算软约束问题（林毅夫、李志赟，2004）。通过制度背景的分析，本文发现，在我国不同的产权制度控制的上市公司中债务的约束力存在着一定的差别。那么，在这样的产权制度安排下，作为最大的债权人，给上市公司提供最大的债务融资资金来源的银行，能否发挥对上市公司的监督和治理职能呢？是否不同产权类型控制的上市公司债务、债务期限结构与企业非效率投资行为之间有着不同的关系呢？

基于此，考虑到产权性质不同的上市公司中债务杠杆和债务期限结构的治理效应可能存在的差异，本文借鉴徐莉萍、辛宇和陈工孟（2006）的研究，按照最终控制人性质和所有权的实际行使主体，将上市公司大致分为国有产权控制和私有产权控制两大类，选取我国沪深两市2003—2006年的纯A股上市公司为研究样本，就债务杠杆和债务期限结构对投资过度和投资不足行为的影响分别进行实证检验。结果发现，整体而言，相对于国有产权控制的上市公司，私有产权控制的上市公司中的债务较少地引发非效率投资行为、较多地抑制非效率投资行为；相对于国有产权控制的上市公司，私有产权控制的上市公司更好地利用了债务期限结构，短期债务更能够发挥抑制非效率投资行为的作用。

二、理论和制度背景分析

（一）非效率投资行为的产生

传统的代理问题从股东和经理利益冲突的视角认为，当企业拥有较多的自由现金流时，企业经理可能投资于净现值为负的项目从而出现投资过度，这类投资有损于股东利益但是扩大了企业的规模（Jensen，1986）。经理之所以这样做是因为：一方面，经理需要掌控自由现金流来实现企业规模的增长；另一方面，如果把自由现金流还给股东，那么将来对债务融资的依赖会给经理带来约束。与此同时，Bertrand和Mullainathan（2003）认为企业投资对经理也存在私人成本，比如企业对新项目的投资或者旧项目的更新都需要经理承担更大的监管责任，对经理的学习能力和管理能力也是一个考验。这样权衡利益关系，经理将可能放弃一些有利于股东利益的净现值为正的投资项目，由此导致投资不足。

从股东和债权人利益冲突的视角，Jensen和Meckling（1976）认为债权人的目标是到期收回本金并得到事先约定的利息收入，注重资金的安全性，而股东借款的目的是为了扩大经营，注重资金的收益性。当经理与股东利益一致时，他们有投资高收益、高风险项目的动机，而这有可能是以牺牲债权人利益为代价的。同样基于债务的代理成本思想，Myers（1977）认为股东可能拒绝那些能够增加企业市场价值但是预期收益大部分将属于债权人的投资，也就是说企业在某种情况下会拒绝净现值为正的投资机会，出现投资不足。

（二）非效率投资行为的抑制

针对经理层可能采取的机会主义行为，Jensen（1986）认为债务的引入可以缓和股东和经理之间的冲突，抑制非效率投资行为。因为在企业投资总额一定且经理层投入到企业中的股权资金也固定的情况下，引入债务可以降低企业的外部股权融资需求而间接提高经理层的持股比例，使得经理层与股东的目标函数越来越趋于一致。另外，债务的存在会使企业面临还本付息的压力、降低企业自由现金流，这样也就约束了管理层投资过度、盲目追求规模的倾向。债务具有的从激励和约束角度规制经理层行为、缓和股东和经理层之间的冲突、降低股权代理成本的这些优点，正是所有权与控制权相分离的企业引入债务的重要考量。

反映到债务期限结构的选择上，Jensen（1986）认为，使用短期债务，本金和利息的支付会更为频繁地发生，可经常性地减少自由现金流；另外，短期债务引发财务危机、引起企业破产的可能性也更高，这些都将促使经理层作出更有效的投资决策，避免投资过度和投资不足。Leland 和 Toft（1996）也认为，相对于短期债务，长期债务对风险的敏感度更高，长期债务价值相对于短期债务价值，对于企业资产价值的变化更敏感。因此，相对于长期债务，短期债务更有助于抑制资产替代行为。同时，短期债务迫使企业经常面临现时还本付息的压力，这些无疑会禁锢股东偏好风险的欲望。其次，Myers（1977）认为短期债务减少了由于债务过度引起的投资不足的潜在性，因为借款人和贷款人在未来期权被执行前要重新签订契约。这给债权人和债务人建立了一个持续的谈判基础，有助于降低双方的信息不对称程度，投资不足的激励可以通过发行期限在成长期权被执行前的短期债务加以控制。

（三）制度背景分析

与发达国家明晰的产权制度和完善的法律保护体系相比，我国企业的投资决策和银行的贷款决策都深受政府行为等方面的影响。本文采用辛清泉、林斌和杨德明（2007）的分类方法①，根据最终控制人对我国截至 2006 年的上市公司数据进行统计后发现，在我国有 68% 的上市公司的最终控制人是国有产权性质。同时根据 2006 年中国金融年鉴的统计，我国四大国有独资商业银行集中了中国银行业资产的 75% 左右、存款总额的 70% 左右、贷款的 77% 左右②。可以看出，在我国，无论是作为债务人的上市公司，还是作为最大债权人的银行，主要处于国有产权的控制之下。那么在这样的产权制度安排下，银行有没有制度保障和动力来发挥应有的治理作用呢？

从法律制度上来看，我国银行对借款企业实施硬约束的条件有限。首先，在公司法方面，即便 2006 年新公司法认可了能对债权人利益实施最有效保护措施的人格否认制度，但是这些规定是原则性的，不利于实际操作。其次，在 2007 年新企业破产法实施之前，我国实行的是 1986 年颁布的针对国有企业的《中华人民共和国企业破产法（试行）》，银行的抵押、质押债权在清算中的次序位于劳动债权、企业税款等之后，这导致银行债权难以得到有效保障，而新破产法对此也没有明显改善。最后，旧版破产法规定，在企业"资不抵债"时，债权人方可以提出破产申请，这违背了破产应该发挥事前阻吓作用而非事后惩罚作用的法理前提。而新破产法将破产原因区分为债务人自愿提出和债权人提出两种情况，并适用双重标准，这对于保护债权人利益也没有明显的改观。

从政府控制的角度来看，政府在一定程度上仍然可以影响国有商业银行的债务约束力。冯涛和乔笙（2006）表示，地方政府往往对商业银行实施直接的或者诱逼型、点贷性的行政干预。这些都使得银行没有能力充分发挥债务的治理作用。同时，我国地方政府出于政绩考核的需要，对银行贷款事后有着强烈的动机默许辖区内企业的"逃、废债"行为（施华强、彭兴韵，2003），这进一步导致了债权人没有能力强化债务约束力。当然，我国银行也不一定有意愿对国有产权控制的上市公司实施监督和制约。一方面，政府表现出的"父爱主义"让银行没有足够的意愿违背政府的意志进行借贷活动；另一方面，地方政府的决策会影响国有银行在该地区分支机构的业绩（陈冬华，2002），这也削弱了银行的监督和约束激励。总之，债务治理机制的扭曲和失效主要归因于我国的产权制度，特别是国有产权制度。正如田利辉（2005）所指出的，中国上市公司债务治理失效的主要原因在于政府同时拥有进行企业贷款的商业银行和向银行借款的企业，这就类似于左手和右手的关系，无法期待二者能够彼此监督，那么杠杆治理必然失败。

---

① 如果最终控制人为国资委、中央和地方政府部门、国有企业或学校，则上市公司被定义为国有控股；如果最终控制人为家族、个人或外资，则上市公司被定义为私有控股。

② 中国金融年鉴编辑部. 中国金融年鉴 2006 年. 北京：中国金融年鉴社，2006：205.

此外，对于我国私有产权控制的上市公司的短期借款比重相对于国有产权上市公司高，孙铮、刘凤委和李增泉（2005）解释为政府干预对企业债务期限结构影响的体现。结合我国的制度背景，罗党论和唐清泉（2007）也指出，在我国长期债务比例可以部分地反映银企关系，当银企关系较好时，企业更有可能从银行拿到长期借款合同。显然，相对于国有产权上市公司而言，私有产权控制的上市公司在政企关系、银企关系上都不及国有企业，从而从银行获得的长期借款的可能性也相对较小。

三、研究设计

（一）研究假设

基于上面的理论分析可知，企业的资本投资行为既可能因为代理问题导致投资过度，也可能因为代理问题导致投资不足。而作为企业融资决策的一部分，债务不仅是融资手段，而且是公司治理工具。一方面债务可能引发非效率投资行为，另一方面债务也可能抑制非效率投资行为。本文认为，债务要发挥对非效率投资行为的抑制作用，前提是债务具有硬约束力。但是，在我国上市公司的产权性质不同，所受到的来自政府和银行的预算约束程度也不一样，公司的债务治理效应也会有所差异。银行贷款的债务治理功能在国有产权控制的环境下是扭曲和失效的。而在私有产权控制的上市公司，银行与企业之间的关系相对理性，债务对企业的约束力相对刚性，反倒成了债务发挥治理机制的有利条件，这就为一定程度上抑制非效率投资行为提供了可能。基于此，本文认为，债务对非效率投资行为到底是引发作用还是抑制作用，不同产权性质控制的上市公司中两者的关系应该是不同的。因而，提出第一个假设：

假设1：相对于国有产权控制的上市公司，私有产权控制的上市公司中的债务较少地引发非效率投资行为、较多地抑制非效率投资行为。

国外关于债务期限结构和企业非效率投资行为之间关系的研究，无论在理论上还是实证上都基本肯定了短期债务更能抑制非效率投资行为。但是，目前国内在这两方面的研究都没有形成一致的结论。通过制度背景分析，本文发现，不同产权性质的上市公司在债务期限结构的选择上存在显著差异。相对而言，国有产权控制的上市公司具有良好的银企关系和政企关系，能够获得较多的长期借款，拥有较长的债务期限结构，且由于严重的预算软约束问题，短期债务长期化的现象更为严重。这在一定程度上限制了国有产权控制的上市公司中短期债务治理作用的发挥。而私有产权控制的上市公司相对缺乏良好的银企关系和政企关系，债务的约束力趋于刚性，债务期限结构的选择更为理性化和市场化。因此，本文预期私有产权控制的上市公司更有条件利用短期债务来解决非效率投资行为。于是，本文提出第二个假设：

假设2：相对于国有产权控制的上市公司，私有产权控制的上市公司更好地利用了债务期限结构，短期债务更能够发挥抑制非效率投资行为的作用。

（二）模型设计

本文主要采用两个模型，资本投资模型1主要用来估算企业的非效率投资行为①（包括投资过度行为和投资不足行为），债务、债务期限结构和非效率投资行为模型2则用来验证本文提出的两个假设。

---

① Jensen 和 Meckling（1976）将资产替代界定为股东出于转嫁风险的目的投资于高风险项目的投资行为。Berkovitch 和 Kim（1990）把投资过度定义为企业的任何投资于净现值为负的项目的投资行为。本文认为能否成功地将风险转嫁而成就非效率投资行为仍旧取决于投资项目的净现值，因此本文提及的资产替代均特指净现值小于零的资产替代，归属于投资过度行为。

1. 非效率投资行为计量模型

微观经济学理论认为处于有效市场环境下的经济主体都有一个适度的投资水平，任何大于或者小于适度投资水平的投资都是非效率投资行为。Richardson（2006）认为企业的投资支出主要由两部分组成，一部分是维持企业已经存在的资产运作而进行的投资，另一部分就是对于新项目的新增投资。而新增的投资中一部分是预期的投资，这与企业的成长机会、上市年龄、资产规模、行业等因素相关，另一部分则是企业的非效率投资，可能为正也可能为负，正值表示投资过度，负值表示投资不足。Richardson（2006）通过模型估算出企业正常的投资水平，然后用企业实际的投资水平与估算的投资水平之差（即回归模型的残差）来衡量企业投资过度的程度（残差大于0）和投资不足的程度（残差小于0）。魏明海和柳建华（2007）认为，Richardson（2006）对非效率投资行为的度量方法是一种定量化的分析，并在文章中予以肯定和借鉴。鉴于此，本文拟借鉴 Richardson（2006）的模型来计量非效率投资行为。具体模型如下：

$$INV_t = \alpha_0 + \alpha_1 Growth_{t-1} + \alpha_2 Cash_{t-1} + \alpha_3 Age_{t-1} + \alpha_4 Size_{t-1} + \alpha_5 Ret_{t-1}$$

$$+ \alpha_6 INV_{t-1} + \sum Industry + \sum Year + \varepsilon \qquad \text{模型1}$$

2. 债务、债务期限结构与非效率投资行为计量模型

我国企业债务主要来自于银行借款，本文用银行借款来度量企业负债程度和债务期限结构。对于债务杠杆的度量将采用总借款与企业总资产的比例，借鉴 Ozkan（2000）的做法，利用一年以上长期借款占总借款的比例来度量债务期限结构。当企业进行当期投资决策时，一般起作用的是期初的融资结构，那么滞后一期的债务、债务期限结构将比当期的指标更具有解释力。考虑到影响企业投资效率的主要因素，本文参考 Richardson（2006）、Aggarwal 和 Samwick（2006）以及 Renneboog 和 Trojanowski（2005）的研究，借鉴辛清泉、林斌和王彦超（2007）以及魏明海和柳建华（2007）的研究，使用自由现金流量、经理薪酬和现金股利作为控制变量。根据 Aivazian、Ge 和 Qiu（2005）的研究模型，本文建立如下模型来验证所提假设：

$$OverINV_t(UnderINV_t) = \beta_0 + \beta_1 Lev_{t-1} + \beta_2 Dm_{t-1} + \beta_3 Fcf_t + \beta_4 Pay_t + \beta_5 Div_t + \sum Industry + \sum Year + \delta$$

$$\text{模型2}$$

两个模型中的因变量、解释变量和控制变量的度量方法见表1。

表1　　　　　　　　　　　　　　　　　模型变量的度量

变量	变量度量
INV_t	t 年固定资产、长期投资和无形资产的净值改变量/平均总资产
$Growth_{t-1}$	$t-1$ 末 TobinQ 值，其中 TobinQ =（每股价格×流通股份数 + 每股净资产×非流通股份数 + 债务账面价值）/总资产
$Cash_{t-1}$	$t-1$ 年末现金和短期投资之和同总资产的比率
Age_{t-1}	截至 $t-1$ 年末公司上市年龄
$Size_{t-1}$	$t-1$ 年末公司总资产的自然对数
Ret_{t-1}	$t-1$ 年 5 月到 t 年 4 月以月度计算的股票年度回报率
$OverINV_t$	t 年的投资过度，等于模型1中大于0的回归残差
$UnderINV_t$	t 年的投资不足，等于模型1中小于0的回归残差的绝对值
Lev_{t-1}	$t-1$ 年末总借款之和与总资产的比例
Dm_{t-1}	$t-1$ 年末一年以上长期借款占总借款的比例

变 量	变 量 度 量
Fcf_t	公司 t 年经营现金流量减去折旧、摊销和预期 t 年新增投资后的余额与平均总资产的比例；其中，t 年的新增投资为模型 1 中估算的预期资本投资
Pay_t	t 年金额最高的前三名高级管理人员的报酬总额的自然对数
Div_t	t 年每股现金股利与 $t-1$ 年每股收益的比值
State	分组变量，如果最终控制人为国资委、中央和地方政府部门、国有企业或学校，则上市公司被定义为国有控股；如果最终控制人为家族、个人私人或外资，则上市公司被定义为私有控股
Year	年度虚拟变量，控制不同年份宏观经济因素的影响，共 3 个年度虚拟变量
Ind	行业虚拟变量，按证监会的分类标准（大类），共 11 个行业虚拟变量

（三）样本选取

本文使用中国沪深股票市场 2003—2006 年的纯 A 股上市公司为初始样本①，并对样本进行了以下调整：（1）剔除数据缺失的上市公司；（2）剔除金融、保险行业上市公司；（3）剔除 ST、PT 公司，因为这些公司财务状况异常；（4）由于本文用到股利分配数据，故根据公司法的要求剔除净利润为负的数据；（5）为了消除极端值对回归结果的影响，剔除主要连续变量处于 0~1% 和 99%~100% 的数据。本文中最终控制人的数据以及一年内到期的长期借款数据，是通过上市公司各年度年报手工收集整理而获取的②，其余数据综合使用 WIND 数据库和 CSMAR 数据库进行收集而得。

四、实证结果及分析

（一）因变量估算结果和描述性统计

根据现有的文献（Barclay 和 Smith，1995；Fazari、Hubbard 和 Petersen，1988；Barro，1990；Bates，2005；Lamont，2000），可以预期企业增长机会（Growth）、现金持有量（Cash）、公司规模（Size）、股票收益（Ret）以及前一年度资本投资量（INV）同本年度资本投资量将呈正相关关系，而公司上市年龄与本年度资本投资量将呈负相关关系。表 2 是资本投资模型的回归结果，从中可以看到这和现有文献的预期保持了一致，因此可用模型 1 的回归残差来度量投资过度和投资不足程度。

表 2 　　　　　　　　　　　　资本投资：回归结果（模型 1）

变量	Coefficient	Std. Error	t-Statistic	Prob.
Constant	−0.1773	0.0626	−2.8344	0.0046
$Growth_{t-1}$	0.0208	0.0092	2.2503	0.0245
$Cash_{t-1}$	0.1289	0.0219	5.8980	0.0000
Age_{t-1}	−0.0033	0.0007	−4.6955	0.0000

① 本文研究的年度区间是 2003—2006 年，但是基于模型设计的需要，对 2001 年和 2002 年的数据也有使用。

② 参照徐莉萍、辛宇和陈工孟（2006）的研究，本文删除了全流通股公司以及无法识别最终控制人的公司。

变量	Coefficient	Std. Error	t-Statistic	Prob.
$Size_{t-1}$	0.0092	0.0028	3.3277	0.0009
Ret_{t-1}	0.0384	0.0066	5.7972	0.0000
INV_{t-1}	0.1750	0.0219	8.0063	0.0000
Year	控制			
Industry	控制			
R-squared	0.1241	Adjusted R-squared		0.1187
F-statistic	23.3812 ***	LM （F）		0.3003

注：（1）回归因变量为 t 年的资本投资 INV，表中回归结果经 White 异方差稳健性修正；（2）LM 统计量①接受原假设，表示不存在序列相关性；（3）VIF 均小于 3（未列示），说明不存在多重共线性；（4） *** 、 ** 、 * 分别表示显著性水平为 0.01、0.05 和 0.10，双尾检验。

表 3 报告的是样本的均值 T 检验结果。从表 3 中可以看到，上市公司投资过度行为比投资不足行为更为严重，这或许是长期以来我国学者注重对投资过度行为的研究的一个原因；私有产权控制的上市公司对银行借款的依赖程度显著更高，这也可能是由于私有产权上市公司股权融资渠道上的相对局限所致；国有产权控制的上市公司中债务期限较长，这印证了制度背景分析中关于国有产权上市公司更能够获得银行长期债务支持的观点。上述均值上的差异性，为本文依照产权性质来分类研究债务、债务期限结构对企业非效率投资行为的影响提供了契机。

表 3　　　　　　　　　　　　　　　组间比较分析

A 栏：非效率投资类型与非效率投资程度：组间比较分析

非效率投资程度	组 1：投资过度	组 2：投资不足	组 1 VS 组 2
	均值	均值	T 值
	0.081 5	0.055 9	9.745 0 ***

B 栏：产权类型与投资过度：组间比较分析

投资过度	组 1：国有产权	组 2：私有产权	组 1 VS 组 2
	均值	均值	T 值
	0.079 7	0.085 6	－ 1.144 1

C 栏：产权类型与投资不足：组间比较分析

投资不足	组 1：国有产权	组 2：私有产权	组 1 VS 组 2
	均值	均值	T 值
	0.054 1	0.060 1	－ 2.379 9 **

---

① 当方程中存在滞后被解释变量（因变量）时，DW 检验不再有效，它倾向于得出一个非序列相关的结论。这种情况下可以用 LM 统计量进行检验。

D 栏：产权类型与债务杠杆：组间比较分析

债务杠杆	组 1：国有产权	组 2：私有产权	组 1 VS 组 2
	均值	均值	T 值
	0.251 3	0.276 4	− 4.430 5 ***

E 栏：产权类型与债务期限结构：组间比较分析

债务期限结构	组 1：国有产权	组 2：私有产权	组 1 VS 组 2
	均值	均值	T 值
	0.293 8	0.243 1	4.662 8 ***

注：***、**、* 分别表示显著性水平为 0.01、0.05 和 0.10，双尾检验。

表 4 报告的是主要变量之间的相关系数。从统计结果初步可以看到，没有证据表明从总体上债务是引发了还是抑制了企业投资过度行为；仅有部分证据表明债务引发了投资不足行为；债务期限结构与投资过度、投资不足之间都存在较为显著的正相关关系，表明在我国可能会利用债务期限结构来解决非效率投资问题；自由现金流量越丰富越容易产生过度投资问题，越容易减少投资不足问题；经理薪酬契约的失效从整体上来说导致了投资过度行为的增多，但是没有明显的证据表明经理薪酬和投资不足之间存在显著的相关关系；更高的股利支付率能够有效抑制过度投资问题，而另一方面也会引起投资不足问题的产生。

表 4 主要变量相关系数矩阵

变量	$OverINV_t$	$UnderINV_t$	Lev_{t-1}	Dm_{t-1}	Fcf_t	Pay_t	Div_t
$OverINV_t$	1.000	—	− 0.009	0.096 ***	0.093 ***	− 0.109 ***	− 0.076 ***
$UnderINV_t$	—	1.000	0.048 **	0.098 ***	− 0.225 ***	0.004	0.088 ***
Lev_{t-1}	0.021	0.008	1.000	0.123 ***	− 0.001	− 0.100 ***	− 0.178 ***
Dm_{t-1}	0.111 ***	0.071 ***	0.220 ***	1.000	− 0.020	0.025	0.080 ***
Fcf_t	0.068 **	− 0.259 ***	− 0.010	− 0.022	1.000	0.017	0.074 ***
Pay_t	− 0.115 ***	0.003	− 0.097 ***	0.005	0.030 *	1.000	0.202 ***
Div_t	− 0.069 **	0.134 ***	− 0.210 ***	0.072 ***	0.073 ***	0.285 ***	1.000

注：上三角为 Pearson 相关系数，下三角为 Spearman 相关系数；***、**、* 分别表示显著性水平为 0.01、0.05 和 0.10，双尾检验。

（二）债务、债务期限结构与投资过度：回归结果

表 5 报告了国有产权类型上市公司和私有产权类型上市公司中债务、债务期限结构对企业投资过度行为的影响。

表5

变量	国有产权		私有产权	
	Coefficient	t-Statistic	Coefficient	t-Statistic
Constant	0.306 8 ***	6.296 9	0.073 3	0.932 3
Lev$_{t-1}$	−0.012 6	0.582 7	−0.108 3 ***	−2.874 8
Dm$_{t-1}$	0.018 5 *	1.826 1	0.064 3 ***	3.327 4
Fcf$_t$	0.132 3 ***	3.313 6	0.140 0 **	2.137 3
Pay$_t$	−0.018 2 ***	−5.047 8	0.002 0	0.335 2
Div$_t$	−0.013 0 *	−1.957 2	−0.038 6 ***	−2.695 7
Year	控制		控制	
Industry	控制		控制	
R-squared	0.089 8		0.123 5	
Adjusted R-squared	0.068 5		0.079 6	
F-statistic	4.202 8 ***		2.810 7 ***	
Durbin-Watson stat	2.016 7		1.853 4	

注：（1）回归因变量为 t 年的投资过度（OverINV），表中回归结果经 White 异方差稳健性修正；（2）DW 值在 2 附近表示不存在序列相关性；（3）回归结果中的 VIF 均小于 2（未列示），表示不存在多重共线性；（4）***、**、* 分别表示显著性水平为 0.01、0.05 和 0.10，双尾检验。

从回归结果可以看到，在国有产权控制的上市公司中，没有证据表明债务对企业的投资过度行为产生了明显的抑制作用，而在私有产权控制的上市公司债务与企业投资过度行为之间是显著的负相关关系。由此可以推断，在私有产权控制的上市公司债务发挥了抑制投资过度行为的作用，举借债务并没有因为可能产生股东与债权人之间的冲突而弱化了其对股东和经理冲突的制约作用。这就支持了假设1，即相对于国有产权上市公司，私有产权上市公司的债务能较多抑制非效率投资行为。另外，私有产权控制的上市公司中债务期限结构与投资过度行为之间的正相关关系更为显著，并且系数更大，这说明私有产权控制的上市公司更多地利用了债务期限结构来规制投资过度问题，这里的短期债务更容易发挥抑制投资过度行为的作用。这支持了假设2，即相对于国有产权控制的上市公司，私有产权控制的上市公司的短期债务更能够发挥抑制非效率投资行为的作用。

另外可以看到：其一，自由现金流越丰富就越容易引发投资过度问题，这和 Richardson（2006）的研究发现一致，投资过度主要集中在自由现金流丰富的企业中。其二，在国有产权控制的上市公司中，经理薪酬契约失效导致了企业投资上的代理问题。而在私有产权控制的上市公司中两者并不存在显著的负相关关系，这可能是此类上市公司经理受到了更为严格的监督或者薪酬契约本身就更为有效（辛清泉、林斌和王彦超，2007）。其三，支付现金股利就意味着企业内部可自由支配现金流的减少，从而限制了上市公司利用其从事过度投资行为。

（三）债务、债务期限结构与投资不足：回归结果

表6报告了国有产权控制的上市公司和私有产权控制的上市公司中债务、债务期限结构对企业投资不足行为的影响。

表6　　　　　　　　　　　　债务、债务期限结构与投资不足：回归结果（模型2）

变量	国有产权		私有产权	
	Coefficient	t-Statistic	Coefficient	t-Statistic
Constant	0.045 9 **	2.465 2	0.039 8	1.055 9
Lev_{t-1}	0.016 2 **	1.874 9	0.025 4	1.409 3
Dm_{t-1}	0.003 3	0.788 0	0.015 1	1.565 7
Fcf_t	− 0.141 4 ***	− 8.362 3	− 0.109 8 ***	− 3.958 5
Pay_t	− 0.000 9	− 0.636 0	− 0.000 3	− 0.084 4
Div_t	0.014 1 ***	4.771 5	0.012 8 **	2.212 7
Year	控制		控制	
Industry	控制		控制	
R-squared	0.177 2		0.116 6	
Adjusted R-squared	0.164 5		0.087 9	
F-statistic	14.016 6 ***		4.061 5 ***	
Durbin-Watson stat	2.053 5		1.957 4	

注：（1）回归因变量为 t 年的投资不足（UnderINV），表中回归结果经 White 异方差稳健性修正；（2）DW 值在 2 附近表示不存在序列相关性；（3）回归结果中的 VIF 均小于 2（未列示），表示不存在多重共线性；（4）*** 、** 、* 分别表示显著性水平为 0.01、0.05 和 0.10，双尾检验。

从回归结果看，国有产权控制的上市公司中债务杠杆越高则投资不足问题越严重，债务引起了企业的投资不足行为；在私有产权控制的上市公司中，两者是不显著的正相关关系，没有明显的证据表明私有产权控制上市公司的债务加剧了企业投资不足问题。回归结果验证了假设1，即相对于国有产权控制的上市公司，私有产权控制的上市公司的债务较少地引发非效率投资行为。另外，尽管两种不同产权控制的上市公司中债务期限结构与企业投资不足行为之间都不存在显著的正相关关系，但私有产权控制的上市公司中正相关关系的系数更大，这表明私有产权控制的上市公司中短期债务发挥了更好的治理作用，因此并不影响对假设2的支持，即相对于国有产权控制的上市公司，私有产权控制的上市公司的短期债务更能够抑制非效率投资行为。

另外可以发现：其一，自由现金流量和投资不足行为之间是显著的负相关关系，即企业拥有越多的自由现金流量，则企业因此而产生的投资不足行为越少。其二，经理薪酬与企业投资不足行为之间的相关系数为负，但是并不显著，可见没有足够的证据支持更低的经理薪酬水平导致了投资不足的假说。其三，在股利与企业投资不足的相关关系上，回归结果均呈显著的正相关。这可能是因为现金股利的支付减少了企业内部可使用的现金流，致使盈利的投资项目无法正常实施，客观上引起了企业投资不足问题的产生（Renneboog 和 Trojanowski，2005）。

（四）稳定性检验

为检验上述结论的稳定性，本文通过国内学者普遍采用的资产负债率来度量负债程度，通过一年以上到期的长期债务与债务总额的比例来度量债务期限结构（袁卫秋，2005；肖作平和廖理，2007），然后再对模型2进行回归。这样得出的回归结果与前文研究结论没有实质性的差异。基于此，本文的结论还是比较稳健的。

五、研究结论

本文基于股东和经理之间利益冲突的视角以及股东和债权人利益冲突的视角，对债务、债务期限结构与非效率投资行为之间的关系进行了梳理。然后以沪深两市 2003—2006 年的纯 A 股上市公司为研究样本，在对中国制度背景进行分析的基础上，根据产权性质的不同将上市公司大体上分为国有产权控制的上市公司和私有产权控制的上市公司两种类型，分别对不同产权控制类型上市公司中债务、债务期限结构对非效率投资行为（包括投资过度行为和投资不足行为）的影响机制和治理效应进行考察。结果发现，相对于国有产权控制的上市公司，私有产权控制的上市公司中的债务较少地引发非效率投资行为、较多地抑制非效率投资行为；相对于国有产权控制的上市公司，私有产权控制的上市公司更好地利用了债务期限结构，短期债务更能够发挥抑制非效率投资行为的作用。这对我国产权制度改革、银企关系改革以及法律制度改革都提供了一个有益的视角。

本文的一个不足之处是，由于股权融资渠道相对狭窄，我国非上市公司对债务融资的依赖性比上市公司更强，但由于数据收集上的困难，本文没有将非上市公司中债务、债务期限结构对非效率投资行为的影响纳入考察范围，所以结论具有一定的局限性。

参 考 文 献

[1] Aggarwal, R., and Samwick, A.. Empire-builders and shirkers: Investment, firm performance, and managerial incentives. Journal of Corporate Finance, 2006, 12.

[2] Aivazian, V., Ge, Y., and Qiu, J.. Debt maturity structure and firm investment. Financial Management, 2005, 34.

[3] Barclay, M., and Smith, C.. The maturity structure of corporate debt. The Journal of Finance, 1995, 50.

[4] Barro, R.. The stock market and investment. The Review of Financial Studies, 1990, 3.

[5] Bates, T.. Asset sales, investment opportunities, and the use of proceeds. The Journal of Finance, 2005, 60.

[6] Berkovitch, E., and Kim, E.. Financial contracting and leverage induced over and under investment incentives. The Journal of Finance, 1990, 45.

[7] Bertrand, M., and Mullainathan, S.. Enjoying the quiet life? Corporate governance and managerial preferences. The Journal of Political Economy, 2003, 111.

[8] Caprio, G., and Demirguc-Kunt, A.. The role of long term finance: Theory and evidence. Policy Research Department, The World Bank Research Observer, 1998, 13.

[9] Childs, P., Mauer, D., and Ott, S.. Interactions of corporate financing and investment decisions: The effects of agency conflicts. Journal of Financial Economics, 2005, 76.

[10] Elyasiani, E., Guo, L., and Tang, L.. The determinants of debt maturity at issuance: A system-based model. Review of Quantitative Finance and Accounting, 2002, 19.

[11] Fazzari, S., Hubbard, R., and Peterson, B.. Financing constraints and corporate Investment. Brooking Papers on Economic Activity, 1988, 1.

[12] Jensen, M.. Agency costs of free cash flows, corporate finance, and takeovers. American Economic Review, 1986, 76.

［13］Jensen, M., and Meckling, W.. Theory of the firm: Managerial behavior, agency costs, and ownership structure. Journal of Financial Economics, 1976, 3.

［14］Lamont, O.. Investment plans and stock returns. The Journal of Finance, 2000, 55.

［15］Leland, H., and Toft, K.. Optimal capital structure, endogenous bankruptcy, and the term structure of credit spreads. The Journal of Finance, 1996, 51.

［16］Myers, S.. Determinants of corporate borrowing. Journal of Financial Economics, 1977, 5.

［17］Ozkan, A.. An empirical analysis of corporate debt maturity structure. European Financial Management, 2000, 6.

［18］Parrino, R., and Weisbach, M.. Measuring investment distortions arising from stockholder-bondholder conflicts. Journal of Financial Economics, 1999, 53.

［19］Renneboog, L., and Trojanowski, G.. Control structures and payout policy. Working paper, 2005, www. ssrn. com.

［20］Richardson, S.. Over-investment of free cash flow. Review of Accounting Studies, 2006, 11.

［21］冯涛，乔笙. 通货膨胀中的地方政府金融行为分析. 财贸经济，2006，2.

［22］江伟. 大股东控制对资产替代及资本结构的影响. 山西财经大学学报，2007，9.

［23］林毅夫，李志赟. 政策性负担、道德风险与预算软约束. 经济研究，2004，2.

［24］罗党论，唐清泉. 政府控制、银企关系与企业担保行为研究——来自中国上市公司的经验证据. 金融研究，2007，3.

［25］施华强，彭兴韵. 商业银行软预算约束与中国银行业改革. 金融研究，2003，10.

［26］孙铮，刘凤委，李增泉. 市场化程度、政府干预与企业债务期限结构. 经济研究，2005，5.

［27］唐雪松，周晓苏，马如静. 上市公司投资过度行为及其制约机制的实证研究. 会计研究，2007，7.

［28］田利辉. 制度变迁、银企关系和扭曲的杠杆治理. 经济学（季刊）增刊，2005，10.

［29］童盼. 负债期限结构与企业投资规模——来自中国A股上市公司的经验研究. 经济科学，2005，5.

［30］魏明海，柳建华. 国企分红、治理因素与投资过度. 管理世界，2007，5.

［31］伍利娜，陆正飞. 企业投资行为与融资结构的关系——基于一项实验研究的发现. 管理世界，2005，4.

［32］辛清泉，林斌，王彦超. 政府控制、经理薪酬与资本投资. 经济研究，2007，8.

［33］辛清泉，林斌，杨德明. 中国资本投资回报率的估算和影响因素分析——1999—2004年上市公司的经验. 经济学（季刊），2007，7.

［34］徐莉萍，辛宇，陈工孟. 股权集中度和股权制衡及其对公司经营绩效的影响. 经济研究，2006，1.

［35］袁卫秋. 我国上市公司的债务期限结构——基于权衡思想的实证研究. 会计研究，2005，12.

会计研究方法论的中观视角
——基于一般系统论的方法论概念模型构建

● 冯文滔[1]　陈良华[2]

（1，2　东南大学经济管理学院　南京　211189）

【摘　要】会计研究方法论问题逐渐成为理论界关注的热点，而综合、系统的方法论观点已经受到国内外学者的普遍重视。本文基于一般系统论理论，有针对性地探讨了会计研究方法论中观层面的问题。本文跳出了"实证"与"规范"的传统框架，纳入了跨学科的观点、历史的观点和多元哲学的观点，并在深入分析的基础之上，提出了会计研究的中观方法论概念模型。基于此模型，本文重点分析了我国会计研究方法论的发展趋势以及高校会计人才培养等问题，认为综合性的会计人才是会计教育培养的方向。

【关键词】中观方法论　一般系统论　概念模型　人才培养

一、问题的提出

自从瓦茨和齐默尔曼抛出了会计学"实证研究"（Empirical Study）的方法论范式以后①，会计学研究方法便在"规范"与"实证"之间争胜。方法论之争的结果却是呈现出多样化的发展趋势，从主流方法论到自然主义（Naturalism）、科学主义（Scientism）以及人文主义（Humanism）研究思潮，方法论的哲学起点不再局限于单一的哲学思想。从事会计理论研究的很多学者诸如汤姆金斯（Tomkins）、霍珀（Hopper）、劳克林（Laughlin）和贝克奥伊（Belkaoui）等人都认为研究方法应该呈现多样化的趋势，类似的观点也出现在瑞安（Ryan）和斯卡彭斯（Scapens）所著的《财务与会计研究：方法与方法论》一书中②。就国内而言，会计理论研究的资深学者如葛家澍（2005）、盖地（2007）、陈孟贤（2007）等都提出过会计研究不应拘泥于单一方法的观点。总之，国内外的会计学者已经开始用系统、综合的观点来看待会计的方法论问题，但是都没有从系统论的理论层面对会计研究的方法论进行较为全面的分析。加拿大会计学者马蒂斯奇教授（1995）试图建立一种有条件的规范会计方法论（Conditional-normative Accounting Methodology）将实证主义和规范主义融合起来，但是仍然没有涉及系统论的观点。系统论为何长期以来无法应用于会计方法论的研究，这是值得探讨的问题。

会计方法论研究的结构分为哲学层、一般方法层和具体方法层，而我们往往忽视了对于一般方法层的

---

① 更为早期的会计实证研究源于本森（Benston，1967）、鲍尔和布朗（Ball 和 Brown，1968）、比弗（Beaver，1968）等人相继在会计学期刊上发表的实证会计文章。

② Bob Ryan，Robert W. Scapens，Michael Theobald 著．财务与会计研究：方法与方法论．阎达五，戴德明等，译，北京：机械工业出版社，2004：22. 该书对于会计研究的哲学观演进作了较为详细的说明。

研究，使得方法论研究的思路在最高哲学与实践之间出现了断层。举例来说，实证研究和规范研究说到底仅仅停留在两个层面上争胜：哲学层和具体方法层，实证研究方法代表了逻辑经验主义或者批判理性主义的哲学观点，而规范分析方法则是理性主义的体现。哲学范畴的解释往往很难得出令各方满意的结果，而具体方法层面则可能由于政治需求、信息成本等原因使得实证主义占得上风。这样的机制必然使得方法论研究本身陷入了"非实即虚"的窠臼之中。本文采用系统理论中正反馈和负反馈的模式给出了一个规范的解释（见图1）。在图1中左边的正反馈模式说明由于规范研究的长期缺失，出现了会计理论发展的"成长上限"①，而"成长上限"最终又将反过来制约实证方法自身的发展。这说明当一种方法好用时大家就当它是万能钥匙，但是有其他因素制约其发展时，这种方法就不那么有效了。解决的办法应该是图1中右方的多反馈模式，这种模式说明会计理论的发展需要多种方法的相互协调。

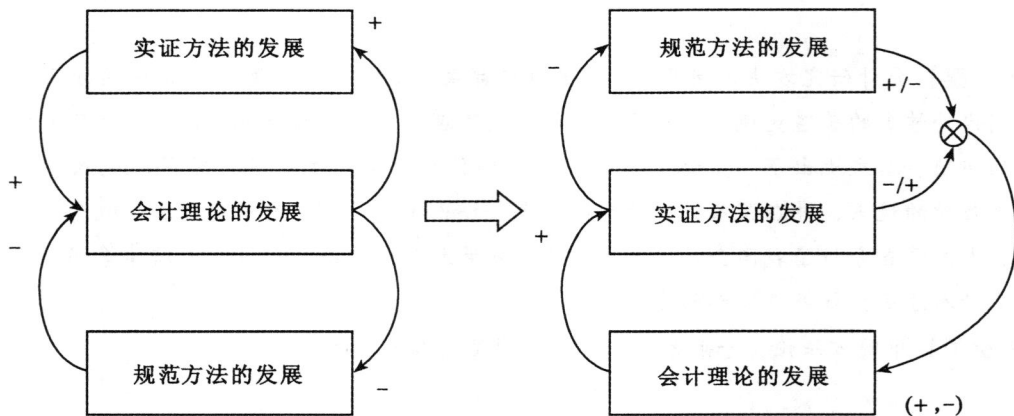

图1　实证与规范方法的系统反馈图

就此，笔者冒昧揣度我国会计方法论研究的某些或缺之处：（1）缺乏一个在最高哲学层与具体方法层之间的中观方法论作为衔接的中介；（2）由于长期没有将系统论思想引入会计方法论的研究，方法论研究呈现出"非实即虚"的情况，矛盾对立面无法调和，必将影响会计学理论研究的长期发展；（3）在借鉴国外的会计方法论理论时学习有余而创新不足，从而总是滞后于国外的研究。

本文采用的研究方法主要涉及规范分析、理论建模和经验数据检验。本文后面的内容安排如下：第二部分是引入一般系统论理论，从中观方法论的视角构建会计研究中观方法论概念模型（后文简称"概念模型"），涵盖了学科融合观、哲史观以及概念模型的目标、边界、层次结构等主要议题；第三部分在理论研究基础之上，根据我国会计研究的文献数据，进行经验分析；第四部分将对本文的研究价值做一些探讨。

二、会计研究方法论概念模型的构建

作为一种新的方法论范式，一般系统论（General System Theory）的概念首先由著名系统学家贝塔朗菲（L. V. Bertalanffy）于20世纪30年代提出。贝塔朗菲的一般系统论存在内容上不可分割但是意向上有所区别的三个组成部分：系统科学、系统技术和系统哲学。贝塔朗菲认为系统哲学在解释科学与人性、

①　成长上限是指正反馈本身制约了自己的发展，参见：吴广谋．系统原理与方法．南京：东南大学出版社，2005：99-104.

技术与历史、自然科学和社会科学等诸如此类的对立关系中起到了桥梁作用①。笔者认为系统论的指导哲学——系统哲学的这一要义说明系统论天生就有作为"中介"的作用，因此，一般系统论原理是我们研究作为中介的中观方法论理论的有力工具。

（一）学科融合观点的引入

首先，从系统论本身所要解决的问题来看，系统论的提出就是要"运用'整体'或'系统'的概念来处理复杂性问题"②。而当前会计学研究面临的是经济全球化的大环境，会计理论与实践面临来自诸多方面的不断挑战，如环境成本、人力资本和绿色GDP的计量等问题。系统论的支招就是要求会计学方法同其他学科进行融合，因为研究问题本身已经存在复杂性和多学科交叉的特点，那么方法论上就应该引入系统论关于学科融合的思想。其次，从会计学科未来的发展来看，当代学科的研究已经倾向于用多种方法研究同一现象，或者对于同一个问题必须利用多学科方法进行综合研究，这已经成为各个学科发展最有前途的方向。

本文所研究的概念模型体现的是各个学科同会计学研究之间的关系，学科划分本身只是说明了一种对应关系而并非学科本身的属性。因此，为了简化繁杂的学科划分（奥卡姆的剃刀原则），根据我国GB/T-92学科分类标准，本文按照学科的大门类进行再组合，将自然科学（数学、力学、物理学等）、农业科学（农学、林学、水产学等）、医药科学（基础医学、药学等）、工程与技术科学（材料科学、机械工程等）组合为"自然科学学科方法"，将人文与社会科学（管理学、历史学、教育学等）单独作为一个学科门类——"社会科学学科方法"，其中哲学和历史学仅仅作为其各自学科的具体方法论代表归入社会科学学科，与作为系统要素的历史观和哲学观不是同一层次的概念。对于会计的学科划分已经是一个由来已久的问题：是艺术还是科学，或者说是为了履行责任还是为了提供信息？笔者幸运地可以简化这一过程，因为本文就是要单独研究会计学学科方法同其他学科之间的联系，会计学方法单独作为一个要素存在，所以避开了这一问题的讨论。

（二）哲学观与历史观的引入

就方法论的本源而言，我国《墨子》的《天志中》中谈方法："中吾矩者谓之方，不中吾矩者，谓之不方，是以方与不方可得而知之。此其故何？则方法明也。"③ 相比之下，西方的"方法"（Method）可以追溯至希腊文的 μετá 和 óδós，表示"按照某种道路"前行的意思。前者强调规矩就是说规范，后者重视途径即所谓实证，我国的传统理念重融通，强调伦理的规范，以中庸之道驾驭笔法；西方重价值，强调分析的合理，以个性的张扬统帅文墨。历史观实质上更多的是基于经验的分析，而哲学观则倾向于形而上的思辨分析，这就好比中国的山水画求意而不重形，西方的素描力求刻画人物入木三分，各有所长。因此，会计研究方法论同样应将哲史观进行综合的思考，二者对于方法论研究有各自极其重要的作用。

从历史观角度思考方法论研究，我们应该关注会计学本身以及其他学科的方法论发展。就会计学本身而言，关注世界主流会计学的发展是重要的研究方法，也就是既融入西方的理性思维又有我们对其文化的反省和思考。同时，我们还需要关注其他学科方法论的历史演进，既有助于会计学方法在学科之林中寻求自身合理的定位，也能为研究方法的创新不断地注入活力。在研究实践中，"案例分析"方法、文献综

① 黄小寒认为系统哲学的基本原理包括系统本体论、认识论和方法论，实际上都可以转化为方法论。参见：黄小寒. 世界视野中的系统哲学. 北京：商务印书馆，2006：546.
② 贝塔朗菲. 一般系统论—基础、发展和引用. 林康义，魏宏森，译. 北京：清华大学出版社，1987：2.
③ 《墨子闲诂》，《诸子集成》第4册，北京：中华书局，1954：128.

述、文章结尾所附的参考文献不就是在数列古今中外对于某一问题的研究历史吗？因此，笔者认为中观方法论尤其应建立在多学科发展历史的基础之上，用多元历史的观点作为概念模型的基石。

从哲学观的视角审视方法论，方法论本身可以说就是哲学世界观的同素异形体。方法论同世界观是统一的，就像硬币的两个面，在表征价值的同时也有另一面为之巧妙设计的"样式"。笔者认为方法论不是其他，一言以蔽之，就是我们纵横理论之间、天马行空之时的态度、观点，用哲学的话说方法论就是我们的世界观。概念模型作为解释说明中观方法论的理论，需要既区别于最高层次的元哲学又需要和它相衔接。就区别而言，中观层面的哲学观是基于各个学科的哲学观，具有多元哲学的属性，如会计学哲学、经济学哲学甚至物理学哲学等①。就衔接而言，元哲学是对各个学科哲学进行指导的、最具普适性的哲学，通过各个学科的哲学与概念模型有机地结合起来。因此，本文提出基于学科层面的多元哲学观既是用于衔接元哲学的哲学观，又是概念模型本身的指导哲学。

（三）概念模型的目的分析

系统的本质就是要解决问题，根据问题进而提出研究目的是系统存在的前提，由此才可以确定系统本身的边界、应具有的结构等内容。否则，系统就是虚设的框架，没有任何意义。会计方法论概念模型针对前文所述及的问题，引入系统论原理构造一个中观层面的方法论模型。这一目的又可以进一步分解为三个小目标，通过各个目标的完成来实现最终的目的。目标之一，以多元哲学观作指导，融合各类学科哲学；目标之二，以学科综合为纽带，同时融合代表哲学观的规范研究（Normative Study）与代表历史观的实证研究（Empirical Study）的研究范式；目标之三，以多元历史观作基础，将会计研究建立在多元的历史视角之上。

（四）概念模型的边界界定

如果将宇宙看作是一个复杂巨系统，那么如何确定我们所研究的系统的大致范围就十分重要。否则，模糊的研究边界往往会带来对于系统本身理解和运用的难度。本文假设学科、哲学观、历史观三大基本要素及其相互作用定义为系统本身，并且作为中观方法论体系位于整个会计方法论体系的中间层，除此之外的外部环境作为系统外部分。该边界的界定应该遵循逻辑理性原则和独立性原则②。逻辑理性要求理论模型内在的逻辑一致性，会计方法论模型中各要素——学科、历史观、哲学观之间都具有理论和实践上的相互联系，因此模型满足逻辑理性假设；独立性原则要求外在环境与系统内部之间的相互作用可以忽略，显然该模型研究的是方法论问题，内部以方法论作为联系点，外界环境的作用只能是间接的，概念模型边界满足独立性原则。

（五）概念模型的层次结构

在明确了概念模型的基本要素、目的、边界的基础之上，我们将分别从纵向、横向和立体的角度，就模型的核心问题即模型的内部结构和各个要素的相互作用方式做进一步分析。

1. 纵向的层次结构

哲学观和历史观一个是最高的指导原则，一个是方法论的基石，所以笔者构建了一个会计研究中观方

---

① 系统论关于新老"三论"的理论发展尤其推动了学科层面的方法论从单一的、静态的观点向多元的、动态的格局演进，任何片面的学科方法论哲学观也许从它们诞生起就已经过时了。一般而言，"老三论"指20世纪三四十年代产生的系统理论的三个分支：系统论（S）、控制论（C）和信息论（I）；"新三论"指20世纪六七十年代形成的系统理论的三个分支：耗散结构论（D）、协同论（S）和突变论（C）。

② 吴广谋. 系统原理与方法. 南京：东南大学出版社，2005：91.

法论的六面体概念模型（如图 2 所示）。我们假设 P 点代表哲学观要素，H 点表示历史观要素，A、N、S 分别表示会计学方法、自然科学方法和社会科学方法等三个基本要素。概念模型的几何结构使得模型可以展开，从二维的角度进一步分析各个要素的性质及其在模型中的含义。模型的纵向二维展开如图 3 所示，那么 P 点就并非代表一元的哲学观而是包括 P_1、P_2 和 P_3 的哲学观的综合，它们代表了不同学科的哲学层，比最高一级的元哲学①更为具体，却比具体学科方法更抽象，这也说明了模型的"中观"特征。就历史观 H 而言，我们也会采用不同学科所描述的历史观 H_1、H_2 和 H_3，并不是单单只在自身的理论发展历史上自我陶醉。比如，我们要研究 19 世纪以后会计发展的历史就不得不从当时的经济环境、自然科学技术的发展环境一起讨论；今天的网络化时代谈会计信息化问题更是离不开计算机技术的发展历史。

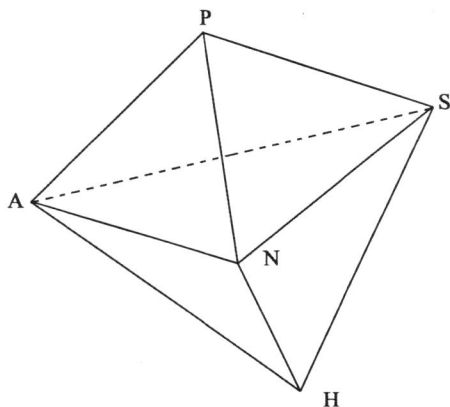

图 2　概念模型全图

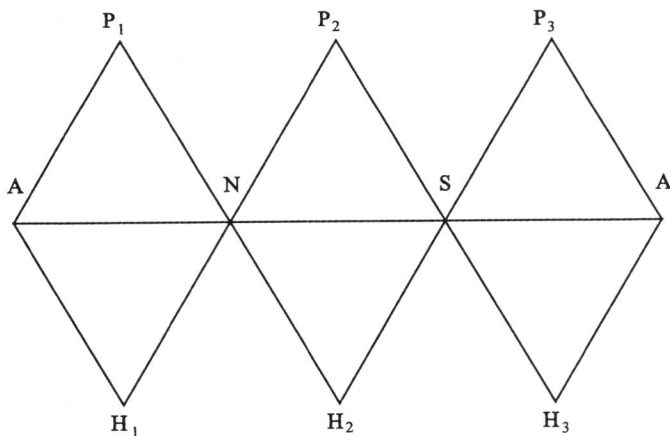

图 3　概念模型纵向展开图

2. 横向的层次结构

在纵向的二维分析的基础之上，我们再进行一个横向的二维分析。在图 4 中，我们将模型的中间平面

---

① 元哲学（或者又被称为元方法）被认为是最具普适性的哲学，不带有"某某学哲学"的哲学，例如管理哲学就不是元哲学。参见：杨义，现代中国学术方法综论．北京：中国社会科学出版社，2005，3：138．

独立出来，这样更加凸显 ANS 平面的作用与位置。在 ANS 平面中的三个顶点分别是会计学学科方法（A）、社会科学学科方法（S）和自然科学学科方法（N），三者作为同一个平面的顶点，谁也没有比谁更加优越，强调的是会计学同其他学科在处理问题时的联系程度是有区别的。我们讲概念模型是理想化的方法论，往往纯粹的会计方法（A 点）在现实中是不存在的，所以 A 点只是理论上的一个极限，自然科学学科方法（N）和社会科学学科（S）也是同样的理想点，好比说进行任何试验没有人敢说我不采用任何其他学科的方法论知识一样，只是运用程度的不同罢了。

在图 4 的基础之上，我们可以在 ANS 平面中标出一些点，而这些点就表示相应的方法论组合，各点到 ANS 的距离表示对于各学科方法的倚重程度不同。比如 m_1 点就表示在 AS 连线上的点，也就是说对于这一会计研究方法主要采用了会计学方法与社会学方法的融合，并且更多的是会计的方法，因为 m_1 点离 A 点更近，比如会计伦理方面的研究。又比如 m_2 点几乎是在中心处，也就是说会计研究在研究方法上同时借鉴了 N 和 S 的方法，并且基本上各有倚重。在 m_3 点则表示会计方法与科学技术方法的结合，并且更多的是采用了自然科学的研究方法，比如网络会计、会计电算化的研究。值得注意的是，远离 A 点的研究方法并不是脱离了会计的基本理论，只是会计理论介入的程度不同。如果我们顺时针旋转模型 90 度，以 A 点作为顶点来观察，那么 A 点就是统帅 N、S、P 和 H 点的核心，所以这并没有损害会计理论本身的独立性和在模型中的核心地位。

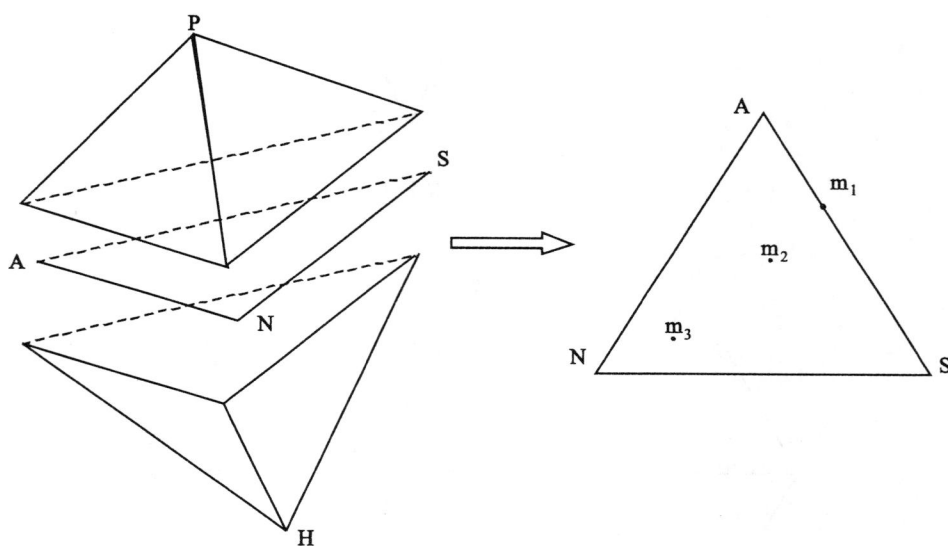

图 4　概念模型 ANS 平面图

3. 立体的结构分析

根据前面的分析，我们可以进一步分析在考虑了哲学观要素（P 点）和历史观要素（H 点）后的会计研究方法论的形成问题。如果以 ANS 为基本平面，那么用平行于 ANS 的平面切割这一立方体，可以得出一个与 ANS 相似的三角形（如图 5 左所示），比如说 A_1—N_1—S_1 这个平面就表示偏向"形而上"的思维模式更多地影响了会计研究方法或者可以称为"规范"，而 A_2—N_2—S_2 则是更偏向经验方式的研究方法，即我们所谓的"实证"。从二维的纵向角度分析，由于存在理性思维模式和经验思维模式的影响，方法论应该是二者之间的一个竞争过程，即每一时期总有两大基本的方法论在进行竞争，这也就使得 P 和 H 两个顶点实际上成为了牵引点或排斥点，它们就像磁铁的两极（如图 5 右所示）。这种内部的竞争实际上是在外部环境的作用下使得方法论不断发展变化，呈现了各个时期有不同的主流方法论的特点。在三维模式下思考，也就是同时考虑 P、H、A、N 和 S 点，这时模型中的任何一个点就代表了与以上五个顶点的距离远近所形成的方法。所以，任何一种会计研究方法论的形成首先应该找到横向上它所处的平行于 ANS 的平面，分析其与各个学科类别的关系，再在纵向上分析它与哲学或者历史观的距离关系，这样在任一时点的某一种会计研究方法论就有了一个立体模式的解释①。

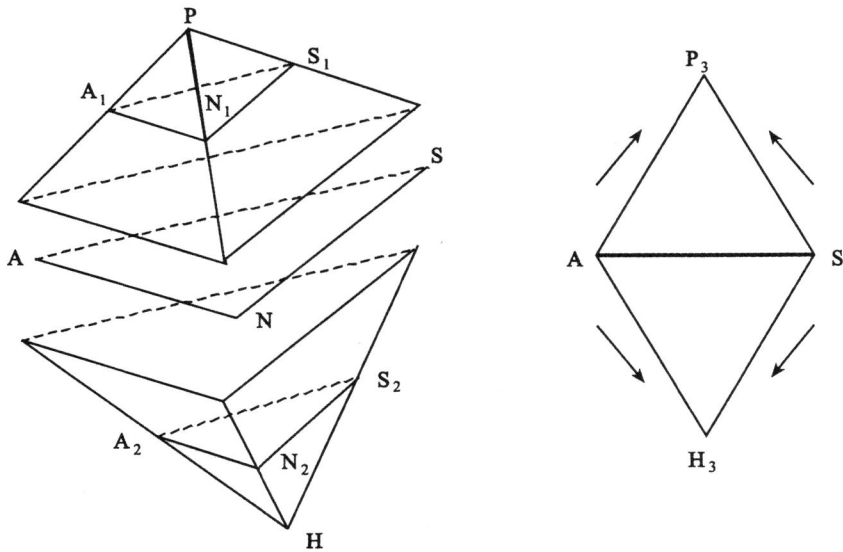

图 5　概念模型的立体分析

三、经验证据与理论解释

根据概念模型的分析思路，会计研究方法应该呈现出多学科研究方法并存的局面，那么我国的会计研究的现状是怎么样的呢？本文按照前文所述的学科分类，以《会计研究》从发刊号起的发文数量作为分析对象，首先以历史学、社会学、美学、经济学、管理学、政治学、法学、哲学、心理学和教育学作为社会科学学科的替代变量，用以表示社会科学学科与会计研究的融合；以数学、力学、物理学、环境科学、生物学、医学、农学、计算机、化学和航空航天作为自然科学学科的替代变量，用以表示自然科学学科与会计研究的融合。分析数据来自于中国期刊网 1980—2006 年的时间序列数据，各个学科的搜索以"全文"为检索条件，以《会计研究》作为唯一的来源期刊，因此检索结果表示论文中含有该学科名称的论文绝对数量。当然由于搜索中可能存在多个检索词在同一篇文章中出现，检索结果仅仅表示含有该学科名称的文章，不排除也含有其他学科名称的情况，但这并不影响本文的分析。会计研究与社会科学学科、自然科学学科的融合情况分别见表 1、表 2。从统计结果看，社会科学和自然科学学科的方法都与会计学存在或多或少的联系，尽管各个具体学科的联系程度有明显的差别，但是可以认为这种联系是存在的，这种差异恰恰说明了方法论结合点距离各学科之间程度不同。

---

　　①　本文描述的概念模型是静态的，实际上模型应该是随着时间而变化，并且趋向于一个稳态。在附录 3 中，采用数理方法对于概念模型随时间演进的变化做了一个证明，说明模型可能存在几种状态，其中稳态是模型的发展方向。

表 1 会计研究与社会科学学科的融合情况

检索词	历史学	社会学	美学	经济学	管理学	政治学	法学	哲学	心理学	教育学
平均数	0.46	2.89	0.36	29.29	7.61	0.71	3.89	7.5	2.93	0.39
中位数	0	2.5	0	24	7	0	2	8	3	0
众数	0	0	0	24	7	0	2	8	2	0
最小值	0	0	0	9	1	0	0	2	0	0
最大值	2	9	2	72	20	6	15	15	9	2
求和	13	81	10	820	213	20	109	210	82	11
观测数	28	28	28	28	28	28	28	28	28	28
最大值	2	9	2	72	20	6	15	15	9	2
最小值	0	0	0	9	1	0	0	2	0	0

表 2 会计研究与自然科学学科的融合情况

检索词	数学	力学	物理学	环境科学	生物学	医学	农学	计算机	化学	航空航天
平均数	13.11	0.36	0.68	0.43	0.32	0.64	0.11	19.61	3.07	0.25
中位数	12	0	0	0	0	0	0	16.5	3	0
众数	11	0	0	0	0	0	0	15	3	0
最小值	6	0	0	0	0	0	0	11	0	0
最大值	24	2	5	6	2	3	1	40	9	1
求和	367	10	19	12	9	18	3	549	86	7
观测数	28	28	28	28	28	28	28	28	28	28
最大值	24	2	5	6	2	3	1	40	9	1
最小值	6	0	0	0	0	0	0	11	0	0

资料来源：中国期刊网 1980—2006 年数据。

从结构来分析，社会科学学科中的"经济学"、"管理学"和自然科学学科中的"计算机"、"数学"在《会计研究》的论文中出现频次高出其他学科很多，这说明会计学研究的主流方法是运用计算机技术和数学模型，利用经济以及管理理论进行分析和预测。从趋势分析来看（见附录2），经济学在会计学研究的运用几乎呈现出一枝独秀的状况，"经济学"的词频在 20 世纪 90 年代以后一路攀升，同经济学的结合成为现在会计研究的主流方法论趋势。此外，社会科学学科与会计的总的融合程度、自然科学学科与会计研究的总的融合程度，二者呈现发散而不是收敛的趋势，可见会计研究的性质主要还是与社会科学学科相关，至少在方法论上会计学越来越展现出自身的真正归属。

四、本文的价值理解

本文跳出了"非实即虚"的框架约束，运用一般系统论的基本理论构建了中观方法论模型。应该说，此模型是一种对方法论问题深入研究的思路，综合的、系统的观点在会计方法论上的运用实际上已经普遍存在。本文提出了一个理论上的概念模型，理论模型如何同实践相结合是我们更为关心的问题。首先，从学者做研究的角度来看，概念模型告诉学者们大可不必拘泥于单一的方法论或者固守学科的边界；非会计专业的学者可以深入会计领域，运用自身的专业知识来研究会计问题，例如，法务会计、环境会计的出现就是证明；会计学者也可以深入其他领域，运用会计的思维解决非会计问题，例如，管理会计关于"本量利"的思想可以用来解释人们在生活中涉及成本与收益权衡的问题。其次，从会计学学科建设的角度来看，会计学科设置不能拘泥于基础会计、财务会计等传统科目，应该在此基础上向经济学、计算机科学等非会计科目延伸；会计学科的理论科目设置不能忽视会计思想史和会计哲学两门科目，应该在高校广泛开展会计学哲史基础教育①。此外，从高校会计系（学院）对学生的培养导向来看，虽然应用型人才更容易满足社会当前的需求，但是综合性人才的培养才是今天乃至未来的培养方向。因此，会计（财务）专业的学生不能仅仅关注会计学，学科的横向整合至关重要。以上总结了概念模型对于实践的一些指导意义，但是模型的理论意义和现实意义却远不止这些。

方法论说到底还是"工具"，这就是其本质。世界上并没有一劳永逸的方法，也没有一统天下的方法，一切都要自行掂量，既要有生生不息的观点，也要有翕合无间的气量，这一切的一切乃是我国自己的会计学理论的原创性。笔者认为本文的最大价值可能在于有些许的原创性，这也是笔者自觉欣慰之处。毕竟整个会计理论研究的核心和归宿就是建立我国自己的会计理论体系，相应的会计研究方法论也应该是具有中国气派的方法论，取法古今，纵横中外，说到底还是以我为主，将自身的文化特点显现出来，才能具有真正的生命力。本次研究并未止步，基于系统论的方法论模型仍然存在诸多问题，这正是值得后来的研究者进一步研究的地方。倘若文章真的可以开阔一些研究的思路，进而触发一些思想的火花，笔者自觉足矣。

参 考 文 献

[1] 葛家澍. 西方财务会计理论问题探索（一）——西方规范财务会计理论的发展及实证会计理论的基本框架（上）. 财会通讯，2005，1.

[2] 葛家澍. 西方财务会计理论问题探索（二）——西方规范财务会计理论的发展及实证会计理论的基本框架（中）. 财会通讯，2005，2.

[3] 葛家澍. 西方财务会计理论问题探索（三）——西方规范财务会计理论的发展及实证会计理论的基本框架（下）. 财会通讯，2005，3.

[4] 陈孟贤. 当代会计研究方法：检讨和反思. 会计研究，2007，6.

[5] 盖地，吕志明. 规范会计研究与实证会计研究评析. 会计研究，2007，7.

[6] 董美霞. 哲学对会计学的反思. 财会通讯，2007，3.

[7] 高茹. 会计研究方法体系的中西方比较研究. 财会通讯，2005，6.

[8] 刘泽兵. 关于实证会计研究的两点思考. 会计研究，1999，5.

[9] 刘玉廷. 关于会计研究方法问题. 会计研究，2000，5.

[10] 刘泉军. 会计哲学初探. 财会月刊，2007，5.

[11] 卢永华. 会计理论研究方法的哲学思考. 会计研究，2000，3.

---

① 笔者倡导在研究生阶段应该开设这两门科目，有条件的高校可以考虑在高年级本科生阶段开设此科目，并且可以尝试将该科目作为全校选修课程，为其他院系的学生提供会计哲史观的培养。而现在大多数高校会计系（学院）的科目设置（包括研究生阶段教育）缺乏此方面的训练，使会计学在人们心目中的地位似乎就等同于"做账"，会计学的地位没有得到显现。

[12] 卢永华. 会计科研方法论研究. 厦门大学博士论文, 2002.

[13] 李心合. 对公司财务学理论及方法论局限性的认识与批判. 会计研究, 2004, 6.

[14] 苏武俊. 建立我国会计理论研究方法体系. 财经理论与实践, 1999, 3.

[15] 苏武俊. 关于理论研究方法体系的思考. 会计研究, 2001, 7.

[16] 吴俊, 段闻祥. 我国会计理论研究方法的现实思考. 会计研究, 1994, 8.

[17] 吴水澎. 关于会计理论研究方法的四个问题. 财会通讯, 1996, 3.

[18] 杨义. 现代中国学术方法综论. 中国社会科学, 2005, 5.

[19] 周仁俊. 会计理论研究方法体系初探. 财会通讯, 1998, 6.

[20] 吴广谋. 系统原理与方法. 南京: 东南大学出版社, 2005, 3.

[21] 黄小寒. 世界视野中的系统哲学. 北京: 商务印书馆, 2006.

[22] 钱学森. 创建系统学. 山西: 山西科学技术出版社, 2001.

[23] 丁雅娴. 学科分类研究与应用. 北京: 中国标准出版社, 1994.

[24] 魏宏森, 曾国屏. 系统论: 系统科学哲学. 北京: 清华大学出版社, 1995.

[25] Bob Ryan, Robert W. Scapens, Michael Theobald 著. 财务与会计研究: 方法与方法论. 阎达五, 戴德明等, 译. 北京: 机械工业出版社, 2004.

[26] L. V. Bertalanffy. 一般系统论—基础、发展和引用. 林康义, 魏宏森, 译. 北京: 清华大学出版社, 1987.

[27] Benston, G. J.. Published corporate accounting data and stock prices. Journal of Accounting Research, 1967, 5.

[28] Ball, R., and Brown, P.. An empirical evaluation of accounting income numbers. Journal of Accounting Research, 1968, 6.

[29] Beaver, W. H.. The information content of annual earnings announcements. Journal of Accounting Research, 1968, 6.

[30] Richard Mattessich. Conditional-normative accounting methodology: Incorporating value judgments and means-end relations of an applied science. Accounting, Organizations and Society, 1995, 4.

[31] Fülbier. Methodological approaches to accounting research-evidence from EAA annual congresses, WHU – Otto Beisheim school of management chair of accounting. Working Paper, 2007.

[32] Hopper. T, and Powell. A.. Making sense of research into the organizational and social aspects of management accounting: A review of its underlying assumptions. Journal of Management Studies, 1985, 5.

[33] Laughlin, R. C.. Empirical research in accounting: Alternative approaches and a case for 'middle range' thinking. Accounting, Auditing And Accountability, 1995, 1.

[34] Tomkins C., and Groves R.. The everyday accountant and researching his reality. Accounting, Organization and Society, 1983, 4.

[35] Watts. R. L., and Zimmerman. J. L.. Towards a positive theory of the determination of accounting standards//Ross L. Watts and Jerold L. Zimmerman. The Accounting Review, 1978, 1.

[36] Watts. R. L., and Zimmerman. J. L.. Positive accounting theory: A ten year perspective. Accounting Review, 1990, 1.

附录1 会计方法论研究国内外文献综述

以《会计研究》、《财会通讯》和《财会月刊》等会计学术期刊上刊登的从1994年到2007年的有关会计研究方法论的文献作为我国会计研究方法论的文献来源，并经过整理反映出近年来我国学者在会计研究方法论上的一些主流观点和研究的趋势。

表1   近年来我国实证与规范研究方法论的主要文献

年份	观点	作者	来源期刊	类型	哲学观点
1997	批判实证方法论	刘峰	会计研究	批判研究	—
1999	规范与实证相结合	刘泽兵	会计研究	批判研究	—
2000	规范与实证相结合	刘玉廷	会计研究	综述研究	—
2002	会计科研方法论体系	卢永华	厦门大学博士论文	理论研究	马克思哲学
2004	传统财务研究方法批判	李心合	会计研究	批判研究	—
2005	批判实证方法论	葛家澍	财会通讯	批判研究	—
2007	哲学与会计的关系	董美霞	财会通讯	理论研究	多元
2007	会计哲学的六个部分	刘泉军	财会月刊	理论研究	马克思哲学
2007	人文诠释方法的转向	陈孟贤	会计研究	批判研究	多元
2007	实证与规范的和谐共处	盖地、吕志明	会计研究	综述研究	—

资料来源：中国期刊网数据库。

表2   近年来我国会计方法论体系研究的主要文献

年份	观点	作者	来源期刊	类型	哲学观点
1994	方法论应该有三个层次：马克思主义方法论、一般方法、工作方法	吴俊 段闻祥	会计研究	理论研究	马克思哲学
1996	方法论体系的三个层次：马克思主义方法论、基本方法、具体方法	吴水澎	财会通讯	理论研究	马克思哲学
1998	方法论体系的三个层次：哲学方法、一般科学方法、具体方法	周仁俊	财会通讯	理论研究	马克思哲学
1999	方法论体系的三个层次的联系	苏武俊	财经理论与实践	理论研究	马克思哲学
2000	方法论体系的两个层次：马克思主义认识论、一般科学研究方法	卢永华	会计研究	理论研究	马克思哲学
2001	方法论体系的三个层次：马克思主义方法论、基本方法、具体方法	苏武俊	会计研究	理论研究	马克思哲学
2005	综述	高茹	财会通讯	综述研究	—

资料来源：中国期刊网数据库。

表3

20世纪70年代以来国外会计方法论研究的主要文献

年份	观点	作者/机构	类型	哲学观点
1978	倡导实证会计研究	Watts 和 Zimmerman	理论研究	实证主义
1979	倡导科学研究方法	AAA	理论研究	科学主义
1983	自然主义研究方法	Tomkins 和 Groves	理论研究	自然主义
1985	会计研究三维度分类法	Hopper 和 Powell	理论研究	多元
1990	实证研究综述	Watts 和 Zimmerman	综述研究	实证主义
1995	会计研究四维度方法分类	Laughlin	理论研究	多元
1995	有条件的规范会计方法论	Mattessich	理论研究	双元
2007	方法分类研究	Fülbier	理论研究	—

资料来源:《财务与会计研究:方法与方法论》、陈孟贤（2007）以及 SSRN（美国社会科学研究网）。

附录 2　经验证据

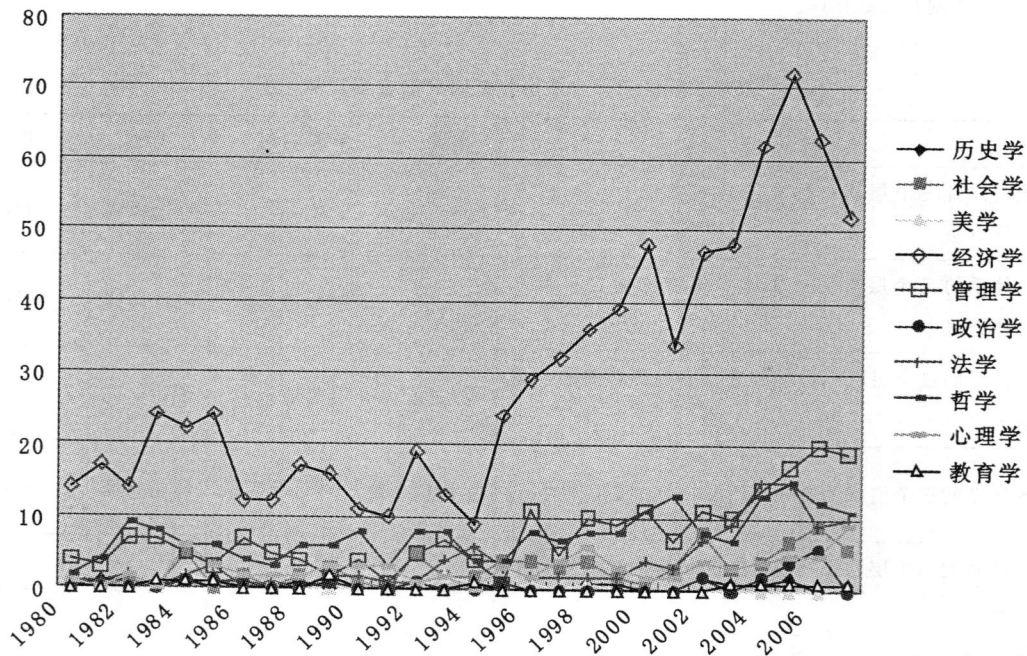

图 1　社会学科方法在会计研究中应用趋势

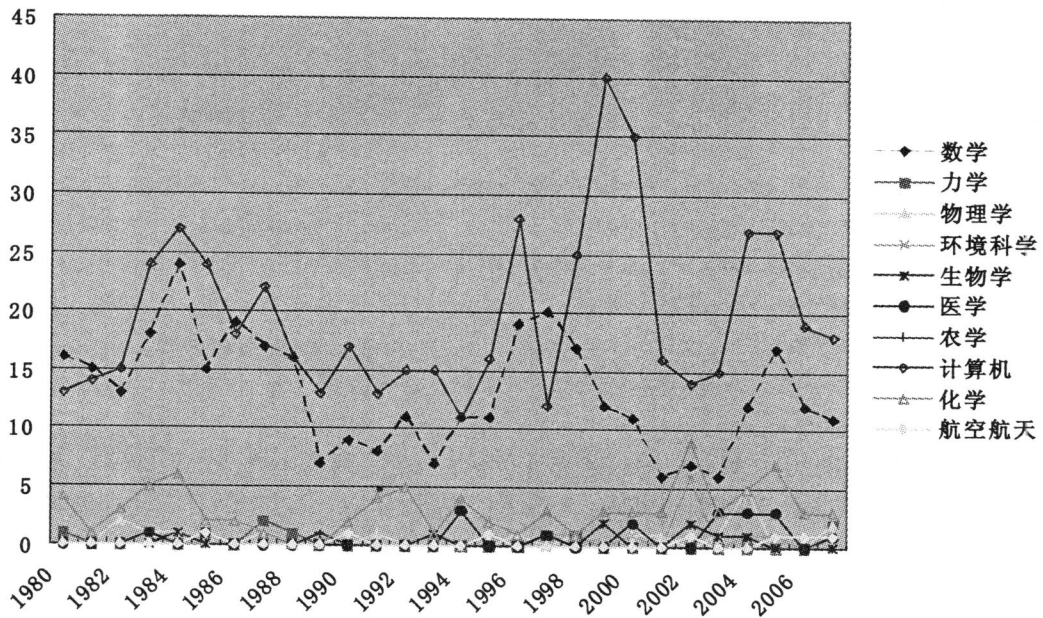

图 2　自然学科方法在会计研究中应用趋势

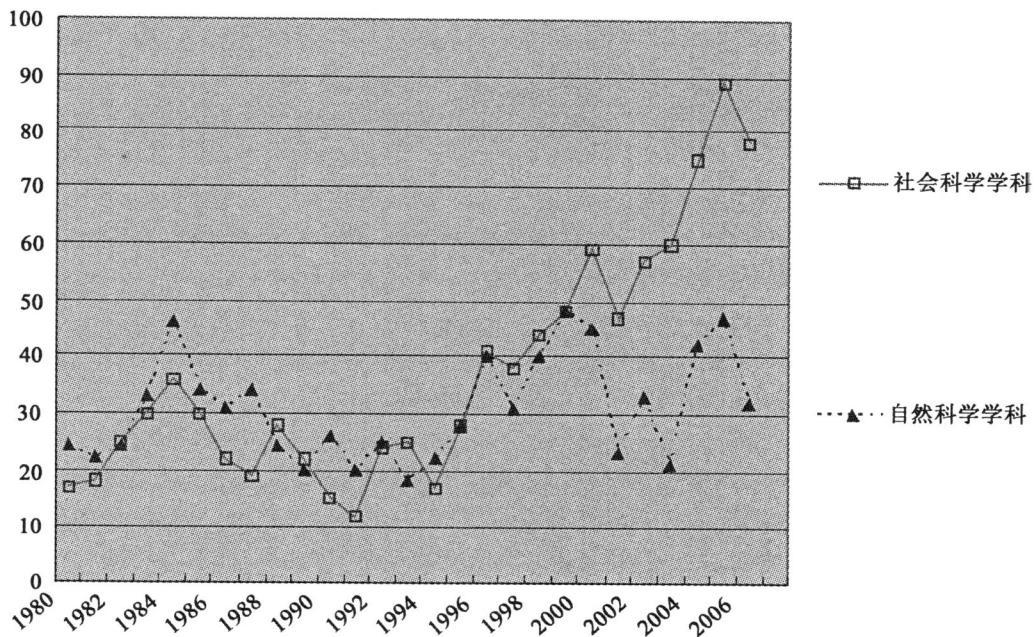

图 3　两类学科方法的趋势比较

资料来源：中国期刊网 1980—2006 年数据。

附录 3　概念模型的动态分析

系统可以认为是相互作用的若干要素的相互组合，其中相互作用的要素定义为 p_i，要素同时处于若干关系之中，我们将这种关系定义为（R），并且要求同一个要素 p 在某一关系 R 中的行为不同于它在另一

关系 R' 中的行为方式。贝塔朗菲认为如果同一要素在不同关系中的行为方式一致，那么就不存在相互作用，因为此时要素与相互关系 R 与 R' 无关。

在方法论的观念模型中，我们定义 Q_i 是用来表示方程组中要素 p_i 的变量，其中 $n=1$，2，3，4，5，当要素 p_i 是有限的时候，比如本文中的概念模型就只有 5 个基本要素，有以下表达式成立：

$$
\left.\begin{array}{l}
\dfrac{\mathrm{d}Q_1}{\mathrm{d}t} = f_1(Q_1, Q_2, \cdots, Q_5) \\[2mm]
\dfrac{\mathrm{d}Q_2}{\mathrm{d}t} = f_2(Q_1, Q_2, \cdots, Q_5) \\[1mm]
\vdots \qquad\qquad \vdots \\[1mm]
\dfrac{\mathrm{d}Q_5}{\mathrm{d}t} = f_5(Q_1, Q_2, \cdots, Q_5)
\end{array}\right\} \tag{1}
$$

对时间 t 求导正是为了说明时间的影响，并且该方程组实际上包含了时间和空间的双重影响。该方程说明会计方法、自然科学方法、社会科学方法、哲学观、历史观五种要素之间存在复杂的关系，但是任一个要素 Q_i 的变化，是所有 Q（从 Q_1 到 Q_5）的函数；反之，当任一 Q_i 发生变化时，也必然会影响其他要素以及整个方程组的变化。比如，如果社会科学方法由于环境作用发生变化，必然牵动相应的哲学观、历史观、自然科学方法以及会计学方法的变化。该方程组中 $\dfrac{\mathrm{d}Q_i}{\mathrm{d}t}$ 表示任一微小的变动，利用微分方程的特点我们可以进一步分析该系统的特征。我们假设：$f_i(Q_1, Q_2, \cdots, Q_5) = 0$，那么对于 n 个未知数有 n 个方程，就可以求出唯一解：

$$
\left.\begin{array}{l}
Q_1 = Q_1^* \\[1mm]
Q_2 = Q_2^* \\[1mm]
\vdots \qquad \vdots \\[1mm]
Q_5 = Q_5^*
\end{array}\right\} \tag{2}
$$

一般而言，当我们预设系统的所有变化消失时，系统处在一系列静态之中。此时，静态中同样包含稳定和不稳定的因素，当我们引入新的变量 Q_i' 作为不稳定因素且令 $Q_i = Q_i^* - Q_i'$，那么式（1）变为：

$$
\left.\begin{array}{l}
\dfrac{\mathrm{d}Q_1'}{\mathrm{d}t} = f_1'(Q_1', Q_2', \cdots, Q_5') \\[2mm]
\dfrac{\mathrm{d}Q_2'}{\mathrm{d}t} = f_2'(Q_1', Q_2', \cdots, Q_5') \\[1mm]
\vdots \qquad\qquad \vdots \\[1mm]
\dfrac{\mathrm{d}Q_5'}{\mathrm{d}t} = f_5'(Q_1', Q_2', \cdots, Q_5')
\end{array}\right\} \tag{3}
$$

将此方程组用泰勒级数展开：

$$
\left.\begin{array}{l}
\dfrac{\mathrm{d}Q_1'}{\mathrm{d}t} = a_{11}Q_1' + a_{12}Q_2' + \cdots + a_{15}Q_5' + a_{111}Q_1'^2 + a_{112}Q_1'Q_2' + \cdots \\[2mm]
\dfrac{\mathrm{d}Q_2'}{\mathrm{d}t} = a_{21}Q_1' + a_{22}Q_2' + \cdots + a_{25}Q_5' + a_{211}Q_1'^2 + a_{212}Q_1'Q_2' + \cdots \\[1mm]
\vdots \qquad\qquad \vdots \\[1mm]
\dfrac{\mathrm{d}Q_5'}{\mathrm{d}t} = a_{51}Q_1' + a_{52}Q_2' + \cdots + a_{55}Q_5' + a_{511}Q_1'^2 + a_{512}Q_1'Q_2' + \cdots
\end{array}\right\} \tag{4}
$$

那么方程组（4）的通解是：

$$Q_1' = G_{11}e^{\lambda_1 t} + G_{12}e^{\lambda_2 t} + \cdots + G_{15}e^{\lambda_5 t} + G_{111}e^{2\lambda_1 t} + \cdots$$
$$Q_2' = G_{21}e^{\lambda_1 t} + G_{22}e^{\lambda_2 t} + \cdots + G_{25}e^{\lambda_5 t} + G_{211}e^{2\lambda_1 t} + \cdots$$
$$\vdots \qquad\qquad \vdots$$
$$Q_5' = G_{51}e^{\lambda_1 t} + G_{52}e^{\lambda_2 t} + \cdots + G_{55}e^{\lambda_5 t} + G_{511}e^{2\lambda_1 t} + \cdots$$

(5)

式（5）中 G 表示常数系数，λ 表示以下特征方程的根：

$$\begin{vmatrix} a_{11} - \lambda & a_{12} & a_{15} \\ a_{21} & a_{22} - \lambda & a_{25} \\ \vdots & \vdots & \vdots \\ a_{51} & a_{52} & a_{55} - \lambda \end{vmatrix} = 0$$

(6)

根 λ 可以是实数，也可以是虚数。对于 λ 可以进一步分类讨论：

（1）若取根 λ 为实数且 λ 全为负数（或者 λ 取复数且实数部分全是负数）时，可以验证由于 $t \to \infty$，那么 $e^{-\infty} = 0$。Q_i' 随着时间的增加而趋近于 0，又因为 $Q_i = Q_i^* - Q_i'$，所以 Q_i 获得一个静态值 Q_i^*，说明足够长时间下该系统趋向于平衡态。这说明中观方法论模型会有一个稳定的状态，即笔者所理解的概念模型的状态，而后面两种状态是不稳定的。

（2）若存在一个根 λ 且 $\lambda \geq 0$ 时，系统呈现不稳定状态。方法论模型本身是不存在的。

（3）若存在一些根 λ 为复数和正数时，系统形成周期循环。方法论模型呈现周期性的波动。

会计准则的国际协调能够提高盈余质量吗？

● 刘晓华[1]　王　华[2]

（1，2 暨南大学管理学院　广州　510632）

【摘　要】本文以 1999—2005 年的 B 股公司为样本，采用应计质量模型从中国会计准则与国际会计准则下盈余质量的差异、中国会计准则与国际会计准则下盈余质量差异的变化趋势以及中国会计准则下盈余质量的变化趋势三个方面分析和考察中国会计准则的国际协调对盈余质量的影响，检验我国会计准则的国际协调是否能够提高盈余质量。研究结果发现，在我国投资者保护法律不完善、相关法律得不到有效执行、资本市场发展程度较低和公司所有权高度集中的制度环境下，我国会计准则的国际协调难以显著提高盈余质量，我国即使完全采用国际会计准则也不能提高上市公司的盈余质量。

【关键词】会计准则　国际协调　盈余质量

一、问题的提出

在我国，为适应对内改革、对外开放和经济全球化的需要，我国的会计准则进行了一系列旨在加强会计准则国际协调的改革。在这场旨在加强会计准则国际协调的会计改革中，我国会计准则与国际会计准则的差异愈来愈小，中国企业会计标准已经基本实现了与国际会计准则的大同（盖地，2001）。2006 年 2 月 15 日财政部发布了包括 1 项基本准则和 38 项具体准则在内的企业会计准则体系，除了在关联方关系及其交易的披露和长期资产减值准备的转回等方面存在一些差异之外，我国会计准则与国际会计准则在其他方面已经不存在实质性差异。会计准则的国际协调包括形式上的协调和实质上的协调，所谓"形式上的协调"是指会计准则制定的协调，即会计管制、规则或规章（Regulation）的协调，而"实质上的协调"是指会计准则执行的协调，即会计实务和财务报告的协调①。从形式上来看，我国会计准则与国际会计准则的差异确实已经很小，我国会计准则的国际协调取得了巨大成果。但是，会计信息编报者和使用评价者更关心会计准则实质上的协调，因为只有实质上的协调才能真正实现财务报告的可比性，从而为投资决策和宏观调控等提供有用的会计信息（魏明海，2003）。会计协调的直接目的是会计信息的可比性提高，最终目的是会计信息质量的提高（魏明海等，2006）。但是，会计准则形式上的协调并不能保证实质上的协调，采用高质量的会计准则并不一定能够带来高质量的会计信息。在中国这样一个新兴加转轨的制度环境中，国际会计准则下的盈余质量是否显著高于中国会计准则下的盈余质量？随着中国会计准则和国际会计准则差异的逐步缩小，中国会计准则和国际会计准则下的盈余质量差异是否在逐步降低？中国会计准则下的盈余质量是否在逐步提高？基于上述思考，笔者选择了"会计准则的国际协调能够提高盈余质量吗？"

---

①　上述有关会计准则形式上的协调和实质上的协调的划分，主要参考了王华《论会计准则的国际协调》（1999）和魏明海《会计协调的测定方法》（2003）中的相关理论。

这个题目，以期全面分析和评价中国会计准则的国际协调对盈余质量的影响，从而从盈余质量视角考察中国会计准则国际协调的效果。

本文以 1999—2005 年的所有 B 股公司为样本，以会计盈余预测企业未来现金流量能力的强弱作为盈余质量高低的评价标准，采用应计质量模型从中国会计准则与国际会计准则下盈余质量的差异、中国会计准则与国际会计准则下盈余质量差异的变化趋势以及中国会计准则下盈余质量的变化趋势三个方面分析和考察中国会计准则的国际协调对盈余质量的影响，检验我国会计准则的国际协调是否能够提高盈余质量。本文的研究意义主要体现在：本文的研究结论能够为我国会计准则的国际协调、会计改革和会计监管等提供经验证据和政策建议，能够为会计信息使用者以及会计研究者分析和评价中国会计准则与国际会计准则下的会计信息质量（盈余质量）提供可资借鉴的经验证据。

二、文献综述与研究贡献

（一）文献综述①

1. 研究现状

国内研究者关于会计准则国际协调与会计信息质量的相关研究，大致可以分为两类：一类是关于中国会计准则与国际会计准则下会计信息质量差异的研究，即通过比较和分析 B 股或 AB 股公司中国会计准则与国际会计准则下会计信息价值相关性、会计盈余稳健性、会计盈余及时性和操纵性应计项目的差异来评价我国会计准则国际协调对会计信息质量的影响；另一类是关于会计准则改革前后会计信息质量差异的研究，即通过比较和分析某次会计准则改革前后会计信息价值相关性和会计盈余稳健性的差异来评价我国会计准则国际协调对会计信息质量的影响。

（1）关于中国会计准则与国际会计准则下会计信息质量差异的研究。按照有关规定发行 B 股或 AB 股的公司需要按照中国会计准则与国际会计准则分别编制会计报表，因此，通过比较和分析同一家公司不同会计准则下的会计信息质量差异，可以在一定程度上考察中国会计准则国际协调对会计信息质量的影响。

Bao 和 Chow（1999）以股票价格为因变量，考察了 B 股上市公司按中国会计准则和国际会计准则编制的两套会计信息的价值相关性。他们的研究结果表明，与按中国会计准则编制的净利润和账面净资产相比，按国际会计准则编制的净利润和账面净资产对 B 股公司股票价格具有更大的解释力。

Hu（2002）以在上海证券交易所上市的 B 股公司为样本，以采用价格模型分析了中国会计准则与国际会计准则下净利润和净资产的价值相关性。与 Bao 和 Chow（1999）的研究结果相反，Hu（2002）的研究结果发现，中国会计准则下净利润和净资产的价值相关性高于国际会计准则下净利润和净资产的价值相关性。潘琰、陈凌云和林丽花（2003）、李晓强（2004）以 AB 股公司为样本的研究，得出了与 Hu（2002）相同的结论。

宋玉和李卓（2006）以 2001—2003 年发行 AB 股的公司为样本，采用 Basu（1997）模型分析了中国会计准则与国际会计准则的稳健性和及时性。宋玉和李卓（2006）的研究结果发现，国际会计准则下的会计盈余具有较高的及时性和稳健性，而中国会计准则下的会计盈余不具有真正的及时性和稳健性。

王建新（2005）以 AB 股公司为样本，以采用修正的 Jones 模型估计的非正常应计项目和运用线下项目估计的非正常应计项目作为盈余质量的代理变量，分析了中国会计准则国际协调的过程和结果。王建新

---

① 限于篇幅，本文仅对国内相关文献进行回顾和评价，有关会计准则国际协调与会计信息质量更为全面的文献综述详见王华和刘晓华（2008）的相关研究。

（2005）的研究结果发现，从国际协调的结果来看，中国会计准则和国际会计准则下的盈余质量不存在显著差异，说明在我国目前的现实环境条件下完全采用国际会计准则也不能显著地提高会计盈余质量；从国际协调的过程来看，两种准则下盈余质量差异的绝对值变化显著且逐年减少，说明我国会计准则形式上的协调促进了实质上的协调，提高了会计盈余质量。

（2）关于会计准则改革前后会计信息质量差异的研究。自改革开放以来，特别是20世纪90年代以来，我国进行了一系列旨在加强会计准则国际协调的改革。中国会计准则的改革过程基本上就是中国会计准则国际协调的过程，因此，通过比较和分析某次会计准则改革前后会计信息质量的差异，也可以在一定程度上考察我国会计准则国际协调对会计信息质量的影响。

魏明海等（2006）以1999—2002年的A股公司为样本，分析了2001年的会计准则改革对会计盈余稳健性的影响。魏明海等（2006）的研究结果发现，与2001年会计准则改革之前相比，我国A股公司的会计盈余更具有稳健性，即2001年的会计准则改革提高了我国上市公司会计盈余的稳健性，我国会计准则的国际协调在一定程度上提高了盈余质量。

刘峰、吴风和钟瑞庆（2004）以1995—2002年的中国上市公司为样本，分析了中国自20世纪90年代初以来旨在提高会计信息质量的会计准则改革对会计信息质量的影响。他们的研究结果发现，中国进行的一系列会计准则改革并没有显著提高会计信息质量，原因在于法律风险的缺乏。而王华和刘晓华（2007）基于价格模型的研究结果则发现，随着中国会计准则与国际会计准则差异的逐步缩小，AB股公司会计信息的价值相关性没有逐年增大的趋势，但是在1992—1996年、1997—2000年和2001—2003年三个阶段呈现逐渐增大的趋势，原因在于中国会计准则改革的渐进性。王华和刘晓华（2007）的研究结果表明，随着中国会计准则国际协调进程的推进和准则差异的缩小，AB股公司会计信息的价值相关性在总体上逐渐增大，中国会计准则的国际协调在一定程度上提高了会计信息质量。

2. 当前研究存在的问题

从上述关于会计准则国际协调与会计信息质量的研究文献可以看出，国内外会计研究者基于多个研究视角、采用不同的计量模型和研究方法，较为全面地分析与评价了我国会计准则国际协调对会计信息质量的影响，为我国会计准则国际协调的开展提供了一定的理论支持和经验证据。但是，国内外研究者关于会计准则国际协调与会计信息质量的实证研究还存在以下问题：（1）研究者主要是从股票市场投资者的角度分析会计准则国际协调与会计信息质量的关系，忽视了会计准则国际协调对其他会计信息使用者的影响。（2）当采用面板数据进行回归分析时，研究者都没有进行模型形式设定检验，而是一律采用不变系数模型，研究结果的可靠性较低。（3）在分析和评价会计准则的国际协调对会计信息质量的影响时，国内外研究者没有考虑和控制审计意见差异对会计信息质量的影响，研究结论不可靠。

（二）研究贡献

在借鉴国内外研究者相关研究成果的基础上，本文以中国B股上市公司为研究样本，以现金流量作为盈余质量的计量和评价标准，采用应计质量模型考察了我国会计准则国际协调对盈余质量的影响以及中国会计准则国际协调的效果。本文的研究贡献主要体现在以下几个方面：（1）以会计盈余预测未来现金流量的能力来定义和计量盈余质量，从全体会计信息使用者的角度考察和评价了中国会计准则的国际协调对盈余质量的影响以及中国会计准则国际协调的效果。（2）在采用面板数据进行计量分析时，本文对模型设定形式进行了系统检验，并根据统计检验的结果来选择合适的计量模型，从而避免了以往研究中模型选择的主观性，得出的经验证据和研究结论更为可靠。（3）本文考虑和控制了会计师事务所审计意见差异对中国会计准则与国际会计准则下盈余质量差异的影响，能够更为准确地评价会计准则差异对盈余质量的影响以及中国会计准则国际协调的效果。

三、研究设计

（一）理论分析和研究假设

国务院证券委员会《股份有限公司境内上市外资股规定的实施细则》第36条规定："公司在中期报告、年度报告中，除应当提供按中国会计准则编制的财务报告外，还可以提供按国际会计准则或者境外主要募集行为发生地会计准则调整的财务报告。如果按两种会计准则提供的财务报告存在重要差异，应当在财务报告中加以说明。"中国证监会2005年修订的《公开发行证券的公司信息披露内容与格式准则第2号〈年度报告的内容与格式〉》第9条规定，"公司年度报告中的财务会计报告必须经具有证券期货相关业务资格的会计师事务所审计，审计报告须由该所至少两名注册会计师签字。已发行境内上市外资股及其衍生证券并在证券交易所上市的公司，还应进行境外审计（指会计师依据国际审计准则或境外主要募集行为发生地审计准则，对公司按照国际会计准则或境外主要募集行为发生地会计准则调整的财务会计报告进行审计）"①。从上述有关规定可以看出，我国B股公司实际上实行的是双重披露和双重审计制度，B股公司既要提供按中国会计准则编制、经境内会计师事务所审计的财务报告，又要提供按国际会计准则编制、经境外会计师事务所审计的财务报告。由于B股公司要在相同的经营活动的基础上同时提供按中国会计准则和国际会计准则编制的财务报告，我国B股公司为国内外研究者考察并检验中国会计准则与国际会计准则的差异、中国会计准则与国际会计准则下盈余质量的差异以及中国会计准则国际协调的效果提供了难得的研究机会。

B股公司分别按照中国会计准则和国际会计准则编制的财务报告之间的差异可以分为两类："一类是由于两份财务报告采用的会计政策不同导致的，它又可分为会计准则上的差异和公司在备选会计政策选择上的差异；另一类则是因采用的会计估计不同而导致的。"（中国证监会，2001）按照中国证监会2001年11月7日发布的《公开发行证券的公司信息披露规范问答第5号——分别按国内外会计准则编制的财务报告差异及其披露》的规定，"同一管理层对同一会计期间内的同一事项不能作出不同的会计估计。因而就同一事项，两份财务报告不应存在会计估计差异。……除非受到不同的股票上市地有关的会计准则或专业惯例不同等特殊因素的限制，同一管理层对同一会计期间内的同一事项不应采用不同的备选会计政策"。从上述规定可以看出，自从《公开发行证券的公司信息披露规范问答第5号——分别按国内外会计准则编制的财务报告差异及其披露》实施以后，B股公司按中国会计准则和国际会计准则编制的财务报告在会计估计和备选会计政策选择方面将不存在差异，B股公司中国会计准则和国际会计准则下的财务报告差异主要是由于中国会计准则与国际会计准则的差异导致的。因此，对B股公司来说，中国会计准则和国际会计准则下的盈余质量差异将主要受中国会计准则与国际会计准则质量差异的影响。一般认为国际会计准则的质量高于中国会计准则的质量（王建新，2005）。如果采用高质量的会计准则能够带来高质量的会计信息，那么在面临的法律与政治制度和财务报告激励基本相同的情况下，B股公司国际会计准则下的盈余质量应高于中国会计准则下的盈余质量。因此，本文提出第一个研究假设。

假设1：如果采用高质量的会计准则能够带来高质量的会计信息，那么同一家B股公司国际会计准则下的盈余质量应高于中国会计准则下的盈余质量。

---

① 根据中国证监会2007年9月20日发布的《关于发行境内上市外资股的公司审计有关问题的通知》，发行境内上市外资股的公司只需聘请具有证券期货相关业务资格的会计师事务所进行审计，不再要求同时实施境外审计，即B股上市公司不再进行双重审计。

如前文所述，自改革开放以来，特别是 20 世纪 90 年代以来，我国的会计准则进行了一系列旨在加强会计准则国际协调的改革，我国会计准则与国际会计准则的差异越来越小。由于发行 B 股的公司需要按照中国会计准则和国际会计准则分别编制财务报告，随着中国会计准则与国际会计准则差异的逐步缩小，B 股公司中国会计准则和国际会计准则下的盈余质量差异应随之缩小。因此，本文提出第二个研究假设。

假设 2：随着中国会计准则与国际会计准则差异的逐步缩小，同一家 B 股公司中国会计准则和国际会计准则下的盈余质量差异应在总体上呈现下降趋势。

为了适应我国经济发展和改革开放的需要，中国的会计准则进行了一系列旨在加强会计准则国际协调的改革，中国会计准则与国际会计准则的差异逐步缩小，中国会计准则的质量逐步提高。如前文所述，会计准则国际协调的最终目的是会计信息质量的提高。如果我国会计准则的国际协调能够提高会计信息质量，那么随着中国会计准则与国际会计准则差异的逐步缩小，B 股公司中国会计准则下的盈余质量应逐步提高。因此，本文提出第三个研究假设。

假设 3：如果会计准则的国际协调能够提高会计信息质量，那么随着中国会计准则与国际会计准则差异的逐步缩小，B 股公司中国会计准则下的盈余质量应在总体上呈现上升趋势。

（二）研究方法和研究步骤

1. 模型与变量

从当前关于盈余质量研究的文献来看，有些研究者使用 Dechow 和 Dichev（2002）的应计质量模型来计量盈余质量（如 Francis 等，2004；Webster 和 Thornton，2004；等等），还有一些研究者则使用经 McNichols（2002）修正的应计质量模型来计量盈余质量（如 Francis 等，2005；Ecker 等，2006；等等）。为了保证研究结果的可靠性，本文首先使用 Dechow 和 Dichev（2002）的应计质量模型进行分析，然后在稳健性检验部分使用经 McNichols（2002）修正的应计质量模型进行分析，并把采用两个模型得到的结果进行对比分析。

在盈余质量的计量上，Dechow 和 Dichev（2002）与 McNichols（2002）采用的都是时间序列分析，并且使用回归方程残差的标准差来计量盈余质量。由于我国上市公司存在的时间比较短，本文很难进行时间序列分析。为了克服上述时间序列数据的不足，本文采用面板数据（截面数据和时间序列数据的混合）进行回归分析，并使用回归方程残差的绝对值来计量盈余质量。具体来说，本文将采用下面的式（1）和式（2）进行回归分析，并使用 $|\varepsilon_{jt}|$ 来计量盈余质量。相关研究表明，$|\varepsilon_{jt}|$ 越小，应计项目与现金流量的匹配程度越高，会计盈余预测未来现金流量的能力越强，盈余质量越高。

$$\Delta WC_{jt} = b_0 + b_1 CFO_{jt-1} + b_2 CFO_{jt} + b_3 CFO_{jt+1} + \varepsilon_{jt} \tag{1}$$

$$\Delta WC_{jt} = b_0 + b_1 CFO_{jt-1} + b_2 CFO_{jt} + b_3 CFO_{jt+1} + b_4 \Delta Sales_{jt} + b_5 PPE_{jt} + \varepsilon_{jt} \tag{2}$$

其中，ΔWC_{jt} 表示 j 公司 t 年的总流动性应计项目，CFO_{jt-1}、CFO_{jt} 和 CFO_{jt+1} 分别表示 j 公司 $t-1$ 年、t 年和 $t+1$ 年的经营活动现金净流量，$\Delta Sales_{jt}$ 表示 j 公司 t 年的销售收入变化数，PPE_{jt} 表示 j 公司 t 年的固定资产数额，ε_{jt} 为随机扰动项。$\Delta WC_{jt} = NIBE_{jt} - CFO_{jt} + DEP_{jt} + AMO_{jt}$，$NIBE_{jt}$ 表示 j 公司 t 年的营业利润，CFO_{jt} 表示 j 公司 t 年的经营活动现金净流量，DEP_{jt} 表示 j 公司 t 年的固定资产折旧额，AMO_{jt} 表示 j 公司 t 年的无形资产及其他资产摊销额。$\Delta Sales_{jt} = Sales_{jt} - Sales_{jt-1}$，$Sales_{jt}$ 和 $Sales_{jt-1}$ 分别表示 j 公司 t 年和 $t-1$ 年的销售收入。按照 Dechow 和 Dichev（2002）以及 Francis 等（2004）等的做法，为了控制规模因素和异方差的影响，式（1）和式（2）中的所有变量都用 $t-1$ 年至 t 年的平均总资产进行了平减。

2. 假设 1 的研究方法和研究步骤

（1）模型形式设定检验。为了弥补我国上市公司时间数列数据较短的不足，本文采用面板数据进行实证分析。当采用面板数据进行计量分析时，研究者可以选择的计量模型有三种：无个体影响的不变系数模型、含有个体影响的变系数模型和变截距模型，其中变系数模型和变截距模型又可以进一步分为固定效应模型和随机效应模型。如果模型形式设定不正确，估计结果将与所要模拟的经济现实偏离甚远。因此，建立面板数据模型的第一步便是检验样本数据究竟符合上述三种模型中的哪一种，从而避免模型设定偏差，改进参数估计的有效性，提高研究结果的可靠性和可信性。

（2）进行回归分析，估计中国会计准则和国际会计准则下的盈余质量。

a. 根据选定的模型形式，对 B 股公司中国会计准则下的会计数据进行回归分析，估计出 B 股公司中国会计准则下的盈余质量 $EQCAS_{jt}$，$EQCAS_{jt} = |\varepsilon_{jt-CAS}|$，其中 ε_{jt-CAS} 表示对 B 股公司中国会计准则下的会计数据进行回归分析得到的残差。

b. 根据选定的模型形式，对 B 股公司国际会计准则下的会计数据进行回归分析，估计出 B 股公司国际会计准则下的盈余质量 $EQIAS_{jt}$，$EQIAS_{jt} = |\varepsilon_{jt-IAS}|$，其中 ε_{jt-IAS} 表示对 B 股公司国际会计准则下的会计数据进行回归分析得到的残差。

（3）中国会计准则和国际会计准则下盈余质量差异的显著性检验。为了考察 B 股公司中国会计准则和国际会计准则下的盈余质量是否存在显著差异，本文采用 t 检验和 wilcoxon 符号秩检验两种检验方法进行分析。如果国际会计准则下的盈余质量显著高于中国会计准则下的盈余质量，那么 $EQIAS_{jt}$ 应显著小于 $EQCAS_{jt}$。

3. 假设 2 的研究方法和研究步骤

（1）模型形式设定检验。

（2）进行回归分析，估计中国会计准则和国际会计准则下的盈余质量。

a. 根据选定的模型形式，对 B 股公司中国会计准则下的会计数据进行回归分析，估计出 B 股公司中国会计准则下的盈余质量 $EQCAS_{jt}$，$EQCAS_{jt} = |\varepsilon_{jt-CAS}|$，其中 ε_{jt-CAS} 表示对 B 股公司中国会计准则下的会计数据进行回归分析得到的残差。

b. 根据选定的模型形式，对 B 股公司国际会计准则下的会计数据进行回归分析，估计出 B 股公司国际会计准则下的盈余质量 $EQIAS_{jt}$，$EQIAS_{jt} = |\varepsilon_{jt-IAS}|$，其中 ε_{jt-IAS} 表示对 B 股公司国际会计准则下的会计数据进行回归分析得到的残差。

（3）中国会计准则与国际会计准则下盈余质量差异变化趋势的显著性检验。首先，计算 B 股公司中国会计准则与国际会计准则下的盈余质量差异 EQD_{jt}：

$$EQD_{jt} = |EQCAS_{jt} - EQIAS_{jt}| = ||\varepsilon_{jt-CAS}| - |\varepsilon_{jt-IAS}||$$

其次，检验 B 股公司盈余质量差异的历年变化是否显著。为了考察 B 股公司中国会计准则和国际会计准则下盈余质量差异的历年变化是否存在显著差异，本文采用 t 检验和 wilcoxon 符号秩检验两种检验方法进行分析。如果假设 2 成立，那么中国会计准则和国际会计准则下的盈余质量差异应在总体上呈现下降趋势，即 EQD_{jt} 应显著小于 EQD_{jt-1}。

4. 假设 3 的研究方法和研究步骤

（1）模型形式设定检验。

（2）进行回归分析，估计中国会计准则下的盈余质量。根据选定的模型形式，对 B 股公司中国会计准则下的会计数据进行回归分析，估计出 B 股公司中国会计准则下的盈余质量 $EQCAS_{jt}$，$EQCAS_{jt} = |\varepsilon_{jt-CAS}|$，其中 ε_{jt-CAS} 表示对 B 股公司中国会计准则下的会计数据进行回归分析得到的残差。

（3）中国会计准则下盈余质量变化趋势的显著性检验。为了考察 B 股公司中国会计准则下盈余质量的历年变化是否存在显著差异，本文采用 t 检验和 wilcoxon 符号秩检验两种检验方法进行分析。如果假设 3 成立，那么中国会计准则下的盈余质量应在总体上呈现上升趋势，即 $EQCAS_{jt}$ 应显著小于 $EQCAS_{jt-1}$。

（三）样本选择及数据来源

本文选择 2006 年 12 月 31 日前在上海和深圳证券交易所上市的 B 股公司作为研究样本，研究需要的数据包括：1998—2006 年沪深两市所有上市 B 公司的年报资料，这部分数据主要从上市公司资料库和上海证券交易所、深圳证券交易所以及金融界网站获得；1998—2006 年沪深两市所有上市 B 股公司的财务数据，这部分数据主要由香港理工大学中国会计与财务研究中心和深圳市国泰安信息技术有限公司开发的 CSMAR 数据库提供。

本文对分析期内 B 股公司的选择原则是：公司在当年年报中披露了国际会计准则与中国会计准则下的会计数据差异；公司在当年年报中披露了为公司提供审计服务的境内外会计师事务所的名称和审计意见；公司当年的财务数据可以从 CSMAR 数据库获得，并且不存在明显错误；截至 2006 年 12 月 31 日，公司股票已上市 3 年以上，至少有 3 个年度的财务报告和财务数据。各年度的样本数量如表 1 所示①。

表 1   各年度的样本数量

年度	1999	2000	2001	2002	2003	2004	2005	1999—2000	2001—2005
样本数量	98	105	108	111	111	110	108	203	548

四、实证结果及分析

（一）假设 1 的实证结果

1. 模型形式设定检验

经过系统的统计检验，本文发现应采用固定效应的变截距模型来估计中国会计准则和国际会计准则下的盈余质量。因此，本文最终采用的回归分析模型为：$\Delta \mathrm{WC}_{jt} = b_j + b_1 \mathrm{CFO}_{jt-1} + b_2 \mathrm{CFO}_{jt} + b_3 \mathrm{CFO}_{jt+1} + \varepsilon_{jt}$。

2. 描述性统计

由表 2 提供的中国会计准则与国际会计准则下盈余质量的描述性统计可以看出：

（1）从 1999—2005 年各年的情况来看，中国会计准则下的盈余质量与国际会计准则下的盈余质量的差异较小，国际会计准则下的盈余质量并不高于中国会计准则下的盈余质量。1999—2005 年，各年度中国会计准则下的盈余质量与国际会计准则下的盈余质量的差异都较小，两种准则下盈余质量均值差异的最大值为 0.004 016，盈余质量均值差异的最小值为 0.000 205；除 2004 年国际会计准则下的盈余质量高于中国会计准则下的盈余质量以外，其余各年度国际会计准则下的盈余质量均低于中国会计准则下的盈余质量。

（2）从 1999—2000 年和 2001—2005 年两个阶段的情况来看，中国会计准则下的盈余质量与国际会计准则下的盈余质量的差异也较小，国际会计准则下的盈余质量并不高于中国会计准则下的盈余质量。在 1999—2000 年，两种准则下的盈余质量均值差异为 0.002 574；在 2001—2005 年，两种准则下的盈余质量

---

① 我国上市公司从 1998 年开始编制现金流量表，而应计质量模型需要连续三年的现金流量数据，因此本文的实际研究区间为 1999—2005 年。

均值差异为0.002 263。在1999—2000年和2001—2005年，国际会计准则下的盈余质量均低于中国会计准则下的盈余质量。

（3）中国会计准则和国际会计准则下的盈余质量在总体上具有一定的上升趋势，但不具有逐年上升趋势。从两种准则下盈余质量的均值和中位数可以看出，中国会计准则和国际会计准则下的盈余质量在1999—2005年总体上具有一定的上升趋势；但是，两种准则下的盈余质量在各年度之间存在较大波动，有些年度的盈余质量大大低于以前年度的盈余质量。

表2　　　　　　　　　　　　　中国会计准则与国际会计准则下盈余质量的描述性统计

		均值	中位数	最大值	最小值	标准差
1999 年	中国会计准则	0.052 824	0.036 530	0.332 232	0.000 662	0.061 139
	国际会计准则	0.053 848	0.035 447	0.461 785	0.000 677	0.067 522
2000 年	中国会计准则	0.046 493	0.027 568	0.331 942	0.000 178	0.060 496
	国际会计准则	0.050 509	0.028 830	0.495 267	0.001 013	0.071 730
2001 年	中国会计准则	0.050 319	0.021 858	1.077 248	0.000 207	0.115 941
	国际会计准则	0.054 175	0.023 402	1.071 867	0.000 246	0.122 547
2002 年	中国会计准则	0.052 874	0.024 869	1.000 591	0.000 159	0.113 822
	国际会计准则	0.054 597	0.021 394	1.136 050	0.000 906	0.125 217
2003 年	中国会计准则	0.039 392	0.022 391	0.401 831	0.000 168	0.056 483
	国际会计准则	0.043 060	0.019 449	0.816 206	0.000 107	0.092 188
2004 年	中国会计准则	0.054 057	0.026 031	0.084 563	0.000 881	0.110 263
	国际会计准则	0.051 337	0.022 522	0.871 942	0.000 531	0.109 727
2005 年	中国会计准则	0.040 226	0.028 949	0.234 937	0.001 783	0.038 896
	国际会计准则	0.040 431	0.028 874	0.228 350	0.000 097	0.040 530
1999—2000 年	中国会计准则	0.049 547	0.030 717	0.332 232	0.000 178	0.060 736
	国际会计准则	0.052 121	0.030 218	0.495 267	0.000 677	0.069 578
2001—2005 年	中国会计准则	0.047 384	0.024 958	1.077 248	0.000 159	0.090 921
	国际会计准则	0.049 647	0.024 709	1.136 050	0.000 097	0.102 736

3. 实证检验结果

由表3可以看出：在分年度检验中，1999—2005年各年两种准则下的盈余质量差异均未通过t检验和wilcoxon符号秩检验；在分阶段检验中，1999—2000年和2001—2005年两个阶段两种准则下的盈余质量差异也未通过t检验和wilcoxon符号秩检验。以上检验结果说明，B股公司中国会计准则与国际会计准则下盈余质量的差异较小，两种准则下的盈余质量不存在显著差异，B股公司国际会计准则下的盈余质量并不显著高于（或低于）中国会计准则下的盈余质量。这说明B股公司采用国际会计准则并不能显著提高盈余质量，采用高质量的会计准则并不能够带来高质量的会计信息。

表 3

中国会计准则与国际会计准则下盈余质量差异的显著性检验

年度	t 检验		wilcoxon 符号秩检验	
	t 值	*p* 值	*z* 值	*p* 值
1999	0.108	0.915	−0.626	0.532
2000	−0.455	0.650	−0.477	0.634
2001	−0.380	0.705	−0.332	0.740
2002	−0.249	0.804	−0.146	0.884
2003	−0.459	0.647	−0.606	0.544
2004	−0.246	0.806	−0.078	0.938
2005	0.252	0.802	−0.283	0.777
1999—2000	0.037	0.971	−0.213	0.831
2001—2005	−0.387	0.699	−0.676	0.499

（二）假设 2 的实证结果

1. 模型形式设定检验

经过系统的统计检验，本文发现应采用固定效应的变截距模型来估计中国会计准则和国际会计准则下的盈余质量。因此，本文最终采用的回归分析模型为：

$$\Delta WC_{jt} = b_j + b_1 CFO_{jt-1} + b_2 CFO_{jt} + b_3 CFO_{jt+1} + \varepsilon_{jt}$$

2. 描述性统计

由表 4 提供的中国会计准则与国际会计准则下盈余质量差异的描述性统计可以看出：

（1）中国会计准则和国际会计准则下的盈余质量差异在总体上具有一定的下降趋势，但不具有逐年下降趋势。从两种准则下盈余质量差异的均值和中位数可以看出，1999—2005 年中国会计准则和国际会计准则下的盈余质量差异在总体上具有一定的下降趋势；但是，两种准则下的盈余质量差异在各年度之间存在较大波动，有些年度的盈余质量差异大大高于以前年度的盈余质量差异。

（2）中国会计准则和国际会计准则下的盈余质量差异在两个阶段具有一定的下降趋势。从两种准则下盈余质量差异的均值和中位数可以看出，在 1999—2000 年和 2001—2005 年，中国会计准则和国际会计准则下的盈余质量差异呈现出一定的下降趋势。

表 4　　　　　　　　　中国会计准则与国际会计准则下盈余质量差异的描述性统计

年度	均值	中位数	最大值	最小值	标准差
1999	0.043 513	0.023 702	0.460 346	0.000 226	0.067 298
2000	0.034 986	0.018 278	0.449 017	0.000 328	0.063 526
2001	0.029 318	0.014 859	0.447 811	0.000 039	0.055 097
2002	0.058 360	0.018 683	1.120 291	0.000 663	0.161 896
2003	0.040 269	0.016 911	0.808 097	0.000 023	0.096 464
2004	0.032 151	0.016 189	0.365 779	0.000 070	0.055 826
2005	0.028 672	0.020 475	0.181 199	0.000 448	0.032 860

年度	均值	中位数	最大值	最小值	标准差
1999—2000	0.039 198	0.019 764	0.460 346	0.000 226	0.065 358
2001—2005	0.037 754	0.016 963	1.120 291	0.000 023	0.092 690

3. 实证检验结果

由表5可以看出：在分年度检验中，1999—2005年各年度盈余质量差异的变化均未通过t检验和wilcoxon符号秩检验；在分阶段检验中，1999—2000年和2001—2005年两个阶段的盈余质量差异的变化也未通过t检验和wilcoxon符号秩检验。以上检验结果说明，B股公司中国会计准则和国际会计准则下盈余质量差异在各年度（1999—2005年）和各阶段（1999—2000年和2001—2005年两个阶段）不具有显著下降的趋势。这说明随着中国会计准则与国际会计准则差异的逐步缩小，中国会计准则和国际会计准则下的盈余质量差异不具有显著下降的趋势，中国会计准则的国际协调不能够显著提高盈余质量。

表5 　　　　　　　　　中国会计准则与国际会计准则下盈余质量差异变化的显著性检验

年度	t 检验		wilcoxon 符号秩检验	
	t 值	p 值	z 值	p 值
1999 与 2000	1.264	0.210	1.200	0.230
2000 与 2001	0.808	0.421	−1.102	0.271
2001 与 2002	−1.637	0.105	−1.608	0.108
2002 与 2003	1.616	0.110	−1.539	0.124
2003 与 2004	0.667	0.507	−0.071	0.943
2004 与 2005	0.547	0.586	−0.263	0.792
1999—2000 与 2001—2005	−0.516	0.607	−0.637	0.524

（三）假设3的实证结果

1. 模型形式设定检验

经过系统的统计检验，本文发现应采用固定效应的变截距模型来估计中国会计准则下的盈会质量。因此，本文最终采用的回归分析模型为：

$$\Delta WC_{jt} = b_j + b_1 CFO_{jt-1} + b_2 CFO_{jt} + b_3 CFO_{jt+1} + \varepsilon_{jt}$$

2. 描述性统计

由表6提供的中国会计准则下盈余质量的描述性统计可以看出：

（1）中国会计准则下的盈余质量在总体上具有一定的上升趋势，但不具有逐年上升的趋势。从盈余质量的均值和中位数可以看出，1999—2005年中国会计准则下的盈余质量在总体上具有一定的上升趋势；但是，中国会计准则下的盈余质量在各年度之间存在较大波动，有些年度的盈余质量大大低于以前年度的盈余质量。

（2）中国会计准则下的盈余质量在两个阶段具有一定的上升趋势。从中国会计准则下盈余质量的均值和中位数可以看出，在1999—2000年和2001—2005年两个阶段，中国会计准则下的盈余质量呈现出一定的上升趋势。

表6　　　　　　　　　　　　　　　中国会计准则下盈余质量的描述性统计

年度	均值	中位数	最大值	最小值	标准差
1999	0.052 824	0.036 530	0.332 232	0.000 662	0.061 139
2000	0.046 493	0.027 568	0.331 942	0.000 178	0.060 496
2001	0.050 319	0.021 858	1.077 248	0.000 207	0.115 941
2002	0.052 874	0.024 869	1.000 591	0.000 159	0.113 822
2003	0.039 392	0.022 391	0.401 831	0.000 168	0.056 483
2004	0.054 057	0.026 031	0.845 625	0.000 881	0.110 263
2005	0.040 226	0.028 949	0.234 937	0.001 783	0.038 896
1999—2000	0.049 547	0.030 717	0.332 232	0.000 178	0.060 736
2001—2005	0.047 384	0.024 958	1.077 248	0.000 159	0.092 921

3. 实证检验结果

由表7提供的中国会计准则下盈余质量变化的显著性检验可以看出：

在分年度检验中，1999—2005年各年度中国会计准则下盈余质量的变化均未通过 t 检验和 wilcoxon 符号秩检验；在分阶段检验中，1999—2000年和2001—2005年两个阶段的中国会计准则下盈余质量的变化也未通过 t 检验和 wilcoxon 符号秩检验。以上检验结果说明，B 股公司中国会计准则下的盈余质量在各年度（1999—2005年）和各阶段（1999—2000年和2001—2005年两个阶段）不具有显著上升（或下降）的趋势。这说明随着中国会计准则与国际会计准则差异的逐步缩小，中国会计准则下的盈余质量不具有显著上升的趋势，中国会计准则的国际协调不能够显著提高盈余质量。

表7　　　　　　　　　　　　　　　中国会计准则下盈余质量变化的显著性检验

年度	t 检验		wilcoxon 符号秩检验	
	t 值	p 值	z 值	p 值
1999 与 2000	1.547	0.125	1.522	0.128
2000 与 2001	−0.468	0.641	−0.425	0.671
2001 与 2002	−0.280	0.780	−0.323	0.747
2002 与 2003	1.393	0.164	−0.941	0.347
2003 与 2004	1.519	0.129	1.502	0.133
2004 与 2005	0.113	0.910	−0.292	0.770
1999—2000 与 2001—2005	−0.747	0.456	−1.548	0.122

（四）稳健性检验

1. 采用经 McNichols（2002）修正的应计质量模型计量盈余质量

McNichols（2002）的理论和经验分析发现，Dechow 和 Dichev（2002）的应计质量模型可能遗漏了部分变量，在 Dechow 和 Dichev（2002）模型的基础上加上收入变化数和固定资产两个变量可以减少计量误差并提高模型的解释力。当采用经 McNichols（2002）修正的应计质量模型计量盈余质量时，假设 1、假设 2 和假设 3 的实证结果与前文基本一致。

2. 控制会计师事务所审计意见差异对盈余质量的影响

按照有关规定，B 股公司中国会计准则和国际会计准则下的财务报告分别由境内会计师事务所和境外会计师事务所审计。境内外会计师事务所可能会在审计意见方面存在差异，从而影响中国会计准则和国际会计准则下的盈余质量。为了保证研究结果的可靠性，本文在这一部分剔除了境内外会计师事务所审计意见不同的样本。在剔除了境内外会计师事务所审计意见不同的样本之后，假设 1、假设 2 和假设 3 的实证结果与前文基本一致。

（五）实证结果的分析

由上文假设 1、假设 2 和假设 3 的实证结果，我们可以得出以下结论：（1）B 股公司中国会计准则下的盈余质量与国际会计准则下的盈余质量不存在显著差异，国际会计准则下的盈余质量并不高于中国会计准则下的盈余质量，采用高质量的会计准则并不能带来高质量的会计信息；（2）随着中国会计准则与国际会计准则差异的逐步缩小以及中国会计准则国际协调进程的推进，中国会计准则与国际会计准则下的盈余质量差异并没有显著下降，中国会计准则下的盈余质量也没有显著上升，我国会计准则的国际协调不能够显著提高盈余质量。

在中国，为什么采用高质量的会计准则不能够带来高质量的会计信息，我国会计准则的国际协调不能够显著提高盈余质量呢？我们认为可能是由以下原因造成的：

1. 公司管理层和注册会计师面临的法律风险较低，会计准则得不到有效执行

Ball 等（2000、2003）以及 Soderstrom 和 Sun（2007）均发现，法律环境是影响会计信息质量（含盈余质量）一个十分重要的因素，有关投资者（包括股东和债权人）保护的法律越完善，相关法律的执行程度越高，会计信息质量也会越高。刘峰（2007）、贺建刚（2007）以及刘峰等（2004）的相关研究表明：一方面我国有关投资者保护的法律很不完善，如投资者还不能因为虚假陈述以外的各种理由起诉上市公司，对内幕交易的限制和处罚力度不够等；另一方面我国现有的有关投资者保护的相关法律也没有得到有效执行。我国投资者保护法律不完善和现有法律得不到有效执行的现实导致公司管理层和注册会计师实际面临的法律风险较低，当面对各种机会和激励时，公司管理层和注册会计师执行会计准则的效果就会大打折扣，从而造成高质量的会计准则得不到有效执行，高质量的会计准则不能带来高质量的会计信息，我国会计准则的国际协调难以显著提高盈余质量。

2. 资本市场发展程度低

我国资本市场的发展程度低导致市场投机气氛浓厚，投资者主要依靠内幕信息和各种"炒作"来获取投资收益，缺乏对高质量会计信息的需求。与英美等国发达的资本市场相比，我国资本市场的发展时间还比较短，发展程度也比较低，市场上的理性投资者较少。由于投资者很少利用公开的会计信息进行投资决策，缺乏对高质量会计信息的需求，所以公司在编制会计报表时不是严格遵循会计准则，而是根据公司和管理层的各种利益需要进行各种各样的盈余管理，从而导致高质量的会计准则得不到有效执行，我国会计准则的国际协调无法显著提高盈余质量。

3. 所有权高度集中，控股股东不需要高质量的会计信息，也没有提供高质量会计信息的激励

在我国的上市公司中，无论是国有上市公司还是民营上市公司，公司所有权的集中程度一般都比较高。公司所有权的高度集中，一方面导致控股股东积极参与公司的经营管理，从而降低了对高质量会计信息的需求；另一方面导致控股股东和中小股东之间存在严重的代理问题，控股股东为了隐藏其对中小股

的掠夺行为，不会提供高质量的会计信息。由于上市公司的控股股东既不需要高质量的会计信息又没有提供高质量会计信息的激励，公司就不会认真执行会计准则，从而导致高质量的会计准则得不到有效执行，我国会计准则的国际协调不能够显著提高盈余质量。

五、研究结论及启示

本文以1999—2005年的所有B股公司为样本，以会计盈余预测企业未来现金流量能力的强弱作为盈余质量高低的评价标准，采用应计质量模型从中国会计准则与国际会计准则下盈余质量的差异、中国会计准则与国际会计准则下盈余质量差异的变化趋势以及中国会计准则下盈余质量的变化趋势三个方面分析和考察中国会计准则的国际协调对盈余质量的影响，检验我国会计准则的国际协调是否能够提高盈余质量。本文的研究结论如下：（1）中国会计准则下的盈余质量与国际会计准则下的盈余质量不存在显著性差异，国际会计准则下的盈余质量并不高于中国会计准则下的盈余质量；（2）随着中国会计准则与国际会计准则差异的逐步缩小，中国会计准则和国际会计准则下的盈余质量差异并没有显著降低；（3）随着中国会计准则与国际会计准则差异的逐步缩小，中国会计准则下的盈余质量并没有显著提高。

上述研究结论表明，在我国投资者保护法律不完善、相关法律得不到有效执行、资本市场发展程度较低和公司所有权高度集中的制度环境下，我国会计准则的国际协调难以显著提高盈余质量，我国即使完全采用国际会计准则也不能提高上市公司的盈余质量。根据上述研究结论，本文得到的启示是：会计准则国际协调的本质是会计准则及相关制度构成的会计准则执行机制的系统协调（魏明海，2006），如果仅仅改革会计准则而不改革与会计准则执行相关的各种制度环境，我国会计准则的国际协调将难以提高盈余质量。

参 考 文 献

［1］国际会计准则委员会．国际会计准则：2002．北京：中国财政经济出版社，2003．

［2］贺建刚．法律、会计国际化与投资者保护——基于自我实施理论的解释．山西财经大学学报，2007，3．

［3］李晓强．国际会计准则和中国会计准则下的价值相关性比较——来自会计盈余和净资产账面价值的证据．会计研究，2004，7．

［4］刘峰．新会计准则：期待好"土壤"．新理财，2007，5．

［5］刘峰，吴风，钟瑞庆．会计准则能够提高会计信息质量吗．会计研究，2004，5．

［6］刘晓华．中国会计准则国际协调的效果——基于A、B股公司净资产差异的分析．山西财经大学学报，2007，12．

［7］潘琰，陈凌云，林丽花．会计准则的信息含量：中国会计准则与IFRS之比较．会计研究，2003，7．

［8］王华．论会计准则的国际协调．大连：东北财经大学出版社，1999．

［9］王华，刘晓华．中国会计准则国际协调效果的实证研究．中央财经大学学报，2007，12．

［10］王华，刘晓华．会计准则国际协调与会计信息质量：回顾与评价．财会通讯，2008，2．

［11］王建新．我国会计准则国际化协调进程及其效果研究．会计研究，2005，6．

［12］魏明海．会计协调的测定方法．中国注册会计师，2003，4．

［13］魏明海等．我国会计协调测定与政策研究．北京：中国财政经济出版社，2006．

［14］吴溪．双重审计模式下的审计独立性与审计定价：中国B股市场的证据．北京：中国财政经济出版

社, 2005.

[15] Ball, R. , kothari, S. P. , and Robin, A. . The effect of international institutional factors on properties of accounting earnings. Journal of Accounting and Economics, 2000, 29.

[16] Ball, R. , Robin, A. , and Wu, J. S. . Incentives versus standards: Properties of accounting income in four East Asian countries. Journal of Accounting and Economics, 2003, 36.

[17] Bao, B. H. , and Chow, L. . The usefulness of earning as book value in emerging markets: Evidence from listed companies in the People's Republic of China. Journal of International Financial Management and Accounting, 1999, 10.

[18] Chen, S. , Sun, Z. , and Wang, Y. . Evidence from China on whether harmonized accounting standards harmonize accounting practices. Accounting Horizons, 2002, 16.

[19] Dechow, P. M . , and Dichev, I. D. . The quality of accruals and earnings: The role of accrual estimation errors. The Accounting Review, 2002 (supplement).

[20] Dechow, P. M. , Kothari, S. P. , and Watts, R. L. . The relation between earnings and cash flows . Journal of Accounting and Economics, 1998, 25.

[21] Schipper, K. , and Vincent, L. . Earnings quality. Accounting Horizons, 2003 (supplement).

[22] McNichols, M. F. . Discussion of the quality of accruals and earnings: The role of accrual estimation errors. The Accounting Review, 2002 (supplement).

科技中小企业财务预测数据的信息含量：
基于创新基金立项因素的实证分析[*]

● 余应敏

（中央财经大学会计学院、财政部财政科学研究所博士后流动站　北京　100081）

【摘　要】本文通过科技型中小企业技术创新基金立项数据的 Logistic 回归分析，旨在探寻作为中小企业财务报告使用人之一的科技部中小企业创新基金管理中心（包括各相关评审专家）的财务信息需求类型、确定影响项目申请立项与否的关键财务信息因素。研究结果表明，科技型中小企业创新基金的申请单位的财务预测数据对使用者具有信息含量，披露财务预测数据对于中小企业具有特别重要意义。

【关键词】中小企业　财务预测数据　信息含量　创新基金

一、问题的提出

盈利预测是对企业未来会计期间的经营成果所做的预计和测算，是一种具有不确定性的事前信息。有关财务预测数据的信息含量[①]（Information Content）与可靠性问题，自鲍尔和布朗（Ball 和 Brown，1968）开创性地对盈余报告进行事项研究以来，不少学者已进行了大量的有益探索，积累了极为丰富的研究文献。盈利预测信息披露是以信息观（Information Perspective）理论的要求为基础的，"信息观"是研究信息披露的市场效应、解释其行为动机、分析影响会计信息质量的决定因素的基础理论，与"契约观"解释和预测企业会计选择行为不同（徐宗宇，2000）。合理的财务预测信息有助于中小企业获得政府资金支持，政府基金如科技型中小企业创新基金、863 火炬计划、地方政府科技攻关等项目申报，主要评价各中小企业提供的项目可行性研究报告是否"可行"，判断其报告中申请企业对未来的盈利预测是否合理。如果财务预测适当[②]，通过了地方和国家科技部专家组的评审，企业即可获得政府资助和丰厚的无形资源（扩大了社会影响，相当于无形的广告），企业有了做"强"做"大"的足够契机与后劲。因而，从财务预测数据的特征有助于考察中小企业在提供财务信息中的行为特征。中小企业创新基金的评审通常分为地方初审、推荐申报和科技部管理中心最终评审两个阶段。其中，最终的评审程序一般采取匿名评审形式，不提供申报企业派人前往评审地做现场解说和推介的机会，评审专家通常也不公开其评审身份。创新基金项目的评价方式，通常技术评分占 60%，财务经济评分占 40%（现有列作参考的趋势）。由六名技术专

---

[*] 本文是 2008 年教育部人文社会科学研究规划项目"政府支持与中小企业成长性：基于创新基金财务有效度研究"和中央财经大学 2006 年度"中财 121 人才工程青年博士发展基金"项目（批准号：GBG0612）阶段性成果。

[①] 郭菁博士（2003）认为，"信息含量"与"有用性"其实是一样的。有用一定有信息含量，反之亦然。笔者基本认同此观点。

[②] 当然，笔者在此为分析方便，假定项目的技术先进可行，仅考虑财务经济可行性。

家评价项目的技术、市场、经济社会效益、企业的发展态势；两名财务专家评价企业的财务状况、项目的投资预算筹资能力、经济效益等；技术得分和财务得分必须同时达到录取标准。

本文试图解决以下问题：建立理论与实证模型，检验作为科技型中小企业财务信息的使用者之一的国家科技部中小企业创新基金管理中心在创新基金立项评审中是否利用了财务信息，通过 Logistic 回归分析，把握财务信息在立项申请中的意义，即财务信息对立项与否的影响是否显著，进而试图确定影响中小企业创新基金立项与否的关键因素。期望通过对中小企业创新基金数据的分析，探寻作为中小企业财务报告使用人之一的科技部中小企业创新基金管理中心（包括各相关评审专家）的财务信息需求类型、确定影响项目申请"立项与否"的关键财务信息因素。

二、研究假设

按照现代企业理论，企业是一种契约的联结，参与各方在订立企业契约时是以实际盈利数而不以预测数为依据的。为此，作为订约一方的有限理性的业主经理就有操纵实际盈利数的动机，如其确实操纵了企业盈利实际数据，将会影响实际盈利数据的客观真实性。此时，预测误差指标就不能真正反映盈利预测的可靠性，因此，为便于研究，就必须明确假定企业提供的经注册会计师审计鉴证的实际执行数是真实公允的。限于中小企业财务预测的目的，笔者认为，在中小企业，财务预测与实际执行结果之间的偏差通常表现为高估未来盈利的负偏差，即预测数通常会高于将来的实际盈利数。在中小企业，对于财务预测数据，通常既不需要聘请注册会计师进行审核，相关准则、制度也未规定谁应对预测的重大偏差承担责任，就笔者参与的中小企业创新基金评审验收情况看，经济数据的重大差异往往只是造成项目验收困难而已。本文着重研究中小企业创新基金立项的关键财务影响因素。基于以上分析，笔者提出的解释性研究假设为：

假设 1：中小企业申报的历史经营业绩对于中小企业创新基金"是否立项"的影响显著。提出此假设主要是考虑到创新基金评审也关注申报企业的历史业绩与盈利趋势，是否有足够的发展后劲，是否有能力完成申报项目工作、实现可行性研究报告中所提出的总体目标、阶段性目标和各项财务经济指标，是否具有一定的研发基础。

假设 2：中小企业提交的可行性研究报告中所预测的企业未来经营业绩（包括未来三年申报企业年均实现的销售收入、未来三年申报企业年均上交的各项税费、未来三年申报企业年均实现的净利润）对于创新基金"是否立项"的影响显著。

假设 3：中小企业提交的可行性研究报告中所预测的项目的财务经济指标（如计划新增投资总额，计划新增就业人数，项目执行期内计划累积实现的销售收入、交税总额、净利润，项目预测期内实现的净现值、内部收益率、投资回收期等）对于创新基金"是否立项"的影响显著。

三、研究方法设计、变量选择与模型构建

为确定影响中小企业创新基金立项可能性的关键因素，拟构建 Logistic 回归分析模型。本文首先采用"社会科学统计软件包 SPSS 11.5 的 Crosstabs 过程"进行单变量检验，用所设定的自变量分别与"是否立项"建立交叉汇总表，进行两因素的独立性 χ^2 检验，初步确定与"是否立项"存在显著相关性的因素，得到各自变量对二分类因变量"是否立项"的独立性检验的 Pearsonχ^2 统计量及其相应的概率。与此同时，鉴于所收集的样本观测值缺省值较多，加之样本规模本来就小（样本量过少、待估变量过多，会使自变量的参数估计值不显著，从而难以判断因变量的关键影响因素），因而，笔者根据参与中小企业创新基金项目评审的经验，结合独立性检验结果和研究目的，剔除了大部分变量。最后用于 Logistic 回归的变

量主要是：OBTAIN（是否立项）、ADDTOTAL（新增投资合计）、AVERAGSA（预测年均销售收入）、PROGENPV（预测的项目净现值）、PROGEIRR（项目内部收益率预测值）、PROGEXPP（项目净利润预测）、PROGEXPT（项目上交税费预测）、EXPRPRAV（预测年均净利润）、PROGEXPS（项目销售收入预测）；并将变量 OBTAIN（是否立项）设定为"字符型"的二值虚拟变量（Dummy Variable），OBTAIN = 1，获得立项；OBTAIN = 0，未获得立项。

在此基础上，采用社会科学统计软件包 SPSS 11.5 进行回归分析，运用 Binary Logistic Regression Analyze（二值多元 Logistic 回归分析）方法。拟构建的 Logistic 回归模型表达式为：

$$\text{Logit OBTAIN} = \ln\left[\frac{p_i\,(\text{OBTAIN}=1)}{1-p_i\,(\text{OBTAIN}=1)}\right]$$

$$= \alpha + \beta_1\text{ADDTOTAL}_i + \beta_2\text{ADDEMPLO}_i + \beta_3\text{AVERAGSA}_i + \beta_4\text{PROGEIRR}_i + \beta_5\text{EXPRPRAV}_i$$
$$+ \beta_6\text{PROGEPPT}_i + \beta_7\text{PROGEXPS}_i + \beta_8\text{PROGEXPT}_i + \beta_9\text{PROGEXPP}_i + \beta_{10}\text{PROGENPV}_i +$$
$$\varepsilon_i$$

其中：$\dfrac{p_i\,(\text{OBTAIN}=1)}{1-p_i\,(\text{OBTAIN}=1)}$ 为事件的发生比（odds 值）；

ADDTOTAL 为新增计划投资合计，样本项目承担单位申报的样本项目的计划新增投资总额，考虑投资规模是否为项目实施所需、预算是否合理；

AVERAGSA 为预测企业年均销售收入，样本项目承担单位申报的企业未来三年的年均销售收入，取平均旨在消除样本项目各年预测收入极差不一致、奇异值的影响；

PROGENPV 为预测的项目净现值，样本项目承担单位申报的项目在预测期内（一般为自申请月份起预计 5 年）预计实现的净现值，未考虑各项目所选用折现率的影响；

PROGEIRR 为项目内部收益率预测值，样本项目承担单位申报的项目在执行期内预计实现的内部收益率；

PROGEXPP 为项目净利润预测值，样本项目承担单位申报的项目在执行期内（申请无偿拨款资助一般为 2～3 年、申请贷款贴息一般为 1～2 年）预计实现的累计净利润；

PROGEXPT 为项目上交税费预测值，样本项目承担单位申报的项目在执行期内预计实现的上交税费累计数；

EXPRPRAV 为预测企业的年均净利润，样本项目承担单位申报的企业未来三年的年均净利润，因为每个项目各年的预测净利润的极差不一致，为消除奇异值的影响，对各年预测数进行了平均；

PROGEXPS 为项目销售收入预测，样本项目承担单位申报的项目在执行期内预计实现的累计销售收入；

p_i 为获得"立项"的概率；

ε_i 为模型误差项（或扰动项）。

四、样本的选取与描述性统计

为了从事本文的研究，笔者利用 2004 年 7 月至年底在广州市从事项目评审的机会，从广州市科技局和广东省科技厅搜集了 72 家企业的相关数据，这些企业中，有 31 家已通过科技部中小企业创新基金管理中心批准立项，部分企业已执行期满、通过项目的评审验收（科技型中小企业技术创新基金于 1999 年设立，一般无偿拨款项目执行期为两年），其余企业为对照样本。有关样本的描述性统计表及样本变量间的相关分析分别见表 1 和表 2。

表 1　　　　　　　　　　　　　　　　　　　　样本描述性统计表　　　　　　　　　　　　　　　金额单位：万元

序号	变量指标名称	样本指标含义	最小值	最大值	样本均值	标准差
1	ADDTOTAL	新增投资合计	70.00	3 128.00	589.82	612.14
2	AVERAGSA	预测企业年均销售收入	106.67	37 701.3	5 716.64	8 338.97
3	EXPRTAXA	预测年均上交税费	6.33	6 025.70	430.03	843.10
4	EXPRPRAV	预测企业年均净利润	−136.67	11 083.33	1 000.62	1 730.56
5	PROGEXPS	项目销售收入预测值	120.00	22 000	2 855.84	5 074.00
6	PROGEXPT	项目上交税费预测值	6.60	3 782.00	304.28	717.01
7	PROGEXPP	项目净利润预测值	15.20	5 053.00	527.01	957.25
8	PROGDIFP	项目净利润差异	−3 253	363.84	−324.29	568.85
9	PROGENPV	项目净现值预测值	18.00	55 129	2 538.37	8 518.28
10	PROGEIRR	项目内部收益率预测值	0%	230%	54.3%	42.27%

表 2　　　　　　　　　　　　　　　　　　　　样本变量间的相关分析[a]

指标	统计量	预计年均销售收入	预计年均上交税费	预计年均净利润	项目预计销售收入	项目预计上交税费	项目净利润预计	项目预计净现值	项目预计内部收益率
新增投资合计	R	0.429 **	0.174	0.258 *	0.661 **	0.481 **	0.593 **	0.123	−0.075
	P 值	0.000	0.214	0.043	0.000	0.001	.000	0.443	0.559
预计年均销售收入	R	1	0.758 **	0.808 **	0.346 *	0.518 **	0.458 **	−0.050	−0.028
	P 值	.	0.000	0.000	0.016	0.000	0.001	0.762	0.831
预计年均上交税费	R		1	0.901 **	0.262	0.706 **	0.588 **	−0.102	−0.102
	P 值		.	0.000	0.094	0.000	0.000	0.558	0.484
预计年均净利润	R			1	0.247	0.641 **	0.563 **	−0.063	0.023
	P 值			.	0.094	0.000	0.000	0.704	0.863
项目预计销售收入	R				1	0.612 **	0.653 **	−0.043	−.085
	P 值				.	0.000	0.000	0.794	.572
项目预计上交税费	R					1	0.794 **	0.239	−.144
	P 值					.	0.000	0.143	.350
项目预计净利润	R						1	0.383 *	−.013
	P 值						.	0.016	0.933
项目预计净现值	R							1	0.389 *
	P 值							.	0.012

注：** 表示在1%水平上相关性显著（双侧）；* 表示在5%水平上相关性显著（双侧）；a 表中 r = Pearson Correlation；P 值 = p（概率，双尾）。

五、Logistic 回归结果

（一）采用全变量法的回归结果

调用 SPSS 11.5 的 Binary Logistic Regression Analyze（二值多元 Logistic 回归分析）过程，采用"全变量法"，将所有自变量强制纳入回归方程，判断统计量为沃尔德（Wald）统计量，得到如下回归结果（见表 3）。

表 3   Logistic 回归结果（block 1：method = Enter）

项目	参数估计值（B_i）	参数标准差	Wald 统计量	自由度	P 值	发生比 odds 值 Exp（B）= e^{Bi}
ADDTOTAL	0.015	0.006	5.669*	1	0.017	1.015
AVERAGSA	−0.001	0.001	2.929	1	0.087	0.999
PROGENPV	−0.002	0.001	2.959	1	0.085	0.998
PROGEIRR	9.167	3.781	5.876*	1	0.015	9 571.173
PROGEXPP	−0.014	0.009	2.435	1	0.119	0.986
EXPRPRAV	0.009	0.005	3.809*	1	0.051	1.010
PROGEXPS	0.001	0.002	0.745	1	0.388	1.001
常 数 项	−9.401	3.826	6.036*	1	0.014	0.000
模型 χ^2	33.764			7		
显著水平	0.000					
−2 Log likelihood	17.502					
Cox & Snell R^2	0.598					
Nagel kerke R^2_{adj}	0.798					
样本数	72					

注：* 表示在 5% 水平上相关性显著（双侧）。

利用 Logistic 回归模型进行预测，对"是否立项"进行识别，结果见表 4。据表 4 中结果可知，模型的总体识别效力较高，对样本中 86.5% 的个案进行了正确识别，对于选择"立项"的误判率也不太高（弃真概率为 16.7%）；对于"未立项"的识别较高，达到 89.5%（纳伪概率为 10.5%），表明模型基本准确识别了影响"是否立项"的主要因素。根据上述 Logistic Method = 全变量法（ENTER）的回归结果，可以建立如下的回归方程：

$$\ln\left[\frac{p_i（OBTAIN = 1）}{1 - p_i（OBTAIN = 1）}\right] = -9.401 + 0.015 ADDTOTAL_i + 0.009 PROGENPV_i + 9.167 PROGEIRR_i$$

本模型识别的总正确率为 86.5%。

表4   模型识别力的无偏分类表[a]

观测值（Observed）		预测（Predicted）		
		是否立项		预测正确百分比
		N（否）	Y（是）	（Percentage Correct）
Step 1	是否立项 Y（是）	15	3	83.3
	是否立项 N（否）	2	17	89.5
	总体正确率（Overall Percentage）			86.5

注：a 识别临界值（分类的标准概率，cut value）为 50%。

显然，如果采用"全变量法（ENTER）"进行 Logistic 回归分析，影响能否立项的关键因素应当是 ADDTOTAL（新增计划投资合计）、PROGENPV（预测的项目净现值）和 PROGEIRR（项目内部收益率预测值）。

（二）采用后向逐步法（Wald）的回归结果

调用 SPSS 11.5 的二值多元 Logistic 回归分析过程，采用"后向逐步法（Wald）"，在模型包括所有候选变量的基础上，按照 Wald 值，将不符合所定显著水平的自变量一次一个地删除，向后逐步选择自变量。回归结果如表5所示。

表5   Logistic 回归结果 Backward Stepwise（Wald）

项目	参数估计值（B_i）	参数标准差	Wald 统计量	自由度 df	P 值	发生比 odds 值 Exp（B）$= e^{Bi}$
AVERAGSA	-0.001	0.001	4.713*	1	0.030	0.999
EXPRPRAV	0.008	0.004	4.828*	1	0.028	1.008
PROGENPV	-0.002	0.001	3.793*	1	0.051	0.998
PROGEXPP	-0.007	0.003	5.403*	1	0.020	0.993
ADDTOTAL	0.015	0.005	7.206**	1	0.007	1.015
PROGEIRR	7.572	2.786	7.387**	1	0.007	1 943.966
常数项	-7.789	2.816	7.649**	1	0.006	0.000
模型 χ^2	30.054			6		
显著水平	0.000					
-2 Log likelihood	21.212					
Cox & Snell R^2 Nagelkerke	0.556					
R^2_{adj}	0.742					
样本数	72					

注：** 表示在 1% 水平上相关性显著（双侧）；* 表示在 5% 水平上相关性显著（双侧）。

利用 Logistic 回归模型进行预测，对"是否立项"进行识别，结果如表6所示。根据表6中结果可知，模型的总体识别效力较高，对样本中80.3%的个案进行了正确识别，对于"立项"的误判率也不高（弃真概率为10.5%）；对于"未立项"的识别也较好，为83.3%（纳伪概率为16.7%），表明模型基本准确地识别了影响"是否立项"的主要因素。据此，可建立如下的回归方程：

$$\ln\left[\frac{p_i\left(OBTAIN=1\right)}{1-p_i\left(OBTAIN=1\right)}\right] = -7.789 + 0.008EXPRPRAV + 0.015ADDTOTAL_i - 0.001AVERAGSA -$$
$$0.002PROGENPV_i + 7.572PROGEIRR_i - 0.007PROGEXPP$$

变量界定同前。本模型识别的总正确率为86.5%。

表6　　　　　　　　　　　　模型的识别力（Classification Table）[a]

观测值（Observed）			预测（Predicted）		
			是否立项		预测正确百分比
			否（N）	是（Y）	
第一步 Step 1	是否立项	否（N）	15	3	83.3
		是（Y）	2	17	89.5
	总体正确率（Overall Percentage）				86.5
第二步 Step 2（a）	是否立项	否（N）	15	3	83.3
		是（Y）	2	17	89.5
	总体正确率（Overall Percentage）				86.5

注：a 识别临界值（分类的标准概率）为50%。

可见，如果采用"后向逐步法（Wald）"进行 Logistic 回归分析，影响能否立项的关键因素为 EXPRPRAV（预测企业的年均净利润）、ADDTOTAL（新增计划投资合计）、PROGENPV（预测的项目净现值）、PROGEIRR（项目内部收益率预测值）和 PROGEXPP（项目净利润预测）。笔者认为，从各项统计指标看，此方程可较好地说明"中小企业创新基金立项与否"的关键影响因素。

（三）采用"前向逐步法（条件似然比）"的回归结果

如果采用"前向逐步法（条件似然比）（Forward Stepwise（Conditional））"来估计 Logistic 回归模型，剔除变量的判断依据是条件参数估计的似然比的概率，变量进入模型的判据是得分值的显著水平，判断统计量为沃尔德（Wald）统计量，即在截距模型的基础上，将符合显著水平的自变量一次一个地加入模型。回归结果见表7。

表7　　　　　　Logistic 回归结果［block 1：method = Forward Stepwise（Conditional）］

项目	参数估计值（B_i）	参数标准差	Wald 统计量	自由度 df	P 值	发生比 odds 值[#] Exp（B）= e^{Bi}
PROGEIRR	2.904	1.359	4.564*	1	0.033	18.255
常数项	-1.677	0.836	4.022*	1	0.045	0.187

项目	参数估计值（B_i）	参数标准差	Wald 统计量	自由度 df	P 值	发生比 odds 值# Exp（B）= e^{Bi}
模型 χ^2	6.951			1		
显著水平	0.008					
-2 Log likelihood	44.315					
Cox & Snell R^2	0.171					
Nagelkerke R^2_{adj}	0.228					
样本规模	72					

注：*** 表示在 0.1% 水平上显著（双侧）；** 表示在 1% 水平上显著（双侧）；* 表示在 5% 水平上显著（双侧）。
#由于常数项的 Wald 统计量不显著，同时其显著性概率也大于 0.05，因而未纳入方程中。

利用"前向逐步法（条件似然比）（Forward Stepwise（Conditional））"所得 Logistic 回归模型进行预测，对"是否立项"进行识别，结果如表 8 所示。据表 8 中结果可知，模型的总体识别效力不太高，对样本中 64.9% 的个案进行了正确识别，对于"立项"的误判率较高（弃真概率为 47.4%）；对于"未立项"的识别较好，为 77.8%（纳伪概率为 22.2%），表明模型并未准确识别影响"是否立项"的全部因素，这可能和笔者人为地舍弃一些重要变量或某些重要变量未准确界定有关。根据上述 Logistic 的回归结果，可以建立如下的回归方程：

$$\ln\left[\frac{p_i\ (\text{OBTAIN}=1)}{1-p_i\ (\text{OBTAIN}=1)}\right] = -1.677 + 2.904\,\text{PROGEIRR}_i$$

或者：

$$p_i = \exp\ (-1.677 + 2.904\,\text{PROGEIRR}_i)\ /\ [1 + \exp\ (-1.677 + 2.904\,\text{PROGEIRR}_i)]$$

变量界定同表 2。本模型识别的总体正确率为 64.9%。

表 8   模型的识别力（无偏分类表，Classification Table）ª

观测值（Observed）			预测（Predicted）		
			是否立项		预测正确百分比
			否（N）	是（Y）	
Step 1	是否立项	否（N）	14	4	77.8
		是（Y）	9	10	52.6
	总体正确率（Overall Percentage）				64.9

注：a 识别临界值（分类的标准概率，cut value）为 50%。

可见，如果采用"前向逐步法（条件似然比）（Forward Stepwise（Conditional））"来估计 Logistic 回归模型，进行 Logistic 回归分析，影响能否立项的关键因素只有 PROGEIRR（项目内部收益率预测值）。笔者认为，此方程是拟合最差、最不具有预测和解释力的。

六、研究结论与局限性检讨

综上所述，运用不同的计算过程和变量选择顺序，会出现不同的回归结果。如果采用"全变量法（ENTER）"进行 Logistic 回归分析，影响能否立项的关键因素为 ADDTOTAL（新增计划投资合计）、PROGENPV（预测的项目净现值）、PROGEIRR（项目内部收益率预测值）；如果采用"后向逐步法"进行 Logistic 回归分析，影响能否立项的关键因素为 EXPRPRAV（预测企业的年均净利润）、ADDTOTAL（新增计划投资合计）、PROGENPV（预测的项目净现值）、PROGEIRR（项目内部收益率预测值）和 PROGEXPP（项目净利润预测）；而如果采用"前向逐步法"进行 Logistic 回归分析，影响能否立项的关键因素只有 PROGEIRR（项目内部收益率预测值）。其中，模型二的识别力最强，而模型三最差。从表现模型识别力的总体正确率看，后向逐步法和全变量法识别的总体正确率均为 86.5%，高于前向逐步法的 64.9%；然而从模型 χ^2 统计量看，后向逐步法为 30.054，全变量法最高，为 33.764，两者均高于前向逐步法的 6.951。根据实务经验判断，笔者认为，第二个回归方程更接近实际，后向逐步法的模型中各自变量的系数均显著异于零，从而基本能够证实本文的三个假设。

通过实证检验发现，中小企业财务预测数据具有信息含量。因为无论采用何种 Logistic 回归分析方法，都能证实科技型中小企业创新基金的申请单位预计的内部收益率对"能否立项"影响最为显著。这表明，一方面，作为既是资金提供者又是中小企业财务报告使用者之一的创新基金评审专家们确实关注项目的实际收益能力，在把关方面显示了其应有的专家水平。对于独立项目评价而言，内部收益率指标克服了对于折现率的过分依赖，完全可以由专家凭借其丰富的经验和知识优势自行判断项目的优劣，内部收益率的主观影响因素较少，不会受申报人自身知识和主观判断能力的局限，更能全面而充分地反映基金申报项目的综合情况，因为，如果内部收益率偏高或偏低，要么说明项目的盈利预测不适当，要么就是可行性研究报告的投资评价出了问题。笔者经均值比较后发现：获得立项项目的内部收益率均值为 53%，畸高或极低的项目往往无法获得立项支持。另一方面，这也说明中小企业的财务预测信息是具有信息含量的。笔者认为，财务预测数据对于中小企业有着相对于大中型企业更加特别的重要意义，中小企业更应及时充分提供财务预测数据，以使相关资金提供者不至于因为信息不对称问题而忽视了急需资金发展的中小企业。

参 考 文 献

[1] 徐宗宇. 上市公司盈利预测可靠性的实证研究. 上海：上海三联书店，2000.

[2] 杨松令. 中小企业会计管理问题研究. 北京：中国人民大学出版社，2004.

[3] 余应敏. 中小企业财务报告行为：理论与实证. 北京：中国财政经济出版社，2006.

[4] 王济川，郭志刚. Logistic 回归模型——方法与应用. 北京：高等教育出版社，2001.

[5] Grablowsky, B. J.. Mismanagement of accounts receivable by small business. Journal of Small Business Management, 1980, 90.

[6] Paul M. Healy, and Krishna, G. Palepu. Information asymmetry, corporate disclosure, and the capital markets: A review of the empirical disclosure literatur. Journal of Accounting & Economics, 2001, 31.

会计制度演进与盈余稳健性[*]

● 曾　力[1]　陈　卫[2]　严瑾孟[3]

（1，2，3　西南财经大学　成都　610074）

【摘　要】本文基于会计与现金流理论，通过构建固定效应模型并以 1999—2006 年中国 A 股上市公司的数据，实证检验了我国会计制度演进对上市公司盈余稳健性的影响。研究发现：上市公司在总体上具有盈余稳健性，既能够及时确认损失，也延迟确认了收益；会计制度的改革增强了上市公司的盈余稳健性，但这主要由于损失的确认更加及时，制度对延迟确认收益并不具有显著政策效应。

【关键词】会计制度　盈余稳健性　应计　现金流　固定效应模型

一、引言

盈余稳健性反映了会计政策对预期盈利和损失的不对称确认标准（Basu，1997；Holthausen 和 Watts，2001；Watts，2003），简言之就是尽可能及时确认损失，尽可能推迟确认收益。作为一项基本原则，盈余稳健性对会计实务的影响至少有 500 年的历史（Basu，1997），目前仍广泛存在于美、欧及亚洲各国（Ball et al.，2000；Giner 和 Rees，2001；Bushman et al.，2006）。在信息不对称的情况下，盈余稳健性扮演了重要的角色：不仅限制了内部人操纵会计数字的动机和能力，增加了公司价值（Lafond 和 Watts，2007），同时增进了会计信息使用者的福利，提升了会计报告的整体质量（Fan 和 Zhang，2007）。正因如此，盈余稳健性在会计准则与实务中变得越来越明显，成为衡量会计信息质量的重要标准。

Watts（2003）总结了影响盈余稳健性的四大因素，即契约、诉讼、税收和监管，这些因素得到众多研究的支持（Basu，1997；Ball et al.，2000；Ahmed et al.，2001）。我国学者对此研究后发现，债务契约是盈余稳健性的驱动力，但法律体系的不健全导致诉讼无法对公司形成压力，税收因素也不会产生稳健性（孙铮等，2005；李远鹏和李若山，2005）。可见，我国上市公司的盈余稳健性可能具有不同的影响因素。作为会计政策的结果，盈余稳健性受到会计制度的影响，对中国而言更是如此。由于市场机制、股权结构、股权分置等原因，中国上市公司自身无法形成对盈余稳健性的内在需求，只有借助政府力量推进；同时，伴随着一系列会计舞弊事件，为了有效规范上市公司从而保护广大投资者利益，政府具有盈余稳健性的需求；进一步来看，中国会计制度建设由政府所主导，因此制度可成为形成盈余稳健性的有效途径。综上所述，对中国上市公司而言，会计制度是盈余稳健性的重要影响因素。另外，改革开放以来，中国会计制度进行了跨越式的变革，而且由于会计制度具有强制性，较少受内生性影响，这为我们的研究提供了良机和条件。

＊ 本文是西南财经大学博士生科研课题的阶段性研究成果，感谢西南财经大学创新人才培养基金的资助。

国内学者已经开始对这一问题进行有益探索。曲晓辉、邱月华（2007）以1995—2004年深沪两市全部A股上市公司为样本发现，1995—1997年上市公司会计盈余不具有稳健性，《股份有限公司会计制度》的实施并未实质性增强1998—2000年会计盈余的稳健性水平，而《企业会计制度》的实施则显著提升了2001—2004年上市公司会计盈余的稳健性。但是进一步的检验却表明，2001—2004年的盈余稳健性特征主要是由于亏损公司"洗大澡"造成的。因此，单纯转变会计准则并不能改善会计信息的质量，除非附以相配套的强有力的法律和执行机制。毛新述、戴德明（2007）基于我国会计制度改革的背景，考察了盈余、现金流量和应计利润的时间序列变化，检验了会计制度中稳健性原则的强化对会计实务中公司盈余稳健性的增量影响。研究表明，会计制度改革在总体上显著提高了公司的盈余稳健性，并且会计制度是我国上市公司盈余稳健性提高的主要推动因素，以稳健性为基调的会计制度改革起到了应有的效果。

与盈余稳健性的重要意义相比，基于一国会计制度演进视角的研究仍很缺乏；与以往研究相比，本文的创新之处在于利用新的模型和指标度量了盈余稳健性，并且分别研究了会计制度对延迟确认收益和及时确认损失的影响，这进一步丰富了盈余稳健性的理论，也为检验我国会计制度的实施效果提供了参考。

二、会计制度的演进

改革开放以来，我国会计制度经历了几次大幅度的改革。在逐步适应经济发展、契合资本市场、接轨国际标准的演进过程中，会计制度对盈余稳健性的要求不断增强。

1992年开始，我国会计制度体系实现突破性的转换，比如采用了国际通用的借贷记账法和"资产＝负债＋所有者权益"会计等式。当年发布的《企业会计准则》规定，"会计核算应当遵循谨慎原则的要求，合理核算可以发生的损失和费用"，从而首次将稳健性原则作为会计确认与计量的一项基本原则。但是，准则只允许企业对应收账款计提坏账准备，而且严格限制了计提比例。

为了规范大量新出现的股份公司，财政部于1998年出台了《股份有限公司会计制度》，进一步扩大了稳健性的应用范围，比如允许企业对应收账款、短期投资、长期投资和存货四项资产计提减值准备，扩大了坏账准备计提的选择空间，采用成本与可变现净值孰低法对存货计价，将开办费的摊销由不少于5年摊销改为不超过5年摊销等。

作为打破所有制和行业对会计核算限制的重大改革，2001年开始执行的《企业会计制度》使稳健性原则得到了更加充分的贯彻和应用。其中最引人注目的是，在对应收账款、短期投资、长期投资和存货计提减值准备的基础上，将减值范围扩大到固定资产、在建工程、无形资产和委托贷款项目。《企业会计制度》要求企业应当定期或者至少于每年年度终了检查上述各项资产，如果发现可收回金额低于账面价值等减值的情形，应按其差额计提资产减值准备。八项减值可以进一步挤去企业资产的水分，如实反映长期资产的公允价值，实现了与国际会计准则更加充分的协调。另外，制度还严格限制了经济利得的确认，比如将债务重组、非货币性交易等形成的收益直接计入所有者权益等。

2006年，财政部发布了具有里程碑意义的"1＋38"企业会计准则体系，与国际财务报告准则实现全面趋同。《企业会计准则——基本准则》要求"企业对交易或者事项进行会计确认、计量和报告时应当保持应有的谨慎，不应高估资产或者收益、低估负债或者费用"，可见，新会计准则仍然强调了稳健性原则。除此以外，新会计准则进一步扩大了资产减值损失的确认范围，几乎涵盖了所有的资产类型，并且规定非流动性资产和资产组的减值损失一经确认就不允许转回，也就是说，在任何时点通常都不能确认这些资产的重估增值利得。

综上可见，我国会计制度的演进始终与稳健性原则紧密相伴，而且表现出稳健性要求逐渐加强的趋势。因此我们假设：随着会计制度的演进，中国上市公司的盈余稳健性将逐步增强。

三、研究设计

（一）基础模型

现有相关研究大多直接采用 Basu（1997）模型测量会计制度演进对盈余稳健性的影响。然而，一方面由于 Basu 模型主要基于市场指标（包括股价、股票收益率等），而中国上市公司因受市场机制、股权分置等因素影响，直接使用 Basu 模型必然承受较大的市场噪音；另一方面，Basu 模型侧重于反映对损失的及时确认，但并未反映出对收入的推迟确认。基于此，我们考虑基于会计指标的度量方法，进一步从更微观的层面上全面考察制度演进对盈余稳健性的影响。

从会计理论上讲，盈余稳健性的存在依赖于权责发生制原则。正是权责发生制直接造成了应计收益（损失）与现金流入（流出）的时间差，构成盈余稳健性必要性的必要条件。因此，应计与跨期现金流变化的关系为盈余稳健性提供了一个更为本源的研究视角。基于这样的思路，Anup 与 Senyo（2007）提出了一个三区间模型（A-S model）：

$$\Delta CF_{it+1} = \alpha_{01} + \alpha_{02} \text{NegativeAARegime}_{i,t} + \alpha_{03} \text{SmallAARegime}_{i,t}$$
$$+ \beta_{21} \text{NormalAccruals}_{i,t}$$
$$+ \beta_{22} \text{NegativeAARegime}_{i,t} \times \text{NormalAccruals}_{i,t}$$
$$+ \beta_{23} \text{SmallAARegime}_{i,t} \times \text{NormalAccruals}_{i,t}$$
$$+ \beta_{31} \text{AbnormalAccruals}_{i,t}$$
$$+ \beta_{32} \text{NegativeAARegime}_{i,t} \times \text{AbnormalAccruals}_{i,t}$$
$$+ \beta_{33} \text{SmallAARegime}_{i,t} \times \text{AbnormalAccruals}_{i,t} + \beta_s \text{Controls} + v_{i,t+1} \qquad (1)$$

其中，NormalAccruals 为当期应计额，AbnormalAccruals 为当期超额应计，NegativeAAregime 为负区间识别指标，中性区间 SmallAAregime 为中性区间识别指标，Controls 为各控制变量。

根据行为金融学中关于"参与者对或有损失和或有收益，表现出不同态度"的基本假说，会计人员对于或有损失和或有收益，也将表现出不同程度的"谨慎"，于是首先他们将当期应计发生额（Acc）分成正负两个区间，接下来考虑到会计人员的这种谨慎态度对不同额度应计的依赖[①]，为了排除这种影响，他们将检验的重点放在了超额应计与营业现金流变化的关系上，正常应计由按行业/时间分组的组中位数代替；同时，他们又将超额应计分为 3 个区间，超额应计的正区间、负区间和中性区间，他们以超额应计（Abacc）分布的 40% 和 60% 分位点作为分组标志，即是说，在概率的意义上，中心区间是对称的。

A-S model 虽然创新性地引入三区域划分以检验企业是否在或有收益和或有损失确认中表现出稳健性，但是其模型设定存在一些不足：首先，其三区域划分未能充分考虑不同行业企业的 Abacc 在当期的分布情况，也未将企业经理在面对损失和收益时的不同态度考虑进去，而是简单地对 Abacc 进行行业/年度分组（分组标识是 40%、60% 分位数），即中性区间在概率上是对称的，这显然不符合行为金融学中个体的行为特征。其次，模型（1）存在大量的虚拟变量，从而可能导致设计矩阵（Design Matrix）非满秩的情况，导致模型不可估计（Unestimable）。另外，为了剔除其他个体效应（Individual Specific）和时间效应（Time Specific）变量的影响，必须引入相应的控制变量，但是不合适的控制变量可能导致模型的内生性问题，从而得不到参数的一致估计。于是，我们对 A-S model 进行必要的改进，使其在行为解释上的能力

---

① 比如对于一个相对较小的正（负）应计，在相关准则允许的条件下，会计人员可能认为它是正常的，从而会基于有利于公司利益或个人利益的考虑，表现得并不那么谨慎。

更强。

（二）拓展模型

首先，基于 Dechow et al.（1998）的模型，我们得到当期营业现金流增量与上期应计间的关系：

$$\Delta CFO_t = \beta_0 + \beta_1 \times Acc_{t-1} + v_t \tag{2}$$

其中，ΔCFO 为营业现金流增量，Acc 为应计发生额，v 为其他影响因素的综合影响。

其次，为了具体检验上市公司在损失确认和收入确认中是否体现稳健性，我们借鉴 Anup 和 Senyo（2007）的做法并进行了合理的改进。

第一，根据上市公司的行业分类，确定每个行业（按证监会 1999 年的行业分类标准）在各年度的 Acc 代表值（正常值）①，这里由于各年数据分布的较大差异，同时考虑到异端值的影响，我们选用中位数作为替代，然后计算各上市公司当年的超额应计发生额。

第二，进一步根据"会计人员在面对损失和收益时将表现出不同程度的谨慎"，我们首先改进了 A-S model 中对超额应计的分组方法，在各年度、各行业内，根据超额应计的正负取值，将超额应计区间分为正负区间；然后，分别对正负区间进行二级分组。对正区间，我们采用 40% 分位点作为临界值，大于 40% 分位数的部分，我们定义为 Abacc 的正区间（可理解为收入发生的概率大于 40% 的部分）；对负区间，我们采用 80% 分位点，小于该点的部分，我们定义为 Abacc 的负区间（可理解为损失发生的概率大于 20% 的部分）；对于剩下的部分，我们将其命名为中性区间。这样的分类更能充分体现出会计人员在面对或有损失和收入时的不同态度。最后考察各会计制度期间内，上市公司分别在三个超额应计区域的具体行为，从而实证判断：（1）该阶段上市公司盈余稳健性的具体主要表现：推迟确认收入、及时确认损失；（2）盈余稳健性是否随着会计制度的演进而不断增强。

第三，为了避免 RE model 中可能由于控制变量引入不合理而导致的内生性问题，也避免严重缺失变量对模型的影响，同时考虑到不同行业企业（不同的总体）间的差异，我们设立以下固定效应模型（FE model）：

$$\begin{aligned}
\Delta CFO_{t+1} = {} & \alpha_i^* + \lambda_t^* + \beta_1 Abacc_{it} \\
& + \beta_2 Abacc_{it}P_t + \beta_3 Abacc_{it}NAbacc_{it} + \beta_4 Abacc_{it}PAbacc_{it} \\
& + \beta_5 Abacc_{it}Nabacc_{it}P_t + \beta_6 Abacc_{it}PAbacc_{it}P_t \\
& + \beta_7 NAbacc_{it} + \beta_8 PAbacc_{it} + v_{it}
\end{aligned} \tag{3}$$

其中，α_i^* 为个体固定效应，λ_t^* 为时间固定效应，Abacc 为超额应计发生额，P 为会计制度变量，当观测属于 2001—2005 年，$P=1$，在 1999—2000 年，$P=0$；NAbacc 为超额应计的负区间识别指标，观测若属于该区间，NAbacc $=1$，否则取 0；PAbacc 为超额应计的正区间识别指标，观测属于该区间，PAbacc $=1$，否则取 0。

在负区间，若 1999—2000 年存在盈余稳健性，则 $0 < \beta_3 < 1$；如果随着会计制度的演进，盈余稳健性增强，则在负区间 $\beta_5 < 0$。同理，若正区间存在稳健性，则 $\beta_4 > 1$；制度演进如果具有正向影响，则 $\beta_6 > 0$。图 1 直观地反映了在不同区间盈余稳健性的表现形式。

（三）数据来源与样本选择

由于 1998 年以后才要求上市公司披露现金流量信息，本文选取 1999—2006 年沪深两市 A 股上市公司

---

① 我们采用"应计＝净利润＋财务费用－经营活动现金净流量"计算上市公司当期应计 Acc。

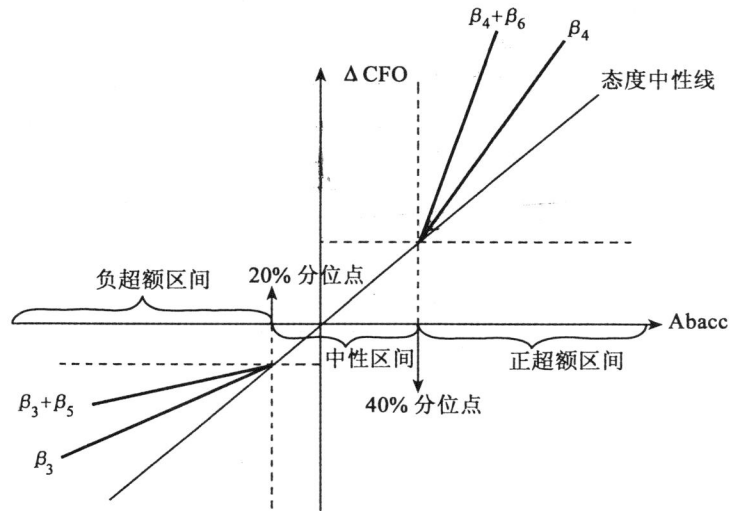

图 1　盈余稳健性分解图

作为研究对象。由于会计核算的差异，我们剔除金融类公司，同时排除在 2006 年前退市以及数据缺失的公司，得到一个年度的非均衡面板数据（Unbalanced Panel）。截面上的最大样本容量为 1 342 家，总共具有 8 023 个观测值。本文研究数据均来自 CSMAR 数据库。

四、实证检验与分析

为了检验模型设定形式的正确性，我们首先对 ΔCFO 序列是否存在共同单位根与个体单位根进行检验，以帮助我们确认 ΔCFO 是否需要差分。从表 1 可见，p 值均小于 0，这说明我们选择的被解释变量显著地不存在共同单位根或个体单位根，因此我们的模型设定是合理的。

表 1　　　　　　　　　　　　　　面板单位根检验

Panel unit root test：Summary

Sample：1999 2005

Exogenous variables：Individual effects

Automatic selection of maximum lags

Automatic selection of lags based on SIC：0 to 1

Newey-West bandwidth selection using Bartlett kernel

Method	Statistic	Prob.	Cross-sections	Obs
Null：Unit root（assumes common unit root process）				
Levin、Lin & Chu t	− 59. 3263	0. 0000	1 162	6 098
Null：Unit root（assumes individual unit root process）				
Im、Pesaran and Shin W-stat	− 25. 0677	0. 0000	1 162	6 098
ADF-Fisher Chi-square	4 464. 28	0. 0000	1 162	6 098
PP-Fisher Chi-square	4 870. 75	0. 0000	1 162	6 460

然后，我们对模型（3）进行估计，表2显示了结果。可以看到，AbaccNAbacc 的系数 β_3 为 0.2，这说明对负区间而言，上市公司在 1999—2000 年具有盈余稳健性；进一步看，AbaccNAbaccP 的系数 β_5 为 -0.009，也即 $(\beta_3 + \beta_5) = 0.19$。这说明随着会计制度的演进，上市公司对于损失的确认更为及时，从而提升了盈余稳健性，这验证了我们的假设。另一方面，AbaccPAbacc 的系数 β_4 为 1.38，表示对正区间来说，上市公司在 1999—2000 年同样具有盈余稳健性；而 AbaccPAbaccP 的系数 $\beta_6 < 0$，但是并不显著，这与我们的假设不符，说明了在正区间里，会计制度的政策效应并没有很好地体现出来。

表2　　　　　　　　　　　　　　　　　　　　模型回归结果

Dependent Variable：CFO1

Method：Panel Least Squares

Sample：1999—2005

Cross-sections included：1342

Total panel（unbalanced）observations：8023

Cross-section weights（PCSE）standard errors & covariance（d. f. corrected）

Variable	Coefficient	Std. Error	t-Statistic	Prob.
C	17. 612 56	0. 027 583	638. 539 8	0. 000 0
NAabcc（β_7）	$-3.301\ 774$	0. 493 875	$-6.685\ 438$	0. 000 0
PAbacc（β_8）	$-6.563\ 236$	0. 717 343	$-9.149\ 371$	0. 000 0
AbaccNAbacc（β_3）	0. 200 026	0. 027 982	7. 148 355	0. 000 0
AbaccPAbacc（β_4）	1. 389 663	0. 039 334	9. 906 571	0. 000 0
AbaccNAbaccP（β_5）	$-0.009\ 344$	0. 004 537	$-2.059\ 254$	0. 039 5
AbaccPAbaccP（β_6）	$-0.007\ 082$	0. 004 755	$-1.489\ 466$	0. 136 4

Effects Specification

Cross-section fixed（dummy variables）

Period fixed（dummy variables）

R-squared	0. 496 894	Mean dependent var	17. 864 51
Adjusted R-squared	0. 394 824	S. D. dependent var	1. 505 845
S. E. of regression	1. 171 443	Akaike info criterion	3. 307 036
Sum squared resid	9 151. 719	Schwarz criterion	4. 486 713
Log likelihood	$-11\ 912.17$	F-statistic	4. 868 183
Durbin-Watson stat	2. 128 275	Prob（F-statistic）	0. 000 000

五、结论

本文利用 1999—2006 年中国 A 股上市公司的数据，研究了会计制度演进对盈余稳健性的影响。通过制度背景分析和实证检验，我们得到以下结论：第一，中国上市公司在总体上体现出盈余稳健性。具体而言，上市公司能够及时确认损失，同时也延迟确认了收益。第二，会计制度的改革增强了上市公司的盈余稳健性。但值得说明的是，这主要源于对损失确认及时性的提高，会计制度对于延迟确认收益并不具有显著的政策效应。

我国会计制度历经数次改革，不断完善与创新，对规范上市公司行为和提高会计信息质量发挥了重要作用。但我们也应注意到，通过"四项计提"、"八项计提"等规定，制度较好地规制了上市公司"积极"隐藏损失的行为，然而对于上市公司"消极"虚增收益可能重视不够，而这一点对于新准则实施后而言尤其重要。例如，在新会计准则中，金融工具、投资性房地产、非共同控制下的企业合并、债务重组和非货币性交易等方面均采用了公允价值，但是在活跃的相关交易市场和客观公正的评估机构较为缺乏的情况下，上市公司容易利用公允价值进行高估。又比如，过去凡是非货币交易都按账面价值入账，不确认收益；但在新会计准则下，只要符合商业实质的非货币交易都可以直接计入当期收益，进入利润表。因此，对监管者来说，应该更加关注上市公司的"提前"以及"超额"确认问题，这对于更好地促进资本市场效率和保护投资者利益具有重要意义。

参 考 文 献

［1］李远鹏，李若山．是会计盈余稳健性，还是利润操纵？——来自中国上市公司的经验证据．中国会计与财务研究，2005，9.

［2］毛新述，戴德明．会计制度改革提高了公司的盈余稳健性吗？——基于盈余、现金流量和应计利润时间序列属性变化的经验证据．工作论文，2007.

［3］曲晓辉，邱月华．强制性制度变迁与盈余稳健性——来自深沪证券市场的经验证据．会计研究，2007，7.

［4］孙铮，刘凤委，汪辉．债务、公司治理与会计稳健性．中国会计与财务研究，2005，6.

［5］Ahmed, A. S., and Duellman, S. . Accounting conservatism and board of directors' characteristics: An empirical analysis. Journal of Accounting and Economics, 2007, 12.

［6］Anup, S., and Senyo, Y. T.. What drives changes in accounting conservatism? The effects of accelerated loss recognition versus delayed gain recognition. Working paper, Texas A&M University, 2007.

［7］Ball, R., Kothari, S. P., and Robin, A.. The effect of international institutional factors on properties of accounting earnings. Journal of Accounting & Economics, 2000, 29 (February).

［8］Ball, R., and Shivakumar, L.. Earning quality in the U. K. private firms. Journal of Acccuting and Economics, 2005, 39.

［9］Basu, S. The conservatism principle and the asymmetric timeliness of earnings. Journal of Accounting & Economics, 1997, 24 (December).

［10］Dechow, P., Kothari, S. P., and Watts, R. L.. The relation between earnings and cash flows. Journal of Accounting & Economics, 1998, 25 (May).

［11］Lafond, R., and Watts, R.. The information role of conservatism. Working paper, Massachusetts Institute of Technology, 2007.

［12］Watts, R. L.. Conservatism in accounting part I: Explanations and implications. Accounting Horizons, 2003, 17 (3).

制造商和供应商技术创新
合作投资的两阶段动态博弈模型

● 张汉江[1] 贾孝魁[2]

（1. 湖南大学经济与贸易学院　长沙　410079；

2. 湖南省物流信息与仿真技术重点实验室　长沙　410079）

【摘　要】供应链管理的发展促使企业寻求有效的技术创新合作模式。本文在供应商技术创新的结果表现为降低企业生产成本、制造商向供应商提供技术创新补贴以及供应链上企业信息共享的假设基础上，考虑了技术创新的成功率以及技术创新的成本函数，将供应链企业技术创新合作投资分为两个阶段，各阶段以库诺特静态博弈为基础，建立了供应链企业技术创新的两阶段动态投资博弈模型。模型求解得到了供应商和制造商技术创新投资的合作均衡以及参与约束条件，归纳出市场需求弹性、技术创新成功率以及供应商技术创新效率对技术创新投资量及创新后双方利润的影响。本文可供企业在新技术研究与开发投资时参考。

【关键词】供应链　技术创新　合作投资　动态博弈

一、引言

在全球激烈的市场竞争中，为了最大限度地在市场上保持并提高自身的竞争优势，越来越多的企业把供应链管理作为获取竞争优势的新手段。调查显示，新产品开发中采用供应链合作开发的项目占总开发项目 20% ~40% 的企业达 28%，40% ~60% 的为 25%，60% ~80% 的为 20%，80% 以上的也有 9%①。实施供应链合作技术创新管理的企业与未实施这一策略的企业相比，其新产品开发在成本、质量、速度和性能等方面均取得较大改善，如物料采购成本下降 15%、新产品开发成本降低 15%、新产品开发时间缩短 20%、新产品制造成本减少 10%。因此，供应链企业用协同竞争和双赢原则把供应商、制造商、客户等合作伙伴整合在一起，形成技术创新动态战略联盟，具有十分重要的意义。

然而，对供应商而言，虽然它有降低成本的内在需求，但如果降低成本不会给它带来现实的利益，它会存在"偷懒"的动因。正如 Stefanadis（1997）所说，下游市场圈定可以使上下游企业从排外的供应链合同中获得好处，但会阻碍上游企业的技术创新②。Nooteboom（1999）也指出，分属不同利益主体的供应链合作伙伴独自的技术创新投入往往可能因为伙伴的机会主义行为而被"套牢（Hold-up）"③。因此，

---

① Jaehwa, L . Essays on trade, foreign direct investment and technological diffusion . Duke University, 2002：1-55.

② Stefanadis, C . Downstream vertical foreclosure and upstream innovation. Journal of Industrial Economics, 1997, 45 （4）：445-456.

③ Nooteboom, B . Innovation and inter – firm linkages：New implications for policy. Research Policy, 1999, 28 （8）：793-807.

节点企业之间的长期合作关系战略需要双方真实的价值增值，供应链的技术创新活动需要伙伴的合作以及合理的合作机制。这引起许多学者的关注，如 Bowen（2000）研究了在一个供应商和一个制造商构成的双垄断供需同盟中，制造商为了降低供应成本，对供应商的技术创新进行支持（Supporting），采用单极优化方法，得到了双方都接受的合作战略的数量指标[①]。Daniel（2004）研究了全球销售渠道上供应链技术创新的制度分布问题[②]。李洪波（2005）假定市场需求随最终产品的价格而变动，制造商和供应商都保持它们的单位产品净利润不变，最终产品价格为单位产品生产成本与单位产品净利润之和，建立了完全信息静态博弈模型，得到了双方的合作均衡及均衡存在的条件[③]。李勇（2005）认为在新产品初始开发阶段，其市场需求是零部件开发费用和产品制造开发费用的函数。他研究了包含一个供应商和一个制造商的供应链系统，构建了新产品合作研发的同时行动、序贯行动以及协同合作模型，讨论了供应链系统及供应链中的制造商和供应商研发费用投入、合作补贴政策、利润的差异[④]。

我们在研究中考虑了技术创新的成功率以及技术创新的成本函数，使模型具有更强的现实意义。在建模方法上，我们将供应链企业的技术创新活动分为两个阶段：在博弈的第一阶段，供应商和制造商以自身利润最大化确定各自的技术创新投资额；在第二阶段，制造商在产品市场与其他的寡头企业进行产量博弈。各阶段以库诺特静态博弈为基础，而两个阶段结合起来建立了技术创新的两阶段动态投资博弈模型。模型求解得到了供应商和制造商技术创新投资的合作均衡以及参与约束条件，归纳出市场需求弹性、技术创新成功率，以及供应商技术创新效率对技术创新投资量及创新后双方利润的影响。

二、模型的建立

对于供应链上的核心企业来说，它与上游企业中的第 1 级供应商到初始供应商、与下游企业中的第 1 级用户到最终用户组成一个复杂的网链系统。为了简化问题，我们研究由一个制造商与一个主要零件供应商（第 1 级供应商）组成的供应链的技术创新合作投资问题（如图 1 虚线框部分所示），而将制造商与其他零件供应商和原材料供应商之间的关系暂不考虑。假定制造商所面临的产品市场为寡头竞争市场结构，供应链上的制造商为了降低主要零件的供应成本，将对供应商技术创新进行补贴，供应商自己也投入一部分资金从而组成技术创新合作投资，而所有非供应链上的制造商以及它们的供应商不进行技术创新。另外，我们假定供应商的技术创新的结果表现为可能会降低产品生产成本；制造商和供应商之间的信息传递是充分的；制造商生产一个产品只需供应商提供一个部件，即两节点企业的产品需求量（假设等于产量）相同。

供应链上的制造商和主要零件供应商在进行技术创新投资时都希望找到一个技术创新的理想投入量，来最大化自身的利润。为了降低供应链的零件供应成本，供应链上的制造商承诺对供应商的技术创新项目进行支持，而供应商则承诺创新后零件的单位利润保持不变[⑤]，制造商和供应商在技术创新合作中进行以下博弈：第一步，供应商可以选择创新或不创新，若不创新，则博弈终止；若创新，则制造商和供应商同

① Bowon, K.. Coordinating an innovation in supply chain management. European Journal of Operation Research, 2000, 12 (3): 568-584.

② Daniel, C. B., Lohtia, R., and Sangtani, V.. An institutional analysis of supply chain innovations in global marketing channels. Industrial Marketing Management, 2004, 33 (1): 57-64.

③ 李洪波，熊中楷，杨秀苔. 垄断产品链中革新合作机制的研究. 系统工程学报，2005，20 (1): 98-103.

④ 李勇，张异等. 供应链中制造商—供应商合作研发博弈模型. 系统工程学报，2005，20 (1): 12-18.

⑤ Sherman, J.. Unanticipated side effects of successful quality programs: Exploring a paradox of organizational improvement. Management Science, 1997, 43 (4): 503-521.

时选择技术创新投资额。第二步，供应链上的制造商在产品市场上与其他非供应商企业进行产量博弈。该博弈不仅涉及供应链上的企业，而且涉及产品市场上的非供应链寡头企业，每个涉及者的决策都会对其他参与者的决策产生影响。也就是说，创新企业不仅要考虑自己的决策对市场的影响，还要考虑其他成员对自己的决策的反应，然后再根据这种反应进行决策，因此，这是一个动态博弈的过程。

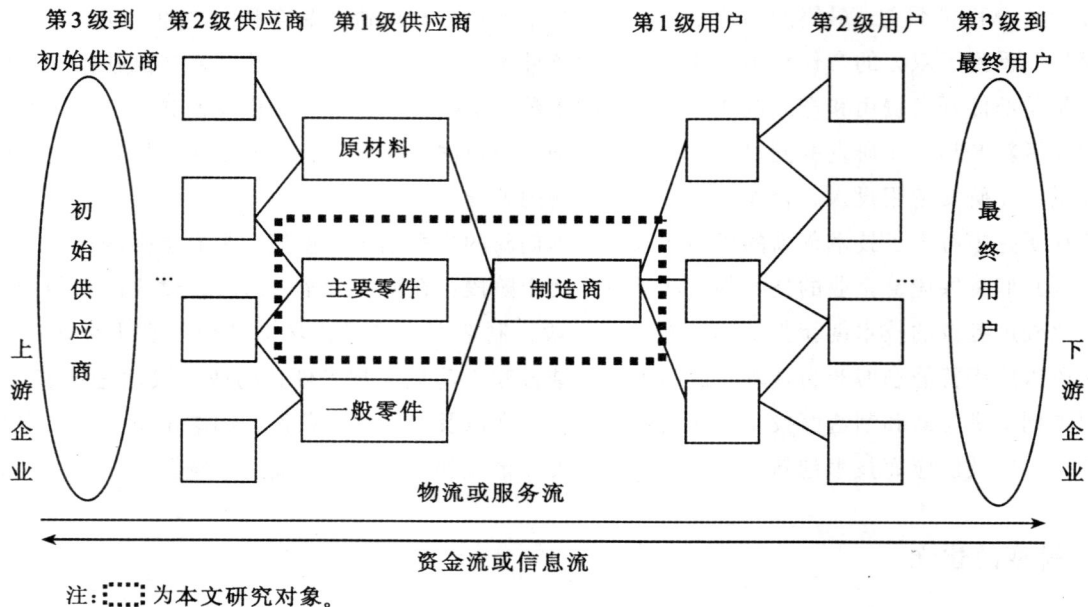

图 1　供应链的网络结构及本文研究对象

由于产品市场处于寡头竞争的市场结构中，假设其产品需求量函数为 $D = d_1 - d_2 p$，这里 d_1 是基本需求，d_2 是需求对价格的敏感程度，即 $\mathrm{d}D/\mathrm{d}P = -d_2$，表示单位价格改变所带来的边际需求变化，$p$ 是市场价格。供应商的技术创新成本函数是二次的①，即对于该企业直接减少的生产成本 x，该企业必须支付 $y = \frac{1}{2}\gamma x^2$，其中，$\gamma$ 表示供应商的创新率（$\gamma > 0$），因此，成本缩减的直接投入是规模收益递减的。

假定在寡占产品市场上制造商企业的总数目（包括供应链上的制造商企业）为 m，它们的初始单位产品内部成本均为 c_m；第 1 至 $m-1$ 企业为非供应链上的制造商，第 m 个企业为供应链上的制造商。其他变量的含义分别如下：c_s 为供应商的单位产品内部成本；r_s 为供应商的单位产品利润；当供应链上的供应商没有进行技术创新时：q_{i0}、π_{i0}（$i = 1，2，\cdots，m$）分别为每个制造商的均衡产量和均衡利润，Π_{m0}、Π_{s0} 分别为供应链上的制造商和供应商的均衡利润。当供应链上的供应商进行技术创新时：θ 为供应商的技术创新成功率；I_m 为供应链制造商的技术创新投资额；I_s 为供应商的技术创新投资额；u、v 分别为制造商和供应商的技术创新投资所带来的供应商成本缩减量；q_i、π_i（$i = 1，2，\cdots，m$）分别为每个制造商的均衡产量和均衡利润；Π_m、Π_s 分别为供应链上的制造商和供应商的均衡利润。

三、模型的求解

动态博弈模型适合用逆推归纳法进行分析，因此，我们首先研究博弈的第二阶段：制造商在寡占产品

---

① Aspremont, C., and Jacquenin, A.. Cooperative and noncooperative R&D in duopoly with spillovers. American Economic Review, 1988, 78 (5): 1 133-1 137.

市场上的产量博弈；然后，再研究博弈的第一阶段：供应商和制造商在技术创新投资上的博弈问题。

1. 第二阶段：制造商在产品市场上的产量博弈

供应商没有进行技术创新时，制造商的单位生产成本均相等，即为 $c_m + c_s + r_s$，表示制造商的单位生产成本包括供应商、制造商的单位产品内部成本以及供应商的单位产品利润。由此可得产品市场上各寡头制造商的利润函数为：$\pi_{i0} = \left(d_1 - d_2 \left(q_{i0} + \sum_{j \neq i} q_{j0} \right) - c_m - c_s - r_s \right) q_{i0}, i = 1, 2, \cdots, m$。根据一阶最大化条件，各制造商的均衡产量为：$q_{i0}^* = \dfrac{1}{(m+1)d_2}(d_1 - c_m - c_s - r_s), i = 1, 2, \cdots, m$。此时供应链上各企业的均衡利润分别为：

$$\Pi_{m0}^* = \frac{1}{(m+1)^2 d_2}(d_1 - c_m - c_s - r_s)^2 \tag{1}$$

$$\Pi_{s0}^* = \frac{r_s}{(m+1)d_2}(d_1 - c_m - c_s - r_s) \tag{2}$$

供应商进行技术创新时，处于供应链上的制造商的单位生产成本有可能要比其他制造商低。即供应链上的制造商的单位生产成本为 $c_m + c_s + r_s - \theta(u+v)$，而其他制造商为 $c_m + c_s + r_s$。由此可得产品市场上各制造商的利润函数为：

$$\pi_i = \left\{ d_1 - d_2 \left(q_i + \sum_{j \neq i} q_j \right) - c_m - c_s - r_s \right\} q_i, i = 1, 2, \cdots, m-1 \tag{3}$$

$$\pi_m = \left\{ d_1 - d_2 \left(q_m + \sum_{j=1}^{m-1} q_j \right) - c_m - c_s + \theta(u+v) - r_s \right\} q_m - \frac{\gamma}{2} u^2 \tag{4}$$

根据一阶最大化条件，各制造商的均衡产量为：

$$q_i^* = \frac{1}{(m+1)d_2}[d_1 - c_m - c_s - \theta(u+v) - r_s], i = 1, 2, \cdots, m-1 \tag{5}$$

$$q_m^* = \frac{1}{(m+1)d_2}[d_1 - c_m - c_s + m\theta(u+v) - r_s] \tag{6}$$

2. 第一阶段：供应链企业的技术创新投资博弈

由供应链企业的理性预期，它们会预期到下游制造商的以上决策，故该供应链企业对供应链产品的需求 q_m^* 作出反应时，它们通过决定技术创新投资额来最大化其利润函数。首先，我们由第一阶段的结果得出供应商和制造商的利润函数：

$$\Pi_m = \frac{1}{(m+1)^2 d_2}[d_1 - c_m - c_s + m\theta(u+v) - r_s]^2 - \frac{\gamma}{2} u^2 \tag{7}$$

$$\Pi_s = \frac{r_s}{(m+1)d_2}[d_1 - c_m - c_s + m\theta(u+v) - r_s] - \frac{\gamma}{2} v^2 \tag{8}$$

根据一阶最大化条件，可解得：

$$u^* = \frac{2m\theta}{(m+1)^2 d_2 \gamma - 2m^2\theta^2} \left(d_1 - c_m - c_s - r_s + \frac{m^2\theta^2 r_s}{(m+1)d_2 \gamma} \right) \tag{9}$$

$$v^* = \frac{m\theta r_s}{(m+1)d_2 \gamma} \tag{10}$$

因此，我们可以得到供应链各企业的最优技术创新投资决策为：

$$I_m^* = \frac{2m^2\theta^2\gamma}{((m+1)^2 d_2 \gamma - 2m^2\theta^2)^2} \left(d_1 - c_m - c_s - r_s + \frac{m^2\theta^2 r_s}{(m+1)d_2 \gamma} \right)^2 \tag{11}$$

$$I_s^* = \frac{1}{2\gamma} \left(\frac{m\theta r_s}{(m+1)d_2} \right)^2 \tag{12}$$

此时，制造商和供应商的均衡利润分别为：

$$\Pi_m^* = \frac{\gamma}{(m+1)^2 d_2 \gamma - 2m^2 \theta^2}\left(d_1 - c_m - c_s - r_s + \frac{m^2 \theta^2 r_s}{(m+1)d_2 \gamma} \right)^2 \tag{13}$$

$$\Pi_s^* = \frac{(m+1)\gamma r_s}{(m+1)^2 d_2 \gamma - 2m^2 \theta^2}\left(d_1 - c_m - c_s - r_s + \frac{m^2 \theta^2 r_s}{(m+1)d_2 \gamma} \right)^2 - \frac{1}{2\gamma}\left(\frac{m \theta r_s}{(m+1)d_2} \right)^2 \tag{14}$$

四、模型分析

1. 模型结果讨论

显然，要使双方都对供应商的技术创新进行投资，必须满足：$\Pi_m^* > \Pi_{m0}^*$ 且 $\Pi_s^* > \Pi_{s0}^*$，即只要制造商和供应商分别从技术创新合作中得到的总利润增量大于其投入成本，双方就达成技术创新合作。上述两式叫做制造商和供应商的参与约束。

下面，我们分析制造商和供应商的最优投资额及技术创新后的均衡利润与需求对价格的敏感程度 d_2、创新率 γ、成功率 θ 的关系：

因为 $\frac{\partial I_m^*}{\partial d_2} < 0$，$\frac{\partial I_s^*}{\partial d_2} < 0$，即制造商和供应商的最优投资额是需求对价格的敏感程度 d_2 的递减函数；$\frac{\partial \Pi_m^*}{\partial d_2} < 0$，$\frac{\partial \Pi_s^*}{\partial d_2} < 0$，即制造商和供应商的均衡利润是需求对价格的敏感程度 d_2 的递减函数。于是得到：

性质1：在其他相关变量不变的情况下，需求对价格的敏感程度 d_2 越小，供应商和制造商的技术创新投资力度及技术创新后的均衡利润就越大。反之，技术创新投资力度及技术创新后的均衡利润就越小。

因为，$\frac{\partial I_m^*}{\partial \gamma} < 0$，$\frac{\partial I_s^*}{\partial \gamma} < 0$，即制造商和供应商的最优投资额是供应商创新率 γ 的递减函数；$\frac{\partial \Pi_m^*}{\partial \gamma} < 0$，$\frac{\partial \Pi_s^*}{\partial \gamma} < 0$，即制造商和供应商的均衡利润是供应商创新率 γ 的递减函数。于是得到：

性质2：在其他相关变量不变的情况下，供应商创新率 γ 越小，供应商和制造商的技术创新投资力度及创新后的均衡利润就越大；反之，技术创新投资力度和技术创新后的均衡利润就越小。

又因为 $\frac{\partial I_m^*}{\partial \theta} > 0$，$\frac{\partial I_s^*}{\partial \theta} > 0$，即制造商和供应商的最优投资额是技术创新成功率 θ 的递增函数；$\frac{\partial \Pi_m^*}{\partial \theta} > 0$，$\frac{\partial \Pi_s^*}{\partial \theta} > 0$，即制造商和供应商的均衡利润是技术创新成功率 θ 的递增函数。于是得到：

性质3：在其他相关变量不变的情况下，技术创新成功率 θ 越高，供应商和制造商的技术创新投资力度及技术创新后的均衡利润就越大；反之，技术创新投资力度及技术创新后的均衡利润就越小。

2. 数例仿真分析

我们将相关变量赋值如下：$c_m = 4$，$c_s = 4$，$r_s = 5$，$d_1 = 500$，$d_2 = 2$，$\gamma = 2$，$\theta = 0.8$，$m = 4$。若供应商没有进行技术创新，将上述数值代入公式（1）、公式（2）可得到制造商和供应商的利润分别为：$\Pi_{m0}^* = 4743.4$，$\Pi_{s0}^* = 243.5$。若供应商进行技术创新活动，将上述数值代入公式（11）、公式（12）可得到制造商和供应商的最优投资量分别为：$I_m^* = 1552.4$，$I_s^* = 0.64$。将上述数值代入公式（13）、公式（14）可得到制造商和供应商的均衡利润分别为：$\Pi_m^* = 6027.9$，$\Pi_s^* = 307.2$。进行检验可知上述数值满足该供应链企业技术创新的参与约束条件。

接下来，我们考察供应商创新率 γ 以及供应商技术创新成功率 θ 对制造商和供应商的期望利润所产生的影响。同时，为了验证需求对价格的敏感程度 d_2 对技术创新均衡所产生的影响，把 d_2 分别取值 2、5 和 10，于是得到以下利润变化趋势图（如图 2、图 3、图 4、图 5 所示）。

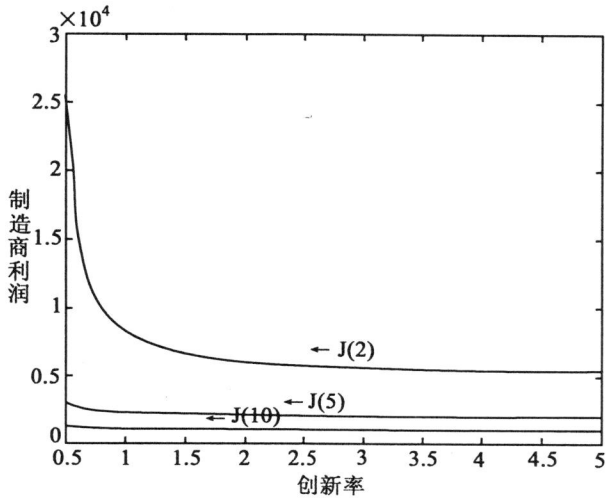

图 2　制造商利润随 γ 变化趋势比较图

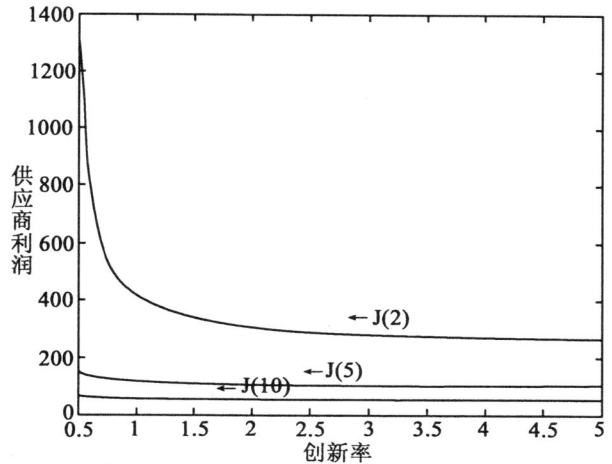

图 3　供应商利润随 γ 变化趋势比较图

从图 2、图 3 可以得到：合作利润总是随供应商创新率 γ 的增大而减少，但减速呈现出递减的趋势；随着需求对价格的敏感程度 d_2 的增大，合作利润均减少。

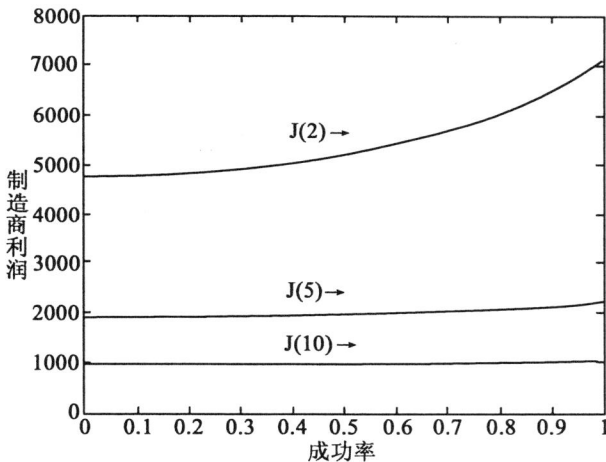

图 4　制造商利润随 θ 变化趋势比较图

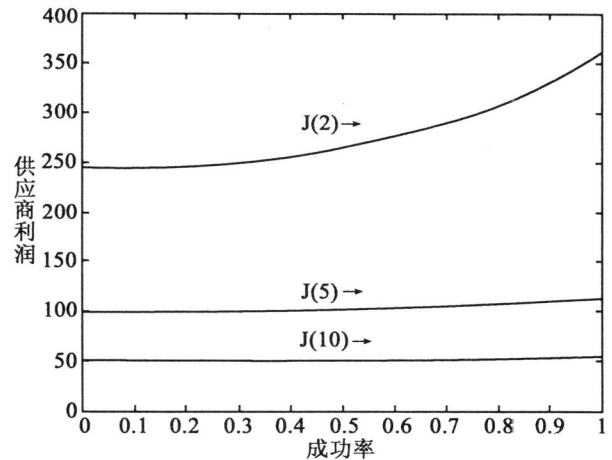

图 5　供应商利润随 θ 变化趋势比较图

从图 4、图 5 可以得到：合作利润总是随供应商技术创新成功率 θ 的增大而增大；随着需求对价格的敏感程度 d_2 的增大，合作利润均减少。

五、结论

我们将供应链企业的技术创新活动分为两个阶段：在博弈的第一阶段，供应商和制造商以自身利润最大化确定各自的技术创新投资额；在第二阶段，制造商在产品市场与其他的寡头企业进行产量博弈。各阶段以库诺特静态博弈为基础，建立了技术创新的两阶段动态投资博弈模型。通过上述研究我们发现，供应链上的制造商为了降低主要零件的供应成本，在与供应商的技术创新合作活动中存在两企业的投资均衡和参与条件。供应商和制造商的技术创新投资力度及技术创新后的均衡利润与市场需求对价格的敏感程度、创新率成反比，与供应商的技术创新成功率成正比。

合作伙伴关系对供应链总体绩效的影响研究

● 周耀烈[1]   疏礼兵[2]

（1，2 浙江大学宁波理工学院 宁波 315100）

【摘 要】供应链企业间的合作以及伙伴关系渐次成为企业竞争优势的主流，合作绩效也就成为供应链总体绩效评估的重要组成部分，与财务绩效和运作绩效共同构成了供应链总体绩效的三个维度。供应链强度、界面管理和伙伴关系结构是影响供应链总体绩效的三大合作要素。论文提出合作伙伴关系对供应链总体绩效影响的概念模型，揭示供应链合作关系对供应链总体绩效的作用机制。

【关键词】供应链合作 合作伙伴关系 合作绩效 供应链总体绩效

一、问题提出

全球化的竞争与合作、全球供应链的整合与重组已经深刻地影响到企业竞争。为增强竞争优势，许多大公司开发了管理价值链的战略方法，与供应商和分销商的战略联盟替代了垂直集成①。供应链对内合作、对外竞争逐渐成为彼此的共识，供应链也渐次成为一个利益共同体，合作和长期导向成为主流。在未来，供应链作为整体的竞争将取代个体公司之间的竞争。企业管理的核心从职能、流程管理向供应链管理转变，而供应链管理从对供应商的管理向供应商发展转变，从对财务、运作的关注到对双方合作要素和战略协同的持续关注转变。随着供应链合作竞争时代的开启，供应链合作伙伴关系越发重要，已经和正在对供应链绩效产生深刻影响，以至于供应链绩效评估中吸纳了越来越多的合作要素。

与企业的绩效评估一样，供应链绩效的各类评估方法也层出不穷，经历了从单因素（财务指标）到多因素评价的过程。然而过去使用一种评估方法可能只是因为数据容易获得（如供应链总体利润、投资回报率和市场份额等）或它已经使用很长一段时间了（以至于产生了不修改的惰性，如采购、制造和交付等衡量标准），但这种绩效衡量可能并不足以描述系统的绩效②。我们发现，无论以往的供应链绩效衡量如何完备，它们仍然局限于财务和运作指标，合作要素并没有得到应有的重视。合作绩效评估从供应链合作和伙伴关系维系的角度来评估供应链绩效，它并非要取代财务绩效和运作绩效，而是与它们构成供应链总体绩效评估的三大支柱。本研究尝试从合作视角探讨供应链总体绩效评估，构建供应链合作要素对绩效影响的关系模型，揭示供应链总体绩效构成及其内在作用机理，为企业的供应链合作和供应链总体绩效评估提供参考。

---

① Tan，K. C.. A framework of supply chain management literature. European Journal of Purchasing & Supply Management，2001，7：39-48.

② Beamon，B. M.. Measuring supply chain performance. International Journal of Operations & Production Management，1999，19（3）：275-292.

二、供应链合作伙伴关系中的关键问题

1. 供应链伙伴关系与合作层次

供应链伙伴关系是指供应链渠道中两个独立实体为达成特定目标和收益而形成的关系。此种伙伴关系强调了直接、长期的联合，鼓励共同制定计划和解决合作过程中产生的各种问题[①]。供应链伙伴关系显然有别于传统的交易关系，更强调相互之间的信任与合作，强调双赢和长期的结果，强调非财务和非运作指标如供应商声誉和创新能力等[②]。这种关系通过削减供应链总成本、库存以及增加共享信息而提升财务和运作绩效，伙伴不再紧盯价格，而是协作生产以提供更好的服务、技术创新和产品设计。此外，供应链合作伙伴之间的相互沟通可以减少机会主义行为和降低外部风险。

从广义角度来说，供应链合作即是供应链伙伴关系，本文采纳这一概念。合作层次是区别不同供应商关系的关键，尽管迄今尚无公认的合作层次分类。通常而言，供应链合作关系可划分为沟通、协调和协作三个层次，或通讯层、协商层、激励层[③]，两者的实际含义大致相同。依据界面结构可以将合作层次划分为四类，即采购员和销售员之间的相互关系、账目管理和采购界面、伙伴之间核心业务流程的合作、模糊边界和战略协同[④]。对于在何种情况下保持什么样的伙伴关系最合适，根据5点量表所做的研究表明，至少有四种最佳伙伴关系模式，即保持距离、有限协作、多部门集成和将其他公司视为自身的延伸[⑤]。

2. 供应链合作关系中的四个关键问题

供应链合作的最初尝试起源于非核心业务外包给供应商，或起源于20世纪90年代中期的需求预测和库存补充合作计划。一般而言，在伙伴关系建立初期，关注的是技术系统、提前期、创新能力、供应链管理风格。实际上，供应链合作更应该关注的是：为何合作、何处合作、与谁合作、合作的风险。

关键问题一：为何合作？或许是因为信息失真、计划失败、沟通不畅、信任减退等让企业不得不合作；或许是合作的好处如产品质量提高、交易成本降低、管理和转换成本降低、更好的产品设计，包括无形的好处如增进沟通和目标一致、解决冲突、减少机会主义行为和降低外部风险等促使企业合作。供应链战略伙伴关系形成的一个基本原因是企业联合可创造一种新的能力，而这种能力是双方单枪匹马所无法获得的。通过战略伙伴关系，企业可以获得独特且有价值的资源或社会资源，如丰田公司就通过与供应商的协作显著增强了双方在全球汽车工业中的竞争地位。

关键问题二：何处合作？供应商、制造商和零售商组成的团队，通过共享信息而提升整个供应链绩效，使得从原材料供应商到最后的产品消费者在内的所有参与人获得满意。仅仅存在单点联系的企业够不上伙伴关系，必须形成一种面的联结，否则极易造成人走茶凉甚至两家公司反目的状况[⑥]；必须在供应链中创建一个宽广的沟通界面，克服内外沟通的缺乏并避免单点联系，即避免一个联系人走了，两家公司的关系也随之中断的情形。

---

① Maloni, M. J., and Benton, W. C.. Supply chain partnerships: Opportunities for operations research. European Journal of Operational Research, 1997, 101 (3): 419-429.

② Duffy, R., and Fearne, A.. The impact of supply chain partnerships on supplier performance. The International Journal of Logistics Management, 2004, 15 (1): 57-72.

③ 郭敏，王红卫. 合作型供应链的协调和激励机制研究. 系统工程，2002，7：49-53.

④ Christopher, M., and Jüttner, U.. Developing strategic partnerships in the supply chain: A practitioner perspective. European Journal of Purchasing & Supply Management, 2000, 12 (6): 117-127.

⑤ Lambert, D. M., and Knemeyer, A. M.. We're in this together. Harvard Business Review, 2004, 12: 114-122.

⑥ 王凤彬. 节点企业间界面关系与供应链绩效研究. 南开管理评论，2004，2：72-78.

关键问题三：与谁合作？那些想同所有供应商和客户合作的企业并不成功，因为合作成本将很快超过合作收益。公司常常能够在运作层面集成流程，但是如果不能将这些流程的集成进一步上升到战术和战略层面，绩效表现将非常有限。每一条供应链有其特殊的战略和文化，从而需要不同的领导风格，需要基于客户需求差异对供应链进行细分，即根据客户的需求建立不同的供应链，有些供应链可能需要高度合作，有些则需要保持距离。

关键问题四：合作的风险。供应链的维持需要一般的契约性条件来保证公开的共享信息和技术诀窍，不过长期合同本身也有风险①。首先，有了"长期契约"的企业间的关系并没有自然地由竞争关系转为伙伴关系。其次，一旦其中一方发现不合适，另一方的退出壁垒较高。此时生存风险度等于供应商加入供应链可能带来的最大损失/致命损失（显然对弱势企业不利）。既然改变合作伙伴的成本是如此巨大以至于制造商成为供应商的"俘虏"（不轻易终止合作关系），较差的供应商绩效并不是唯一的风险，制造商还要担心供应商泄露商业机密给竞争对手的可能性以及供应商本身的投机心理。

三、基于合作视角的供应链总体绩效评估

1. 供应链绩效评估指标的演进

最初的供应链绩效评估仿照公司绩效进行，以财务指标为主。原因在于：传统的供应链模式多是基于价格竞争，对成本、资产、利润和销售额等财务指标格外关注，同时财务指标显而易见，也容易量化。但这种方法很快就受到了广泛的批评。如传统的财务指标评价法无法回答"为什么会这样，怎样才能更好"等问题；鼓励短期效应和局部最优；缺乏战略聚焦以及无法提供有关质量、响应性和柔性的数据；鼓励经理人减少与标准相比的差距而非追求持续的改进；无法提供有关客户需求和竞争对手如何表现的信息②。

公司依赖简要的财务指标可能会忽视持续改进的有利机会，而良好构建的非财务运作指标则能补缺。财务指标多表现外部因素对公司的评估，可以反映传统的业务绩效，诸如市场份额、投资回报率、公司现值和公司净收入以及售后利润；运作绩效则多反映公司内部的效率和效益，直接显示了供应链关系，常用指标包括交付速度、新产品开发时间、交付可靠性以及生产提前期等。

本文认为，从财务指标到运作指标的演进适了竞争时代的供应链管理，而当前所面临的合作竞争时代，必然要引入合作绩效的衡量（同时包含财务、运作与合作的关键绩效指标 KPI 在内的平衡方法）来管理合作型的供应链。

2. 多元化的供应链绩效评估方法

供应链绩效评估方法经历了一个不断演进的过程，从基于职能和流程的绩效评估，到基于功能的绩效评估，合作视角为供应链绩效评估提供了新的思路。

（1）基于职能的绩效评估。早期的供应链管理以职能合作为基础，特别是有关各类成本、物料、产品和库存管理、采购以及对供应商和制造商双方各自的绩效考核。由于对职能性思考过于普遍，无法从内外支持供应链的合作，基于职能的绩效衡量受到众多批评，如对成本指标的过分倚重，无法与组织（或供应链）的战略目标保持一致，同时也没有考虑到供应链的不确定性③。

① Feldmann, M., and Muller, S.. An incentive scheme for true information providing in supply chains. Omega, 2003, 31 (1): 63-73.

② Neely, A.. The performance measurement revolution: Why now and what next?. International Journal of Operations & Production Management, 1999, 19 (2): 205-228.

③ Gunasekaran, A., Patel, C., and McGaughey, R. E.. A framework for supply chain performance measurement. International Journal of Production Economics, 2004, 87 (3): 333-347.

（2）基于流程的绩效评估。随着跨职能活动的增加，界定良好和有效控制的流程对提高供应链绩效显得更为重要。由供应链协会（SCC）开发的供应链运作参考模型（SCOR），通过计划、采购、制造、交付、逆向物流五个流程11项指标来反映供应链绩效，实现从基于职能管理到基于流程管理的转变。有学者将供应链管理划分为供应商、运入物流、制造、运出物流、市场和销售、最终用户六大流程，并根据核心流程和细分之后的子流程提出详细的供应链绩效衡量指标体系①。

（3）基于功能的绩效评估。有关职能或流程的研究均从供应链内部出发，而基于功能的绩效评估则往往先将供应链视作黑箱，从系统功能的角度出发来评价供应链的整体绩效，进而探讨黑箱内部结构。供应链管理的目标是以最小成本最大化产出，或以最高的效率获取最大的效益。前者要求供应链是敏捷的，包括提前期、可靠性、产能和产品组合以及交付信息；后者要求供应链是精益的，包括价格、生产率、库存、资产效用和交易成本。最佳的供应链绩效应该由敏捷和精益两方面组成。有学者提出从三个维度衡量供应链绩效：效率导向的维度，与资源的使用相关；效益导向的维度，与产出相关；响应导向的维度，与供应链柔性相关。这完全可以纳入到敏捷与精益两个维度中。

（4）基于合作层面的绩效评估。相对于以前只关注价格而言，制造商现在更为关心的是供应商在提供改良服务、技术创新和产品设计方面的协作，但有关合作方面的绩效评估研究仍非常少见。供应链合作分为战略层、战术层和操作层，不同层次存在相应的绩效衡量方法②。供应链伙伴关系和战略联盟意味着组织之间与其上游供应商和下游客户的协作与排外关系。这些联盟常常能够通过减少总成本和库存，共享信息，增加成员的财务和运作绩效。孙锐和王海燕给出了一个供应链联盟绩效的评估框架，包括顾客满意度、供应链节点企业满意度、供应链业务流程评价、供应链经济效益评价和供应链创新与发展评价③。

国内外学者关于供应链绩效的评估方法和维度的研究小结如表1所示。

表1　　　　　　　　　　　　　　　　　　　供应链绩效评估小结

	职能视角	流程视角	功能视角	合作视角
财务绩效指标	生产成本、库存成本、物流成本、销售利润	担保成本、现金流周转时间、供应链库存周转天数、资产周转率	精益（价格、生产率、库存、资产效用和交易成本）	供应链经济效益评价、投资回报率
运作绩效指标	产品范围、供应商绩效	提前期、柔性、完美交付、客户响应性、内向物流、外向物流	敏捷（提前期、产能、可靠性、产品组合和交付信息）	顾客满意度、供应链节点企业满意度、业务流程评价
合作绩效指标				供应链创新与发展评价、共享信息、供应链伙伴关系

3. 对现有评估方法的小结及改进方向

扫描现有文献可以发现，尽管合作已是供应链管理之大势所趋，但供应链绩效衡量大多从财务和运作

---

① Chan, F., and Qi, H. F.. An innovative performance measurement method for supply chain management. Supply Chain Management, 2003, 8 (3): 209-223.

② Gunasekaran, A., Patel, C., and Tirtiroglu, E. Performance measure and metrics in a supply chain environment. International Journal of Operations & Production Management, 2001, 21 (1/2): 71-87.

③ 孙锐，王海燕．基于BP神经网络的电子商务环境下供应链联盟绩效评价研究．管理评论，2005，17（12）：22-27.

角度出发拟定参数指标，很少考虑到合作这一维度，甚至连有效供应链的两大支柱信任和沟通都没有提到。事实上，从长期来看，供应链是否能持续地具有竞争力正由合作绩效决定。因为自身利益最大化是供应链成员的首要目标，系统最优的结果并不是成员最关心的，若在成员之间达成合作，即使达到了系统最优的局势，也必然要求将总合作收益进行适当的再分配，同时必须满足一定的公平性条件。供应链的核心是上游和下游的关系管理。因此，仅仅评估买方或者供应商的绩效已经远远不够，而基于合作关系的供应链总体绩效是评估的重点。现有的供应链绩效评估过分地追求完美，以至于不断增加各类指标，使得指标臃肿，评估缺乏效率。绩效衡量完全可以用少量简单而有效的指标来表示。此外，现有研究中的合作和绩效是分开的，合作绩效本身也非合作与绩效的简单相加。可以看出，基于合作视角的供应链绩效衡量是继财务指标和运作指标之后的一个新的发展方向。

四、合作伙伴关系对供应链总体绩效的影响：一个分析模型

1. 供应链总体绩效的评价指标设计

通过前文分析，并参考相关学者的研究成果，本研究从财务绩效、运作绩效和合作绩效三个方面对供应链总体绩效进行分析。

虽然过去有过分强调财务绩效的倾向，但最近的研究似乎有点矫枉过正，常常有学者置财务绩效于不顾，殊不知评价一个公司或供应链，财务仍是最终目标，即使平衡记分卡也持有相同观点，只不过在如何达到财务绩效方面需要更为细致的分析。财务绩效可以用销售额、利润增长速度和成本降低速度等指标来衡量。

运作绩效主要讨论供应链运作的效率和效益，可以采用柔性与提前期、质量与数量和客户满意度等三个二级指标来衡量。运作高效的供应链显然具有较好的财务绩效，同时供应链的高效运作除需企业自身努力之外，还需要合作伙伴的配合。

合作绩效反映的是伙伴双方彼此的满意度和经由合作而达到的成果。良好的合作关系是供应链运作的基础，有助于供应链财务绩效的改进。因此，合作绩效一方面直接影响到运作绩效并通过运作绩效影响财务绩效，另一方面也直接作用于财务绩效。可以采用双方合作满意度、竞争优势的增强和供应链的效率与效益等三个二级指标来衡量合作绩效。

2. 影响供应链总体绩效的合作要素

有关供应链合作要素特别是关键因素的研究较少。供应链企业之间合作与企业的性质或者具备的条件有关，经济要素（如对产业的影响、市场份额等）、位置要素（对合作双方的作用影响程度等）、信息要素（双方的信息处理能力和创造力以及合作成果的管理能力等）可以用来解释企业之间的行为。信息要素作用的比重越大，合作双方就越倾向于协商；而经济要素和位置要素的比重越大，合作双方所关注的焦点就会集中在当前利益的实现和维系上，缺乏对企业核心能力的培育和发展，因此在行为中更趋向于权力的运用。合作性的文化是供应链合作的主要支持要素，如内外信任、共同受益、信息交换和开放沟通。Noori 开发了一种基于 PDCA 框架的持续性合作改进（CCI）模型，包括关系、沟通、共享资源和持续改进为四个维度。在供应链发展的不同阶段，影响供应链合作成功的关键要素存在一定差异性，而高层支持、有效沟通和集中协调是供应链合作成功的持续影响因素。王凤彬就供应链界面结构提出了业务交易、信息共享、活动互换、知识交流、决策权的分享或转移和风险与利益共担六大维度。在以往学者的努力下，笔者认为，从合作视角来看，供应链强度、界面管理和伙伴关系强度是影响供应链总体绩效的关键合作要素。

（1）供应链强度。供应链强度是指供应链合作关系的紧密程度或不被破坏的程度，即在微小扰动状

态下系统保持稳定的可能性或系统能够承受多大程度的扰动。案例研究表明，伙伴关系开始的"蜜月期"常常因为质量或者交付问题而使得双方走向敌对，供应链强度不足是其主要成因。供应链强度包含供应链成员的技术能力、内外信任、收益分配和合作层次四个方面。

供应链成员间可以共享信息和技术诀窍，而共享信息和技术诀窍有助于提升供应链成员的技术能力。成员之间命运的攸关使得它们对创新都强烈关注，通过不为人知的技术诀窍形成一种内聚和共识，并由此获得双赢。技术协作是另外一个重要方面，特别是从长期来看，与供应商的技术协作比压榨供应商的成本更能创造新的赢利机会。

合作伙伴之间的相互信任表明了共同进退的决心。信任能够显著地稳定长期的合作关系，承诺则意味着为伙伴关系的目标持续付出。高度的信任有利于伙伴之间的信息共享，而制造商和供应商通过共享原材料获取、产品设计等重要信息得以在产品质量、客户响应时间和成本节省等方面改进，然后将这些价值部分传递给客户，从而增加成员的财务和运作绩效。

供应链合作伙伴显然是一个利益共同体，共担风险共享收益。收益的分配是否符合双方对供应链所做的贡献是影响将来合作绩效和供应链是否能够保持稳定的重要问题。总的来说，收益贡献对等是对合作绩效的奖励，收益风险对等则是对合作态度的奖励。

一般来说，合作的层次越高，供应链绩效越好，伙伴关系也越坚固。供应链双方的长期关系是合作层次的自然发展，由于长期关系的存在，供应商成为良好供应链的一部分因而对供应链整体竞争力有持续积极的影响，在长期关系中明显的高水准信任和协作创造了出色的客户响应和其他公司绩效。基于以上论述，可提出：供应链强度对合作绩效有直接的显著作用。

（2）供应链界面管理。供应链界面管理包括供应商和制造商相连接的界面、双方内部各职能部门的界面和与环境交接的界面。过去的研究往往忽视了界面管理，将供应链视做天然良好的界面，只是注重界面两侧的管理，但恰恰是界面管理整合了两侧的资源。

供应商的早期参与往往给制造商带来诸如在产品创新、成本控制等方面的好处，同样的，早期参与的供应商也由此获得了特殊地位和制造优势。供应商发展也是现今供应链管理中比较流行的词汇，在长期的协作过程中制造商帮助供应商提升技术、质量、交付和成本控制能力及其持续的改进；反过来，供应商也可以帮助提升制造商的技术、质量、交付和成本控制能力，并同时增进供应链绩效，这是相辅相成的，也表明了伙伴关系的对等和互助。在一个成熟的供应链中，必不可少的是制造商对供应商的持续关注以及供应商对制造商的客户的持续关注。这就是说，如果供应商能够与其制造商建立伙伴关系以及制造商能够与其客户建立类似的伙伴关系，则相应的价值传递将进一步延伸，并由此改进整个供应链的绩效和竞争优势。

处于高度变动性和复杂性的环境之中，供应链合作伙伴之间如何携手应对呢？供应链与环境之间的界面管理有可能对供应链的总体绩效产生重大的影响。由于高层管理者对供应链战略和保持竞争优势有更好的理解，能够通过影响组织价值和管理风格从而影响供应链绩效。高层的承诺（保持有价值关系的持久愿望）非常重要。因此，供应链界面管理对合作绩效有显著作用，但供应链界面管理也可能通过供应链强度对合作绩效有显著间接作用。

（3）伙伴关系结构。伙伴关系结构在本文中是指供应商和制造商在供应链中所处的相对位置、合作方式和相互影响力以及双方企业文化的融合程度。伙伴关系结构在一些文献中也称为供应链结构。伙伴关系结构主要包括跨职能团队和沟通、相互依赖性、文化包容性和对等地位四个方面。

跨职能团队由于在供应商选择、产品设计、JIT 生产方式、成本缩减、全面质量管理和增进沟通等方面的成功有重要贡献而越来越受到合作双方的重视。跨职能团队的发展建立起流程导向的结构，减少或消除了职能部门的边界和专业化分工的缺陷，有助于共同面对遇到的难题，并在所有价值增值活动中传播知识，促进了供应链总体绩效的提升。

伙伴关系的相互依赖性主要体现在共同受益资产的投入（也暗含了长期合作的承诺）、双方员工的互助行为和结果以及对未来合作的期望和态度。专有资产投入越多，员工互助行为越频繁，对未来的期望越大，表明相互依赖性越强，伙伴关系结构越紧密，从而对绩效产生影响。

使所有价值链成员的文化变革适应于供应链管理是供应链成功的先决条件，也是合作伙伴最重要的无形资源之一。文化的包容性体现在双方合作的过程中是否能够保持一致（至少是不相冲突）的管理风格，是否对彼此的能力有清晰的认知，以及在原则问题上的共同把握尺度。具有包容性的合作文化，有利于供应链运作效率的提高和员工之间的互相认同与组织学习，从而提高供应链绩效。此外，双方地位的对等或相称能够促进长期合作，保持战略协作，提升供应链绩效。因此，伙伴关系结构对合作绩效有显著作用，伙伴关系结构也可能通过供应链强度对合作绩效有显著的间接作用。

总之，供应链强度、界面管理和伙伴关系结构作为影响供应链总体绩效的重要合作要素，通过直接作用于供应链合作绩效进而共同作用于供应链总体绩效。

3. 供应链合作要素对总体绩效影响关系的概念模型

在以往的研究中，合作被认为是供应链绩效之外的独立部分，学者们提出了许多合作的理论和方法，但没有考察合作对于供应链绩效的影响，本文在相关研究的基础上，从合作视角提出了供应链总体绩效影响关系的一个概念模型，试图厘清供应链合作与供应链总体绩效，以及它们之间的内在相互关系（如图1所示）。

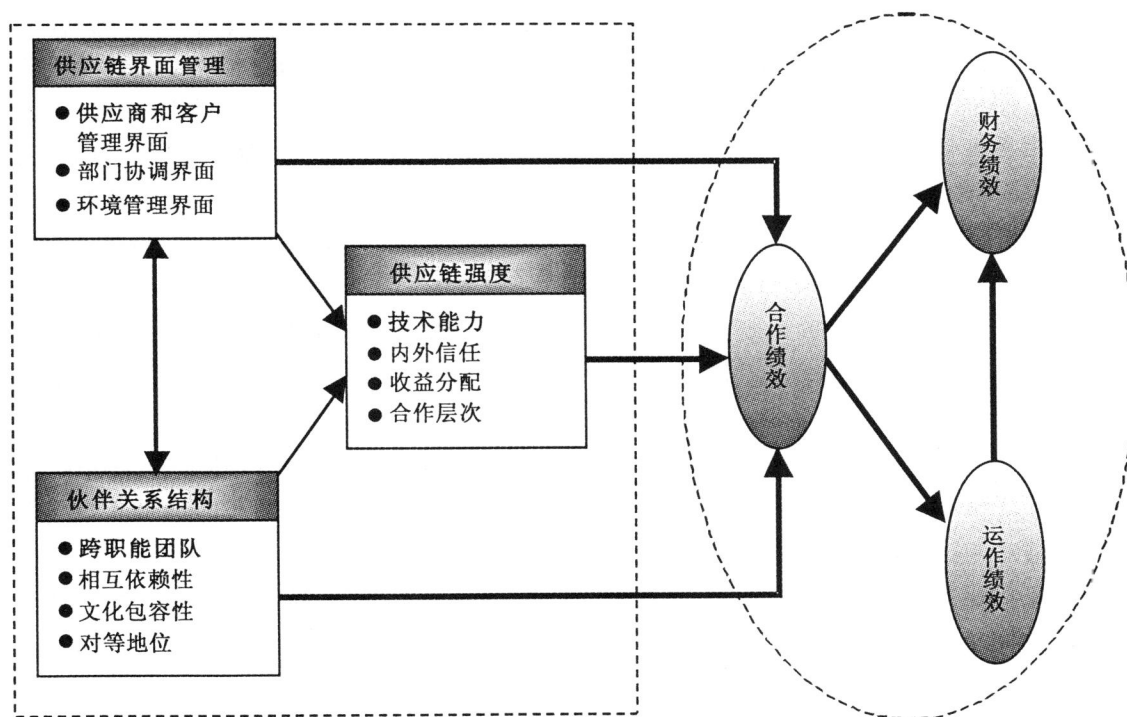

图1　影响供应链总体绩效的合作要素概念模型

本研究提出了一个分析供应链合作要素与供应链绩效相关关系的理论框架，在原有供应链绩效分析的基础上，引入了合作绩效，将供应链总体绩效划分为财务绩效、运作绩效和合作绩效三个主要的维度。尽管在公开的宣称和私下的盘算中公司可能有多个目标，但财务绩效仍然是公司及其供应链绩效的最终目标。然而本研究表明，在对供应链绩效的评估中，不可忽视的是财务绩效的两大基石：合作绩效和运作绩效，后者已经在过去的研究中得到了重视，而前者刚刚开始被发掘出来。只有具备良好的合作绩效和运作绩效，才可能有良好的财务绩效。本文据此提出了一个简约的供应链总体绩效多维评估框架，而这三个维度中，合作绩效和运作绩效是中间变量，财务绩效是最终变量。

本文通过文献研究和对企业的实地调查，对供应链总体绩效和合作要素关系进行了系统梳理，并对它们之间的内在作用机制进行探讨，探索性地建立了影响供应链总体绩效的合作要素模型。影响供应链总体绩效的合作要素可以归纳为供应链强度、供应链界面管理以及伙伴关系结构三大维度，在此基础上可以进一步细分为 11 个子变量。而这三个维度之间又存在着相互作用和影响关系，共同直接或间接作用于合作绩效进而影响到供应链总体绩效。

五、主要结论与讨论

本研究基于理论分析和企业实地访谈调研，对供应链合作伙伴关系及其对供应链总体绩效的影响机制进行了探索。主要结论如下：

（1）供应链绩效评估的以往研究仅仅关注了财务绩效和运营绩效，在合作竞争的新环境背景下，引入合作绩效很有必要。在供应链总体绩效评估中，合作绩效和运作绩效是财务绩效的基石，即合作绩效和运作绩效是中间变量，财务绩效是最终目标。

（2）影响供应链总体绩效的合作要素可以归纳为供应链强度、供应链界面管理以及伙伴关系结构三大维度，它们之间相互作用和相互影响，共同直接或间接作用于合作绩效，进而影响供应链总体绩效。因此，调适供应链合作强度、整合管理供应链界面环境、改善伙伴关系结构是提升供应链总体绩效的关键方向。

（3）供应链绩效评估是检验供应链合作、提供合作成效反馈的重要方式，绩效评估的目的不是选择、淘汰或惩罚供应商，而是为将来双方更好的合作找出值得改进之处，不断完善双方的合作机制，提升合作绩效。因此，在绩效评估过程中，需要双方高层的参与，需要双方频繁而坦率的沟通，以确保识别出影响绩效的真正深层次原因从而加以改进。

（4）供应链合作是一项长期的系统工作，非短期内可以奏效。本文在前面论证了供应链合作中的诸多要素，这是一个普遍适用的解答，具体到每个企业有自身的适用范围和重点，需要企业仔细地加以确定并实施。

（5）从实地访谈和调研来看，供应链合作较好的企业通常具有较好的总体绩效。国内企业特别是过去依靠市场和价格竞争的民营企业在加强供应链合作和供应链创新方面还有很长的路要走，也有很大的潜力可挖，许多民营企业也已经意识到这个问题，但没有找到解决的办法。

由于本研究仅针对供应链合作伙伴关系和供应链总体绩效提出了一个概念性的分析模型，并没有对它们之间的关系以及模型的合理性与解释能力进行必要的实证分析，研究结论的可靠性有待于进一步检验。跟踪和实验研究是探讨供应链合作诸要素对供应链总体绩效影响关系的最佳方式，这是未来的研究方向。

参 考 文 献

[1] Barratt, M. A.. Exploring supply chain relationships and information exchange: A case study in the UK grocery sector. Cranfield University PhD. thesis, 2002.

[2] Barratt, M. A.. Understanding the meaning of collaboration in the supply chain. Supply Chain Management,

2004, 9 (1).

[3] Beamon, B. M. . Supply chain design and analysis: Models and methods. International Journal of Production Economics, 1998, 55 (3).

[4] Christopher, M. . Logistics and supply chain management. London: Pitman Publishing, 1992.

[5] Hall, R. , and Andriani, P. . Analysing intangible resources and managing knowledge in a supply chain context. European Management Journal, 1998, 16 (6).

[6] Noori, H. . Collaborative continuous improvement programs in supply chain. Problems and Perspectives in Management, 2004, 2.

[7] 宋华. 物流供应链管理机制与发展. 北京: 经济管理出版社, 2002.

[8] 徐贤浩, 马士华. 供应链企业之间合作对策的研究. 武汉交通科技大学学报, 2000, 4.

象征性品牌形象：概念、模型及管理*

● 王长征

（武汉大学经济与管理学院　武汉　430072）

【摘　要】随着当代社会文化环境下象征消费的高涨，企业如何进行品牌的象征定位和塑造一种对消费者具有吸引力的象征性品牌形象，已成为业界和学界所共同面临的一个课题。本文在批评和借鉴品牌形象及管理研究中既有成果的基础上，通过心理学和社会学中自我理论的引入和探讨，对目前流行的象征性品牌形象的概念进行了修正和完善，并针对企业如何选择和发展象征性品牌概念与形象，提出了具有一定指导意义的策略建议。

【关键词】自我　象征　意义　品牌定位　象征性品牌形象

一、问题的提出

今天，象征消费的高涨正在深刻地影响和改变着企业的品牌管理实践。消费者进行象征消费的根本动机，是为了建构、发展、维持或表达他们的自我[1]。因此，在象征消费的条件下，一个产品或品牌若要成为消费的对象，它首先必须成为一个象征或符号[2]，即被注入一定的象征意义。由于象征消费的推动，一些企业纷纷将其营销努力的重点从产品和品牌的物质属性和功能利益转移到了它们的象征性或表达性的联想[3]，从而也就提出了如何对品牌进行象征定位，如何在消费者的心智中成功塑造、维持和强化象征性品牌形象的问题。

然而，在现有的文献中，无论是采取消费者视角的品牌形象研究，还是采取企业视角的品牌概念—形象管理研究，迄今仍大致停留在 Park 等（1986）提出的"功能的"、"体验的"和"象征的"三种品牌概念/形象[4]的抽象层次上（"品牌个性"研究是一个例外），而且有关象征性品牌形象的界定，虽然将其与自我相关的消费者利益联系了起来，但却是相当模糊和不完整的。正如 Lawson 和 Balakrishnan（1998）所评论的那样，现有的以 Park 等人为代表的理论模型几乎不能为企业的实践提供任何具有现实意义的指

＊ 国家自然科学基金项目"象征型品牌：象征意义的维度、效应与作用机制"（编号：70672069）；教育部社科研究基金规划项目"象征消费、品牌的象征定位及对消费者的影响研究"（编号：06JA630050）。

① Schau, H. J., and Gilly, M. G.. We are what we post? Self-presentation in personal web space. Journal of Consumer Research, 2003, 30（3）：385-404.

② Cova, B.. The postmodern explained to managers：Implications for marketing. Business Horizons, 1996, 11-12：15-23.

③ McEnally, M., and L. de Chernatony. The evolving nature of branding：Consumer and managerial considerations. Academy of Marketing Science Review, 1999, 2：1-26.

④ Park, C. W., Jaworski, B. J., and MacInnis, D. J.. Strategic brand concept-image management. Journal of Marketing, 1986, 50（10）：134-145.

导①。实际上，概念和理论的局限性已在相关的实证研究中反映了出来：依据目前的概念对象征性品牌形象的意义维度进行的探索性和验证性研究，并没有取得令人满意的结果。

鉴于以上原因，本文将在对现有的品牌形象及管理研究进行回顾和评价的基础上，通过引入心理学和社会学中的"自我理论"（Self Theory），并结合市场营销学科中有关消费者自我和象征消费的研究成果，以修正和完善象征性品牌形象的概念，进而为企业如何发展象征性品牌形象提出一个框架性的建议。

二、对品牌形象及管理研究的回顾与评价

目前的品牌形象及管理研究主要存在两种研究路径：一是采取消费者视角的品牌形象研究，它一般把品牌形象视为构成品牌资产的一个关键要素②，所关注的是消费者的记忆中所形成的有关品牌利益的联想。二是采取企业视角的品牌概念—形象管理研究，它所关注的焦点是企业如何选择和确定品牌概念（Brand Concept），以及如何通过适当的定位战略、营销组合策略和管理过程来影响消费者的品牌形象知觉。但这两种研究路径基本上共享了相同的"品牌形象"概念。

（一）对品牌形象研究的回顾与评价

传统上，品牌形象主要被定义为"对品牌的态度"，并且是根据消费者对于品牌属性的信念来对其进行测量的（Zinkhan 和 Hirschheim，1992）。这种基于态度的品牌形象研究目前仍在继续③。尽管在品牌形象的定义、构成和测量等方面仍然存在许多的争论（Dobni 和 Zinkhan，1990），但近年来的研究趋势似乎是正在广泛地接受 Park（1986）和 Keller（1993）的品牌形象概念。

Keller 将品牌形象定义为通过消费者记忆中的品牌联想所反映的有关某一品牌的知觉，并把它区分为品牌联想的种类（分为属性、利益和态度三类）、偏爱、强度和独特性等多个维度。其中，Keller（1993）有关品牌利益联想的分类，与 Park 等（1986）提出的三种品牌概念/形象是一致的，即将品牌概念/形象区分为"功能的"、"体验的"和"象征的"三种类型。

对于象征性品牌，根据 Park 等（1986）的定义，采用"象征性概念"的品牌，就是为了帮助个体与渴望群体、角色或自我形象建立联系而设计的品牌，或者说就是用来满足消费者对自我提升、角色地位、群体成员身份或自我认同的欲望的品牌。Keller（1993）部分地采纳了 Park 等人的概念，但他更多强调的是品牌所代表的声望、独占性和时尚等。沿着 Park 等人和 Keller 的路线，Roth（1995）在有关品牌形象（将之区分为功能的和体验的两种形象）对产品绩效影响的实证研究中，进一步用"社会性形象"（Social Image）替代了"象征性形象"④。

然而，根据 Keller 及 Park 等人的概念，Hsieh 等（2002，2004）针对汽车行业进行了实证研究，结果却只是成功提取了"声望"和"奢侈性"两个有效的象征意义维度。显然，声望和奢侈性是否可以充分

① Lawson, R., and Balakrishnan, S.. Developing and managing brand image and brand concept strategies. American Marketing Association, 1998, 9: 121-126.

② Keller, K. L.. Conceptualizing, measuring, and managing customer-based brand equity. Journal of Marketing, 1993, 57: 1-22.

③ Hsieh, M-H., Pan, S-L., and Setiono, R.. Product-, corporate-, and country-image dimensions and purchase behavior: A multiconutry analysis. Journal of the Academy of Marketing Science, 2004, 32（3）: 251-270.

④ Roth, M.. The effects of culture and socioeconomics on the performance of global brand image strategies. Journal of Marketing Research, 1995, 5: 163-175.

代表品牌可能具有的丰富的象征意义，是值得怀疑的①（Bhat 和 Reddy，1998）。事实上，Bhat 和 Reddy（1998）在他们的研究中所识别出的象征意义维度，除了声望外，还有"个性表达"。另一方面，Aaker（1997）基于心理学中人格特质理论的品牌个性研究却取得了相当的成功②（但"个性"也只是代表了象征性品牌形象的一个维度，而不可能是它的全部）。

由此，我们不得不提出一个问题：为什么目前学术界所公认的品牌形象（特别是象征性形象）概念并没有或者根本无法产生令人满意的研究结果？从后面有关消费者的自我讨论中我们将不难发现，无论是 Park 等人还是 Keller 以及后来的追随者（如 Roth、Hsieh 等），他们虽然将"象征性品牌形象"界定为与自我相关的利益联想，但在其内涵的表达上，不仅相当模糊，而且缺少对消费者自我的完整理解和系统把握。

具体来说，Park 等人的概念明显忽视了消费者"实际的"或"现在的"自我所产生的自我验证的需要和动机；同时，在他们的概念中，东方人所偏向的"关系的"或"家庭的"自我也没有受到应有的关注（他们所强调的是群体成员身份和自我认同）。而 Keller 以及后来的 Roth 和 Hsieh 等学者，所关注的重点已基本上集中在"公我"或"集体自我"的层面，因而仅仅强调了个体在群体或公众中所享有的地位、声望和归属关系等。这不仅相对地忽视了个体内在的自我（即"个人自我"），而且同样忽视了源自于人际关系的"关系自我"。

（二）对品牌概念—形象管理研究的回顾与评价

Park 等人提出了该领域迄今为止最有影响的一个品牌概念管理的理论模型。在该模型中，作者区分了功能的、象征的和体验的三种品牌概念，同时建议企业从中选择一个概念（而不要同时选择两个或三个）并通过长期坚持来建立品牌的竞争优势。他们也围绕不同的品牌概念针对品牌所处的引入、经营和巩固三个不同发展阶段分别提出了相应的定位战略和营销组合策略的建议。根据他们的建议，象征性的品牌在其形象引入阶段的定位战略，就是要通过营销组合策略的运用，突出该品牌"与群体成员身份或自我认同"之间的关系；在经营阶段，就是要使非目标顾客的购买和消费变得更加困难，以维持品牌与群体或自我形象相关的联想；最后，在巩固阶段，就是要通过引进具有象征性概念的新产品，达到"形象集束"（Image Bundling）的效果。

由于 Park 等（1986）的模型未能对企业如何从三个概念中做出选择提供指导，Lawson 和 Balakrishnan（1998）提出了一个修正模型，建议企业以消费者对产品品类（Product Category）的利益感知为起点，来进行品牌概念和品牌形象的发展与管理。但修正后的模型只是建议了一个不同的、自下而上的发展品牌概念和形象的步骤，对于企业可选择的品牌概念，仍停留在 Park 等人的分类之上。也许更重要的是，Lawson 和 Balakrishnan（1998）建议仅从消费者感知的品类利益出发来发展、抽象和选择品牌形象和概念，必会使一个品牌可以选择的概念和形象受到严重的限制。例如，当企业试图建设和塑造一种 Goodyear（1996）所说的个性品牌（Brand as Personality）、肖像品牌（Brand as Icon）或公司品牌（Brand as Company）时③，Lawson 和 Balakrishnan（1998）的模型就会遇到困难。仅仅通过消费者的品类联想，是不可能充分获得可用于描述和界定这样的象征性品牌所需的意义内容的。

---

① Bhat, S., and Reddy, S. K.. Symbolic and functional positioning of brands. Journal of Consumer Marketing, 1998, 15（1）：32-40.

② Aaker, J. L.. Dimensions of brand personality. Journal of Marketing Research, 1997, XXXIV（8）：347-356.

③ Goodyear, M.. Divided by a common language: Diversity and deception in the world of global marketing. Journal of the Market Research Society, 1996, 38（2）：105-122.

最近，Berthon、Holbrook 和 Hulbert（2003）根据企业进行品牌定位的需要，提出了一个由具体/抽象、功能/表现两个维度构成的"品牌空间"（Brand Space）模型①。借助于这个品牌空间的概念，作者们识别出四种"原型"性质的品牌定位，并将它们分别命名为具体和表演性的品牌（Reified-enacted Brand）、具体和功能性的品牌（Reified-Functional Brand）、抽象和功能性的品牌（Abstract-functional Brand）及抽象和表演性的品牌（Abstract-enacted Brand）。其中，功能性品牌专注于它能为消费者做什么，表演性品牌则专注于它对消费者意味或代表了什么；具体化的品牌与产品的关联度高，甚至是一体化的，而抽象性的品牌几乎是独立于产品的，与产品的关联度低。依据他们的观点，最高抽象层次的品牌代表的是"价值、概念或形象"，而这些意义已完全独立于特定的产品、产品品类和产品主题（Product Theme）。从这里也可以看出，这个抽象层次上的品牌意义是无法或难以通过消费者的产品品类联想来获得的。

综合起来看，采取企业视角的相关研究主要为企业提供了可供选择的不同类型的品牌概念，而且大多数的讨论仍停留在相当抽象的功能、体验和象征的层次上，它们不仅没有解决企业如何在这些不同的品牌概念中做出选择的问题，而且也没有很好地回答象征性品牌形象是什么，企业可以把哪些类型的象征意义注入品牌，以及如何选择和确定具体的象征意义等基本的理论和实践问题。

三、作为象征空间的自我与象征性品牌形象的界定

笔者认为，上述研究的不足主要源于对消费者自我的理解尚存在一定的局限性。换言之，目前的品牌形象及管理研究虽然将象征性品牌形象与消费者所寻求的自我相关的利益联系起来，但却没有充分地吸收与整合心理学和社会学中自我理论的研究成果。象征性品牌对于消费者之所以有价值，就在于它所承载的象征意义或投射的形象可以被用来构建和表达消费者的自我，而且这些意义必须与消费者所寻求的自我意义（Self-meanings）相匹配。因此，要发展和完善象征性品牌形象的概念，就必须系统、完整地理解消费者的自我及其构成。

（一）作为象征空间的自我

我们可以借用"象征空间"（Newsom，2004）的隐喻来描述消费者的自我。社会心理学家之间目前虽然仍然存在许多如何理解自我的争论，但一些基本的共识似乎正在或已经形成。他们一般认为，人类个体对于自己的看法和感受不只是形成了个体化的自我概念（个体对自己区别于他人的独特身份的认识），而且也包含了根据他们与他人或社会群体的关系所定义的自我。例如，Greenwald 和 Breckler（1985）提出和区分了"私我"（Private Self）、"公我"（Public Self）和"集体自我"（Collective Self）的概念②。Markus 和 Kitayama（1991）采取跨文化的研究视角，提出了"独立性自我"（Independent Self）和"互依性自我"（Interdependent Self）的分析框架③。这些学者所建构的公我、集体自我和互依性自我等概念，所涉及的都是自我的社会层面，它们已经超出了个体的身体边界。实际上，许多社会心理学家都把个体追求一种"延伸的自我感"（Extended Sense of Self）看做人类的一个基本动机（Brewer & Gardner，1996）。

在前人研究成果的基础上，Brewer 和 Gardner（1996）提出了"个人自我"（Personal Self）、"关系自

① Berthon, P., Holbrook, M. B., and Hulbert, J. M.. Understanding and managing the brand space. MIT Sloan Management Review, 2003, Winter: 49-54.

② Greenwald, A. G., and Breckler, S. J.. To whom is the self presented?. In, B. Schlenker（ed.）. The self and social sife. New York: McGraw-Hill, 1985: 126-145.

③ Markus, H., and Kitayama, S.. Culture and the self: Implications for cognition, emotion, and motivation. Psychological Review, 1991, 98: 224-253.

我"（Relational Self）和"集体自我"三个层次的自我分析框架①。根据他们的分类，个人自我是自我概念中将自己区别于所有其他人的那些方面，包括个体的能力、态度、价值观、动机和人格特质等，它类似于 Markus 和 Kitayama（1991）的独立性自我的概念；关系自我是源于与重要他人之间的联系和角色关系的自我概念（如"我是××的父亲"），它非常接近于 Markus 和 Kitayama（1991）所定义的互依性自我；集体自我则与社会认同理论和社会分类理论中的社会身份（Social Identity）概念一致，指的是根据群体的成员身份所定义的自我（如"我是一个大学教授"）。从个人自我到关系自我再到集体自我，可以看做个体的自我在空间上的一种"延伸"，这便构成了本文用来描述消费者自我的一个"空间"维度。

虽然社会心理学家一般集中在空间维度上对自我进行探讨，但在消费者研究领域，Belk（1990）则明确提出，个体的自我也是可能在时间维度上被延伸的②。他认为，我们除了根据环境（在空间上）被定义外，我们也根据我们的过去、现在和未来而被定义。例如，当我们宣布我们在三个小时之内完成了一次马拉松长跑或者正在通过努力学习而成为一名医生时；当我们的血统可以追溯到"五月花"（Mayflower）号上的冒险者或者给某个孩子取名为"五月花"时；当我们访问了国家历史博物馆或者拥有一件打算传给子孙的传家宝时，自我就在时间上被放大了（Belk，1990）。从这一认识出发，他指出，消费者之所以保有某些过去的东西或者表现出一些怀旧性的消费，就是为了寻求和维持一种过去的自我感。此外，Kleine 等（1995）在对物恋（Material Possession Attachment）的研究中也发现并通过实证研究证明了消费者的自我具有过去、现在或未来的时间取向③。

根据上述空间和时间两个维度，我们就可以构建一个相对完整的分析和理解消费者自我的理论框架（见图1）。实际上，我们每一个人试图建构和表达的自我，无论它是个人自我、关系自我或集体自我，都会有过去、现在或未来的时间取向。进而言之，每一个特定的自我都同时具有空间和时间上的取向，而这两个方面的取向，也就决定了个体的象征性购买和消费行为。比如，我现在之所以拥有和驾驶的是一辆"富康"车，而且对它很满意，很重要的原因就在于，我的同事们都驾驶这个品牌，因而它可以帮助我建构和表达我目前的一种集体的自我感。又如，在情人节的时候，许多男孩子都会向他们的女朋友或者意中人送上一盒精致的"德芙"巧克力，就是因为"德芙"可以被他们用来表达一种现在或未来的情侣关系中的自我。

	个人的	关系的	集体的
未来	未来的个人自我	未来的关系自我	未来的集体自我
现在	现在的个人自我	现在的关系自我	现在的集体自我
过去	过去的个人自我	过去的关系自我	过去的集体自我

图 1　消费者的象征空间

①　Brewer, M. B., and Gardner, W.. Who is this "we"? Levels of collective identity and self representations. Journal of Personality and Social Psychology, 1996, 71（1）: 83-93.

②　Belk, R. W.. The role of possessions in constructing and maintaining a sense of past. Advances in Consumer Research, 1990, 17: 669-676.

③　Kleine, S. S., Kleine Ⅲ, R. E., and Allen, C. T.. How is a possession "me" or "not me"? Characterizing types and antecedent of material possession attachment. Journal of Consumer Research, 1995, 22（12）: 327-343.

（二）象征性品牌形象的再定义

消费者进行象征消费的动机是为了满足自我相关的需求和目标（Wattanasuwan，2005；Schau 和 Gilly，2003），而这种满足又是建立在产品和品牌所具有的意义"表述"功能①之上的。也就是说，只有当品牌拥有与自我相关的意义从而具有了潜在的意义表述功能时，它才可能为消费者提供一定的象征性利益，以满足消费者的象征性需求。也许正因为如此，Park（1986）和 Keller（1993）及其他一些学者在界定象征性品牌概念或形象时，都是首先从象征性利益的定义开始的，并且在定义中将它与消费者自我相关的需求联系了起来；在此基础上，象征性品牌形象才被界定为"象征性利益的联想"（Keller，1993；Hsieh et al.，2002，2004）。

因此，现有文献中对象征性品牌形象的概念发展或理论建构，其逻辑在整体上是连贯和有说服力的，它们与社会心理学的自我理论和营销学科中"消费研究"视角（Østergaard、Jantzen，2002）下的象征消费理论也大体保持了一致。然而，在目前的概念定义中仍然有几个方面的问题值得进一步的探讨。

一是如前文中业已指出的那样，出于对消费者自我及其相关需求理解的局限性，现有的概念对象征性利益的定义是相对狭隘或模糊的。现实中，消费者寻求满足的自我相关的需求并不限于 Park 等（1986）所说的"自我提升、角色地位、群体成员身份或自我认同（Ego-identification）"需求，更不限于 Keller（1993）等学者在他们的概念讨论中提及的"社会承认或个人表达与外部取向的自尊"需求。例如，自我验证（Kleine Ⅲ，Kleine，1993）、维持"过去的自我"（Belk，1990）、自我认知（Brown，1998）、根据内在的自我评价而非来自他人或群体的反射性自我评价而获得自尊的需求（Greenwald 和 Breckler，1985），以及源于关系自我和集体自我的各种利他性的动机（王长征，2006；Brewer 和 Gardner，1996）等，在这些定义中都被忽视或遗漏了。

二是象征性利益最好被视为象征性品牌形象的结果，而不应被看做形象本身的一个构成维度。对象征性形象与象征性利益在概念上做出区分是有意义的。一个品牌具有一定的形象（不论是功能的，还是体验或象征的），并不等于说它对于消费者就有利益或价值。例如，一个具有去头屑功能的洗发水品牌，对于无头屑可去的消费者来说，这个功能并不能给他带来什么利益。同样地，一个具有高度"宜人性"人格特质（象征意义）联想的品牌，对于具有相反人格特质并且从来不愿意"伪装"自己的消费者来说，也无法或难以产生象征性利益的联想，甚至会感知到一种风险或"负"利益。现实生活中经常可以观察到的回避或消极的象征消费行为（比如，想象一下十几岁的少女为什么会拒绝她曾经十分迷恋的芭比娃娃），就反映了这种情况。在这一意义上，Keller（1993）将品牌联想偏爱（Favorability of Brand Association）作为品牌形象的一个维度，仍具有一定的合理性。但人们对意义的评价方式并不完全同于对利益的评价，在对意义的评价中还有"憎恶"、"不喜欢"之类的消极态度，而在对利益的偏爱中却只有这种利益对自己来说"是否重要"（Keller，1993）的评价了。

在 Keller 的模型中，由于意义的"缺席"，它实际上将象征性利益的来源直接归结到了价格信息、包装、使用者形象和使用方式意象等非产品相关的属性。对于这样的归结，我们显然是不能接受的。原因有两个：首先，在象征消费的条件下，消费者是根据产品和品牌所具有的象征意义来购买和消费的②。因此，象征性利益只能直接产生于品牌所具有的象征意义，而不是这些非产品相关的属性。其次，Keller

---

① McMracken，G.．Culture and consumption：A theoretical account of the structure and movement of the cultural meaning of consumer goods．Journal Consumer Research，1986，13（1）：71-84.

② Firat，A. F.，and Venkatesh，A.．Liberatory postmodernism and the reenchantment of consumption．Journal of Consumer Research，1995，22：239-267.

（1993）所列举的非产品相关属性，只是影响品牌象征意义生成的部分因素。因为所有的意义都来自于"文化的世界"，而在意义从文化世界向品牌转移的过程中，起决定性作用的是广告和时尚系统（McMracken，1986），而且在广告、品牌、消费者以及环境之间还存在一个复杂的"谈判"过程①。

因为缺乏对意义的关注，同时也由于象征性利益是根据自我相关的需求（这些需求在理论上是高度抽象的，数量和类型也极其有限）来定义的，目前的象征性品牌形象的概念还必然会遇到一个可操作性和如何操作化的问题。例如，象征性品牌形象是否和如何能够实现选择的多样性？如果选择性不足，品牌的象征定位岂不是对企业来说毫无吸引力？因为市场虽然存在大量将品牌作为象征来消费的需求，但如果有众多的品牌选择象征定位，那么最终的结局将是万人共挤一条独木桥的灾难性后果。

由此可见，我们可能需要重新回到品牌形象研究中曾经有过的一个传统，这个传统就是对意义的关注。例如，Noth（1988）依据符号学的视角，认为市场中的商品构成了一个符号系统，因而商品应被当做符号来研究，而商品作为符号所代表的意义，就是消费者的"品牌形象"②。当然，在这种关注中，"意义"（Meaning）这一术语本身又意味着什么，在不同的作者那里是存在较大差异的。尽管"意义"的含义广泛，但仍有部分学者（如 Levy，1959；McMracken，1986；Thompson et al.，1994，1995，1996，1997，1999；Firat et al.，1995，1997）的兴趣和注意力主要集中在"个人的"和"社会的"意义，并且强调产品和品牌作为"沟通的媒介"所要传达的就是这方面的意义。因此，如果考虑象征消费的性质和象征性品牌在消费者的生活中所扮演的特殊角色，那么，使品牌成为象征的，就是这些"个人的"和"社会的"意义。这些意义也正是消费者在其自我的建构和定义中所寻求的意义，即社会心理学家所说的"自我意义"。

综上所述，所谓的象征性品牌形象实际上就是在消费者的认知和体验中所具有的与自我相关的象征意义。从象征性品牌形象的构成来看，它与本文根据时间和空间两个维度来描述的"象征空间"中的九种自我是对应的。由于我们每一个人都同时拥有多重的、复杂的自我，一个品牌在象征定位时便可以选择赋予它与某个特定自我（如过去的个人自我或现在的集体自我）相关的象征意义，从而在品牌与消费者的特定自我之间建立一种联系，使它成为消费者可以用来表达这个特定自我的一个象征。另一方面，一个品牌也可以考虑同时选择为它注入与多个自我相关的象征意义，从而使它人格化，成为拥有自己的历史（过去、现在和未来）、自己的特质、特殊的人际关系以及它所归属群体的一个丰满、完整的"人"。在这种情况下，这个品牌即成为了一个"肖像品牌"（Goodyear，1996），因而有可能与消费者的"总体自我"形成和建立一种联系。相对来说，前一种选择对于象征定位的执行来说可能要容易得多。

四、象征性品牌概念和形象的选择与发展

我们可以将消费者的象征空间看做一张可以指引企业进行品牌象征定位的"地图"。根据这张地图，企业可以在九种相对具体的象征性品牌概念中做出选择，以决定一个品牌在消费者的象征空间中所要占据的位置，进而最终确定企业期望为该品牌塑造的形象（具体的象征性品牌形象的发展）。下面我们将重点讨论这些不同类型的象征性概念的选择。然后，我们对企业如何根据所选择的象征性概念来确定它将要塑造的具体象征性形象（意义内容）给出简要的说明。

---

① Elliott, R., and Wattanasuwan, K.. Brands as symbolic resources for the construction of identity. International Journal of Advertising, 1998, 17（2）: 131-144.

② Dobni, D., and Zinkhan, G. M.. In search of brand image: A foundation analysis. advances in consumer research, 1990, 17: 110-119.

（一）与过去、现有或未来的个人自我相关联的品牌概念

这种象征性概念旨在使品牌与消费者的个人自我建立一种联想或联系，它又可以有三种选择，即与某种过去的、现在的或未来的个人自我相关联。一个品牌可以选择代表某种或某些人类的个性特征，如百事可乐彰显的是年轻、时尚和反传统的个性，玉兰油突出的是温柔和成熟的个性。它也可以选择代表某种价值观、情绪、态度和能力等，如李宁的"一切皆有可能"（涉及态度和能力等），诺亚舟的"新状元"（涉及未来的自我）。又如，太子奶最近选择了以"孝道"（一种价值观）作为它的广告诉求，"老三届"、"人民公社"的餐馆名称则让许多人回忆起自己曾经有过的年轻、单纯、激情、火红的岁月（涉及过去的自我）。

（二）与过去、现在或未来的关系自我相关联的品牌概念

这是为了建立品牌与消费者的关系自我之间的联系，它也可以有过去、现在或未来三种选择。在中国的传统文化背景下，关系（和集体）相对于个性，对于个体的自我概念的影响更大，而遵从相应关系（和集体）规范和准则的行为，也更加受到社会和文化系统的肯定（如中国人常讲的"小我"服从"大我"）。尽管今天的青少年消费者群体乃至整个社会都或多或少地受到了西方文化（如个人主义）的影响和冲击，但大量证据表明，中国传统文化对消费者及其购买行为的影响仍然是广泛而深刻的。最近的枝江大曲（如曾志伟在其代言的广告中说"我只和朋友一起喝"）、乐事薯片（如王力宏代言的广告讲述的是办公室里发生的同事间关系的故事）、TCL 笔记本电脑（采用了"天下父母心，TCL 尽表达"的广告语）等，都有意或无意地尝试了与消费者的关系自我相关联的一种象征定位。

（三）与过去、现在或未来的集体自我相关联的品牌概念

这种选择就是将特定的品牌定位为代表某个群体或群体身份的一个象征。同样，企业也可能需要在与群体的过去相关联，还是与该群体的现在或未来相关联（或者与某种过去、现在或未来的群体身份相关联）之间做出选择。例如，美宝莲在广告中总是重复着它是"来自美国纽约的美宝莲"，欧莱雅则诉求于它是"来自法国巴黎的欧莱雅"，这便是 Alden 等人（1999）所说的一种"异域消费文化定位"[①]（与一个异国或他乡的亚文化群体相关联的定位）。又如，"野战酒"（白酒品牌）仅其品牌名称就很容易让人联想到军人或军营。对于那些退伍军人来说，当他们面对该品牌而产生相关联想时，便自然地在他们过去的集体自我与该品牌之间形成了一种联系。对于那些现役军人来说，则可能形成与他们现在的集体自我之间的联系。

在消费者的象征空间中选择了品牌将要进入和占据的位置之后，接下来所要做的，就是要根据特定的自我来确定为品牌注入哪些具体的象征意义。实际上，我们的每一个自我（或身份）都拥有一定的标准（不同的文化背景中可能有不同的标准），即由社会和文化所规定的一组意义[②]。因此，当企业为品牌确定了拟将与之建立关联的自我之后，便不难找出一定的文化环境中定义这个自我的意义，而这些意义，正是需要注入该品牌的。例如，如果将某个品牌定位于同在校大学生的身份相关联，那么，在大学生身份的标准中所包含的意义，如学业优秀、理智主义、善于交际、自信等（Burke，1997），就是企业需要注入品牌的象征意义，或者说需要塑造的象征性品牌形象。而这些意义能否转换成大学生（目标消费者群体）

---

①　Alden, D. L., Steenkamp, J. -B. E. M., and Batra, R.. Brand positioning through advertising in Asia, North America, and Europe: The role of global consumer culture. Journal of Marketing, 1999, 63（1）: 75-87.

②　Burke, P. J.. An identity model for network exchange. American Sociological Review, 1997, 62（1）: 134-250.

的品牌联想，则成为检验该定位的沟通执行效果的唯一标准。

五、结束语

本文针对目前品牌形象及其管理研究中存在的不足，通过社会心理学中自我理论的引入，集中探讨和建构了一个可用于指导企业进行品牌象征定位的"消费者象征空间"模型，并根据品牌在作为象征被消费的条件下它与消费者的自我之间的内在逻辑关系，而对象征性品牌形象的概念进行了重新界定——尽管这一界定并不是全新的，它只是体现了本文为恢复品牌形象研究中业已存在的"对意义的关注"这一理论传统所做的尝试或努力。此外，本文也针对品牌形象管理实践中的一个关键性的难点，即如何将象征性品牌形象的概念操作化，以使它不至于仍然停留在相对抽象的层次方面，提出了相应的发展思路。当然，本文仍然没有回答企业应如何选择在消费者象征空间中的定位，不同的定位在什么条件下会导致产品绩效的差异，以及如何通过有效的营销组合策略来建设和培育象征性品牌形象等问题。系统地回答这些问题，则是未来应选择的研究方向。

中国企业购买决策影响因素的实证研究[*]

● 李桂华[1]　姚　唐[2]　刘　峰[3]

（1，2，3　南开大学商学院　天津　300071）

【摘　要】本文选取了网络力量、时间压力、感知风险、专家力量与人际关系信任性这五个因素，研究这五个因素对购买决策导向产生的直接或间接的影响，通过问卷调查收集的数据建立研究模型，并应用结构方程软件进行分析。结果表明，网络力量对专家力量具有显著的正向影响，时间压力对专家力量和人际关系信任性都有显著的正向影响，感知风险对人际关系信任性有显著的正向影响，这三个因素间接地对购买决策导向产生影响，而专家力量和人际关系信任性对购买决策导向有直接的正向影响。

【关键词】网络力量　时间压力　感知风险　专家力量　人际关系信任性

一、引言

随着市场营销理论与实践的发展，企业间营销正逐渐成为营销理论界的热门话题。以企业为研究对象，一方面是由于在组织市场中，无论是从交易频率还是交易金额来讲，企业市场都占有绝对重要的地位，并且直接关系到国家的经济发展速度和居民的生活水平，是国家宏观调控的重中之重；另一方面，从组织营销理论的发展历程来看，企业的经营活动是其研究与发展的起点和重点。现代营销理论认为，成功的市场营销的基础是充分了解产品的消费者（客户）。对于企业用品的市场营销，也就意味着企业要了解客户的欲望和需求，了解客户如何做出购买决策及如何实施购买过程。也就是说，有效而准确的企业购买行为分析对于成功的企业用品营销是非常重要的。

西方学者对企业购买行为的研究内容包括很多方面，例如企业的购买中心、企业购买过程的阶段、企业购买的类型等。比较著名的模型有三个，它们是 Robinson，Fairs 和 Wind（1967）提出的"企业购买过程"和"购买框架"的模型①；Webster 和 Wind（1972）提出的"关于理解组织购买行为的一般模型"②；Sheth（1973）发表的"企业购买行为模型"③。以上三个模型虽然在购买过程和专业化方面有重大的差异，但是对于影响企业购买行为的诸多因素有很多相似的地方。首先，三个模型都包含了外界的影响，例如政治、经济、供应商、文化、竞争者、技术、法律以及全球化（在 Sheth 模型中，这些变量被称

＊ 本文得到国家自然科学基金（70572084）和南开大学文科创新基金（NMC0528）的资助。

① Robinson, P. T., Faris, C. W., and Wind, Y.. Industrial buying and creative marketing. Boston：Allyn and Bacon，1967：25-59.

② Webster, F. E., and Wind, Y.. A general model of organizational buying behavior. Journal of Marketing, 1972, 36（2）：12-19.

③ Sheth, J. N.. A model of industrial buyer behavior. Journal of Marketing, 1973, 37（4）：50-56.

为环境影响因素）；其次，三个模型都包括组织的影响，例如：规模、结构、定位、技术、奖酬、义务和目标；最后，三种模型都包括个体参与者（购买者）的特征，包括：教育、动机、感知、个性、风险偏好以及经验等①。之后，许多学者在这三个基本模型的基础上进行了探索性和拓展性的研究，一方面验证了上述三个模型中一部分因素的正确性，同时挖掘了一些新的因素，充实经典模型，提出了更为全面、客观、现实的模型。佐治亚州立大学的 Wesley J. Johnston 和 Jeffrey E. Lewin（1996）在总结了以上三个模型中列出的企业购买行为影响因素后，对其进行了重大的修正和扩展，他们在研究的基础上加入了4个结构变量：决策规则、角色压力、买卖双方的关系以及沟通等，提出了整合模型②。

从以上各种模型可以看出，影响企业购买行为的因素有很多。供应商的营销人员应该尤其关注这些因素如何影响客户的购买决策，更重要的是，如何在营销战略的制定中运用它们，发挥这些因素的积极作用。以往的学者已经对有关购买决策人员在购买决策导向中的作用进行过一些研究，发现了诸如专家力量、信息力量、合法性力量等个人资源变量对购买决策导向的影响关系，并对它们进行了一些探讨③④⑤。有鉴于此，我们将在以往学者的研究基础上，提出本研究的假设。本文认为，专家力量、人际关系信任、网络力量、时间压力和不确定性风险是较为重要的购买决策影响因素，因此，本文选取这五个因素作为研究对象，考察它们的交互作用对企业购买决策的影响。

二、研究框架及假设

1. 网络力量

网络力量指个人或购买中心利用互联网获得相关信息，与供应商沟通并进行购买交易的影响作用。李桂华、姚唐（2005）研究认为：以 Internet 为基础的 B2B 交易场已经成为电子商务领域中引人注目的焦点，它的出现为企业降低交易成本、减少寻找供应商和谈判的成本、增加产品和价格的透明度产生了重要的作用⑥。在现代商务环境下，网络成为企业获取所需信息的重要渠道，同时也是降低不确定性风险的保障，它对于购买决策者的影响作用正在逐渐增大。本文认为，网络对购买决策的最大作用表现在获取信息方面，通过网络，企业客户可以迅速查找自己所需产品的相关信息，并能时时保持信息的同步更新，更重要的是，网络的信息传递速度使得客户的产品搜寻成本大大下降，它成为最有效率的信息共享方式。因此，网络力量是影响企业购买决策的重要因素。

2. 时间压力

时间压力指购买中心感觉到快速制定一个决策的压力。在当今竞争激烈的商务环境中，企业的生产经营活动必须有时间效率，企业的购买活动处于其经营链的上游阶段，只有及时地、低成本地完成产品购买活动才能保证下游的生产、营销和服务活动顺利按计划开展，因此时间压力是影响企业购买决策的一个重要因素。在一段有限的时间内做出购买决策，决策者本身所能获得的信息就十分有限，同时组织、应用这

① John, F., and Tanner Jr.. Users' role in the purchase：Their influence, satisfaction and desire to participate in the next purchase. Journal of Business & Industrial Marketing, 1998, 13（6）：479-491.

② Jeffrey E. Lewin, and Wesley J. Johnston. The effects of organizational restructuring on industrial buying behavior：1990 and Beyond. Journal of Business & Industrial Marketing, 1996, 11（6）：93-111.

③ Pettigrew, Andrew M.. Information control as a power resource. Sociology, 1972, 6（5）：187-204.

④ Spekman, Robert E.. Influence and information：An exploratory investigation of the boundary role person's basis of power. Academy of Management Journal, 1979, 22（1）：104-117.

⑤ Thomas, Robert J.. Correlates of interpersonal purchase influence in organizations. Journal of Consumer Research, 1982, 9（5）：171-182.

⑥ 李桂华，姚唐. 信息透明度对 B2B 交易场作用的博弈分析. 南开管理评论，2005, 8（5）：88-92.

些信息的难度也随之增大，这就对购买决策者本身的能力提出了较高的要求。本文认为，购买决策者总是规避风险的，当存在时间压力时，为了最大限度地降低决策失误的可能性，决策者可能会求助一些外界的、权威的力量来辅助自己做出决策，也就是不单凭自己的判断决策，而且时间压力越大，这种求助的程度也可能越高。

3. 感知风险

企业在购买产品和服务时会遇到各种风险，企业之所以对购买活动进行组织和管理，其目的就是要识别购买中的风险，并通过一系列方法减少感知风险，降低遭受损失的概率。感知风险是指购买决策中心在制定决策时所感到的不确定风险程度。Bettman（1973）[1]、Cunningham（1967）[2]、Schaninger（1976）[3]、Taylor（1974）[4] 认为，感知风险可以分为两个维度：决策重要性和决策得出的不确定性。因此，可以说感知风险是由对两个因素的判断而形成的：一是决策的不确定性，即客户对于某件事情是否发生的主观概率；二是决策后果的危险性，即如果事情发生，其结果的危险性。客户感知到有风险是因为他们面临可能会出现令人不满意后果的事情[5]。因此，感知风险是一种决策后果的危险性和决策不确定性共同作用的结果，它是影响企业购买决策的重要因素。

4. 专家力量

现代企业需求的产品或服务越来越复杂，购买决策者需要必要的智力支持才能做出合理的决策，这就要求其购买中心具有相当完备的专业知识才能保证购买的准确性和经济性。这种顾问式的专业辅助多来自于对产品和行业有着丰富知识和经验的专家，他们在某种程度上被视为对相关问题具有某种专业知识的人员，专家力量也就是他们所具有的影响力。Kohli（1989）研究认为决策者往往遵从专家的意见，因为他们认为这样做可以得到一个更好的决策，而不是因为这将引起某种独立的结果，或者来自于正式的或非正式的责任[6]。在购买中心里，专家往往是决策过程中重要的影响者，他们的专业背景是做出正确决策必不可少的保证，企业决策人员所做的决策往往跟专家的意见有着非常密切的关系，尤其是处于时间、成本、环境等多方面因素的压力下，专家力量往往为决策者的决定提供了最有力的依据。有鉴于此，本文认为，专家力量是影响企业购买决策的直接因素。

5. 人际关系信任

人际关系信任是指买卖双方在购买与销售过程中建立的一种互相信任、互相影响的关系。Johnston 和 Lewin 认为，影响组织购买行为的所有因素联合起来，对公司与任何给定供应商之间的关系产生影响。以下变量常用来检验买卖双方的关系，包括：权利/信赖、行为/绩效监控、合作/信任、适应力以及义务[7]。在中国特殊的商务环境下，中国的特殊文化影响造成了中国特殊的人际关系形成机制。中国人的人际模式主要表现为人缘、人情和人伦的三位一体（翟学伟，2001）。其中，人缘是这一模式的形成机制，人情是这一模式的核心，体现了中国人以亲情为基础的心理和行为模式，而人伦则是这一模式的制度化。重人伦

① Bettman, James R.. Perceived risk and its components. Journal of Marketing Research, 1973, 10 (3)：184-190.

② Cunningham, Scott M.. The major dimensions of perceived risk. //Donald, F. Cox.. Risk taking and information handling in consumer behavior. Boston：Graduate School of Business Administration, Harvard University, 1967：82-108.

③ Schaninger, Charles M.. Perceived risk and personality. Journal of Consumer Research, 1976, 3 (3)：95-101.

④ Taylor, J. W.. The role of risk in consumer behavior. Journal of Marketing, 1974, 38 (3)：54-60.

⑤ Taylor, J. W.. The role of risk in consumer behavior. Journal of Marketing, 1974, 38 (3)：54-60.

⑥ Kohli Ajay, K.. Determinants of influence in organizational buying：A contingency approach. Journal of Marketing, 1989, 53 (3)：50-65.

⑦ Johnston Wesley, J., and Jeffrey, E. Lewin. Organizational buying behavior：Toward an integrative framework. Journal of Business Research, 1996, 35 (4)：4-5.

是几千年中国社会人际关系的根本，至今它仍是处理现代中国人际关系的总则。个人由于"缘分"而与其他人结成私人关系（熟人关系），再由"机缘"而形成社会关系（生人关系）。购买商与供应商之间的信任关系对于购买决策有着一定的影响力，可以说这种现象与中国传统文化有着非常密切的联系。在中国文化中，尽管中国人关系形成的心理起点是信任，但它是有条件、有区别的信任，信任实际上就是熟人之间所形成的一种心理契约，是建立在熟人关系基础上的以人格为基础的信任，这种熟人关系的基础就是彼此信任：交往成本低、违约的可能性小。因此，有些企业在购买过程中往往非常注重与熟悉供应商的合作，这种利用买卖双方关系进行交易的方式也常常给双方带来时间和成本上的优势。

6. 购买决策导向

企业购买行为的最终结果都是要形成一个购买决策，在购买中心，具有决策权的人员对于最终决策形成的影响程度就是购买的决策导向。Kohli 和 Zaltman（1988）认为，决策导向与购买决策的变化有关，这些变化又和参与购买中心的人员的意见和行为有关联①。企业最终购买决策的形成往往是根据购买决策人员的决策导向而得到的，因此决策导向对于影响企业最终购买决策具有非常重要的意义。

根据研究目的，按照前文所述概念，本文提出了如下研究框架（见图1）。

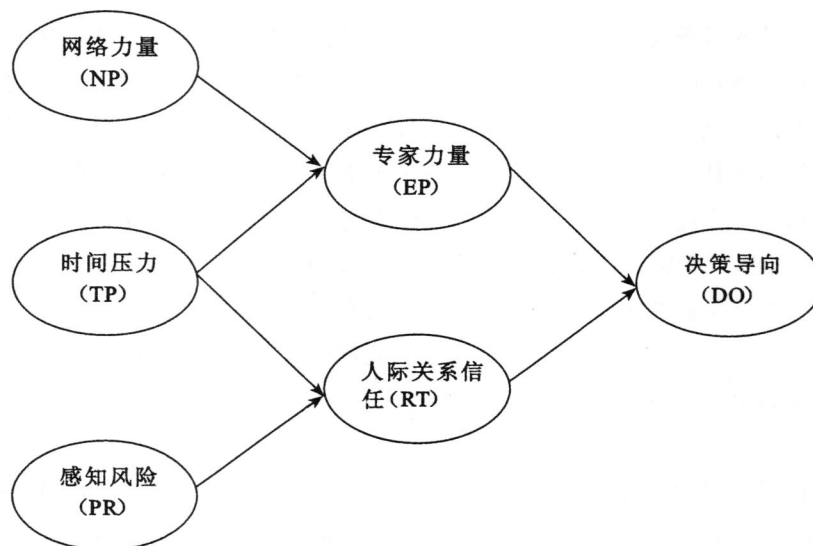

图 1　研究框架

7. 研究假设

根据前文所述，企业购买决策导向是研究模型的因变量，其他变量都直接或间接地对决策导向产生影响。其中，专家力量和人际关系信任对决策导向有直接的影响，网络力量、时间压力和感知风险这三个变量通过直接影响专家力量和人际关系信任性，从而间接对决策导向产生影响。

随着互联网的发展，许多企业都将自身的产品和服务信息通过企业黄页等途径呈现在网络上，以便客户能方便地搜索到自己，从而展现自己的实力，增加自己的营销机会。这样一来，客户便能够通过网络，以更快的速度和更低的成本获得更多的产品和服务信息。而在获得这些有用的信息之后，就需要购买中心的专家来鉴别、选择并应用这些信息。面对复杂多变的购买环境，即使是行业专家，也需要充足的信息来

---

① Kohli, Ajay K., and Gerald Zaltman. Measuring multiple buying influences. Industrial of Marketing Management, 1988, 17（8）: 197-204.

服务于购买决策,而网络正好发挥了信息共享的作用,使专家能够更便利地获取信息,依据大量的信息做出准确的判断,从而更好地为购买决策提供建议。因此,本文提出以下假设:

H1:网络力量对专家力量具有直接的正向影响,即专家力量对决策导向的影响随着网络力量影响的增大而增大。

一般来说,企业在购买之前都会有一个详细的购买计划,通过识别需求、寻找供应商、选择供应商、交易谈判再到最终的购买实施,这一系列过程是复杂的。如果是直接再购买那可能耗费的时间较短,但如果是修正再购买或属于完全新购买,这样的购买过程就有可能持续较长的一段时间,但有时企业的经营活动不允许这样耗时的购买。在这种情况下,当需要快速做出一个购买决策时,决策者只能考虑较少的但相对重要的因素,并求助于权威的建议或是已有的熟悉的合作关系,此时专家力量和人际关系信任的影响就明显地表现了出来。Spekman 和 Moriarty(1986)研究认为,在时间较为紧迫的压力下,购买中心更倾向于依赖专家力量。因为通常专家就是专业和权威的代表,他们的建议更加客观和科学,为了尽可能地减少错误,决策者此刻可能更愿意听从专家的意见。在中国,基于熟人信任的企业信任对购买决策产生了十分重大的影响,在时间压力下,人际关系信任也是购买中心所依赖的重要力量。购买中心往往更乐于与熟悉的供应商合作,这样能降低风险,简化交易环节,注重服务质量和长远合作,这种利用买卖双方关系进行交易的方式也常常给双方带来时间和成本上的优势。因此,根据以上的分析,本文提出以下假设:

H2:时间压力对专家力量具有直接的正向影响,即时间压力越大,专家力量对决策导向的影响就越大。

H3:时间压力对人际关系信任具有直接的正向影响,即时间压力越大,人际关系信任性对决策导向的影响就越大。

感知风险是客户心理安全感的外因变量,它会引起客户心理状态的变化,当客户感知风险很大时,意味着发生负面后果的可能性较高或危害性程度较大,或者是两种情况的综合。客户在面对风险时,根据自身风险控制能力和后果处置能力而产生安全体验,但是,当自身的能力不足以产生足够的安全体验时,客户便会求助于外界力量,最直接的就是凭借人际关系信任而带来安全感。感知的风险越大,对人际关系信任的依赖就越强,故提出以下假设:

H4:感知风险对人际关系信任具有直接的正向影响,即感知风险越高,人际关系信任对决策导向的影响就越大。

根据上述分析,专家力量和人际关系信任性是直接影响购买决策的变量,其中专家力量能为购买决策提供客观而科学的建议,进而能够降低风险和减少成本,专家力量的影响越大,越有利于决策导向。人际关系信任在企业购买过程中也起到了降低风险和提高交易效率的作用,因此人际关系信任越强,越能对企业的购买产生积极的影响,本文提出以下假设:

H5:专家力量对购买决策导向具有直接的正向影响。

H6:人际关系信任对购买决策导向具有直接的正向影响。

三、研究设计

1. 变量测量

本文所设计的变量测量的调查问卷采用通行的 Likert 七级量表形式,从 1 至 7 代表程度从最低到最高,1 代表完全不同意,7 代表完全同意。对每个变量分别采用多个问题测量,以达到全面描述影响因素的目的。

问卷调查根据随机抽样的方式将抽样框确定为天津市区、天津开发区、北京、大连、廊坊、石家庄、济南等地的企业，同时为了提高研究的外在有效性，采用了跨行业领域的数据收集方式（Bunn, 1993）[1]，调研范围内的企业所属的行业范围比较广泛，其中包括制造业、建筑业、IT业、化工业、交通运输、物流仓储、房地产、批发零售、电力、燃气给水的生产和供应等行业，具有比较好的代表性。从所有制类型来看，这些企业分别属于国有企业、集体企业、私有企业和外商投资企业等类型。另外，根据销售额与营业额计算，这些企业的规模各异。综合来看，所调研的企业具有比较强的代表性，比较适合企业购买决策的研究。

调研的主要对象是企业不同管理层中对购买决策具有影响作用，同时具有丰富购买经验的管理人员，其中包括企业的高层管理人员、项目经理、购买部门的人员、购买代表等[2]。同时，对问卷的回答者只提问有关购买决策确定最终的评价和选择的阶段，并没有对整个决策过程提问，这一方法可以减少回答者的负担，同时可以提高他们回答问卷的准确性[3]。

2. 样本

正式问卷调查时间为2006年3月1日到4月15日。通过印制问卷现场调查和发送电子邮件的方式共发放问卷350份，其中印制问卷200份，电子邮件问卷150份。最后印制问卷回收148份，电子邮件问卷回收51份，回收有效率分别为74%和34%，总的回收有效率为56.86%。在回收的199份问卷中，部分问卷中背景性问题缺失，但是考虑到不影响正式问题的回答，同时为了保证有效样本的数量，仍然视这些问卷为有效问卷。

3. 分析方法

本文首先采用SPSS13.0软件进行了信度和效度分析，以确保所研究的概念得到可靠和正确的测量。之后对相关数据进行了预处理[4]，计算出各变量之间的相关系数矩阵及其标准差，为使用结构方程软件做准备。接着，本文应用LISREL8.7版最大似然法（Maximum-likelihood Method）和相关系数矩阵进行结构模型的数据分析，首先根据研究模型和变量的测量，建立结构方程模型；然后，根据模型计算结果，判别变量测量效度和模型拟合度；最后根据模型的路径系数，对假设进行检验。

四、研究结果

1. 信度和效度检验

（1）信度分析。本文针对正式问卷的问项进行了Cronbach α系数检验，见表1，通过分析发现各个潜变量的Cronbach α值均超过了0.70的可接受水平，且较为理想。这说明，在正式问卷中使用的问项都应予以保留，其信度较高。

表1 量表 Cronbach α 系数

量表名称	题项数	Cronbach α 值
DO（决策导向）	4	0.745
EP（专家力量）	4	0.789

① Michele, D. Bunn. Taxonomy of buying decision approaches. Journal of Marketing, 1993, 57 (1): 38-56.
② Michele, D. Bunn. Taxonomy of buying decision approaches. Journal of Marketing, 1993, 57 (1): 38-56.
③ Patchen Martin. The locus and basis of influence in organizational decisions. Organizational Behavior and Human Performance, 1974, 11 (4): 195-221.
④ 荣泰生. 数据统计与分析技术. 北京：高等教育出版社, 2004：7-8.

量表名称	题项数	Cronbach α 值
RT（人际关系信任）	3	0.752
NP（网络力量）	4	0.772
TP（时间压力）	4	0.724
PR（感知风险）	3	0.735

（2）效度分析。首先，在问卷设计中，各变量的测量条目基本依照以往文献进行设计，具有较好的文献基础，同时通过专家焦点调查方式对问卷的各问题进行了分析讨论，因而保证了较好的内容效度。

接着，本文用探索性因子分析来分析数据的建构效度，以特征值大于1的方式来截取变量，统计结果如表2所示。各变量相关问题的因子载荷均大于0.5，因此可以判断问卷存在会聚有效性。

表2　　　　　　　　　　　　　　　　效度测量：探索性因子分析

	决策导向（DO）	专家力量（EP）	人际关系信任（RT）	网络力量（NP）	时间压力（TP）	感知风险（PR）
I1	0.815					
I2	0.844					
I3	0.822					
I4	0.846					
K1		0.513				
K2		0.685				
K3		0.768				
K4		0.806				
M1			0.630			
M2			0.829			
M3			0.818			
P1				0.821		
P2				0.737		
P3				0.709		
P4				0.704		
H1					0.810	
H2					0.763	
H3					0.698	
H4					0.745	
G1						0.819
G2						0.829
G3						0.629

综上所述，通过以上的信度和效度检验，本研究问卷有比较好的信度和效度，达到了研究的要求。

（3）假设检验。分别计算量表各题项的"临界比率"，即 CR 值①。各题项的 CR 值均通过检验，说明各题项具有较好的鉴别力。利用 LISREL8.7 统计分析软件计算的结果见图 2。

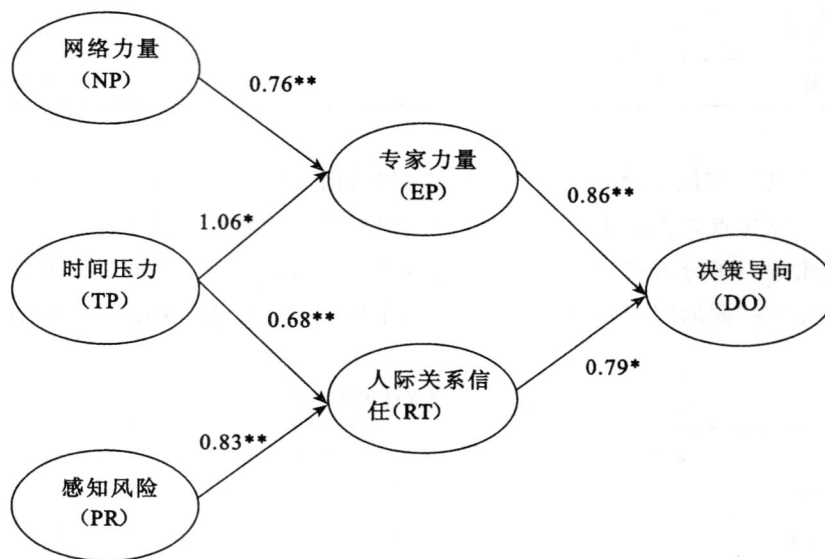

注：* 表示 P < 0.05，** 表示 P < 0.01。

图 2　模型路径系数图

从分析结果可以看出，模型中各观测变量在潜变量上的标准载荷值都大于推荐的 0.5，说明模型的收敛效度较好。具体参数见表 3。

表 3　　　　　　　　　　　　　　　　　观测变量在潜变量上的标准载荷值

	决策导向（DO）	专家力量（EP）	人际关系信任（RT）	网络力量（NP）	时间压力（TP）	感知风险（PR）
I1	1.00					
I2	0.95					
I3	0.94					
I4	0.87					
K1		1.00				
K2		1.52				
K3		1.80				
K4		1.68				

---

① 吴明隆．SPSS 统计应用实务：问卷分析与应用统计．北京：科学出版社，2003：115.

	决策导向 （DO）	专家力量 （EP）	人际关系信任 （RT）	网络力量 （NP）	时间压力 （TP）	感知风险 （PR）
M1			1.02			
M2			1.14			
M3			0.94			
P1				1.00		
P2				1.23		
P3				1.09		
P4				0.93		
H1					1.00	
H2					0.72	
H3					-0.64	
H4					0.65	
G1						1.00
G2						1.03
G3						1.14

模型的相关拟合优度指标反映了结构模型整体的可接受程度，具体的模型拟合优度指数见表4。表4显示：绝对拟合指数 χ^2/df 为 1.746，小于 2，这表明该指数水平很好。近似误差均方根 RMSEA 为 0.0759，略小于理想水平 0.08。拟合优度 GFI、AGFI 分别是 0.916 和 0.971，也相对比较理想，这说明模型的契合度相对比较理想。相对拟合优度 NFI 为 0.958，高于理想水平 0.9，而 NNFI 则达到了 0.965，CFI 值也达到了 0.934，这些指标都在 0.90 以上。总体上看，理论设定模型的拟合优度比较理想，理论模型与样本数据拟合程度较高，我们可以接受理论模型的设定。

表4   **模型拟合优度**

拟合指数	参数估计
χ^2	534.146
df	305
χ^2/df	1.746
RMSEA	0.0759
GFI	0.916
AGFI	0.971
NFI	0.958
NNFI	0.965
CFI	0.934

五、结论与分析

通过实证分析，可以看出模型假设全部得到支持，具体得出以下结论：

1. 网络力量对专家力量具有显著的正向影响

在现代商务环境下，网络对专家力量也产生了一定的影响，其重要性不容忽视。由于通过网络来选择供应商、比较产品和服务、获得关键信息可以大大地节省信息搜寻的时间、获得更多的选择机会，从而可以使专家能够及时地掌握更多的有效信息，越来越多的企业尝试或已经通过网络的方式来辅助专家的工作。在美国，有大量 B2B 网络交易平台存在，它们为企业的购买提供了一个高效、优质、宽领域、低成本的平台，因此深受企业购买部门的欢迎。越来越多的企业也已经认识到网络对于信息获取的重要作用，利用网络平台获取供应商等信息来辅助专家建议逐渐成为购买方式的一种新突破和新模式，其重要作用值得企业界给予更多的重视。

2. 时间压力对专家力量和人际关系信任具有显著的正向影响

现代企业在快速的生产经营过程中，购买决策的确定往往伴随着一定的时间限制，因为企业购买是整个经营活动的起点，能否在时间的限定范围内做出高效、优质的购买决策，关系着企业下一步经营活动能否顺利开展。由分析可以看出，在存在高时间压力时，专家力量和人际关系信任对于决策导向的影响力均会高于低时间压力时的情况。当购买决策确定的过程受到时间的限制时，其决策的速度也要求提高，在短时间内对于信息的获取量就会相应减少，此时购买决策者就会有一种风险规避意识，努力寻求风险较小的购买方式，或利用其他力量来减小风险。在多数情况下，决策者会寻求一种权威力量——专家力量，具有特殊专业知识的专家就会体现出更大的作用，以此来弥补信息不足带来的不利影响，这一点与 Khohli（1989）的研究成果相吻合。同时，决策者也会着重考虑熟悉的供应商，充分利用已有的人际关系信任性，因为熟悉的供应商违约的风险较小，更能够比其他不熟悉的供应商让决策者减小顾虑，顺利做出决策。

3. 感知风险对人际关系信任具有显著的正向影响

在高感知风险下，企业在不能确定所购产品和服务的准确信息的时候，它们通常会优先选择熟悉的供应商。因为企业对熟悉的供应商的产品和服务已经有了一定的了解，在信息相对充足的情况下，决策者更愿意把注意力放在其更加了解的供应商身上，而花相对少的精力来了解新的供应商，从而节省用于供应商筛选的人力、物力和财力上的成本。进一步讲，如果企业不仅了解某个供应商的产品和服务信息，而且与之的合作和私人关系较为密切，那么也会增强企业对供应商的信任，减少其对风险的顾虑，感知风险越大，人际关系信任所产生的影响就可能越大。

4. 专家力量对决策导向具有显著的正向影响

专家力量对决策导向的影响是最大的，这一点与 Kohli（1989）的研究结果相同。Kohli 认为，在购买决策中心中，特别是在规模较大、时间压力不大的购买决策中心中，专家力量对决策导向产生了最大的影响作用。在中国的企业中，专家力量对于最终决策也同样产生了巨大的作用，由于专家具有特殊的专业知识，在购买的过程中可以提供更为充分的信息，有利于降低风险、提高购买的效率和成功率，企业在购买产品或服务前，征求专家的意见或者让专家直接参与购买决策成为众多企业的选择。

5. 人际关系信任对决策导向具有显著的正向影响

在中国特殊的文化背景下，企业在购买决策的确定过程中往往会受到人际关系的影响，那些与企业有着较为密切关系的供应商或者个人常常会是企业购买产品和服务优先考虑的对象。良好的人际关系信任可以简化购买流程，使交易双方的沟通更加顺畅。因为彼此了解，供应商可以准确地得知客户的需求，从而针对需求来为客户提供服务；而企业客户也能低成本高效率地获取供应商的产品和服务信息，便利地与其他供应商进行对比，挑选出最适合自己的供应商。对较为熟悉的供应商，企业一般具有一定的人际关系信任，这一关系将使得企业在购买决策中优先或者较为优先地考虑与该供应商的合作关系。因此，保持密切的人际关系并与客户建立相关的信任对于供应商来说无疑是大有裨益的。

六、管理启示与未来研究方向

1. 管理启示

以往研究企业购买行为的文献已经总结出了许多购买行为的影响因素，并分析了这些因素对购买行为的直接影响作用，但是研究这些因素间接或交互地对购买决策产生影响的文献却并不多。本文在综合前人对企业购买行为的研究基础上，在众多影响企业购买决策的因素中，挑选出网络力量、时间压力、感知风险、专家力量和人际关系信任这些因素加以研究，通过实证检验，分析了这五个因素对购买决策导向的影响关系。

在研究中，本文不是单纯地一一研究列举这些因素与购买决策导向的简单的直接关系，而是通过分析现有的理论，首先找出了这五个因素之间相互影响的关系，研究发现，网络力量、时间压力和感知风险这三个因素首先会对专家力量和人际关系信任产生影响，进而通过后两个因素对购买决策导向产生影响。

在实践启示方面，对于供应商来说，采购方在初选供应商、决策形成和最终决策三个阶段，都会通过人际接触的形式降低其感知风险。供应商应注意到采购方这一行事特点，在进行销售拜访、产品展示和提交建议书等阶段，注意中国文化背景下人际交往的主要原则，如尊重原则、礼仪原则、互惠原则、熟人信任原则等。在有时间压力的情况下，采购商倾向于选择熟识的和关系好的供应商。对于采购方来说，在瞬息万变、高度竞争的市场环境中，采购方（制造商）必须快速响应客户需求的变化，抢占市场先机，才能赚取较多的利润。基于以上考虑，采购方（制造商）必须提高企业各个环节的运行效率，对于采购环节而言，必须考虑低风险、关系购买和时间压力等问题。

2. 研究局限与未来研究方向

本研究选择的样本包括北京、天津、天津开发区、石家庄、廊坊、济南、大连等城市的企业，但是仍然没有将范围扩大到全国，因此在样本代表性上还有一定的局限，给数据结果的分析带来了一定的不确定性影响。在样本量上，由于电子邮件的回收率比较低，总体有效样本量为199个，还有待进一步地充实，以使研究的准确性得到提高。

本文只选取了众多影响企业购买行为因素中的五个因素，根据它们对购买决策导向的影响作用，分为两个直接影响因素和三个间接影响因素。但在实际中，专家力量和人际关系信任也有可能相互影响，而其他三个因素也有可能对购买决策导向产生直接的影响，而且它们之间也会相互影响，在以后的研究中应该考虑这些特点。

制造企业质量体系认证实施与质量管理绩效关系的实证研究

● 王其苑[1]　陈志祥[2]

（1　广州市检验检疫局番禺分局　广州　51000；2　中山大学管理学院　广州　510275）

【摘　要】通过理论探讨及文献研究，建立了 ISO9000 认证实施过程中企业质量管理活动的四个关键因素——领导作用、教育培训、体系文件、制程管理与企业质量管理绩效的关系路径分析模型，并通过对 103 家企业的问卷调查数据进行统计分析，检验该模型。研究结果表明：各活动要素的影响强度存在一定差异，制程管理与教育培训对质量管理绩效的贡献最大，领导作用与体系文件对绩效没有直接的正面影响，但是可以通过教育培训与制程管理等其他变量间接发挥显著正面作用。

【关键词】ISO9000　质量管理　质量管理绩效　实证研究

一、引言

20 世纪 90 年代中期以来，我国制造企业积极推动质量管理体系认证工作。国际标准化组织（ISO）发布的 ISO9000 族质量管理体系标准（1994 版与 2000 修改版），已在世界范围内得到广泛应用。随着 2000 版 ISO9000 族标准的推行，质量管理体系认证引起社会的巨大关注。从 1994 年到现在，我国企业实施 ISO9000 已经有 10 多个年头，质量管理体系已经被企业广泛接受。人们不再满足于知道实施 ISO9000 的好处与如何实施，更需要了解实施 ISO9000 认证后的企业质量管理改进状况如何，ISO9000 与质量管理改进的关系怎么样，以便更好地改进质量管理体系。

近年来，国外陆续有不少学者对质量管理体系与企业绩效之间的关系进行了实证研究，如 Hongyi Sun 通过挪威企业的调查研究了全面质量管理、ISO9000 认证与企业绩效之间的关系[1]，发现体系要素，如领导、人力资源开发、质量信息等对顾客与经营绩效都有改进的效果。Anderson 等人对企业实施 ISO9000 认证的动机进行了研究，探讨企业是因为实施了质量管理体系后就有了竞争优势还是迫于政府与顾客的需要才认证的问题[2]。Jeroen Singels 等人从生产过程、公司产出、顾客满意、人员动机、投资等方面研究了实施 ISO9000 与企业绩效的关系[3]。Kqterina D. Gotzamani 和 George D. Tsiotras 两人研究了 ISO9000 认证与

---

①　Sun, H.. Total quality management, ISO9000 certification and performance improvement. International Journal of Quality and Reliability Management, 2000, 17(2):168-179.

②　Anderson, S. W., Daly, J. D., Johnson, M. F.. Why firms seek ISO9000 certification: Regulatory compliance or competitive advantage?. Production and Operations Management, 1999, 8(1):28-43.

③　Jeroen, S., Gwenny, R.. ISO9000 series certification and performance. International Journal of Quality and Reliability Management, 2001, 18(1):62-75.

全面质量管理（TQM）的关系，实证的结果显示实施 ISO9000 有利于全面质量管理的绩效改善[1][2]。Manoochehr Najmi 等人通过研究发现，许多企业实施 ISO9000 后商业效果与质量管理不佳是因为没有一个绩效评价系统[3]。Alphonso R. Bellamy 等人的研究显示 ISO9000 实施计划和实施过程等组织行为与质量效果存在一定关系[4]。Mile Terziovski 等人通过实证研究，验证了一系列关于 ISO9000 认证与企业经营绩效之间的关系假设[5]。Angel R. Martinez-Lorente 和 Micaela Martinez-Costa 两人通过 442 家西班牙制造企业的实证研究，认为 ISO9000 与 TQM 的管理理念存在差异，同时实施两种管理体系得到的企业经营效果并不比只实施其中一种的绩效高[6]。Divesh S. Sharma 从经营效率、销售增长、总体财务绩效等方面研究了实施 ISO9000 与企业经营效果的关系[7]。

综合上述，虽然国外学者研究了质量管理体系与绩效的关系，但是更多地关注企业的综合绩效而非质量管理绩效。质量管理体系与企业综合绩效之间是一种间接关系而非直接关系，而质量管理体系认证的直接效果应该是企业质量管理绩效，但是这方面目前很少有研究。国内学者对质量管理体系的研究，则更多放在有关实施方法论、案例经验介绍或者评论上，用规范化的实证研究方法来探讨 ISO9000 实施与企业质量管理绩效的文献国内极少[8]。因此，本文的研究从理论上有一定的参考价值。

ISO9000 最初是面向制造业的，但是 2000 版颁布以后，ISO9000 的应用已经扩展到制造业以外的其他组织。本文立足于制造业的应用分析，但是结果对其他组织同样有一定借鉴意义。

二、理论探讨与研究假设

ISO9001：2000 标准是基于全面质量管理原则建立的，是标准化的质量管理体系，因此实施 ISO9000 认证不仅影响到企业的质量管理活动，还影响到质量管理绩效，最终影响到组织绩效。那么实施 ISO9000 的哪些因素对质量管理绩效产生影响？它们的影响关系又是如何的呢？国内外有大量的文献论述有关影响 ISO9000 成功实施的因素，但是没有与质量管理绩效联系起来。本研究通过文献研究，结合作者最近几年来对企业的调研分析，重点研究质量管理体系活动的四个关键要素，即领导作用、员工培训、制程管理和体系文件。对这四个因素之间的关系及其对质量管理绩效的影响进行理论分析并提出假设。

---

[1] Katerina, D. G., and George, D. T.. An empirical study of the ISO9000 standards' contribution towards total quality management. International Journal of Operation Management, 2001, 21 (10): 1 326-1 342.

[2] Katerina, D. G., and George, D. T.. The true motives behind ISO9000 certification—Their effect on the overall certification benefits and long term contribution towards TQM. International Journal of Quality and Reliability Management, 2002, 19 (2):151-169.

[3] Manoochehr, N., and Dennis, F. K.. The role of performance measurement systems in promoting quality development beyond ISO9000. International Journal of Operation and Production Management, 2001, 21(1):159-172.

[4] Alphonso, R. B., Rhonda, Fr, and John, B.. Organizational correlates of perceptions of quality outcomes for ISO9000 registration: A preliminary analysis. Quality Assurance Journal, 2001, 5 (3): 137-147.

[5] Mile, T., Damien, P., and Amrik, S. S.. The longitudinal effects of the ISO9000 certification process on business performance. European Journal of Operational Research, 2003, 146: 580-595.

[6] Angel, R. M., and Micaela, M. C.. ISO9000 and TQM: Substitutes or complementaries. International Journal of Quality & Reliability Management, 2004, 21(3):260-276.

[7] Divesh, S. S.. The association between ISO9000 certification and financial performance. The International Journal of Accounting, 2005, 40: 151-172.

[8] 长期以来，虽然我国的质量工程研究比较多，但是运用西方管理学界规范的实证研究，在质量管理学界还很少，最近两年我国学者已经有类似的实证研究，本文的主要贡献除了揭示我国质量体系实施的现状，更重要的是在倡导规范用实证方法来研究质量管理问题，因此笔者认为本文在学术上有一定参考意义。

（一）领导作用对其他质量管理活动及质量管理绩效的影响

一个企业的领导者，即最高管理者，按 ISO9000：2000 标准 3.2.7 的定义是"在最高层指挥和控制组织的一个人或一组人"。在一个企业的质量管理中，组织的最高管理者尤其重要，他对企业质量管理活动的有效开展起着决定性作用（黎庆翔，2003）。领导作用是 ISO9000 标准确定的八大原则之一，2000 版 ISO9000 第 5 章"管理职责"中对组织最高管理者提出要从管理承诺、质量方针、质量目标、职责权限、管理评审等方面承担管理职责，要求最高管理者在质量管理体系实施中发挥积极作用。也就是说通过最高领导者的作用，企业教育培训、体系文件实施、制程管理等质量管理活动将得到加强，质量管理绩效会得到提升。Graver（1994）[1]、Macfarlance（1996）[2]、Meegan 和 Tayor（1997）[3]、K. S. Chinl 和 T. W. Choi（2003）[4]、林清河和施坤寿（2003）[5]、林清河和周福星等（1998）[6]、Naceur Jabnoun[7] 等学者的研究把领导支持和参与作为 ISO9000 实施最重要的关键因素之一。因此，对 ISO9000 认证企业的领导作用可以提出如下的假设：

假设 1（H1）：领导作用对教育培训有显著的正向影响。

假设 2（H2）：领导作用对体系文件有显著的正向影响。

假设 3（H3）：领导作用对制程管理有显著的正向影响。

假设 4（H4）：领导作用对质量管理绩效有显著的正向影响。

（二）教育培训对其他质量管理活动及质量管理绩效的影响

质量管理始于教育，终于教育，为了实施质量管理，从公司经理到操作人员都需要不断的教育。教育培训是质量管理的基础性工作，与质量有关人员的素质直接影响生产加工制程管理质量及产品质量。2000版 ISO9000 第 6 章"资源管理"对人力资源的要求作出规定，特别对人员能力及培训提出要求，需保证从事影响产品质量工作的人员能够胜任本职工作。林清河和施坤寿（2003）、Vloeberghs（1996）[8]、

---

[1] Graver, R., and Lucore, R. W.. Making ISO9000 easy as A-B-C. Telephone Engineer and Management, 1994, 98(3): 46-48.

[2] Macfarlance, M. L.. Eating the elephant one bite at a time. Quality progress, 1996, 29(6):89-92.

[3] Meegan, S., and Tayor, A.. Factors influencing a successful transition from ISO9000 to TQM. The influence of understanding and motivation. International Journal of Quality and Reliability Management, 1997, 14(2):100-117.

[4] Chinland, K. S., and Choi, T. W.. Construction in Hong Kong success factors for ISO9000 implementation. Journal of construction engineering and management, 2003, 29(6):599-609.

[5] 林清河，施坤寿. 组织结构、全面品质管理、ISO9000 与竞争优势、组织绩效之结构化模式分析. 管理学报（台湾），2003，21(5):965-992.

[6] 施坤寿. 应用资讯系统整合全面品质管理与供应链管理建构企业竞争优势之结构化模式分析——台湾制造产业之验证与比较. 管理评论（台湾），2003，22（4）：1-33.

[7] Naceur, J., and Hassan, A. A.. Leadership styles supporting ISO9000：20000. The Quality Management Journal, 2005, 12（1）：21-25.

[8] Vloeberghs. ISO9000 in Belgium：Experience of Belgian quality managers and HRM. European Management Journal, 1996, 13(2):207-211.

Graver（1994）、Awan（2003）①、K. S. Chinl 和 T. W. Choi（2003）②、Jose Carlos Prado③ 均把教育培训作为影响 ISO9000 认证效果的关键因素之一。因此，本文就教育培训对质量管理体系文件实施、制程管理及质量管理绩效的影响提出如下假设：

假设 5（H5）：教育培训对体系文件实施有显著的正向影响。

假设 6（H6）：教育培训对制程管理有显著的正向影响。

假设 7（H7）：教育培训对质量管理绩效有显著的正向影响。

（三）体系文件实施对其他质量管理活动及质量管理绩效的影响

ISO9000：2000 标准对文件（Document）的定义为：信息及其承载媒体，包括记录、规范、程序文件、图样、报告、标准等。文件的作用主要是沟通意图、统一行动，文件的使用有助于满足顾客要求和质量改进；提供适宜的培训；使管理流程具有重复性和可追溯性；提供客观证据；评价质量管理体系的有效性和持续适宜性。文件的形成本身并不是目的，它应是一项增值的活动。

体系文件是指组织建立的质量管理体系文件。ISO9000 标准强调文件化的质量管理体系，2000 版 ISO9000 标准要求建立的质量管理体系文件与 1994 版不同，讲究有效性，体系文件要求简化，从而有利于提高企业质量管理绩效。质量管理体系文件是进行质量管理、衡量组织质量保证能力的重要依据之一，是描述质量管理体系的文件，它使组织的各项活动有法可依，有章可循。通过实施质量管理体系文件，控制各项影响质量的因素，使产品质量持续符合顾客的要求，确保质量管理体系的有效运行。林清河和施坤寿（2003）、Graver（1994）等人把体系文件建立及实施情况作为影响 ISO9000 认证绩效的关键因素之一，因此本研究提出如下的假设：

假设 8（H8）：体系文件对制程管理有显著的正向影响。

假设 9（H9）：体系文件对质量管理绩效有显著的正向影响。

（四）制程管理对质量管理绩效的影响

制程管理包括加工制程的管理及产品检验管理，加工制程的重点是关键工序的管理，产品检验包括原材料、半成品及成品的检验。制程管理在 2000 版 ISO9000 第 7 章"产品实现制程"及第 8 章"监视测量改进"作出了明确要求。在全面质量管理研究中，Ahire et al.（1996）④、Black 和 Proter（1996）⑤ 等学者把制程管理作为影响全面质量管理的关键因素。林清河、周福星等（1998）⑥ 认为制程管理是影响 ISO9000 认证的关键因素，因此本研究提出如下的假设：

假设 10（H10）：制程管理对质量管理绩效有显著的正向影响。

综合上述，本文把 ISO9000 认证企业中各项主要质量管理活动与质量管理绩效关系的 10 个假设命题

---

① Awan, H. M.. An evaluation of ISO9000 registration practices: A case study of sports goods industry. Managerial Finance, 2003, 29(7):109-134.

② Chinland, K. S., and Choi, T. W.. Construction in Hong Kong success factors for ISO9000 implementation. Journal of construction engineering and management, 2003, 29(6):599-609.

③ Jose, C. P. P., Arturo, J. F., and Antonio, G.. Quality management and personnel participation: Improvement teams, assolution for ISO9000 system maintenance problems in small to medium-sized enterprises. Human Factors and Ergonomics in Manufacturing, 2004, 14(3):221-237.

④ Ahire Sanjay. Development and validation of TQM implementation constructs. Decision science, 1996, 27(1):23-56.

⑤ Black, S. A., and Porter, L. J.. Identification of the critical factors of TQM. Decision science, 1996, 27(16):76-94.

⑥ 林清河，周福星等. 品质管理与组织气候及绩效之关联性分析. 中山管理评论（台湾），1998, 6(4):1 057-1 080.

结合起来，构建如图 1 所示的路径分析概念模型。

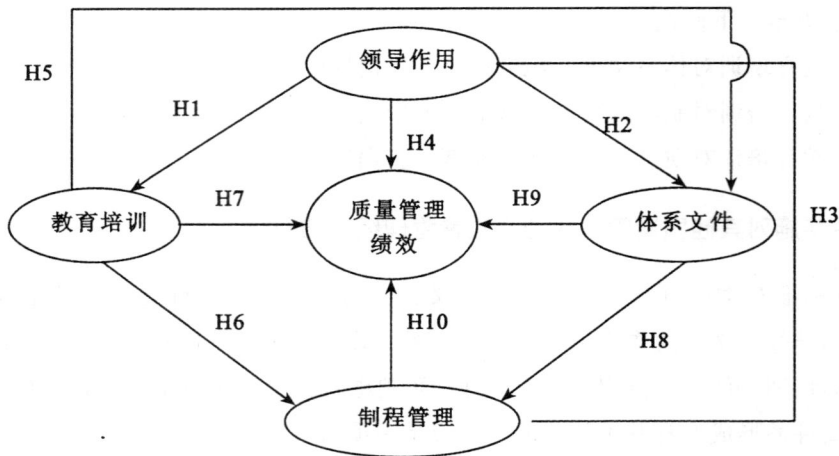

图 1　本研究路径分析概念模型图

本研究重点是考察 ISO9000 认证企业四个关键质量管理活动对质量管理绩效的影响作用。如图 1 所示，本文把领导作用作为外生变量，教育培训、体系文件、制程管理为中间变量，而把质量管理绩效作为最终变量，检验 ISO9000 认证对质量管理绩效的影响。

三、研究设计与数据分析

本研究旨在探讨我国制造型企业实施了 ISO9000 以后企业质量管理绩效与质量管理体系实施的四个关键因素的关系，因此研究样本是以中国质量认证中心（CQC）广东评审中心提供的广州地区已通过 ISO9000：2000 版企业为分析单位。

本研究问卷各个衡量问项的内容是依据 2000 版 ISO9000 标准提出的要求，经多次修改确定。问卷内容主要分为三大部分：公司基本情况、ISO9000 认证影响质量管理活动的四个关键因素、ISO9000 实施后企业质量管理绩效。各部分变量均是以 Likert 五尺度衡量。本研究寄出 300 份问卷，共计回收 103 份，有效回收问卷 98 份，无效问卷 5 份，有效回收率为 33 %。为了检验样本无偏性，进行了一次开放式问卷调查，回收问卷 39 份，经过独立样本 T 检验，样本满足无偏性要求。

本文使用 SPSS11.0 统计软件进行数据分析，通过数据的描述性统计，掌握企业背景基本情况；通过相关分析，分析 ISO9000 认证质量管理活动与质量管理绩效之间是否关系密切；关系密切则进行路径分析（回归分析），并进一步分析 ISO9000 认证中四个质量管理活动影响因素与质量管理绩效之间是否存在因果关系。

1. 数据的可靠性分析

数据的可靠性衡量是分析一组项目是否在测量同一概念，它是衡量数据质量的一个非常重要的指标。本次研究使用 SPSS11.0 软件，分析了样本各计量尺度的可靠性，结果如表 1 所示。在本次研究中，Cronbach α 最小值为 0.79，最大值为 0.85。统计结果表明，质量管理因素的 Cronbach α 均在 0.7 以上，因此本次研究的数据可信度较高，问卷有较高的内在一致性。

192

表 1

数据可靠性分析结果

变量	指标	Cronbach α
领导作用	X11-X17	0.8481
教育培训	X21-X26	0.8381
体系文件	X31-X36	0.8331
制程管理	X41-X46	0.7920
质量管理绩效	Y11-Y17	0.8809

2. 数据的效度分析

为检验量表的建构效度，对数据进行因素分析。本研究为确保问卷的效度，采用 0.5 作为删题的临界值。经专家效度分析后，除可限定因素层面外，也可以分层面进行因素分析（吴明隆，2003）。因此，本研究问卷共五个层 35 个问项，经因素分析，因素负荷量在 0.61 ~ 0.84，没有低于 0.5 的，故没有删题，如表 2 所示。结果表明，问卷中的问题分类是正确的，即有较高的效度。

表 2　　　　　　　　　　　　　　数据因素分析（主成分分析）结果

研究变量	指标	因素负荷量	第一主成分解释变异比例
领导作用	职责权限明确	.695	0.52696
	参与方针目标制订	.769	
	参与客户投诉处理	.690	
	重视内部审核	.775	
	参与管理评审	.772	
	参与质量纠正预防	.669	
	向员工传送质量意识	.702	
教育培训	质量岗位受教育程度	.699	0.55689
	培训实用有效	.760	
	掌握制程统计方法	.735	
	掌握产品检验统计方法	.698	
	培训涉及面广	.790	
	培训时间足够	.790	
体系文件	高层重视体系文件	.670	0.54962
	中层熟悉体系文件	.836	
	操作层熟悉体系文件	.795	
	体系文件可操作性强	.759	
	体系文件修订改进	.654	
	记录实用有效	.716	

研究变量	指标	因素负荷量	第一主成分解释变异比例
制程管理	原辅料验收严格	.591	0.50883
	设备维修保养	.654	
	半成品检验严格	.770	
	成品检验严格	.765	
	重视加工流程改进	.609	
	重视关键工序控制	.736	
质量管理绩效	废品率下降	.756	0.58772
	返工率下降	.840	
	售后服务下降	.810	
	顾客投诉下降	.834	
	产品竞争力提高	.715	
	产品销售量提高	.665	
	顾客满意度提高	.724	

3. 模式分析

（1）相关分析。通过对领导作用、教育培训、体系文件、制程管理与质量管理绩效五个变量进行相关分析，证实相关系数的取值均在 0.397~0.785（如表3所示），因此变量之间关系是比较密切的，比较适合路径分析（回归分析）。

表3　　　　　　　　　　　　　　　　相关系数矩阵

		领导作用	教育培训	体系文件	制程管理	质量管理绩效
领导作用	Pearson Correlation	1				
	Sig.（2-tailed）	.				
教育培训	Pearson Correlation	.601	1			
	Sig.（2-tailed）	.000	.			
体系文件	Pearson Correlation	.671	.724	1		
	Sig.（2-tailed）	.000	.000	.		
制程管理	Pearson Correlation	.440	.551	.577	1	
	Sig.（2-tailed）	.000	.000	.000	.	
质量管理绩效	Pearson Correlation	.397	.576	.495	.785	1
	Sig.（2-tailed）	.000	.000	.000	.000	.

（2）路径分析。通过以上相关分析可知，各项质量管理活动因素与质量管理绩效之间均关系密切，为进一步研究变量间的因果关系，采用路径分析（Path Analysis）方法，来研究这四个变量间的因果关系及影响情况。表4为路径分析的结果。

表4   本研究假设检定结果

假设	路径		标准化回归系数 Beta	T 值	支持假设是否成立
	起始	到			
H1	领导作用	教育培训	0. 210 **	2. 258	成立
H2	领导作用	体系文件	0. 671 **	8. 871	成立
H3	领导作用	制程管理	0. 041	0. 359	不成立
H4	领导作用	质量管理绩效	− 0. 005	− 0. 055	不成立
H5	教育培训	体系文件	0. 583 **	6. 271	成立
H6	教育培训	制程管理	0. 262 **	2. 068	成立
H7	教育培训	质量管理绩效	0. 286 **	− 1. 191	成立
H8	体系文件	制程管理	0. 356 **	2. 605	成立
H9	体系文件	质量管理绩效	− 0. 126	2	不成立
H10	制程管理	质量管理绩效	0. 703 **	9. 036	成立

注： ** Correlation is significant at the 0. 01 level (2 – tailed).

根据以上路径分析结果，笔者用它列出因果关系模型的各个标准化回归方程式及其决定系数，如表5所示，并归纳因果关系模型如图2所示。

表5   回归方程式及决定系数

回归公式	决定系数〔R 平方〕
教育培训 = . 210 × 领导作用	0. 352
体系文件 = . 671 × 领导作用 + . 583 × 教育培训	0. 611
制程管理 = . 041 × 领导作用 + . 262 × 教育培训 + . 356 × 体系文件	0. 368
质量管理绩效 = − . 055 × 领导作用 + . 286 × 教育培训 − . 126 × 体系文件 + . 703 × 制程管理	0. 652

本次研究路径分析结果表明如下七个假设成立：

H1：领导作用对教育培训有显著正面的影响。

H2：领导作用对体系文件有显著正面的影响。

H5：教育培训对体系文件有显著正面的影响。

H6：教育培训对制程管理有显著正面的影响。

H7：教育培训对质量管理绩效有显著正面的影响。

H8：体系文件对制程管理有显著正面的影响

H10：制程管理对质量管理绩效有显著正面的影响

如下三个假设不成立：

H3：领导作用对制程管理有显著正面的影响。

H4：领导作用对质量管理绩效有显著正面的影响。

H9：体系文件对质量管理绩效有显著正面的影响

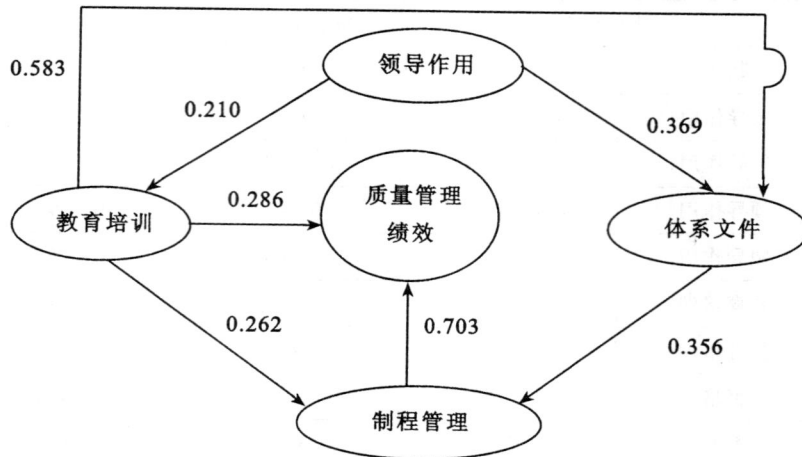

图 2　因果关系模型（去掉不成立的假设）

四、结果讨论

本研究结果发现，除了领导作用对质量管理绩效及制程管理的影响、体系文件对制程管理的影响未获得显著支持外，其他七个假设均获得显著支持。此结论与 S. M. Lee 和 B. H. Rho[1] 进行波多里奇质量奖对组织质量管理绩效影响的研究结论相类似，他们的结论是质量结果受人力资源管理及制程管理的显著影响；与陈昭蓉[2]的研究结论——制程管理对内外质量管理绩效有显著正向因果关系、质量教育培训对制程管理有显著正向因果关系亦是一致的。对本研究结果讨论如下。

（1）领导作用对教育培训的作用。本研究表明，领导作用对教育培训具有正向影响，且为显著的（R = 0.21，T = 2.256）。这说明随着领导对 ISO9000 认证中质量管理活动的参与及支持程度的提高，企业教育培训将会得到加强，质量管理体系会得到较好的贯彻落实。这个结果支持 ISO9000 新版标准的要求。ISO9000 在第 2.6 条"最高管理者在质量管理体系中的作用"中明确指出领导者的作用是确保获得必要资源，包括人力资源，通过教育培训使影响产品质量岗位的人员具备必要的能力，保证教育培训能按计划按需要进行，并能有效进行。

（2）领导作用对体系文件实施的作用。本研究表明，领导作用对体系文件实施具有正面影响作用，且为显著的（R = 0.671，T = 8.871），即随着领导的支持、参与程度的提高，企业将更有效地实施企业建立的质量管理体系文件。这集中体现在领导参与体系文件的策划，保证中高层管理人员对文件的理解、实施及改进。这个结果支持 ISO9000 新版标准的要求，ISO9000 在第 2.6 条"最高管理者在质量管理体系中的作用"指出领导者要确保建立、实施质量管理体系，定期评审质量管理体系，决定改进质量管理体系的措施。

（3）领导作用对制程管理的作用。本研究表明，领导作用对制程管理没有显著的正面影响（R = 0.041，T = 0.359），即领导作用对制程管理的直接影响不大。但是，进一步分析可以发现，领导作用可

① Lee, S. M. , and Rho, B. H. . Impact of Malcolm baldrige national quality award criteria on organizational quality performance. International Journal of production Research, 2003, 41 (9)：2 003-2 020.

② 陈昭蓉. 设计与制造管理对品质之影响，2000，Http：//www. management. org. tw/paper7/master.

以通过教育培训和体系文件实施对制程管理间接发挥显著正面影响。这个结果支持 ISO9000 新版标准的要求。ISO9000 在第 2.6 条"最高管理者在质量管理体系中的作用"中未强调领导者对制程管理应起到什么作用。实际上，制程管理，如原辅料、半成品及成品的检验把关、关键工序控制等，领导者发挥直接作用的效果一般不明显。

（4）领导作用对质量管理绩效的影响。本研究表明，领导作用对质量管理绩效没有显著的直接影响（R = -0.005，T = -0.055），即仅有领导重视及支持不能对质量管理绩效直接产生影响，需通过体系文件实施或教育培训，并通过制程管理加强才能实现目标。也就是需要通过中间变量才能对质量管理绩效产生正向影响。

（5）教育培训对体系文件实施的影响。本研究表明，体系文件对教育培训的实施有显著的正向影响（R = 0.583，T = 6.271），即教育培训的加强能促进体系文件的实施。保证影响产品质量岗位人员的能力提高，包括培训的有效进行、体系文件的持续改进，使企业建立的质量管理体系文件发挥应有的作用。

（6）教育培训对制程管理的影响。本研究表明，教育培训对制程管理有显著的正向影响（R = 0.315，T = 2.957），即教育培训的加强，能促进制程管理的加强。加强教育培训，完善质量方面的培训，使员工掌握制程管理的有关规定，减少检验失误及提高对关键制程的控制力度，从而使制程管理水平提高。

（7）教育培训对质量管理绩效的影响。本研究表明，教育培训对质量管理绩效有显著正面影响（R = 0.395，T = 2.913），即教育培训的加强能提高企业的质量管理绩效。抓好教育培训工作，提高员工素质，减少工作差错，使产品合格率、顾客满意度提高。

（8）体系文件对制程管理的影响。本研究表明，体系文件对制程管理有显著的正面影响（R = 0.338，T = 3.016）。结论说明，体系文件的有效实施，管理者重视体系文件、操作员工熟悉体系文件，保证文件修订改进、记录性文件的有效性等，能够加强制程管理，包括原辅料检验、半成品及成品检验、关键工序的控制。

（9）体系文件对质量管理绩效的影响。本研究表明，体系文件对质量管理绩效没有显著的正面直接影响（R = -0.126，T = -1.191）。这个结论说明，体系文件实施不对质量管理绩效发生直接的正面作用，而是通过影响制程管理间接对质量管理绩效发生作用。

（10）制程管理对质量管理绩效的影响。本研究表明，制程管理对质量管理绩效有显著的正向影响（R = 0.222，T = 1.767）。结论说明，严格检验，包括原辅料、半成品及成品检验，加强关键工序控制及不断改进工序流程，使产品不合格率减少，顾客抱怨降低，顾客满意度提高，即能够提高企业的质量管理绩效。

五、结论与局限性

本研究以通过 ISO9000 认证的厂商为研究对象，探讨 ISO9000 实施关键要素与质量管理绩效之相关性。本研究通过实证研究，检验了领导作用、教育培训、体系文件及制程管理等各要素之间的相关性及对质量管理绩效的影响假设。

本研究结果表明：

（1）四项质量管理关键因素对质量管理绩效都存在一定因果关系，但是各因素的作用强度不同。制程管理与教育培训对质量管理绩效的贡献最大，领导作用与体系文件对绩效没有直接的正面影响，但是可以通过教育培训与制程管理等其他变量间接发挥显著正面作用。

（2）各质量管理的关键因素之间也存在一定相关关系。领导作用对教育培训、体系文件都有显著的正面影响；教育培训对体系文件、制程管理有正面的影响；体系文件对制程管理有正面的影响。

（3）质量管理绩效与员工的教育培训和制程管理有较大关系，说明我国企业在质量管理提升方面，员工的素质、业务流程的优化与改善是非常重要的。今后企业仍应注意这个基本的质量管理要素的提高。

（4）领导者在质量管理体系认证实施中所起的作用必须通过员工的教育与培训、文件的管理等内部管理活动来体现，因此领导者在推动质量体系认证时应该更多地深入实际，参与质量体系的实施，不应停留在口头重视的表面。

本研究由于条件等多方面的限制，也存在许多不足，如：

（1）样本容量需要进一步增加，采样地区需要进一步扩大。本文主要考察广东地区的制造企业，因此所得的结论是否适用于其他地区有待进一步研究检验。

（2）本研究在问卷设计上也存在一定的主观性，对研究结果有一定影响，这也是本研究的限制。

排队理论在服务系统中的应用研究[*]

● 方德斌[1]　刘文婷[2]

（1，2　武汉大学经济与管理学院　武汉　430072）

【摘　要】服务系统中，排队现象不可避免。预测顾客的等待程度，合理安排服务台数，有助于提高服务质量，并为系统带来经济效果。本文从顾客排队的心理以及排队给系统带来的经济性出发，讨论服务系统的排队系统及模型，总结排队理论在现实服务系统中的应用，提出问题并对服务系统中排队理论的发展做出展望。

【关键词】服务系统　排队论　排队经济　排队模型

一、引言

近年来，在发达国家，服务业占就业的比例和占国民经济的比重均在 60% 以上，个别国家接近 80%。改革开放以来，我国的服务行业得到迅猛发展。服务业占国民生产总值的比重达到 1/3，部分服务行业，如旅游和电信，正在成为新的支柱产业，一批新的服务行业纷纷涌现，不仅吸纳了大量的就业人员，而且改变了人们的生产和生活方式。在全球化的浪潮中，生产企业将服务作为参与市场竞争的重要手段，通过改善服务寻求差别化竞争优势。

在服务过程中，如商业服务、贸易服务、社会服务、公共服务等，排队现象无处不在。在任何一个服务系统中，只要目前的服务需求超过了现有的服务能力，排队就会产生。由于顾客到达服务台的时间不同，接受服务所需要的时间也不同，排队在任何服务系统中都是不可避免的。排队系统由两方构成，一方要求得到服务，另一方给予服务。要求得到服务的人、物（设备）或信息统称为顾客；给予服务的服务人员或服务机构统称为服务员或服务台。于是，顾客与服务台构成一个排队系统，或称为随机服务系统，如图 1 所示。

排队论（Queuing Theory）又名随机服务系统理论，是研究拥塞现象的一门科学，它通过研究各种服务系统在排队中的概率特性，在服务质量的提高和成本的降低之间取得平衡，找到最适当的解[①]，从而实现系统的最优设计和最优控制。成本由提供服务的成本和顾客等待的成本（给顾客造成的不便）构成，其中，服务能力的成本由提供服务的服务台数量决定，而顾客的不便是由等待时间衡量的，最优服务质量应满足服务成本和等待成本之和最小。因此，预测不同能力水平下顾客的等待程度，是解决服务系统排队问题的关键。所以，排队论研究一个排队系统中队长、等待时间、忙期（连续繁忙时期）等数量指标的变化规律，以及在满足顾客基本服务需求的条件下，如何使机构运行更为经济的问题。

＊　本文为国家社科青年基金课题（项目批号：05CJY019）的阶段性成果。

① 　龙子泉，陆菊春. 管理运筹学. 武汉：武汉大学出版社，2002：168.

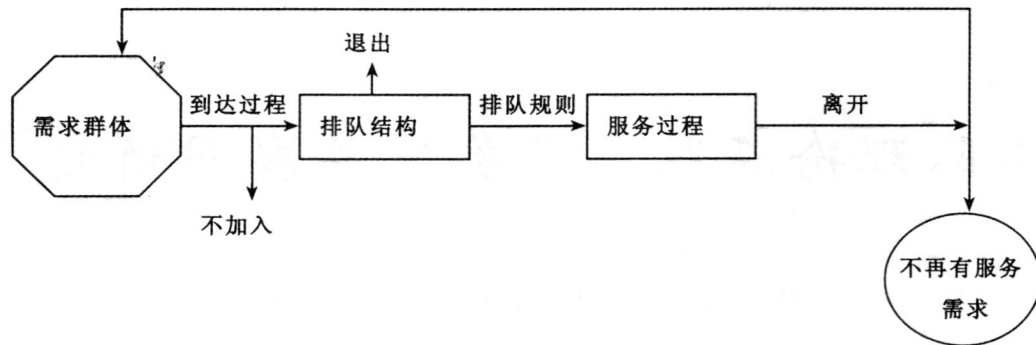

图1 排队系统简图①

排队论是随机运筹学和应用概率论的重要分支，所研究的问题有很强的实际背景。它起源于丹麦数学家 A. K. Erlang 关于电话交换机使用状况的研究，1909 年他发表的论文 *The Theory of Probabilities and Telephone Conversations* 成为公认的排队论的最早著作。而后，排队论研究的先驱人物是法国数学家 F. Pollaczek 和前苏联数学家 A. N. Kolmogorov、A. Y. Khintchine，他们在这方面的研究课题都在 20 世纪 30 年代完成并载入其后来撰写的著作里。第二次世界大战以后，排队论发展迅速，成为应用概率论、随机运筹学中最有活力的研究课题。它不仅建立了较完备的理论体系，而且在军事、生产、经济、管理、交通等领域得到了广泛的应用。50 年代初期，英国人 D. G. Kendall 又系统地阐述了排队问题，并且利用嵌入马尔可夫链的方法推动了排队论的进一步发展②③。

二、服务系统中排队问题的重要性及排队建模

随着人类社会的发展，服务在社会经济中的地位和作用与日俱增。第二次世界大战后，西方发达国家陆续进入服务社会，服务业取代制造业成为最大的经济部门。由于服务系统中排队现象不可避免，排队问题的解决将促进服务系统的高效运转，并使服务机构的经济运行获得优化。

1. 等待心理与系统经济性

对于顾客来说，对等待的感知将决定其等待结果，其心理产生不满，将会给服务系统带来相应的损失甚至名誉破坏；但是，为此增加人力物力也会给服务提供者带来经济成本。所以，顾客等待心理以及系统经济性是服务系统排队问题中密切相关的两个方面。

在任何一个服务系统中，只要目前的服务需求超过了现有的服务能力，排队就会产生。等待是每个人生命的一部分，它占据了大量时间。俄罗斯著名问题专家海德瑞克·史密斯（Hedrick Smith）发现，在俄罗斯，排队已经成为一个全国性的现象④，并指出，排队是不可避免的，即等待具有必然性。在等待中，顾客的等待心理会对排队系统的效果产生很大的影响。大卫·梅斯特（David H. Maister）提出两条"服务

---

① 詹姆斯·A. 菲茨西蒙斯，莫娜·J. 菲茨西蒙斯著. 服务管理：运营、战略和信息技术. 张金成，范秀成等，译. 北京：机械工业出版社，2000：340.

② Kendall, D. G.. Some problems in the theory of queues. Serial B. J. Roy. Stat. Soc., 1951，13：151-158.

③ Kendall, D. G.. Stochastic process occurring in the theory of queues and their analysis by the method of the imbedded markov chain. Ann. Math. Stat., 1953，24：338-354.

④ Hedrick Smith. The Russians. New York：Quadrangle Press，1975：64-65.

200

法则"①，法则一指出若顾客接受的服务比他们预期的好，他们就会愉快地离开并带来好的扩散效应，反之顾客会传播坏名声；法则二是第一印象会影响接下来的服务体验。所以，如果一项服务要求顾客等待，那么最好使等待的时间成为一段愉快的经历②。针对顾客的心理特点，企业应当从心理学角度，研究具体的排队管理措施，提升企业的服务质量③。

站在顾客的角度，了解顾客的心理，合理解决排队问题可以为系统带来经济效果。约哈姆·巴泽尔（Yoram Borzel）举例论证了等待的经济性④，事例证明排队等候的人把等待的时间看做获得一份免费"利益"的代价。排队主要产生两个方面的成本：第一，对于公司来说，会产生员工（内部顾客）成本，可以用非生产性的薪酬来衡量；第二，对于外部的顾客，排队的成本就是放弃了在等待的时间内可以做的其他事情而获得的收益。另外，厌烦、焦急和其他心理反应也会产生成本。虽然等待的真实成本通常难以确定，但是，了解排队中的经济成本问题，将有助于提供服务者在做决策时考虑顾客在等待时生理、行为以及经济方面的因素。

排队的经济问题在生活中随处可见。首都机场排队的出租车一直是人们津津乐道的排队奇迹⑤，在排队中体现了公平和效率，实现了等待的经济性。与之相比，现实中很多排队系统处于混乱状态，没有实现经济性。牧歌发现"排号机"不一定能帮助银行提高效率——当银行的业务量不大、顾客不多时，让顾客直接排队等待的经济效果会大于排号机叫号的经济效果⑥。可见，服务系统排队问题的解决可为服务系统增加收益或减少成本。

2. 排队系统建模

排队系统有五个基本特征：需求群体、到达过程、排队结构、排队规则和服务过程⑦。寻求服务的顾客构成需求群体，需求群体一般分为无限型和有限型两种类型；顾客到达率由到达过程决定，根据实际记录的到达次数来计算到达的间隔时间，到达的间隔时间符合指数分布，到达数符合泊松分布；排队结构指排队的数量、位置、空间要求及其对顾客行为的影响；从排队的顾客中选取下一个接受服务的政策称为排队规则；服务过程需要考虑的因素有：服务时间的分布、服务台的设置、管理政策以及提供服务者的行为。

对以上各个特征进行分析，将有助于理解排队现象，并提供管理上的选择方案，从而改善顾客服务。提供方案的前提是要进行能力计划和规划决策，关键是预测不同能力水平下的顾客等待程度。为此，一般通过数学建模的方法，对系统顾客数量、等待时间、忙期等重要指标进行计算和预测，从而帮助系统优化。

在多种不同的排队模型中，在平行服务排队模型分类方法中，最常见的是 D. G. 肯德尔（D. G. Kendall）的 A/B/C 三特征标记法。A 表示到达间隔时间的分布，B 表示服务时间分布，C 表示平行服务台的数目。用肯德尔标记法可以区分排队模型：第一，在无限排队中，到达间隔时间 A 服从泊松

---

① David H. Maister. The psychology of waiting lines. In, J. A. Czepiel, M. R. Solomon, and C. F. Surprenant (eds.). Lexington Mass: The Service Encounter, Lexington Press, 1985: 113-123.

② 詹姆斯·A. 菲茨西蒙斯，莫娜·J. 菲茨西蒙斯著. 服务管理：运营、战略和信息技术. 张金成，范秀成等，译. 北京：机械工业出版社，2000：351.

③ 俞义. 排队服务管理的心理学分析. 郑州牧业工程高等专科学校学报，2005，5：52-53.

④ Yoram Borzel. A theory of rationing by waiting. The Journal of Law and Economics, 1974, 4 (17): 74.

⑤ 王志浩. 排队的经济学. 北京青年报，2006-01-16.

⑥ 牧歌. 银行排队的经济学分析. 中国经济导报，2007-04-17 (B03).

⑦ 詹姆斯·A. 菲茨西蒙斯，莫娜·J. 菲茨西蒙斯著. 服务管理：运营、战略和信息技术. 张金成，范秀成等，译. 北京：机械工业出版社，2000：360-368.

分布，当服务时间 B 服从指数分布时，根据服务台数量 C 的不同分为单服务台标准 M/M/1 模型、多服务台标准 M/M/c 模型；当服务时间 B 满足一般分布时，根据服务台数量 C 的不同分为单一 M/G/1 模型、一般自我服务的 M/G/∞ 模型。第二，在有限排队中，到达间隔时间 A 服从泊松分布，服务时间 B 服从指数分布，根据服务台数量 C 的不同分为有限排队单服务台 M/M/1 模型以及有限排队多服务台 M/M/c 模型。其中，M 表示到达时间间隔或服务时间的指数分布（等价于到达数或服务率的泊松分布）；G 表示均值和方差的一般分布（如正态分布、均匀分布或其他经验分布）。

（1）标准 M/M/1 模型。任何一个排队模型必须符合假设前提才可以使用。

假设前提包括：

①需求群体：到达顾客的总数无限或非常大；需求服务的顾客相互独立，并且不受排队系统影响。

②到达过程：到达间隔时间服从负指数分布，或到达率服从泊松分布，记平均到达率为 λ。

③排队结构：只有一条等待队伍，对队长无限制，不存在退出队伍或在队伍之间移动的情况。

④排队规则：先到达先服务。

⑤服务过程：只有一个服务台，服务时间服从负指数分布，记每个服务台的平均服务率为 μ。

利用平均到达率 λ 和服务台的平均服务率 μ，可计算顾客数以及时间的相关各项指标；结果显示，在单一服务台模型中，λ 总是小于 μ 的，系统达到稳定状态。

（2）标准 M/M/c 模型。标准 M/M/c 模型的假设前提同标准 M/M/1 模型一致，但服务台数此时为多台，并假设不同服务台的服务率是相互独立且相等的。

同前，通过 λ 和 μ 计算顾客数和时间等各项指标。服务强度 ρ 为 λ/μ，系统如要达到稳定状态，ρ 必须小于服务台的数目。结果显示，当充分利用服务能力时，会产生过度拥挤的现象；同时，若通过增加平行服务台数减少拥挤现象，系统的收益与增加的服务台数量不成正比。因此，为了实现服务的规模经济，一种方法是将所有服务能力整合成一个超强服务台；另一个办法是进行服务集合，将多个独立的服务台集中到一个中心位置，形成服务单位。

（3）单一 M/G/1 模型。单一 M/G/1 模型假设服务时间分布满足具有均值 $E(t)$ 和方差 $V(t)$ 的一般分布，其余假设同标准 M/M/1 模型。

通过服务强度 $\rho = \lambda E(t)$，可计算顾客数和时间等各项指标。结果表明，预期等待接受服务的顾客数与服务时间的差异性有直接关系，可通过控制服务时间的差异性来减少顾客等待现象。

（4）自我服务 M/G/∞ 模型。自我服务 M/G/∞ 模型假设服务台数目无限，其他假设满足单一 M/G/1 模型假设。

系统中恰好有 n 个顾客的概率 $P_n = \dfrac{e^{-\rho}}{n!}\rho^n$，$n \geq 0$；系统中平均顾客数 $L_s = \rho$；顾客在系统中平均逗留的时间 $W_s = \dfrac{1}{\mu}$。此模型可以在大型超市中应用。

（5）有限排队 M/M/1 模型。有限排队 M/M/1 模型是对标准 M/M/1 模型的调整，其系统中允许的顾客数是限定的。所以，除了顾客限定，标准 M/M/1 模型的假设条件仍然适用。此模型在估算等待区域过小或队伍过长造成的销售额减少时比较有用。

（6）有限排队 M/M/c 模型。有限排队 M/M/c 模型满足 $\rho > c$ 以及除此之外标准 M/M/c 模型的所有假设。系统中允许的最大顾客数是 N，当系统中的顾客数等于 N 或队长为 $N-c$，那么下一个到达的顾客就会被拒绝。停车场的车位问题就是此模型的一个应用。

根据排队类型的不同、服务时间服从指数类型不同以及服务台数单一或多台，从以上模型中选择适当的模型，可以计算与预测排队系统中的各项指标系统中的，如一个排队系统的队长、顾客等待时间、忙期

（连续繁忙时期）等，并有助于解释排队现象①。但是，由于以上排队模型以系统达到稳态为假设前提，而稳定状态在现实的排队系统中通常难以达到。

在三特征标记法的基础上，学者通过研究不断丰富服务系统中的排队模型内容，提出多 Agent 体统的排队模型②、服务台可修的 M/G/（E_k/H）/1 排队系统的统计平衡理论③，对（e, d）型休假 M/M/c 排队的稳态理论进行完善并运用于实践，为服务系统中的排队现象提出理论指导。

三、服务系统中的排队问题应用

在现实的服务系统中，排队理论得到大量的应用。IT 行业中，针对网络流量进行系统优化；生活中，利用排队模型计算和预测指标，优化系统设计，为服务者提供更好的方案，使得顾客获得更多的便利。

基于 A/B/C 三特征标记法，大量文献针对不同的服务系统中的排队问题进行了研究，针对加权公平排队（WFQ）问题，文献④提出队长计算方法以及多队排列的速率模型。在 IT 服务系统中，排队理论也有诸多应用。利用主动队列管理（AQM），可以有效处理 TCP 协议中的网络拥塞和排队问题⑤；基于公司的网络平台，如何有效地集成服务也和排队问题的解决息息相关⑥。

对于生活中的排队问题，很多文献进行了以下的研究：集装箱码头吞吐能力的大小会影响港口的使用情况⑦，针对某港口 6 个集装箱泊位和 162 个待泊的集装箱船的具体情况，采用 M/M/6 模型，预测出货物量的大小以及确定该码头的最佳吞吐能力，从而可确定下一个泊位何时建设；医院康复超短波理疗的效率直接影响患者的看病效率⑧，根据某医院康复科超短波理疗室的统计资料，利用 M/M/c 模型，计算各项指标的数值，确定超短波理疗仪的数量为 3 时系统最优，为决策者合理安排人力物力提供了科学依据；对车道收费系统进行评估和设计，可以对实际系统进行优化⑨，针对车道排队系统，建立模型 M/M/N/∞/∞，根据多路和单路两种方式计算车道系统的各项指标，为车道数的设计提供依据。

当服务系统遇到排队问题时，总需要满足解析排队模型的假设条件，才能有效预测等待时间。而现实事例中的假设条件一般难以满足，为服务系统的排队问题的解决带来了一定的困难。

四、结论与展望

为服务系统建立排队模型，估计准确的等待时间，可以帮助服务系统管理者评估可能的行动方案。这

---

① 詹姆斯·A. 菲茨西蒙斯，莫娜·J. 菲茨西蒙斯著. 服务管理：运营、战略和信息技术. 张金成，范秀成等，译. 北京：机械工业出版社，2000：370.

② 李凡长，佘玉梅. 多 Agent 体统的排队模型研究—模型理论. 计算机科学，2004，5：130-137.

③ 史定华. 服务台可修的 M/G/（E_k/H）/1 排队系统的统计平衡理论. 运筹学杂志，1989，6：65-66.

④ Mohamed Ashour, Tho Le-Ngoc. Performance analysis of weighted fair queues with variable service rates. Digital Telecommunications, 2006. ICDT'06. International Conference on 2006：51-51.

⑤ Jae Chung, and Claypool, M. Analysis of active queue management. Network Computing and Applications, 2003. NVA2003. Second IEEE International Symposium on 16 – 18 April 2003：359 – 366.

⑥ Fischer, M. J., Bevilacqua Masi, D. M., and McGregor, P. V.. Efficient integrated services in an enterprise network. IT Professional, 2007, 9(5)：28-35.

⑦ 张维中. 排队理论在确定集装箱码头吞吐能力中的应用. 海岸工程，1998，3：67-71.

⑧ 钱小红，胡春平. 排队理论在医院康复超短波理疗的应用. 医学与社会，2007，7：32-33.

⑨ 王军，曹云侠. 排队理论在车道收费系统中的应用研究. 微计算机信息（管控一体化），2005（10 – 3）：142 – 144.

些模型还有助于理解有限排队对已实现的需求的影响、增加服务台对等待时间的影响不成比例。排队模型可以用来预测系统绩效，从而决定能力规划方法的选择。

但在现实中，排队模型往往只有在满足稳定状态的前提下，才能适用于某一特殊环境；另外，现实的排队问题往往比较复杂。因此，针对特殊环境下的排队问题，若不能满足稳态前提或过于复杂，计算机仿真模型①以及仿真方法的应用可能会提供好的解决方式。

目前，排队理论在服务管理中的应用多见于常见的服务类型，如商业服务、贸易服务以及社会/个人服务等。对于一些复杂系统，如电力服务系统，供电商作为直接面向顾客的服务提供者，受整个电力系统长期垄断的影响，不太注重顾客的服务感受以及服务质量的提高，引致消费者不满以及效率低下等现象，此问题在电力改革中越来越受到重视，但目前相关研究比较少。排队理论在电力服务管理中的应用，可以作为未来研究的一个方向。

参 考 文 献

[1] Pollaczek, F.. Problems stochastigues posés par le phénomene de formation d'une queue d'a tlente aun guicket et des phénomenies apparentés. Paris：Gauthiers Villars, 1957.

[2] Khintchine, A. Y.. Mathematical methods in the theory of queuing. London：Griff, 1960.

[3] Kendall, D. G.. Some problems in the theory of queues. Serial B. J. Roy. Stat. Soc., 1951, 13.

[4] Kendall, D. G.. Stochastic process occurring in the theory of queues and their analysis by the method of the imbedded markov chain. Ann. Math. Stat., 1953, 24.

[5] Hedrick Smith. The Russians. New York：Quadrangle Press, 1975.

[6] David, H. Maister. The psychology of waiting lines. in, Czepiel, J. A., Solomon, M. R., and Surprenant, C. F. (eds.). Lexington, Mass：The Service Encounter, Lexington Press, 1985.

[7] Yoram Borzel. A theory of rationing by waiting. The Journal of Law and Economics, 1974, 4(17).

[8] Mohamed Ashour, Tho Le-Ngoc. Performance analysis of weighted fair queues with variable service rates. Digital Telecommunications, 2006.

[9] Vandalore, B., Jain, R., and Goyal, R.. Design and analysis of queue control functions for explicit rate switch schemes. Computer Communications and Networks, 1998.

[10] Jae Chung, and Claypool, M.. Analysis of active queue management. Network Computing and Applications, 2003.

[11] Fischer, M. J., Bevilacqua Masi, D. M., and McGregor, P. V.. Efficient integrated services in an enterprise network. IT Professional, 2007, 9-10(9).

[12] Georg Manfred, Jechlitschek Christoph, and Gorinsky Sergey. Improving individual flow performance with multiple queue fair queuing. Quality of Service, 2007.

[13] 詹姆斯·A. 菲茨西蒙斯，莫娜·J. 菲茨西蒙斯著. 服务管理：运营、战略和信息技术. 张金成，范秀成等，译. 北京：机械工业出版社，2000.

[14] 俞义. 排队服务管理的心理学分析. 郑州牧业工程高等专科学校学报，2005, 5.

[15] 王志浩. 排队的经济学. 北京青年报，2006-1-16.

---

① 邹长春，周亚平等. 基于性能势理论对闭排队网络进行梯度估计的并行仿真算法. 中国科技大学学报，1999, 2: 21-29.

［16］牧歌．银行排队的经济学分析．中国经济导报，2007-4-17．

［17］黄广民，孙秀彬．利用排队理论分析银行在线事务处理系统的性能．2005，8．

［18］张维中．排队理论在确定集装箱码头吞吐能力中的应用．海岸工程，1998，3．

［19］钱小红，胡春平．排队理论在医院康复超短波理疗的应用．医学与社会，2007，7．

［20］徐树公，黄载禄，姚彦．现代通信研究中的排队理论．通信学报，1999，2．

［21］储庆华，储全胜．电话银行排队理论的科学视角．中国金融电脑，2005，4．

［22］王军，曹云侠．排队理论在车道收费系统中的应用研究．微计算机信息（管控一体化），2005，10-3．

［23］马丙鹏，曹炬，杨树堂，余胜生．排队理论在视频会议中的应用．计算机工程与应用，2003，16．

［24］史定华．服务台可修的 M/G/（E_k/H）/1 排队系统的统计平衡理论．运筹学杂志，1989，6．

［25］李凡长，佘玉梅．多 Agent 体统的排队模型研究—模型理论．计算机科学，2004，5．

［26］周宏波，叶俊．破产理论与排队模型．统计与决策，2006，1．

［27］杨新军．给予排队理论的渠道容量设计．水利水电快报，2006，12．

［28］邓小琳．基于排队理论的最优生产线设计．运筹与管理，2000，9．

［29］邹长春，周亚平等．基于性能势理论对闭排队网络进行梯度估计的并行仿真算法．中国科技大学学报，1999，2．

［30］姚荣涵，王殿海，曲昭伟．基于二流理论的拥挤交通流当量排队长度模型．东南大学学报（自然科学版），2007，5．

［31］理查德·诺曼著．服务管理—服务企业的战略与领导．范秀成，卢丽，译．北京：中国人民大学出版社，2006．

［32］卡尔·阿尔布瑞契特，让·詹姆克著．服务经济．唐果，译．北京：中国社会科学出版社，2004．

［33］龙子泉，陆菊春．管理运筹学．武汉：武汉大学出版社，2002．

组织学习与学习型组织：一个文献综述[*]

● 龙　静

（南京大学商学院　南京　210093）

【摘　要】虽然一般观点认为，组织学习和知识管理是紧密相关的两个概念，但是长期以来，这两个领域的研究存在互相排斥的现象，组织学习的研究者避免使用"知识"一词，而知识管理的研究者也同样避免使用"学习"这一概念；当然另一方面，也有不少学者认为这两者没有区别，并将学习、知识、知识管理等概念混同使用。那么这两者的关系究竟是怎样的？本文试图提供一个理论框架，来比较和整合组织学习与知识管理概念，并分析它们对企业业绩的影响。

【关键词】组织学习　学习型组织　组织知识　知识管理

"组织学习"（Organizational Learning）和"学习型组织"（Learning Organizations）是如今企业管理界经常使用的术语。尽管关于这两个概念的学术讨论可以追溯到 20 世纪 60 年代，但是直到 20 世纪 90 年代，这些讨论才引起管理人员的重视。本文试图在界定组织学习、学习型组织等概念的基础上，提供一个理论框架来整合组织学习、组织知识与学习型组织理论，并分析组织学习与企业业绩之间的关系。我们将要讨论的问题是：（1）组织学习、组织知识与学习型组织理论如何相互适应及相互补充？（2）学习如何影响企业的业绩？

一、组织学习与学习型组织的定义

（一）组织学习

Argyris 和 Schon（1978）关于组织学习的经典定义强调认识和行为之间的相互关系，认为组织学习过程既包括认识方面也包括行为方面的改变。他们指出，个人和小组通过理解及行动来学习，或者通过行动后的解释来学习。这一定义包含这样的思考，即组织学习是个人共享思维及行动变化的过程，它受到组织影响，并根植于组织机构之中，当个人和小组的学习机制化以后，组织学习就发生了，知识嵌入到企业规程、系统、结构、文化和战略之中。组织学习系统是由不断进化的存储在个人、小组或组织中的知识所组成的，并形成企业的基础设施以支持企业的战略形成及实施过程。

组织学习的早期研究主要借鉴了源自个人学习的心理学文献中与学习有关的概念，如选择、决策制定、信息加工等。Argyris 和 Schon（1978）指出组织学习是通过个人代表企业行动来实现的，他们从个人

＊ 本文为教育部留学回国人员科研启动基金资助项目、江苏省科技发展计划软科学研究基金资助项目（项目编号：BR2008052）的阶段性成果。

层面的错误检测和错误纠正的角度来定义单环学习和双环学习。如今，学者们提供了更多更复杂的模型来解释不同层面的学习，从系统的视角来研究组织学习问题，这些层面或领域包括：解释系统（Daft 与 Weick，1984）、实践共同体（Brown 与 Duguid，1991）、对话（Isaacs，1993）、记忆（Casey，1997；Walsh 与 Rivera，1991）等。最后，由于组织学习本身变化的特质，组织学习研究也和组织进化、变革及自我更新（Crossan 等，1999）紧密联系，以应对不断变化的环境的挑战。

（二）学习型组织

Senge（1990）将学习型组织定义为"人们不断扩张他们的能力，创造他们想要的结果，拓展和丰富思考的模式，集体创新，并不断学习如何学习的场所"。这个概念与组织学习概念是彼此紧密相关的，但它们在理论上属于不同的领域，组织学习是一种描述性的理论流派，它探索的问题是"组织如何学习"；相反，学习型组织是一种规范性的理论流派，它探索的问题是"组织应该怎样学习"。

（三）其他相关概念

组织学习的概念也可以和"组织知识"联系起来。组织知识被视作企业的关键资源以及竞争优势的源泉，这一理论根源可追溯到企业资源观（Barney，1991；Penrose，1959）。一些学者认为企业知识观可以解释企业在市场中的竞争优势的来源，企业存在的原因即知识的创造、转化和应用，"什么是知识"以及"知识有哪些类型或形式"是这些学者们讨论的焦点。Polanyi（1967）的研究对知识的定义具有高度的影响，他认为知识是一种活动，可以描述为知道的过程，其中显性知识是人工的、可以编码的，而隐性知识是非人工的、直觉的、不可编码的。他进一步指出，"感知"——通过某个外界客体对我们的感官所形成的印象来认识该客体——即强调了隐性知识范畴。基于 Polanyi 的研究，Cook 和 Brown（1999）提出仅区别隐性知识和显性知识还不足以理解知识的性质，为了表明某人知道的所有东西，必须增加"知道"（Knowing）这一术语。他们认为，当人们拥有显性知识和隐性知识时，"知道"不是关于"拥有"，而是关于"实践"，关于同社会及物理世界中的事物之间的相互作用。例如，人们骑车时，他们拥有关于车部件的显性知识及如何在车上保持平衡的隐性知识，即使人们不骑车，他们也拥有这些知识，只是区别在于：当骑车时，人们实践他们的"知道"，即将知识付诸行动。

Cook 和 Brown（1999）总结了知识、知道及它们与学习的关系。首先，知识可以通过大脑反映学习、预测学习而获得，也可以通过身体学习（如干中学、实验学习）而获得。其次，知识可以在我们的大脑中积累（知道什么，宣告性知识），也可以在我们的身体中积累（知道怎么做，步骤性知识）。再次，知道就是实践，它是我们经常做的事情。知道并不是运用于行为中的知识，而是属于行为的一部分知识。最后，学习是知识的改变，以及知道的改变，它包括认识的变化和行为的变化。知识和知道都是学习过程的内容，它们的区别在于：知识主要是认知的，包括我们所掌握的事实和技能；而知道主要是行为的，它是作为行动的知识。

总之，组织学习视学习为变革的过程，而组织知识强调知识是一项资源，它可以为企业提供持续竞争优势，并且将组织知识研究与对它的管理联系起来。

二、组织学习与学习型组织领域的研究范围与界限

图 1 总结了组织学习和学习型组织等领域的研究范围与界限，我们可以从图中得出如下结论。

（1）组织学习理论文献厘清了"组织学习"和"学习型组织"概念的差异，同样，"组织知识"和"知识管理"概念也存在相似的区别：组织知识丰富的学术根基强调"什么是组织知识"及"组织知识有

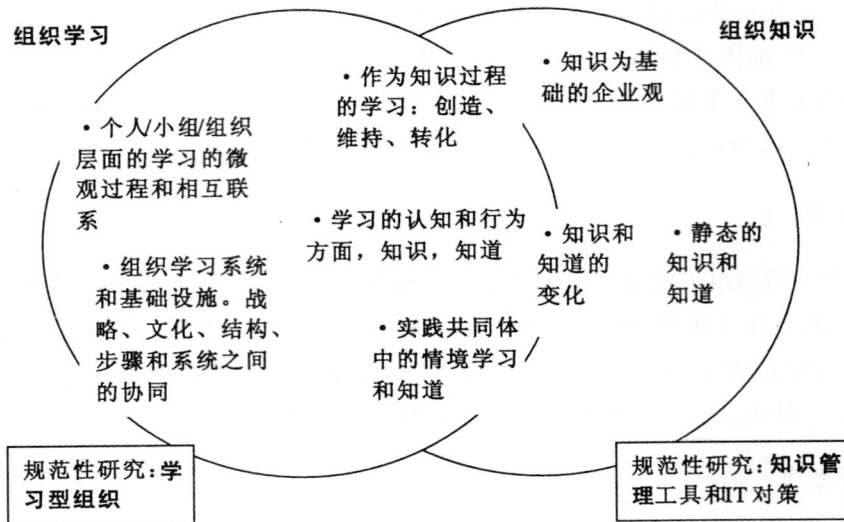

图 1　组织学习与学习型组织研究领域的范围与界限

哪些类型"等问题；相反，知识管理主要是向经理人员提供信息技术解决对策以及如何管理组织知识的规范性建议。

（2）相对于组织知识理论主要关注知识作为一项资产和存货而具有怎样的性质，组织学习理论则主要强调知识变化或流动的过程。也就是说，这两者在研究"什么被学习"以及"学习的过程"之间存在着差别。Schendel（1996）强调要将学习作为一个过程来理解，他指出："开发组织学习的能力相对具体的所获取的知识而言，在创造竞争优势时更为重要。"组织知识则视知识为企业的资源，它可以导致持续的竞争优势。因此，图 1 中的企业知识观置于组织知识的领域范围内。基于对知识定义、知识类型的理解，在将知识与数据、信息等概念进行比较的基础上，我们认为：组织知识更具有静态的含义，它强调内容；而组织学习则更具有动态的含义，它强调知识的变化过程。

（3）尽管我们区别了静态的知识和动态的知识，它们二者之间仍然存在着重合，因为在组织知识的研究中一直存在对知识进化的研究，例如对知识转化和知识开发过程的研究（Argote 与 Ingram，2000；Nonaka 与 Takeuchi，1995）。

（4）组织学习往往被定义为获取知识的过程。例如，Argote（1999）将学习定义为"知识的获取"，即"组织成员共享、形成、评价、联结知识的过程"。同时，正如前一点所提及的，知识也不再是纯粹的认知过程，当静态的知识为动态的知识所取代时，理论研究也从单纯管理知识资产转向研究与知识相关的过程，如知识的创造、维持和转化过程，从而更容易将组织学习和组织知识联结起来。

（5）从社会结构主义角度来看，组织学习理论承认学习和知道是根植于一定的环境中的，其基本观点是：学习和工作是不可分割的，知识存在于社会分散活动系统中，而参与者运用在一个不断变化的背景中的情境知识来学习，为了应对变化的环境，参与者进行学习活动，从而他们的知识和行为不断地积累、发展。

（6）从分析层面的角度来看，许多研究者（如 Crossan 等，1999；Kogut 与 Zander，1992；Nonaka 与 Takeuchi，1995）均提出学习发生于个人、团队、组织、组织之间或网络之间等四个层面。这四个层面的分析衍生出大量的相关研究，如学习联盟、合资企业、战略团队及企业间关系等。当然关于这四个层面的分析也存在一些争议。例如，Simon（1991）指出"所有的学习都发生在个人的大脑中，组织只能以两种

208

方式学习：一是通过其成员的学习而学习；二是通过招聘拥有组织所没有的知识的外部成员来学习"。而Hedberg（1981）则提出相反观点，他认为"尽管组织学习通过个人发生，但也不能错误地认为组织学习仅仅是个人学习的集合——成员来了又走，领导换了又换，但组织记忆始终保留着某些行为、智力图、规则和价值观等，这些并不随时间而变化"。Nelson 和 Winter（1982）进一步描述了组织层面的知识，指出组织规程是组织的基本物质，它们一部分显性存在于官僚制度规章中，另一部分则隐含于组织文化中。笔者亦倾向于后一种观点，即认为组织学习不仅仅是个人学习的总和，组织作为一个整体具有学习、知道和记忆的能力，企业中存在非人类的知识库和组织学习系统。

（7）一旦确认了不同层面的分析，还需要形成相应的理论来解释某一层面的学习和知识如何转变为另一层面的学习和知识。Schwandt（1995）的动态组织学习模型就是这样的理论之一。在这个模型中，组织学习是一个动态的社会系统，它被定义为综合"行为、行为者、象征和过程"的系统，使"组织能够将信息转化为有价值的知识"，并且"提高组织的长期适应能力"。此外，Crossan 等（1999）、Nonaka（1995）以及 Spender（1994，1996）的研究也是多层面分析的例子。基于对这些研究的分析，我们认为组织学习理论比组织知识理论的研究更前进了一步，因为它提供了关于学习是如何在个人、团队、组织层面发生、一个层面的学习如何影响其他层面的学习，以及知识如何从一个层面流向其他层面的多层面理论分析框架。而组织知识理论在这方面的讨论仅仅局限于隐性知识和显性知识之间的转化，以及人与人之间的知识转化。例如，Spender（1994，1996）整合了隐性知识和显性知识，并结合个人与社会两个层面，提出四种类型的组织知识：意识性知识（Conscious）、自动的或非意识性知识（Automatic or Non-conscious）、目标或科学知识（Objectified or Scientific）、集体性知识（Collective）。他分析了每种类型知识的"行为"范畴，将学习描述为从一种类型的知识向另一种类型的知识的转化过程，而在这样的学习过程中所包含的认知和行为过程可以为企业提供有用的规范。

综上所述，我们从 7 个方面总结了组织学习等研究领域的范畴和成果，下面我们将讨论如何将学习和知识整合起来，并进一步阐明学习与企业业绩的关系。

三、组织学习、知识与企业业绩的关系

在这一部分，我们将整合现有的组织学习理论的相关研究，并说明学习对企业业绩的影响。这里的企业业绩是指企业追求其财务目标或非财务目标（如质量、声誉、增长）的成败。

（一）学习与知识之间的回馈关系

学习与知识整合的一个切入点是二者的回馈关系，即学习和知识是交织在一个相互促进的过程中的：学习（过程）产生了知识（内容），而现有的知识又影响未来的学习。Nonaka 和 Takeuchi（1995）的"知识螺旋"模型与 Crossan 等（1999）的 4I 组织学习模型较清晰地区分了学习过程和学习内容。

Nonaka 和 Takeuchi（1995）在隐性知识和显性知识的分类基础上，提出了四种基本的知识转化或创造模式——社会化（Socialization）、外部化（Externalization）、内部化（Internalization）和联合化（Combination），以及四种类型的知识——感性知识（Sympathized Knowledge）、概念知识（Conceptual Knowledge）、运作知识（Operational Knowledge）和系统知识（Systemic Knowledge）。在这四种知识转化或创造模式中，社会化描述了在不使用语言只使用经验的情况下如何共享隐性知识；外部化则通过隐喻分析方法将隐性知识转化为显性知识；联合化描述了正式编码的显性知识如何从某个人转移到另一个人；而内部化则说明了如何将显性知识再回归到隐性知识，正如人们在"干中学"中所做的将知识内化的过程一样，学习同时在大脑和身体中发生。

Crossan 等人（1999）的组织学习 4I 模型则指出组织学习发生在个人、团队和组织层面，由四个子过程——本能（Instincting）、解释（Interpreting）、整合（Integrating）和机制化（Institutionalizing）——来联结这三个层面的学习，并且学习包括行为和认知两方面的变化。其中，本能是一个潜意识的过程，它发生在个人层面，是学习的起点且必须在个人的大脑中发生；解释提取个人学习中有意识的部分并在团队层面上共享；整合则改进团队层面的集体性理解，并进一步扩展到整个组织层面；最后，机制化将这一学习结果嵌入整个组织的系统、结构、规程和实践中去。

为了描述学习和知识之间的关系，经常要使用流量和存量的概念。存量概念与知识相关联，它包含组织中所有人类的或非人类的知识集合；流量概念则与学习相关联，它代表在不同的层面上所发生的知识流动（学习）的过程。例如，在组织知识文献中，Spender（1994）讨论了"学习的流动"，描述了从自动知识向集体性知识的转化以及集体性知识向目标知识的转化。Bontis 等（2000）则运用组织学习的 4I 模型，介绍了"知识的存量"和"知识的流量"术语，从而区别了静态的存在于个人、团队和组织层面的知识以及动态的在各个层面之间移动的知识。

基于上述的分析，我们找到了整合组织学习与组织知识理论的着眼点——流量和存量概念，并进而提出学习与知识的回馈关系，即"学习是知识创造和发展的过程，而现有的知识会影响未来的学习"。Miller（1996）曾指出学习、知识和行动之间的联系，他认为组织学习是"组织中那些能够并愿意运用知识做决策，并影响组织中其他成员的个人对于新知识的获取"，"如果该知识与组织行为或决策不相关，那么它就仅与个人学习相关，而与组织学习无关"。学习和知识的这种关系也见于 Kogut 和 Zander（1992）的论述中。他们在其知识增长模型中，提出组织的学习总是和它们的"现有实践"紧密相连，正如路径依赖理论所指出的，新的学习不会发生在脱离组织现有能力的抽象之中，它总是依赖企业现有的联结能力，实现对知识的新的运用。

（二）学习、知识与企业业绩的关系

关于学习和知识对企业业绩的影响，不同的学者持不同的观点。有些学者认为它们之间存在正相关关系。例如 Cangelosi 和 Dill（1965）认为"学习可以改善业绩"，Fiol 和 Lyles（1985）也指出学习"将改善企业未来的业绩"。以知识为基础的企业观进一步提出了知识和业绩之间存在正联结，独特的、有价值的、稀有的、无法模仿的、不可替代的知识将导致企业的竞争优势。

另外一些学者（Argyris 与 Schon，1978；March 与 Olsen，1975）则否认学习、知识和组织业绩之间存在直接的联系。例如，Huber（1991）指出"学习并不总是提高学习者的效率"，因为学习者"有可能不正确地学习，或正确地学习不正确的东西"。相应地，Leonard（1992）描述了核心刚性是如何嵌入知识并阻碍创新的。Arthur（1989）关于增长的论述也支持了知识与业绩的这种模棱两可的关系，一个很好的知识基础可以提高企业相对于竞争者的优势，而一个较差的知识基础则意味着企业可能失去其竞争优势。最后，从组织学习文献来看，Crossan 等人（1995）亦认为"好的业绩并不一定是学习的结果"，"学习在短期内甚至会对业绩产生负面影响"。综合而言，组织学习文献对于学习与业绩的关系存在着较明显的分歧，而组织知识文献则普遍认为知识是竞争优势的来源，它可以解释企业业绩的差异。

新近的研究（Bontis 等，2002）提出了"学习的有效性"概念，即学习或知识并不是越多越好，只有当它们能引导组织相关领域行为时，即具有有效性时，才能提升企业的业绩。在这一思路的基础上，我们在学习、知识与业绩的整合框架中提出"相互协同"的概念，用来指代企业业务战略与学习/知识战略的协同，它是学习、知识能否对业绩产生影响的"调解器"。我们认为，如果学习、知识与企业目标不相关，则它们不能对业绩产生正的影响；而要让知识成为竞争优势的来源，企业必须要将它的学习/知识战略与业务战略匹配起来。当企业的学习/知识战略与业务战略相匹配，则学习、知识对业绩的影响就是正的；反之如果不能匹配，则学习、知识就不会影响业绩或其至负面影响业绩。同时，在学习/知识与业绩的相互协同中，创新起到了明显的中介作用，这一点在谢洪明等（2006）的研究中也得到了的实证检验。

总之，在企业的战略背景下研究学习、知识对企业业绩的影响是非常重要的。近几年来，组织学习和组织知识的学者都逐渐提出了"学习战略"和"知识战略"的概念。例如，Bierly 和 Chakrabarti（1996）指出，知识战略是"一套战略选择，它形成和引导组织的学习过程，决定企业的知识基础"。与他们相对应，Zack（1999）认为知识战略还包含与业务战略相适应的含义，他提出，"企业的知识战略是企业将它的知识资源和能力与它的业务战略的需求相协同的一种方式"，"通过知识战略，企业明确了实施战略目标所需要的知识，并将它与现有的知识相比较，确定战略知识差距"。Argote（1999）则提出几个学习过程的平衡——团队和组织学习之间的平衡、异质化和标准化之间的平衡、计划学习与干中学的平衡，以及快速和慢速学习的平衡，并在此基础上定义了学习战略。她的研究可以说是横跨了组织学习和组织知识这两个领域。

四、结语

本文在厘清组织学习、学习型组织这两个概念的基础上，分析了组织学习、组织知识与学习型组织等领域的研究范围，在此基础上，运用存量与流量概念为契合点将学习与知识的概念加以整合，并进而说明了它们与企业业绩的相互关系。本文所提供的模型为组织学习理论的研究奠定了框架基础，但是关于组织学习与组织知识这两个领域尚有许多研究有待开发，并且可以将它们视作一个统一的研究领域来加以拓展。

参 考 文 献

[1] Argyris, C., and Schon, D. A.. Organizational learning. Reading, M. A.: Addison-Wesley, 1978.

[2] Cohen, M. D., March, J. D., and Olsen, J. P.. A garbage can model of organizational choice. Administrative Science Quarterly, 1972, 17.

[3] Crossan, M., Lane, H., White, R., and Djurfeldt, L.. Organizational learning: Dimensions for a theory. The International Journal of Organizational Analysis, 1995, 3.

[4] Hedberg, R.. How organizations learn and unlearn. In, P. Nystrom and W. Starbuck (eds.). Handbook of organizational design. Oxford: Oxford University Press, 1981.

[5] McGill, M. E., and Slocum, J. W.. Unlearning the organization. Organizational Dynamics, 1993, 22.

[6] Nonaka, I., and Takeuchi, H.. The knowledge-creating company: How Japanese companies create the dynamics of innovation. New York: Oxford University Press, 1995.

[7] Senge, P. M.. The fifth discipline. New York: Doubleday, 1990.

[8] Shrivastava, P.. A typology of organizational learning systems. Journal of Management, 1983, 20.

一个大型国有企业的艰难改革历程

——武汉重型机床集团有限公司改革实验及启示*

● 赵锡斌

（武汉大学经济与管理学院　武汉　430072）

【摘　要】 为了深入研究我国国有企业改革的理论与实践，探索 30 年来国有企业改革的路径和总结经验教训，本文以武汉重型机床集团有限公司为典型样本，对其改革实践的全过程和取得的成就进行了系统的梳理，客观实在地展示了国有企业改革与发展的艰难历程和光明前景，并归纳出"坚持搞活、搞好、做强国有企业"、"坚持在改革中实干，在实干中改革，使改革与务实相结合"、"坚持自主创新，提升核心竞争力"和"坚持履行社会责任"等启示。

【关键词】 国有企业　改革历程　求真务实　自主创新　社会责任

自中国共产党第十一届三中全会以来，我国已走过了 30 年的改革历程，其中，国有企业改革始终是改革的重点和难点。在这场史无前例的改革大潮中，国有企业，尤其是大型国有企业，经受着严峻考验，遍尝了五味人生！

为了深入研究我国国有企业改革的理论与实践，探索 30 年来我国国有企业改革的路径及经验，我们选择武汉重型机床集团有限公司为典型样本，对其改革的实践历程及经验教训进行了系统的调研和梳理，试图从一个企业的个案研究中，客观实在地反映我国国有企业探索改革的艰难历程和光明前景，为进一步深化我国国有企业的改革提供一种可资借鉴的案例。

一、昔日辉煌

武汉重型机床集团有限公司（后文简称武重），原名为武汉重型机床厂，是我国"一五"时期 156 项国家重点建设工程之一，也是国家直接投资兴建的最早的一个制造"重、大、精、尖"工作母机的专业工厂，1956 年 4 月开始动工兴建，1958 年 9 月建成投产。从建成投产至 1978 年这 20 年间，武汉重型机床厂坚持走创新与自主研发的道路，生产出了龙门刨床和龙门铣刨床、龙门镗铣床、立式车床、镗床和铣镗床、卧式普通车床、齿轮加工机床、回转工作台、磨床、专用机床、锻锤等十大类 100 多种产品，共生产出重型和超重型机床5 600多台，产品销往国内除台湾省和西藏自治区外的各省、市、自治区，装备了各类重要的机器制造企业，为我国制造飞机、火车头、汽车、轮船、拖拉机、矿山机械、轧钢机、电站设备以及国防尖端产品作出了重要贡献；并向加拿大、巴基斯坦、朝鲜、越南、新加坡等 11 个国家出口了

---

* 本文在调研过程中，得到了武汉重型机床集团有限公司董事长兼总经理陈国新、副总经理黄照等同志的大力支持与帮助，使笔者了解和获得了丰富、翔实、鲜活的第一手资料。在此表示诚挚的感谢！

各类重型机床100多台，得到了使用国的好评，被誉为"亚洲明珠"①。中华人民共和国成立10周年时发行的纪69—5"机械制造"邮票主图中的龙门刨床、特62—4"立式车床"邮票主图中的6.3米的重型立式车床，据吴天明先生考证，都是武汉重型机床厂生产的产品（见图1、图2）②。1970年10月1日，武汉重型机床厂自行设计和制造的我国第一台CQ52100型10米立式车床，被制成模型选送北京参加国庆游行。1978年，B2150型5米铣刨床等4项产品及技术获全国科学大会奖。

图1　纪69—5机械制造　　　　　图2　特62—4立式车床

从经济效益上看，武重建厂计划总投资原为1.5亿元人民币，实际完成投资1.31亿元。1958年建成投产后，当年上缴国家税金90万元，1959年共上缴国家税金1 511.52万元（其中，基本折旧540.91万元、利润683.19万元、税金287.42万元）。1958—1978年，累计上缴27 731.19亿元人民币，相当于建厂总投资的2倍多，其中基本折旧6 275.11亿元，利润15 730.06亿元，税金5 726.02亿元③。

由于武重在我国国民经济中占有极其重要的地位，1958—1978年，毛泽东、朱德、周恩来、董必武、陈云、邓小平、刘伯承、贺龙、陈毅、叶剑英、徐向前、李先念、薄一波、胡耀邦等党政军领导人均先后到该厂视察。据不完全统计，在这20年中，仅1958—1964年、1975年、1977—1978年这10年（其他年份资料不详），除接待了不计其数的国内各方面的学习和参观访问团以外，该厂还接待了德国、澳大利亚、印度尼西亚、保加利亚、阿富汗、泰国等一些国家的党政领导人以及一些国家的专业代表团、专家、实习生技术培训和留学生、参观与访问团（含华侨和港、澳同胞）共2 130批次，接待的人数达17 725人次④。真可谓门庭若市，好不风光！70岁的老工人王鸿春回忆当时的情景得意地说："那个时候，出去只要说是武重的职工，顿时会引来一片羡慕的目光！"66岁的何定云师傅更自豪地说："那个时候，只有最优秀的人才才能进武重！"

二、改革潮涌

应该说，我国国有企业，尤其是大型国有企业，在历史上取得了辉煌的成就，对我国经济建设与发展起了重大作用。但是，随着我国经济的发展、经济规模的不断扩大以及市场需求结构的不断变化，传统的

①　参见：伊国仙.机床工业的一颗"明珠"——记武汉重型机床厂的变化.中国机械工程，1979，1：23-25.
②　吴天明.机床制造业的"亚洲明珠"武汉重型机床厂——纪69—5，特62—4邮票主图.上海集邮，2006，5：16.
③　参见：武汉重型机床厂厂志办公室编.武汉重型机床厂厂志（第一卷）（1953—1985）：154.
④　参见：武汉重型机床厂厂志办公室编.武汉重型机床厂厂志（第一卷）（1953—1985）：292.

高度集权的计划经济管理体制的弊端日益暴露出来：国家直接管理企业的生产和经营活动，既管不了，又管不好，同时也限制了企业的积极性、主动性和创造性，以致产生商品市场供求总量和供求结构常态性的严重失衡，形成了严重的"短缺经济"，阻碍了国民经济的进一步发展和人民生活水平的提高。虽然1957—1978年我国国有企业的管理体制也进行过多次改革，但改革的基本问题主要是中央和地方管理权限的划分，并未解决企业的经营自主权等问题。因此，根本性的问题依然存在，基本矛盾仍未解决甚至愈来愈突出。

1978年10月，经国务院批准，四川省选择了重庆钢铁公司、成都无缝钢管厂等6家地方国营企业，在全国率先进行"扩大企业自主权"的试点。同年，安徽省凤阳县小岗村18户农民冒着风险，秘密签约，将集体的耕地承包到户，实行"大包干"。1978年12月18—22日，中国共产党召开了十一届三中全会，提出了应该认真解决党政企不分、以党代政、以政代企的现象，有领导地大胆下放权力，让地方和工农业企业有更多的经营管理自主权；大力精简各级经济行政机构，把它们的大部分职权转交给企业性的专业公司或联合公司；坚决实行按经济规律办事，重视价值规律的作用，充分发挥中央部门、地方、企业和劳动者四个方面的主动性、积极性、创造性，使社会主义经济的各个部门、各个环节普遍地蓬蓬勃勃地发展起来。中国共产党十一届三中全会重新确立了解放思想、实事求是的思想路线，开启了我国改革开放的新时期。从此，一场史无前例的改革大潮席卷全国，势如破竹，锐不可挡！

武重，由此也就步入了30年的探索改革的漫漫长路。

三、峥嵘岁月

改革的道路是不平坦的。从历史上看，武重在历次的改革中都首当其冲。1957年中国共产党八届三中全会，通过了根据毛泽东1956年提出的要给地方、企业下放权力的思想，由陈云主持起草的《关于改进工业管理体制的规定》（草案）、《关于改进商业管理体制的规定》（草案）和《关于划分中央与地方财政管理权限的规定》（草案）。随后，武重仅在隶属关系上就几经变革：1958年由原中央直属企业下放为湖北省管理；1959年又收回中央直属；1970年再次下放湖北省领导；1983年改为中央和湖北省双重领导；1985年进一步下放到武汉市，成为市属企业。

不容置疑，1978年以来的这场改革，是中华人民共和国成立以来最深刻、最全面的一次具有"革命性"的经济与管理体制改革。从否定单一的计划经济体制，实行以计划经济为主市场调节为辅、计划经济与市场调节相结合、有计划的商品经济，到建立社会主义市场经济体制；从党政分开、政企分开、两权分离，到产权制度改革；从放权让利、扩大自主权、经营承包、转换机制，到建立现代企业制度等。每一步的改革，都不断触及"灵魂深处"。

武重是在计划经济体制的襁褓中产生和发展起来的一家具有典型意义的大型国有企业。直到1984年以前，企业的产、供、销、人、财、物等，都由国家计划安排，企业的基本任务是完成和超额完成国家计划，利润、税金和基本折旧上缴。因此，企业并没有什么压力和动力。其间，在简政放权、减税让利的改革措施下，企业对内部管理进行了改革，推行了"保、包、核"等多种形式的经济责任制，克服企业内部职工之间在分配上长期存在的"干多干少一个样、干好干坏一个样"的问题，但除了职工收入有大幅度提高外，企业总体绩效不升反降。如1979—1984年，产品销售收入从5 028.03万元下降到3 814.25万元，上缴利税从1 551.40万元下降到209.67万元，而企业职工工资总额和平均工资则有较大幅度的增长，分别从620.25万元增加到1 069.84万元、898元增加到1 318元①。

---

① 参见：武汉重型机床厂厂志办公室编.武汉重型机床厂厂志（第一卷）（1953—1985）：152、154、172.

1984 年，中国共产党十二届三中全会通过《中共中央关于经济体制改革的决定》，国务院发布了《关于进一步扩大国营工业企业自主权的规定》以及 1986 年发布《关于深化企业改革，增强企业活力的决定》后，价格"双轨制"、厂长（经理）负责制、企业承包经营责任制等改革措施相继全面推行。武重也由此实行"两权分离"，进行厂长负责、承包经营、工效挂钩的改革。1987 年初，厂长与武汉市机械局签订了 1987—1990 年第一轮经营承包责任合同，又在企业内部与各副厂长、车间主任签订经营承包责任合同。承包经营责任制的全面推行，在一定程度上调动了企业及职工的积极性，使企业的综合绩效明显改善（见表 1）。

由表 1 可见，在这一时期，从整体上看，武重实行承包经营责任制的改革成效是明显的：职工的收入进一步实现了持续的大幅度增长，从 1986 年的 1 461 元上升到 1990 年的 2 357 元，分享了改革的成果；通过贷款和自筹资金，企业投资完成了 5 141.8 万元的技术改造项目。因此，1990 年，武重荣获"中国机械电子工业企业管理优秀单位"称号，1991 年获"国家一级企业"奖牌和国家级企业技术进步奖，被武汉市政府授予"第一轮经营承包十佳优秀经营单位"。但也应该看到，1990 年，即第一轮承包的最后一年，武重实现的利税总额又回落到了此前的 1986 年的水平。

表 1   1986—1990 年销售收入和利税完成情况   单位：万元

年　份	产品销售收入	利　润	上缴税金
1986	5 584.1	310.0	404.0
1987	7 559.5	683.0	651.0
1988	9 599.9	632.0	816.0
1989	6 980.3	563.0	819.0
1990	7 462.5	298.0	426.0

资料来源：武汉重型机床集团有限公司编. 武重志（第二卷）（1986—2006）：227-229.

在随后的 1991—1999 年，是武重改革与发展中最困难的时期。

本来，沿着原承包经营责任制的改革思路，1991 年 6 月，武重与武汉市政府签订了 1991—1995 年的第二轮承包合同。但由于承包经营责任制存在着明显的制度性缺陷和企业行为缺陷，且存在包盈不包亏、以包代管、以包代改革的问题，国家对国有企业改革的思路发生了重大变化。1991 年 12 月，提出要搞好国有大中型企业，必须转换企业经营机制。国务院于 1992 年 7 月颁发了《全民所有制工业企业转换经营机制条例》，明确规定了企业转换经营机制的目标和 14 项经营自主权、自负盈亏的责任等。1992 年 10 月召开的中共"十四大"进一步提出了建立社会主义市场经济体制的改革目标和转换国有企业的经营机制，把企业推向市场，使企业真正成为自主经营、自负盈亏、自我发展、自我约束的法人实体和市场竞争的主体等重大改革举措。虽然也提出了经营承包制应当进一步完善，但改革的思路和重点已发生转移，第二轮承包基本夭折。于是，国有企业，尤其是国有大中型企业，在建立社会主义市场经济体制的改革过程中，展开了一场生死大搏斗！

实际上，武重在 1993 年以前，还是以上级主管部门下达的指令性指标为主。实行承包经营责任制，实际上也等于是政府向企业下达任务指标，企业组织完成。因此，企业基本上仍是在传统的体制下运行。而面对市场经济的改革和激烈竞争与开放的行业市场，企业被要求"不找市长找市场"、"不靠政府靠自己"，要按市场需求决定生产经营方向、经营目标和经营方式，实行自主经营、自负盈亏、自我发展、自我约束。这就使企业在观念上、经营机制上以及行为方式上产生了严重的不适应，使企业的改革与发展陷入了历史上最艰难的时期。企业努力按照国家的改革精神，在企业内部实行精简机构，深化"三项制度"（劳动用工制度、干部人事制度、工资分配制度）改革，破"三铁"（铁交椅、铁饭碗、铁工资），实行层层承包、发展多元经济，并取得了一定的成效；但在 1991—1999 年这 9 年中，有 6 年出现亏损，利润从 1990 年的 298 万元下降到 1999 年的 −1 494.5 万元，上缴税金则从 1990 年的 426 万元下降到 1999 年的119 万元（见表 2）。

表 2   **1991—1999 年销售收入和利税完成情况**   单位：万元

年 份	产品销售收入	利 润	上缴税金
1991	9 354.3	− 1 141.8	208.3
1992	14 258.3	66.0	213.1
1993	19 827.6	556.0	149.9
1994	14 180.0	136.4	174.5
1995	11 878.7	− 601.0	129.0
1996	10 196.1	− 1 953.0	100.0
1997	10 441.7	− 1 213.8	118.8
1998	10 631.2	− 1 160.9	56.1
1999	10 190.4	− 1 494.5	119.0

资料来源：武汉重型机床集团有限公司编. 武重志（第二卷）（1986—2006）：227-229.

由于出现严重亏损，1992 年企业工资总额下浮 5%，职工分别停发 1～4 档效益工资。1994 年，职工平均工资为4 496元，是这 9 年中最高的水平。但到 1995 年，职工工资已不能正常发放，平均工资下降到3 974元，1996 年进一步下降至3 698元，1997 年再降到3 345元。企业负债已达 3 亿多元之巨，远远大于不到 1 亿元的企业净资产（不含 1995 年后计入的土地使用权价值），资不抵债，资金极度紧张，甚至出现为差一桶油漆、少一个配件、缺一根铜管而愁资金的尴尬情景。"一保吃药、二保吃饭、三才顾及生产投入"，是企业当时的真实写照。因此，人心浮动，安定团结和社会稳定的矛盾突出。

武重改革与发展中的问题，一直受到从中央到省、市领导的高度重视。先后有时任全国人大常委会副委员长倪志福，国务院副总理李岚清、吴邦国、邹家华，全国政协副主席杨汝岱等党和国家领导人，中央有关部委的负责同志，湖北省委书记、副书记、省长、副省长，武汉市委书记、副书记、市长、副市长等共 49 次来厂视察、调研、指导工作。一时间，高官如云，纷至沓来，或指点迷津，排忧解难，或携带柴薪，深情慰问！仅武汉市委书记、市长两位"一把手"，在 1991—1999 年，就先后 19 次到武重，并多次率领市委、市政府领导，市计委、经委、城建委、商委、银行、财政、国税、地税、规划、土地、工商、社保等部门的负责人到厂现场办公，解决企业的困难。如采取"双保"、实行"特厂试验"、土地出让、房屋出租、兴办商业与餐饮服务等措施，但成效并不明显。于是，有"权威"人士说武重不要搞什么机床了，把厂牌子换了！有的甚至提出一卖了之！

但武重人是拖不垮摔不烂铁打的硬汉子！凭着对武重的深厚情感和必胜的坚定信念，以及"艺高人胆大"和苦干实干的精神，武重人硬是顶住了重重压力，在逆境中艰难地探索改革与发展之路，终于

"死里逃生"，迎来了光明的发展前景。

四、十八般武艺

为了摆脱困境，武重采取了一系列的改革措施，可谓十八般武艺，样样用全。

早在1982年，企业就学习首钢经验，开始推行经济责任制。1983年，对加工车间实行"联产联责承包经济责任制"，对设计科室采取"产品设计承包方案"。1984—1985年，又对各车间实行"二包七保一核"经济承包责任制（包产品产量、费用；保质量、质量管理、生产总量、设备维修保养、能源消耗、安全生产、文明生产；按任务轻重、技术高低、工作繁简、劳动强度核定承包单位的奖金）。1987—1990年，在第一轮承包经营责任制期间，除企业与各车间签订承包合同外，又进一步实行工效挂钩的"二挂"承包经营责任制，即职工工资的一部分与企业效益挂钩，职工的奖金与企业产值挂钩，甚至执行"单机承包"。

进入20世纪90年代，即使陷入极度困难的时期，企业也永不言败，积极地进行了一系列大胆的改革实验。如为了完善企业内部管理，1991年提出并试行对各分厂（原车间改为分厂）"投入产出经营承包责任制"，1992年全面推行"三包一挂"（即包内部利润指标、包质量指标、包各项管理指标，奖金与内部利润挂钩）的投入产出经营承包责任制。改变长期以来以工业总产值为考核依据的做法，树立效益观念，增强市场意识。1993—1995年，实行划小核算单位、放开搞活分厂、收缩强化主体、剥离陈属单位，对各分厂实行"模拟市场、模拟法人"的新运行机制。随后又对分厂实行"工效挂钩、双挂双提、上缴费用包干、确保资产增值"的经营模式，即分厂工资与效益挂钩，工资发放比例与费用实交率、外协收入完成率挂钩等。针对分厂存在的短期行为倾向，1997—1999年，实行三年期的资产经营责任制，并提出和实施"精化主体、放开外围、进军三产"的经营发展战略。

在干部人事与劳动用工制度方面，早在1989年，武重就着手废除干部职务终身制，实行中层干部全员聘任制的改革。从1992年开始，武重逐步对机构臃肿、人浮于事、富余人员过多的问题进行大刀阔斧的改革。通过精简机构、下岗分流、资源重组，武重的管理与服务人员从1990年的2 550余人减至1997年的1 800多人，下降了30%。在岗职工由近万人减至1997年的5 000多人，下降了45%，1999年进一步降至4 200多人。武重于1998年成立了厂再就业服务中心，妥善解决分流人员的培训和再就业问题；同时，为了积极探索企业职能与社会职能分离的改革，减轻企业负担，在市委、市政府的支持下，1997年还率先将厂办子弟中学、子弟小学成功剥离，分别交市、区教委管理。

为谋求企业的生路，解决"不做机床活不了、单做机床活不好"的现实难题，1992年，企业一改长期以来单一生产重型机床的经营模式，提出了大力发展第三产业的发展思路和实施方案。随后几年中，企业利用土地占有面积大、临街路段长、闲置房产多等优势，进行土地使用权转让、房屋与土地资产租赁经营、房地产开发（包括经济适用房、商业网点、小商品市场、旧货市场、饮食服务业的建设与经营、商业门面出租等）；同时面向市场，变"等米下锅"为"找米下锅"，先后成立了多家公司，从事数控装置、电气控制设备、机械设备的电气化改造与技术咨询；装饰材料、玻璃钢、复合包装袋等的生产与经营；机床、机械设备、电气设备的批发与零售以及检修；机械、电子的技术开发与咨询服务；承接楼宇自控、智能监控、工程设计、施工、五金交电、计算机零配件、通讯器材的批发与零售；路牌与灯箱广告设计、企业形象设计、信息咨询中介服务以及复印、打字等。总之是八仙过海，用尽十八般武艺，开展多种经营，广开财路，聊补无米之炊。

上述措施，虽然并未根本改变企业的困境，但对企业度过生存危机起到了重要的作用，而且，正是某些在困境之中逼出来的重大改革举措，以及某些失败的教训，为企业以后的发展奠定了重要的基础。

五、柳暗花明

宋代大诗人陆游留下了千古绝句：山重水复疑无路，柳暗花明又一村。我们借此来比喻武重改革与发展的历史转折，是再恰当不过的了。

20世纪90年代，是我国国有企业震荡不安的时期。1990年，通过"治理整顿"，通货膨胀得到了有效抑制，但随之而来又出现了普遍的"市场疲软"。于是，国有工业企业产成品资金占用大幅度增长，实现利税大幅度下降，亏损企业占31%，亏损额成倍增加。到1996年，问题进一步恶化，第一季度甚至出现了全国独立核算国有工业企业盈亏相抵后的净亏损。虽然国务院及时采取了建立扭亏增盈责任制等一系列措施，层层签订责任状，以遏制亏损大幅度上升的局面。但至年末，亏损企业面高达38.2%，亏损额比上年上升38.6%，实现利润则比上年下降38.8%。1997年，亏损面进一步上升到39.2%，亏损额再攀新高，比上年增长8.2%。全国有12个省、市、自治区的国有工业企业盈亏相抵后为净亏。由于效益大幅下降，亏损严重，加之80年代实行"拨改贷"后，国家十多年来一直没有向国有企业注入资本金，企业已是债台高筑。1997年，6599户亏损的国有及国有控股的大中型工业企业，平均资产负债率高达79.9%，不仅大量拖欠银行贷款本息，而且严重缺乏流动资金，简单再生产也难以维持。一大批企业已是资不抵债，濒临倒闭。因此，大批企业处于停产与半停产状况，上千万职工下岗、失业，大批企业停发、减发工资，使职工生活水平下降，从而引发了一系列经济与社会问题。①

针对上述严峻的局势，1997年9月中共"十五大"和1998年2月九届全国人大一次会议，提出了国有企业改革与发展的目标和任务：用三年左右的时间，通过改革、改造和加强管理，使大多数国有大中型亏损企业摆脱困境，即"三年脱困"；力争使大多数国有大中型骨干企业初步建立起现代企业制度，并于1999年推出了"债转股"的重大改革举措，促使企业扭亏和转制。2002年，中共"十六大"提出了走新型工业化道路，用高新技术和先进适用技术改造传统产业，大力振兴装备制造业的重大决策。

经过了20多年市场锤炼的武汉重型机床厂，借此改革与发展的强劲东风，抓住机遇，以自身产品和技术的实力以及改革、创新、务实的精神，迎来了企业发展的大转折，告别了酸楚的岁月。

2000年，经国务院批准，武重与中国华融资产管理公司、中国东方资产管理公司签订了3.82亿元的"债转股"协议。这就使得负债率大幅度下降，免受了长期以来企业还本付息的巨大拖累与压力。但武重人清醒地认识到，实施"债转股"只是一个机遇，并不是包治企业百病的灵丹妙药。要使企业从根本上摆脱困境，必须苦练内功，借"债转股"彻底改革企业内部的管理体制和经营机制，建立现代企业制度，以重振武重雄风。因此，企业立即全面开展"三改一加强"（改革、改造、改制与加强管理）的工作。2000年，推行了全员下岗、竞聘上岗的劳动用工制度改革，共有4 000多人采取了获得经济补偿的方式与企业解除劳动关系。2001年，武汉重型机床厂改制为武汉重型机床集团有限公司，并按规范化的要求进行公司制改造。2001—2005年，先后进行了主辅分离、辅业改制、社会职能剥离、富余人员分流、全员身份转换等改革。如进一步将供水、供电、有线电视台、居委会、环卫、监察等社会职能移交社会管理；近万名在册职工和退休人员的基本医疗保险全部进入武汉城镇职工医疗保险；物业公司、职工医院、教育中心、幼儿园、大修总厂等后勤单位和非主业单位改制为民营机构。到2005年末，企业职工已由1999年的7 000多人下降到3 000多人，其中在岗职工从4 200多人下降为2 500多人，从而优化了人力资源配置，大大提高了劳动生产率。

---

① 参见：张迪诚. 中国国有企业改革编年史（1978—2005）. 北京：中国工人出版社，2006：249-479.

与此同时，企业制定并实施了《关于加强管理从严治厂的决定》等一系列管理制度，推行目标管理责任制和资产委托经营责任制，给予各子（分）公司更大的劳动用工、收入分配和生产经营自主权，调动了各方面的积极性和主动性，促进了企业的整体发展。为了推进技术创新，加快实现技术升级，提高产品的市场竞争力，企业千方百计投入巨资，加强技术研发中心的建设，健全和完善技术创新体系与运行机制，实施"人才工程"，大大提高了企业技术创新的能力。2000年，该中心被确认为"市级企业（集团）技术中心"，2001年为"省企业技术中心"，2007年，被国家发改委、科技部、财政部、海关总署、国家税务总局认定为"国家技术中心"。2003—2006年，企业实施了大规模的技术改造，利用国债专项贷款和企业自筹资金，完成了1.18亿元人民币的重型、超重型机床技术升级的技改项目，进一步提高了产品制造能力和水平，提升了企业的核心竞争力和经济效益。为了提升企业形象，扩大产品市场份额，2005年起，在原"用户调访活动"的基础上，组织了"用户在我心中"的大型服务活动，公司组织数十名精干队伍，由公司领导带队，分赴全国各地，行程数十万公里，深入走访用户，征求意见和建议，提供及时周到的技术服务，从而提升了企业的信誉和顾客的忠诚度，巩固和扩大了国内市场。目前，武重的主导产品CK、CH系列立车的国内市场占有率超过60%，重型滚齿机占90%以上。与此同时，企业频频开展国际交流与合作，积极参与国际市场竞争，敢与世界机床制造强国试比高，从而进一步拓展了国际市场。2000年以来，武重机床出口已遍及世界各大洲，包括美国、德国、日本、意大利、加拿大、英国、俄罗斯、荷兰、韩国、越南、印度、伊朗、土耳其、苏丹、新加坡、泰国、印度尼西亚等国。2007年，武重出口额达2 600多万美元，2008年1—5月，其主导产品出口已实现2 885万美元，为上年的107%。继2007年拿到出口北美的订单后，2008年5月，武重又与英国VUICANSPM公司签订了3台高档数控机床出口大单，价值达6 000多万元，创造了我国超重型机床出口一单之最，并实现我国自主研制的超重型机床出口西欧市场"零"的突破。2008年1—6月，武重共新签订产品销售合同11.55亿元，其中出口合同达3 721万美元。

明朝人有书斋联云：有志者事竟成，破釜沉舟，百二秦川终属楚；苦心人天不负，卧薪尝胆，三千越甲可吞吴。武重人经过"破釜沉舟"、"卧薪尝胆"和顽强拼搏，终于在进入21世纪之初，一举扭转了乾坤，企业的改革与发展取得了令人欢欣鼓舞的成就，各项经济效益指标发生了历史性的重大变化。2000年，企业实现了扭亏为盈，从此步入了发展的快车道，连续8年保持高速增长。2000—2007年，销售收入从13 229.2万元人民币增加到90 000.1万元，实现利润从125万元增加到8 400万元，上缴税金从213.5万元增加到9 648万元，年均增长均超过30%以上（如表3所示）。2008年1—6月，武重已实现销售收入5.6亿元、利税总额1.1647亿元，比上年同期分别增长38%和56.8%，预计全年实现销售收入将超过12亿元，利税总额将超过2亿元。由于企业绩效大幅提升，2006年，公司以27 512万元的价格，收购了中国华融、东方两家资产管理公司对武重持有的全部股权。由此，公司的股权结构由多元变为独家持有。

表3 　　　　　　　　　　　　2000—2007年销售收入和利税完成情况 　　　　　　　　　单位：万元

年　份	产品销售收入	利　润	上缴税金
2000	13 229.2	125.0	213.5
2001	14 681.3	169.2	1 070.5
2002	16 938.6	180.7	847.5
2003	21 201.9	209.7	1 324.0
2004	30 980.0	289.7	2 067.6

年　份	产品销售收入	利　润	上缴税金
2005	50 769.6	1 628.0	3 441.8
2006	65 339.9	3 739.2	6 964.7
2007	90 000.1	8 400.0	9 648.0

资料来源：2000—2006 年的数据来源同表 2；2007 年为公司提供的新数据。

六、无限风光

"暮色苍茫看劲松，乱云飞渡仍从容。天生一个仙人洞，无限风光在险峰"，这是毛泽东主席 1961 年面对当时国内严重困难、国际复杂多变的局势所作的一首七绝，它反映了领袖不畏艰险、从容应对、勇于攀登、纵览"无限风光"的伟大情怀。

武重，经过 30 年改革及市场经济的洗礼，再现昔日"明珠"之风采。如今，武重依然是中国重型机床行业生产产品规格最大、品种最全的大型骨干企业，主导产品包括重型立式车床、卧式车床、卧式镗铣床、落地式铣镗床、龙门镗铣床、滚齿机、回转工作台、轧辊磨床、激光加工机、锻压设备及各种专用机床等 12 大类、50 多个系列、300 余个品种；完成 1.25 ~ 3.15 米系列数控立车及立式加工中心的国家火炬计划项目和 CKX5680 数控重型七轴五联动复合加工机床的国家高技术研究发展计划（863 计划）等国家建设急需的重大研制项目；迄今已为我国的机械、能源、航空、航天、军工、交通、化工等行业提供了近 2 万台重大设备，研制出了一批国内领先、国际先进的产品；不仅为我国经济建设特别是重大工程项目建设、航天航空、国防等建设作出了重要贡献，被誉为"共和国当家设备"、"功勋设备"、"功勋雷达"，而且其产品出口已遍及世界各大洲，并进军欧盟、日本等机床制造强国，先后与德国、意大利等机床制造强国的著名制造商签订协议，合作制造数控机床等产品。2004 年，CKX53160 数控单柱移动立式铣车床获中国机械工业科技进步一等奖。2006 年 1 月，在全国科学大会上，CKX53160 数控单柱移动立式铣车床进一步荣获国家科技进步二等奖，是全国机床行业迄今获得的国家最高等级的科技奖。2006 年 6 月，在国务院振兴装备制造业工作会上，被授予"在振兴装备制造业工作中做出重要贡献"奖牌，也是全国机床行业享受此殊荣的 3 家企业之一。2006 年 9 月，武重 WZ 牌重型数控镗铣床被授予"中国名牌产品"证书。2007 年，武重牌产品被商务部授予"最具市场竞争力品牌"称号，被国家质检总局授予"产品质量国家免检"证书。这些标志着武重不仅代表了我国重型数控机床的研发、制造能力和水平，而且跨入了世界先进行列。正如原机械工业部机床工具司司长梁训瑄在《中国工业报》上撰文所说，"我国机床工业已跨入世界行列的第一方阵，武汉重型机床集团公司可以代表我国超重型机床的生产能力和水平"[1]。因此，1996 年上任于危难的厂长、现任集团公司董事长兼总经理陈国新，在中央电视台举办的"2006CCTV 中国经济年度人物中部之夜"上获得提名，2007 年荣膺"中国经济（机床工具行业）领军人物"称号。

然而，以"装备中国、服务全球"为己任的武重人，并不满足于现状，他们不断追求卓越。

早在 2002 年，在实行"精化主体、放开外围、进军三产"的经营战略取得初步成功的基础上，企业就根据我国经济快速发展对数控机床特别是对重型、超重型机床的需要和提升国际市场竞争力的需要，以及厂房和设备老化、位于市中心区不利于环保及企业进一步发展等限制性因素，未雨绸缪，提出了"推

---

[1]　转引自：武汉重型机床集团有限公司编. 武重志（第二卷）（1986—2006）：156.

进三个创新"，营建"两地一园"，实施"第二次创业"的企业发展战略构想①，并制定了数控重型机床中长期发展规划和以实施整体搬迁改造建设新厂为主线的发展规划目标及措施。这种具有前瞻性、战略性的企业发展思路，正好与2005年制定的《国家数控机床产业发展专项规划》和我国"十一五"规划中关于大力发展国产数控机床，重点支持数控机床产业化基地，促进装备制造业快速发展，实现装备制造业的现代化的要求相吻合，因此得到了中央及湖北省、武汉市的大力支持。经专家和有关部门的反复科学论证，公司于2006年正式启动和实施了"发展数控重型、超重型机床实施整体搬迁改造项目"。该项目建设设计总投资20多亿元人民币，资金来源系原厂址土地拍卖，通过土地置换所得。建设项目按照"三化"（现代化、特色化和环境园林化）、"三高"（高起点、高水平、高质量）的理念和目标要求，通过新厂建设和整体搬迁，重塑企业整体形象，进一步完善现代企业制度，形成自主创新的新体系、新体制，实现核心技术和系统集成能力的突破，使产品向高速、高精度、高可靠性、多轴联动、复合化、柔性化等技术密集型产品方向发展。目前，位于武汉东湖国家高新技术开发区的武重新厂雏形已然显现，第一台技改设备已安装到位并正式投入生产，预计2009年底将全部建成投产。届时，企业年销售收入将超过20亿元，预计利税达4.5亿元。一个国内领先、具有较强国际竞争力的现代高新技术制造企业将从这里诞生！

七、几点启示

回顾武重30年改革和发展的历程，我们可得到如下的几点重要启示：

1. 坚持搞活、搞好、做强国有企业

国有企业改革，其根本目的是要通过理顺国有企业管理体制、转换企业经营机制、建立现代企业制度，搞活、搞好、做强国有企业；而不是碰到问题绕道走，甚至将国有企业一卖了之，或实行MBO，以卖代改。这就不是国有企业改革的题中应有之义了，最多也只能称之为国家层面上的经济制度改革，而不是国有企业改革。武重在改革的过程中，即使陷入了极度困难甚至濒临倒闭，仍保持高度的社会责任感和搞好国有企业的坚定信念，永不言败，顶住了"卖厂子"、"换牌子"等种种压力，正视问题、团结一心、上下求索、百折不挠、顽强拼搏，终使企业起死回生，并步入了做好、做强国有企业的发展快车道，为我国经济建设、国防建设做出了重要贡献，也为国有企业的改革与发展探索了一条成功之路。

2. 坚持在改革中实干，在实干中改革，使改革与务实相结合

所谓改革，是指改革一切不合理的、阻碍生产力发展的规章制度，属生产关系和上层建筑的范畴。因此，适应生产力发展要求的改革措施，对促进生产力有巨大的作用。但是，一打纲领比不上一次行动。任何规章制度、体制机制，都需要靠人的实际行动、靠真抓实干来执行、实现。否则，任何改革都可能成为"空中楼阁"。回顾30年来的改革历程，其间的"新观点"、"新思路"、"新举措"可谓层出不穷，但有的属不符合现实实际的"空想"，脱离了中国特定的环境；有的属"只说不练"，因此，一些所谓的新观点、新思路、新举措成为过眼烟云，除具有瞬间的新闻或宣传意义外，并未取得实际效果。武重自20世纪50年代建厂以来，一直保持和发扬艰苦奋斗、苦干实干的优良作风。30年来，企业决定采取的改革举措和制定的规章制度，领导层首先从自身做起，与员工一起践行。为扭转企业的困难局面，实现企业的改革与发展目标，领导层同员工们一起顽强拼搏、共渡难关，不知度过了多少不眠之夜，笔者常看到，集团公司领导层身穿工作服、头戴安全帽，同员工一起工作在第一线，与员工水乳交融，看不出等级之分、上下之别。据不完全统计，迄今为止武重已产生了全国、省（部）、市级劳动模范和五一劳动奖章获得者共

---

① "三个创新"是指技术创新、管理创新、制度创新；"两地一园"是指建成中国数控重型和超重型机床制造基地、华中地区国际化加工协作基地、武汉市内环新兴商业园（原位于市中心的老厂址）。

108 人，国家有突出贡献的专家以及享受国务院等政府特殊津贴的科技人员 40 人，企业劳模新贡献标兵 179 人。正是这一大批以厂为家、比奉献、重实干、求实效的队伍，他们在实干中改革，在改革中实干，使企业闯过了一道又一道的难关，取得了改革与发展的辉煌成就。因此，在国有企业发展的过程中，既要坚持改革，又要求真务实、艰苦奋斗、苦干实干，以此求发展、求效益。这是武重在改革与发展过程中所走的一条坚实可靠的道路。

3. 坚持自主创新，不断提升企业核心竞争力

武重是"一五"时期前苏联帮助我国设计建设的 156 项重点建设工程之一，其产品设计也主要是仿制、改制前苏联的产品。1958 年建成投产后，由于众所周知的原因，武重经受了前苏联撤走专家的考验，一开始就走上了自力更生、自主创新的发展道路，早在 1959 年，就自行设计生产出了龙门刨床、通用普通车床和立式车床等产品。1960 年，一机部二局批准成立了我国第一个重型机床研究机构——武汉重型机床研究所，从此，虽几经波折，但自主研发、自主创新的企业主旨和传统始终没有改变，创造了一批又一批的"首次"、"首台"、"填补空白"、"国内领先"、"国际先进"的标志性的新产品。如 1964 年研制的 6.3 米立试车床，首次使用无级变速系统；1970 年研制出我国第一台 CQ52100 型 10 米立式车床；1973 年生产的 B2150 型 5 米铣刨床获 1978 年全国科学大会奖。进入 20 世纪 80 年代，随着技术进步速度的加快，市场竞争日益激烈，武重瞄准国际先进技术，不断进行技术升级与转型的创新，实现了重型机床数控化升级，自主完成了立式车床、镗铣床、落地式铣镗床、龙门镗铣床等主导产品由普通型向数控型技术升级：1983 年研制出我国第一台重型数控机床（CK5240 型 4 米数控立式车床）；1985 年研制出两台国家"六五"重点攻关项目产品：TK6513 型数控刨台式龙门镗铣床和 XK2120/5 型数控龙门铣镗床；1986 年，研制出我国第一台 WZS001 型数控薄模旋切机，获全国第二届发明展览会金奖；1989 年研制出了 16 米数控机床，被誉为"共和国的当家设备"，并被评为当年全国十大科技成果之首。20 世纪 90 年代，即使企业陷入了极度困难，仍坚持自主创新不动摇，通过创新克服困难，通过创新创造企业的发展机会。如 1995 年，研制出国内首创集车、铣、镗、钻等功能于一体的 15 米数控立式铣车床；1999 年，研制出具有国际同类产品先进水平的 CKX53160 型数控单柱移动立式铣车床，2006 年获国家科技进步二等奖，并完成 CR51、TR65 系列产品升级为柔性加工单元，实现重型机床柔性化。进入 21 世纪，创新进一步瞄准复合加工的方向。如 2004 年研制出 CR6116 柔性立式复合加工单元；2005 年研制出 XKU2645 型数控双龙门移动式镗铣床；2007 年完成了国家"863"项目，研制出 CKX 数控重型七轴五联动复合加工机床，填补了国内空白；2008 年又研制出目前世界上最大规格的 DL250 数控重型卧车。这些产品的研制成功，使我国重型机床发展史上产生了一次又一次的突破，它标志着国产重型机床已跨入了世界先进行列。

正是由于始终坚持和依靠自主创新，武重研制出了一批具有自主知识产权的高、精、尖产品，打造出国内外机床行业的知名品牌，形成了不可复制的、独有的核心技术与制造能力。因此，任凭市场风云变幻，武重人有信心、有决心、有能力战胜各种困难，取得最后的胜利。

4. 坚持履行社会责任

武重从开始建厂时起，就肩负着装备中国的重大责任。近 30 年来，我国在国有企业以利润为中心和履行社会责任的问题上存在着不少争议，但武重一直在注重经济效益的同时，坚持履行身上所肩负的社会责任。即使企业处在严重亏损的极度困难时期，也"位卑未敢忘忧国"，顶住了来自各方面的种种压力，没有片面追求经济利益而使几代人艰苦奋斗建设与发展起来的国有企业和国产品牌丧失殆尽！而是坚持亏损也要以发展重型机床为主业，使我国重型、超重型机床的制造技术和制造能力得以保持与发展起来，为振兴我国装备制造业，为整个国民经济的发展做出了重要贡献。

在企业进行公司制改造和员工下岗分流的过程中，对下岗分流的人员，武重的领导不是不闻不问，漠不关心，而是以高度的社会责任感，关心和爱护他们。例如：免费给下岗分流人员进行专业技能培训以提

高再就业能力；腾出临街的原厂办公楼等用房占用的45亩土地，与国际著名的百安居、普尔斯马特公司合作，总投资7 000多万元，兴建了大型的装饰建材和购物超市项目，扩大了就业机会等。几年来，通过艰苦努力，武重4 000多位下岗分流人员得到了妥善的安置，使他们有了基本的生活出路，从而为维护社会稳定做出了贡献。

武重是重型和超重型高、精、尖的工作"母机"制造商，所提供的产品是经济建设特别是重大项目建设和国防建设急需的关键设备，其用户也是国内外有雄厚实力的大型制造商。因此，与一般企业的同一产品批量生产不同，武重同一规格的产品需求量通常很小，甚至只能是根据特定需要单台定制。如被誉为"共和国当家设备"的16米数控机床，自1989年研制出第一台以来，近20年来也只生产了4台。虽然某些单台设备的价格不菲，少则几百万元人民币，多则几千万元人民币，但其设计与生产工艺复杂，质量与精度要求高，成本大，利润薄，甚至可能发生亏损。用武重的话说，是替他人做嫁衣，生产为别人赚钱的机器。但武重从不计较这些，长期以来，坚持急国家之所急，想用户之所想，几十年如一日，能为用户提供一流的产品、一流的服务，为国家的振兴做贡献，虽"亏"犹荣！虽苦犹荣！正因如此，武重赢得了声誉、赢得了顾客、赢得了市场，实现了经济效益和社会效益双丰收。

八、结语

经过三个多月的调查研究，笔者终于完成了这篇研究报告。在写作过程中，笔者时而沉重，时而欣慰，时而感慨万千，时而为之振奋！真可谓百感交集。虽然由于篇幅的原因，本研究报告还难以完全反映武重30年来改革与发展的各个方面，但从这些基本面，大体可看到武重改革与发展的艰难历程和辉煌成就，或许也可由此窥视我国国有企业特别是大型国有企业改革与发展之一斑。

应该说，30年来的改革，我国的国有企业承受了更多的压力和挑战，付出了巨大的改革成本。但是，在肩负经济和社会双重职能的特殊使命中，一些国有企业经受住了市场经济的严峻考验，靠坚持、坚强、坚忍不拔的精神，使企业获得了新生，得到了发展并不断壮大起来，使国有企业依然成为我国国民经济发展的主导力量。它昭示着，在社会主义市场经济中，我国国有企业是可以而且一定能够搞好、做强的。

战略控制及其效果测评研究*

● 程新生[1]　李海萍[2]　尹方义[3]

（1，2，3　南开大学商学院/公司治理研究中心　天津　300071）

【摘　要】 战略控制作为战略管理的一个重要方面，贯穿于战略规划与制定、战略执行与实施的战略管理全过程。战略控制评价是对战略控制程序、控制方法、控制效果等进行的评估和检查，目的是改善战略控制的效果。战略能否被正确制定、执行、实现目标，从战略自身角度来说，需要控制的关键点是一样的，不同的是各关键点会分别或交叉地被不同管理或治理主体所关注，根据关键控制点建立战略控制效果测评指标体系，旨在评价改善战略控制效果，保证战略的成功实施。

【关键词】 战略　战略控制　控制效果　测评

一、引言

战略管理包括战略制定、战略实施、战略评价与控制三个阶段，因此战略控制是公司战略管理的一个重要内容，又是控制的一种高级形式，也是内部控制的一个方面。关于战略控制的定义和特征，国内外学者有不同的理解。国外学者对战略控制的定义是与财务控制相比较提出的。Eisenhardt（1985）指出，战略控制对管理者的评价标准是现有战略的经营理解程度，而财务控制的评价标准则是财务绩效指标[1]。目前有关战略控制的研究主要集中在两个方面：一是战略控制方法的研究[2]，包括以控制战略执行力为目的的战略过程控制[3]、以控制战略内容为目的的战略控制和基于环境不确定性等提出的面对复杂性的战略控制方法，具有代表性的如平衡计分卡（Kaplan 与 Norton，1996）、战略地图（Kaplan 与 Norton，2003）、管理战略事件（Ansoff，1980）、验证战略假设（Schreyogg，1987；Preble，1992）、周期性战略评价（Goold 与 Quinn.，1993）、交互式控制与诊断式控制（Robert Simon，1995）等，同时针对具体控制方法提出了控制方法使用的程序和步骤。二是战略控制与公司其他管理经营业务关系的研究，如战略控制与研究开发（R&D）强度的关系研究（Hoskisson et al.，1993）、战略控制与企业创新的关系研究（Hitt，1990）、战略控制与财务绩效的关系研究（Hoskisson，2003；Ittner，1997）、战略控制与董事会关系的研究（龚红，2007）等，这些研究成果告诉我们这样一个结论，公司战略控制目标、控制方法等因经营活动的不同、管理层关注的不同而不同。由此，有学者专门针对某一管理或治理主体提出战略管理的评价指

＊ 本文为国家自然科学基金资助项目（项目编号：70771048）、教育部人文社科规划项目（批准号：06JA630030）、南开大学"985"项目的阶段性成果。

① Eisenhardt，K.. Control：Organizational and economic approaches. Management Science，1985，31：134-149.

② 胡笑寒等. 战略控制方法的沿革与探悉. 管理工程学报. 2003，4：95-99.

③ Bungay，S.，and Goold，M.. Creating a strategic control system. Long Range Planning，1991，24（3）：32-39.

标体系（龚红，2007）。事实上，任何企业实施战略的目的都是为了创造和保持竞争优势，战略能否被正确制定、执行、实现目标，从战略自身角度来说，需要控制的关键点是一样的，不同的是各关键点会分别或交叉地被不同管理或治理主体所关注，这由其追求的目标、职责范围等决定。但是能够从战略自身角度、针对战略管理全过程对战略控制评价的研究成果还很少。战略控制评价是对战略控制程序、控制方法、控制效果等进行的评估和检查，其目的是改善战略控制的效果。

战略控制作为战略管理的一个重要方面，贯穿于战略规划与制定、战略执行与实施的战略管理全过程，在复杂多变的环境中，任何一个环节出现问题都会影响战略的成功实施。因此，从战略规划到战略实施，必须要对战略控制程序、控制方法、控制效果等进行评估和检查，以改善战略控制的效果，这就需要对战略控制效果进行测评，本研究重点就是从战略自身角度，贯穿于战略管理全过程，建立战略控制效果测评指标体系。

二、战略控制效果相关研究

战略控制是对战略管理全过程的控制，它覆盖了从战略判断、战略计划与预算再到战略执行的全过程。决策者基于环境信息、企业愿景和企业基本条件形成大致想法，然后根据企业自身的条件进一步制定相应的战略计划，确定企业的行为方向，同时将计划进一步分解到每一个部门乃至员工，为确保各层次各部门的计划得到有效实施，通常会制定相应的业绩目标和预算体系作为考核的标准，因此，战略管理各阶段的战略控制是否有效关乎公司战略的成功实施。

（一）战略制定阶段的控制效果相关研究

经典的企业战略管理理论比较注重战略形成和战略制定的分析与阐述，包括竞争环境分析、企业内部环境分析、战略方案的选择和制定等。以理性主义流派为代表的学者，提出了战略制定的过程模型、产生战略选择的 SWOT 模型，还提出了一致性、协调性、优势和可行性等战略选择评价的原则等。但是理性主义流派假定环境是静态的，将战略行为定义为事前计划，决策者是理性的。随着公司经营环境的复杂多变，非理性主义学派运用政治学、社会学、心理学、人类学等多学科的理论和方法对企业战略管理者的实际决策行为进行了实证研究，认为一些非理性因素，如高层管理者的价值观等，在战略决策中发挥着重要作用（蓝海林，2007）。这样战略决策很难具体化、定量化，而组织的业绩很大程度上依赖于战略决策制定的质量和决策的实施（Dooley 与 Fryxell，1999）。在进行战略决策时，战略信息的传递是保障科学的战略决策的重要条件，战略信息的传导能否通畅是保证形成正确战略判断的关键条件之一。因此，信息传递和决策质量是战略决策正确制定的两个重要因素。

决策质量和决策承诺合在一起反映了决策制定的质量（Korsgaard，1995），"决策质量"是指一个决策对达成组织目标的贡献，能否积极实施决策又依赖于决策制定小组对执行决策的承诺，"决策承诺"指决策小组成员接受并同意战略决策的实施。汪丽等（2006）以中国各行业共计 182 家公司为样本，对决策承诺和决策质量概念进行了系统的探索性分析和验证性分析，研究了董事会职能发挥与公司决策质量的关系，研究结果证实了董事会职能与决策质量之间存在显著的正相关关系，并且决策承诺在董事会职能和决策质量的关系中起中介作用。同时表明，中国企业董事会在参与战略决策制定的过程中，不能仅仅关注反映决策质量的简单财务指标，更要关注决策者对决策的承诺，加强决策者对决策实施的承诺有助于提高最终的决策质量。

龚红（2007）在资本市场不够发达的情况下，现代公司治理原则要求董事会应关注和评价公司的战略管理活动这一背景下，从战略判断信息和基于信息的战略决策两个方面，提出了董事会对战略判断的评价指标体系，包括战略判断所需信息的采集和传递、决策者对信息的感受、决策方式、决策流程、决策环境、决策主体之间能否平等地交流、激励机制健全与否等方面。

（二）战略执行阶段的控制效果相关研究

战略执行是企业实现战略目标的计划、行动和控制过程，由多项相互衔接的步骤组成：战略制定、战略澄清、战略沟通、目标分解、计划拟定、资源分配、战略行动、业绩反馈、奖惩激励及学习调整。战略执行力理论框架由三个要素构成：共识、协同和控制，战略共识是对企业愿景和战略的认同感与责任感，战略协同使企业日常的运作与战略协调一致，战略控制是从信息控制和行为控制两个方面确保企业运营能够持续地与战略保持一致。三者对战略执行效果有显著影响，但三者相比较，协同与控制的作用相对突出，共识对目前中国企业战略执行有效性的贡献相对较小①。

Kaplan 和 Norton 对战略执行与评价的研究是具有代表性的。Kaplan 和 Norton（1996）在《平衡计分卡在战略管理系统中的应用》一文中，对企业如何运用平衡计分卡管理战略执行过程进行了分析，将战略执行分为四个步骤：澄清远景、沟通衔接、拟定计划、反馈学习。第一步是澄清远景，将公司的远景目标转变为清晰、明确的战略，容易理解和沟通，建立战略共识和责任感。第二步是沟通衔接，就战略与员工进行充分沟通和教育，使之了解战略的重要性和紧迫感，设定明确的战略目标并与员工的薪酬体系相衔接。第三步是拟定计划，为各项与战略目标相关的绩效指标设定具有挑战性的目标值，协调战略举措、分配资源，建立不同阶段的目标值，监控战略执行。第四步是反馈学习，通过战略执行明确和澄清远景、战略，以反馈系统检验战略所依据的假设，进行适时调整，增进对战略的了解和认识。

Pearce 和 Robinson（2003）在《竞争战略》一书中将战略执行分为三个阶段：细化、调整与控制。首先将长期目标转化为短期行动目标，细化为各部门的运营计划，并与激励机制相衔接，使各个层级的员工了解战略目标、日常经营活动，授权执行。第二步是调整组织结构和业务流程，保证运营活动与战略要求匹配，使员工职责在战略目标下清晰界定。第三步是对环境和战略执行效果及时跟踪，评估员工业绩，改善激励，持续实现战略计划。

战略协同是战略执行的关键，是企业的各项活动和资源与战略相衔接的效果，分为运营协同和组织协同。战略执行效果差的因素是经营活动与战略脱节②③，建议将模糊的愿景和战略转化为可供执行的目标和行动方案、运营计划，进而根据运营计划拟定相应的投资与经营预算，以保障战略执行的顺利进行。战略协同的关键在于实现经营活动与和战略的匹配，平衡计分卡将战略分解并转化为可感知的数量化指标，实现日常经营活动与战略的衔接。Porter④ 和 Kaplan、Norton⑤ 均建议将组织内不同的管理活动分为两大类，一是与企业价值创造直接相关的运营活动，包括物流、生产、营销、售后服务等；二是有助于推动运营流程得以实现的组织基础，包括组织结构、决策权的配置、信息系统、人力资源管理等。运营协同是与企业价值创造相关的主要日常运营活动和战略的匹配程度，包括：关键业务流程与战略的匹配程度；日常经营活动的重心与战略的匹配程度、战略与资源的保障程度。组织协同是辅助日常运营活动的组织基础与战略的匹配程度，包括：组织结构与战略的匹配程度、人力资源与战略的匹配程度、信息系统与战略的匹

① 薛云奎，齐大庆，韦华宁．中国企业战略执行现状及执行力决定因素分析．管理世界，2005，9：75．

② Kaplan, Robert S. , Norton, and David, P. . Strategy maps: Converting intangible assets into tangible outcomes. Boston: Harvard Business School Press, 2003：12-30.

③ Schreyogg, G. , and Steinmann, H. . Strategic control, a new perspective. Academy of Management Review, 1987, 12：91-103.

④ Porter, Michael E. . Competitive advantage. New York：The Free Press, 1984.

⑤ Kaplan, Robert S. , Norton, and David, P. . Putting the BSC to work. Harvard Business Review, 1996 (1/2)：75-85.

配程度。依照战略要求设置关键的业务流程，突出价值链上主要运营活动，并提供资源保障，实现运营协同和组织协同，恰当地分配决策权、降低信息成本和提高决策效率。

对战略进程的信息控制和行为控制能够有效地监控和及时调整战略执行的进程、效果。管理人员碰到的一个重要问题是如何对战略效果追踪和评估，缺乏有效的战略信息控制系统会导致企业判断错误。信息控制涉及战略执行过程和效果的追踪、执行偏离预期目标时的修正行动①；行为控制将各层级员工的业绩考核和奖罚制度与战略执行相衔接，使之按照预先制定的经营方向开展经营，包括绩效评价制度与战略执行的匹配程度、对战略执行绩效的奖惩激励力度②。代理理论说明代理关系存在于组织的各个层面中，③代理人与委托人的利益分歧导致代理问题。减少或避免机会主义行为，需要设计一定的控制机制，协调委托人和代理人的利益。绩效考核和奖惩制度客观上促进战略目标的实现，减少代理人与战略目标不协调的自利行为、降低代理成本，保障战略的有效执行④。

（三）战略控制与绩效评价研究成果

对企业的绩效评价，传统指标主要倾向于财务评价指标体系，如杜邦分析体系⑤，由美国杜邦公司创立，认为企业的各种财务活动及各种财务关系是相互联系、相互制约、相互依存的，它们是一个完整的财务经济系统，从而各种财务指标间也是相互联系的，因此可以根据这种联系来对企业的各方面进行综合评价。后来，研究发现仅仅用财务指标评价企业绩效是不够的，开始注重设计各种非财务评价指标，基于战略考虑的非财务评价指标体系，如具有代表性的 20 世纪 90 年代 Kaplan 和 Norton 提出的战略平衡计分卡所包括的财务指标和非财务指标体系。Kelvin Gross 和 Richard Lynch⑥ 提出把企业的总体战略与财务指标、非财务指标结合起来的绩效评价金字塔体系。孙先定等提出了基于战略集团思想的投资决策绩效评价的思想。有关绩效评价的研究成果已逐渐由单一的财务评价转向与非财务评价并用的方向。

研究成果还发现不同类型的公司对财务指标、非财务指标注重的程度不一样，对财务指标、非财务指标的不同关注所带来的控制效果也存在很大差异。Hoskisson 等指出，多元化经营的公司，如果过分重视财务指标，会降低公司的长期竞争力。注重财务指标控制的管理者可能没有学习竞争对手核心能力的足够激励，因为学习核心能力不会带来短期收益的增加。公司治理问题会带来 M 型公司的过分多元化和重组的发生，例如，分散的股东所有制导致监控弱化、外部董事过分依赖财务指标和财务绩效激励，导致公司及分部经理的风险规避行为。经理人薪酬机制会影响其行为，这是一项重要的治理机制，影响经理人的风险规避行为。差的业绩表现会导致治理机制的重大变革，比如，由于机构投资者所有权的集中，机构投资者变得更有积极性。外部董事关注财务指标（内部人重视主管的评价），因为这些董事缺乏对公司日常运营的了解。差的业绩表现会导致董事会中引入外部人，业绩滑坡会使外部董事在战略决策，尤其是在公司

① Pearce, John A. , and Robinson, Richard B. . Formulation, implementation, and control of competitive strategy (the 8th) . McGraw-Hill, 2003.

② Goold, M. , and Quinn, J. J. . Strategic control: Establishing mile stones for long term performance. Addison Wesley, Reading, M. A. , 1993.

③ Jensen, M. , and Meckling, W. . Theory of the firm: Managerial behavior, agency costs and ownership structure. Journal of Financial Economics, 1976, 39: 1 021-1 039.

④ Down, Jonathan T. . Matching internal governance mechanism to strategic process: An agency theory perspective on implementing strategic decision. Ph D. dissertation, University of Washington, 1998.

⑤ 肖德云，付智慧. 投资决策战略绩效评价. 北京：经济管理出版社，2006：138.

⑥ Braford Cornell. 公司价值评估. 张志强，王春香，译. 北京：华夏出版社，1999：48-53.

重组中扮演重要角色①。

Ittner 等②使用问卷调查的方法收集加拿大、德国、日本以及美国的电子和计算机行业数据，指出财务控制系统集中关注年度或短期绩效表现，而不关注竞争者、非财务指标，但这些可能对于企业的长远绩效、竞争能力以及长期战略目标很重要，因此财务控制应该与战略控制配合使用。研究中使用资产收益率（ROA）、主营业务利润率（ROS）、销售增长率以及感知组织绩效（Perceived Organizational Performance）来衡量企业绩效，发现战略控制系统与企业绩效负相关。战略控制系统变量是用主成分法把调查问卷的36个问题（用来调查参与战略控制的程度）转换成以下变量：一是战略执行变量（战略行为计划及目标在战略计划过程中的重要性、管理层在选择改进战略和批准改进团队形成中的干预水平、质量绩效在决定高层管理者、中层管理者及非管理者补偿方面的重要性）；二是内部监督实施变量（关于质量管理方面所做出的努力程度、获得的质量管理的结果等被报告给管理者的次数；讨论质量的会议次数与管理者、中层管理者及非管理者的比例；董事会讨论质量计划、质量问题和质量完成情况的次数）；三是外部监督实施变量（在监控组织战略位置中，应用外部关于生产、营销、销售及经营方面的基准的程度；在监控组织竞争性位置和战略执行过程中，对消费者调查、市场研究和竞争性指标比较的次数和重要性；在监控组织战略位置中，相对于竞争者对产品、生产技术、产品/服务质量进行战略审计的次数）；四是质量战略变量（质量在战略计划中的重要性）；五是绩效变量（资产收益率 ROA、主营业务利润率 ROS、销售增长率、感知组织业绩）；六是控制变量（国家变量：控制不同的国家会计准则、竞争环境、宏观经济条件对绩效的影响；行业变量：控制不同行业对绩效的影响；组织规模、是否有工会、研发支出占销售额的比例以控制规模、工会、技术创新对业绩的影响）。

研究还发现，不同国家企业之间存在差异，日本企业更加强调在战略计划中的行为计划和目标、管理者干预，重视外部监督。在战略执行实施变量中，管理者的干预对组织业绩有显著的正向影响；相反，应用详细的行为计划和目标与业绩负相关，特别是体现在计算机行业；以质量为基础的补偿在计算机行业与组织绩效正相关，在汽车行业不相关，在汽车行业非经济激励可能更重要。外部监督实施变量与四个业绩指标的关系并没有一致的结论，随行业的不同而变化。组织业绩与内部监督实施变量的关系受到行业的影响，也没有一致的结论。Ittner 等对战略控制进行了实地考察，通过与管理人员的谈话及对内部文件的分析找出了四个主要的关于正式的战略质量控制系统的局限性：战略行为计划没有重点，业绩指标在衡量战略绩效方面存在局限性，官僚机构增加了战略控制实施的成本、消减了所带来的利益，战略控制系统的不灵活使得战略控制不能根据环境的变化进行相应的调整。尽管在战略计划实施和监督的过程中需要更多的管理会计的干预，但以往的研究表明美国或欧洲的公司很少采用正式的战略控制系统。

在战略计划中更为强调质量的组织确实更多地应用与质量相关的战略控制。日本制造企业不论战略重点是什么，它们都会实施更多的战略控制。在某种程度上，实施战略控制所带来的绩效结果随行业的不同而发生变化，表明战略控制系统应该与组织的竞争性环境相适应。正式的战略控制系统在某些环境下（如灵活的、创造性的战略更为合适的时候）对行为计划、目标、信息收集采用严格的条文式的控制，实际上可能会阻碍组织绩效的提高。实施战略控制的目的是保障公司战略能够在不断变化的环境中调整资源配置从而取得竞争优势，最终提高各利益相关方的利益，战略控制是否能够提高公司业绩受到多方面的影响，控制系统是否与战略相适应、公司所在的行业、控制的性质等都会影响战略控制的效果，需要根据具

① Hoskisson Robert E., Charles W. L. Hill, and Hicheon Kim. M 型组织结构：组织化石还是价值源泉. 公司治理前沿 李维安，张俊喜等，译. 北京：中国财经出版社，2003：113-116.

② Ittner Christopher D., and David F. Larcker. Quality strategy, strategic control system, and organization performance. Accounting, Organizations and Society, 1997, 22：293-314.

体的环境选择战略控制系统。

三、战略控制效果评价

战略控制评价是对战略控制程序、控制方法、控制效果等进行的评估和检查，旨在促进提升企业战略的综合执行力，确保企业战略得到切实有效的执行。开展战略控制评价，首先要明确什么样的战略控制是有效的，其次确定战略控制的关键点，最后确定评价内容和指标体系。

（一）什么样的战略控制是有效的

有效的战略控制能够建立与战略执行相匹配的激励约束机制，在战略执行的过程中及时纠正出现的偏差，帮助企业实现战略目标。战略控制有效运行的几个特征如下：

1. 循序渐进、与环境互动的战略控制

有效的战略控制是通过循序渐进的方式进行的。在战略实施的初期，战略控制行为往往是带有试验性和反复性的，通过对战略控制的检验，获悉反馈信息，达到适时、适事地控制的目的。战略目标的确定、战略绩效标准的建立以及信息的搜集均需与外界进行交流、沟通，需要外界信息提高战略控制质量。战略随环境变化，战略控制的路径随战略变化，从而提高战略控制效果。

2. 系统化、普及性的战略控制

一个战略会分解为多个子战略，如新产品的开发、技术革新、企业兼并等。每个子战略都有其特质，在时间要求和实施进度上有所区别，战略控制要根据战略目标对战略子系统进行协调。战略要渗透到组织的各个层面，因为员工对环境变化的感受可能是最为直接、最为迅速的，战略控制如果脱离了员工这一层面，控制效果就可能降低。

3. 完整的战略绩效评价体系

战略控制的行为建立在战略绩效评价之上，战略绩效评价直接影响控制方式与控制效果。在评价体系中，既要有定量指标，又要有定性指标；既要有总体战略描述，又要兼顾子战略的绩效评价；既要平衡战略绩效指标的相关性，又要明确战略绩效标准的容差范围。在建立战略绩效评价体系时，至少应包含四条标准：战略一致性、可行性、协调性和战略优势（在特定的业务领域使企业创造和保持竞争优势）。一致性和可行性主要是针对企业内部状况评价，协调性和战略优势主要是针对企业外部评价和比较。

4. 战略风险预警系统

战略风险预警系统包括经营目标预警和竞争力预警，经营目标预警是指建立评价指标体系、确定临界值，对企业经营目标实现做出综合判断；竞争力预警是对企业竞争力信息进行分析，选择具有指示功能的超前或同步指标来推断企业竞争力的变动方向和程度。管理人员在警兆（风险信号）不连续出现的早期制定处理方案，将问题解决于萌芽状态，而不是在警兆密集时才加以控制。

5. 多种战略控制手段并举

传统的战略控制手段局限于诊断型控制。在诊断型控制中，管理者更多地考虑财务绩效评价指标，有可能忽视战略的根本目的。为了克服诊断型控制的弊端，企业管理层还应采用其他控制手段，如信念控制、边界控制、交互控制等。

（二）确定战略控制关键点

战略控制贯穿于战略制定、战略实施、战略评价的全过程。战略控制评价的目的是改善战略控制的效果。在每一阶段，战略管理目标、内容等的不同，要求战略控制的目标、关键点也不同，具体如表1所示。

表 1 战略控制的关键点

战略管理阶段	控制目标	控制关键点
战略制定	正确的战略决策	信息获取和传递 决策过程 决策与环境互动
战略执行	高度的战略共识	战略目标的分解 信息沟通 全员对战略的认同 激励约束机制与战略任务的匹配
	高度的战略协同	组织协同程度 运营协同程度 信息沟通
	控制有效性	战略执行进程与效果信息获取和传递 激励约束机制与战略任务的匹配
战略评价	战略绩效评价	绩效评价标准与战略目标匹配 评价方法与战略目标匹配 评价结果反馈

1. 战略制定阶段的控制关键点

战略决策是战略制定阶段的核心任务，这一阶段的控制目标就是确保战略决策的正确制定。控制的关键点包括：（1）信息获取与传递。信息是制定科学的战略决策的关键。及时、准确的信息获取与传递是控制的关键点之一，具体可包括沟通渠道的畅通性、信息处理的效率与效果等。（2）决策过程。这一过程包括决策流程、决策方式、决策组成员对决策结果的理解程度等。（3）决策与环境互动。企业经营环境呈多变趋势，战略决策的制定不再仅限于预先计划的点决策，而更多地表现为一种过程决策，这就表现为决策制定要随着环境的变化进行及时的修正与调整。

2. 战略执行阶段的控制关键点

战略执行力理论框架由三个要素构成：共识、协同和控制，由此构成了执行阶段的三个控制目标：（1）高度的战略共识，即实现大多数员工对战略的理解与认同。这要求战略目标分解具体、明确，信息沟通渠道畅通，激励约束机制与战略任务相匹配。（2）高度的战略协同。关键控制点包括组织协同程度，即辅助日常运营活动的组织基础，诸如组织结构、人力资源等是否与战略相匹配；运营协同程度，即组织的日常经营活动与战略的协调程度；同时良好的信息沟通渠道是提高组织协同、运营协同程度的保障。（3）控制有效性。激励约束机制的建立是战略任务执行的保证条件，及时、准确地获取与反馈有关战略执行进程与效果的信息，有利于及时纠正战略执行对目标的偏差，实现战略目标。

3. 战略评价阶段的控制关键点

为了保证对战略绩效进行客观评价，首先绩效评价标准，包括指标、指标值的设置等要与战略目标相匹配，其次根据战略选取相应的评价方法，最后评价结果的及时、客观反馈对公司其他战略具有重要的借鉴指导意义。

（三）战略控制评价内容与指标体系

战略制定、战略执行中的共识、协同与控制以及战略评价五个方面，共同决定着战略执行力，最终影响战略控制结果。综合上述对于有效的战略控制评价的分析以及各阶段控制关键点的确定，从而设置战略控制评价内容和指标。

1. 战略控制的总体状况

战略控制对象较多，应优先控制对战略实施有重要意义的事件以及超出预算设定容许范围的例外事件，抓住战略控制的重点。战略控制系统中还应包含激励战略控制执行主体的行为，确保战略控制总体的有效性。

2. 战略控制环境与目标

该指标衡量战略控制是否体现了与战略环境的交互特征。衡量企业是否存在多种控制系统，如正式控制、非正式控制、行为控制和结果控制等，这些控制系统能否实现战略目标并与控制环境相适应，对战略控制运行提供保障。战略控制的每一个环节均受制于战略目标，特定的战略目标与特定的战略控制相协调。

3. 战略评价标准

有效的战略控制应具备完整的战略绩效评价体系，对战略绩效的度量包括将实际结果与预期结果进行比较、分析实际进程对计划的偏离、评价个人业绩和一定目标过程中已取得的进展，这些需要以完整且完善的战略绩效评价体系为基础。战略实施需要企业各方面资源的保障，如财务预算和人力资源规划等，可将这些预算或规划作为标准。

4. 战略控制手段和战略信息

在战略控制体系中，控制手段不是唯一的，除了传统的诊断控制外，评价战略手段的多样化同样应作为评价战略控制的内容，自我控制是众多控制方法中成本最低的手段。战略控制的有效性在一定程度上还取决于战略信息，充分、及时、准确的战略信息是保障战略实施的重要条件①。

结合以上分析，战略控制评价的内容与指标体系见表2。

表2　　　　　　　　　　　　　　　　战略控制评价内容与指标体系

因素	评价指标	评价标准
最高管理层	战略目标可行性；短期目标与战略目标的一致性程度	可行，一致
分部	总体战略与经营单位目标的一致性	一致
总体运行情况	保持弹性、重点明确、自我控制、循序渐进、系统化、普及程度	是
战略控制环境	与环境交互影响	是
战略控制环境	正式控制	应用
战略控制环境	非正式控制	应用
战略控制环境	组织文化	实施
战略目标	基于竞争优势	是
战略目标	明确且易理解	是
战略目标	财务部门等职能部门目标与战略目标、经营单位或事业部目标的一致性	一致
战略财务预算	为战略制定的财务预算有效支持战略规划的程度	高

① Korsgaard, A. M., Schweiger, D. M., and Sapienza, H. J.. Building commitment, attachment and trust in strategic decision-making teams: The role of procedural justice. Academy of Management Journal, 1995, 38 (1): 60-84.

因素	评价指标	评价标准
战略人力资源规划	人力资源规划与战略规划的一致性程度	高
战略绩效评价体系	一致性、协调性、可行性、战略优势	是
激励约束机制	业绩评价、激励机制与战略执行的匹配程度	匹配
战略信息	建立从上到下的战略宣传机制，使成员理解并参与战略过程	理解
	一线员工对战略信息的敏感度	高
	提供战略信息的及时性、充分性和准确性	是
	战略信息提供过程中的协同程度（同级部门之间）	高
战略控制方法	交互控制	跟踪战略执行效果；纠正偏差
	诊断控制	
	平衡计分卡与战略地图	
	战略审计	

最高管理层制定的战略目标应该具有可行性，这就要求战略目标考虑了企业目前所处的外部环境、企业拥有的资源；为了实现战略目标，应当将其转化为当前的短期目标，并逐期推进。

战略任务细分的目的之一是将战略目标从最高管理层分解到经营单位，从而使战略目标与经营单位的目标保持一致性。

战略目标应该保持一定的弹性，战略控制重点明确、能够实现自我控制、控制过程循序渐进、控制程序系统化，战略控制应该渗透到企业的各个层面①。

战略控制应该考虑组织所处的外部环境，并能够与环境发生互动；组织文化可能对战略控制的效果产生重大影响，因此要结合组织文化实际情况，综合运用正式控制、非正式控制，使其协同发挥作用。

战略目标是基于企业所处的环境、所拥有的资源，归根结底是基于企业竞争优势所确定的；战略目标应该是清晰的，便于职能部门、经营单位理解，从而实施战略；职能部门、经营单位根据战略目标，制定部门目标的时候，要与战略目标保持一致。

为了实现战略目标，企业的财务预算、人力资源规划要提供相应的财力、人力支持，预算与规划应当有较高的协调程度。

战略绩效评价体系在战略执行过程中应当保持一定的稳定性，不能随意变更，并保持与战略的协调性；战略绩效评价应该是可行的，而不会流于形式；战略绩效评价体系要特别考虑企业的战略优势。

四、海尔的 OEC 管理法案例分析②

所谓 OEC 管理（Overall Every Control and Clear），是全方位地对每个人每一天所做的每一件事进行控制和清理，每天的工作每天完成，每天出现的问题要查明原因和责任后立即处理和改善。OEC 管理法由三个体系构成：目标体系→日清体系→激励机制，即首先确立目标，日清是完成目标的基础工作，日清的结果必须与正负激励挂钩才有效，海尔的 OEC 法控制评价体系具有科学性。

---

① 汪丽，茅宁．董事会职能、决策质量和决策承诺在中国情境下的实证研究．管理世界，2006，7：108-114.
② 欧阳桃花．中国企业的高起点经营——基于海尔的案例分析．管理世界，2003，2：121.

1. 战略控制目标细化

海尔实施企业目标管理，将企业总目标分解为各部门目标，各部门再把它的目标细化为每个人的具体目标，目标细化既是具体的、定量的，也是落实到每个人的。比如，冰箱车间、办公室、材料仓库有 2 964 块玻璃，每一块玻璃规定由谁负责擦拭；另外，海尔还把冰箱生产分解为 156 个工序，545 个作业、作业标准和动作，个人责任和奖罚都被明确地规定在《质量价值手册》里，在海尔从管理者到员工，每个人每天都事先清楚应该做什么，按什么样的标准执行，干到何种程度，领取什么报酬等。

2. 良性的自我控制循环

日清包括两各个方面：一是"日事日毕"，既对当天发生的各种问题，当天调查原因，分清责任，及时采取措施进行处理，防止问题积累，保证目标得以实现。如员工每天填写 3E（Everyone，Everything，Everyday）卡，每天工作结束后，从产量、质量、物耗、工艺等 7 个方面进行自我总结，并计算当日工资填入 3E 卡，交给班长，最后员工清扫、整理自己的工作岗位后，下班回家；班长每天核对员工 3E 卡并公开日薪。二是"日清日高"，对工作中的薄弱环节不断改善，不断提高，要求职工工作的质与量每天提高 1%，70 天后工作水平就可以提高一倍。

3. 及时的信息沟通

海尔在现场设立"日清栏"，要求管理人员每天每两小时巡检一次，将发现的问题及处理措施填在"日清栏"，如果连续 3 次发现不了问题，就要提高目标值。此外，管理人员每天要整理和分析生产线的运行情况，将问题所在、责任者、改善和解决对策等填写在"管理者日清表"上，每天向上级汇报，海尔集团的经营干部及职能部门要进行定期或不定期的检查。

4. 公正透明的激励约束机制

激励机制是日清控制系统正常运转的保证条件。在激励方法上，海尔更多采用及时激励的方式。如管理者巡检生产线时，使用红色和黄色的质量管理价值券进行瞬间管理，红券表示正激励，黄券表示负激励。质量管理价值券的红券、黄券都是一式二联，一份交给被激励员工，一份交给劳资科。到月末，劳资科将员工的质量管理价值券汇总后移交给财务科，财务科再根据每个员工 3E 卡片及质量管理价值券，计算好工资发给每个员工，每个员工根据 3E 卡和质量管理价值券核对自己当月的工资，如对当月工资有疑问或感到不公平，可向上一级领导反映。

五、结论

战略控制作为战略管理的一个重要方面，贯穿于战略规划与制定、战略执行与实施的战略管理的全过程。战略能否被正确制定、执行、实现目标，从战略自身角度来说，需要控制的关键点是一样的，不同的是各关键点会分别或交叉地被不同管理或治理主体所关注，本文依据已有研究成果确定了战略制定、战略执行与战略评价各阶段的控制关键点，并从战略控制的总体状况、战略控制环境与目标、战略评价标准、战略控制手段与信息四个方面建立了战略控制效果测评指标体系，旨在评价改善战略控制效果，保证战略的成功实施。最后，结合效果测评指标体系对海尔的 OEC 管理法的控制评价过程进行了分析。

跨国公司理论的前沿创新与体系演进

——评吴先明教授新著《创造性资产与中国企业国际化》

● 陈立敏

（武汉大学经济与管理学院　武汉　430072）

人民出版社 2008 年 4 月出版了吴先明教授的新作《创造性资产与中国企业国际化》，这已经是吴教授在八年期间的第四部专著，前三部分别是 2005 年由商务印书馆出版的《跨国公司治理》、2003 年由经济科学出版社出版的《中国企业对外直接投资论》以及 2001 年经济科学出版社出版的《跨国公司与东亚经济发展》。八年间有这样四部国内一流出版社出版的学术专著问世，这样的高度与速度令人惊叹。

著作扉页显示该书是作者主持的国家自然科学基金项目"我国企业创造性资产寻求型对外直接投资研究"的直接成果，这亦让人感到些许意外，因为项目研究一般来说难免较具任务性、针对性和阶段性，即便是以倡导自由研究为宗旨的自然科学基金项目，也难以完全摆脱这个通性。然而在对此著作的阅读中，我们常常忘记这是一个三年期国家课题的研究成果，它更似一个多年积累的集成之作，充实、大气而完整。著作内容始终围绕着跨国公司理论的前沿创新，但这些创新被表述得非常成熟和深入，很可能因此形成整个理论体系的向前推进。

一、创新，辉映经典：前人理论的完整回顾与准确评价

站在巨人的肩膀上才能看得更高更远，既有成果的总结归纳和全面深入的文献梳理是科学研究的基础，然而能把这一环节圆满完成的并不算多：一般说来，教材中的理论介绍常常平稳有余却个性不足，兼顾了经典就难免中庸；学术专著又总是更侧重于自己观点的深入表达和反复论证，难以对领域内其他各种理论进行全面的评价论述。而该著作能以恰当的篇幅，对经典跨国公司理论进行逐一的评点和精要内容分析，这既是后文理论演绎的有意义铺垫，也使其本身成为本领域理论研究的有价值参考。

理论回顾从海默的垄断优势理论开始。海默博士论文中的三个实证分析结果对此前来源于要素禀赋理论的传统国际资本流动理论提出了严峻挑战，因为美国跨国公司主要是拥有生产经营优势的工业型跨国公司而很少是具有金融优势的金融机构，而且美国跨国公司对外投资一般集中在少数几个对利率差异并不敏感的行业，甚至其海外资产构成中有相当一部分是通过举债方式在当地筹集的。这些情况表明，传统的国际资本流动理论不能科学地解释跨国公司的对外投资行为，必须以市场不完全性为理论前提，将产业组织理论中的垄断原理用于跨国公司行为分析。书中还具体指出了海默认为市场不完全性存在于产品市场、要素市场、规模经济和政策原因四个方面，而跨国公司的垄断优势则体现在技术优势、组织优势、管理优势、资本优势和原材料优势五个方面。

文献梳理同样涉及了弗农的国际产品生命周期理论，该理论将企业的垄断优势和产品生命周期及区位因素结合起来，从动态的角度考察企业的海外投资行为，将产品生命周期分为崭新阶段、成熟阶段和标准化阶段。此后巴克利和卡森提出了内部化理论，指出企业的许多活动与中间产品有关，而中间产品不只是

半成品、原材料，还有结合在专利权、人力资本中的各种知识。面对中间产品市场的不完全性，企业为了寻求利润最大化，将力求使中间产品实现内部转移；而内部化能给跨国公司带来特有的优势，包括它过去投资于研究与开发设施的报酬、发明技能的报酬、创建信息传递网络的报酬。

折中范式是该著作理论创新的出发点，因此在回顾了邓宁于早期国际直接投资理论的四个方向（产业组织理论、国际贸易理论、区位选择理论、新厂商理论）基础上建立OLI范式后，特别归纳了其分析过程和主要结论：（1）遍布全球的产品和要素市场的不完全性导致跨国公司拥有特定的所有权优势，这是保证跨国公司补偿国外生产的附加成本并在竞争中成功的必要条件。（2）所有权优势还不足以说明企业为什么一定要到国外进行直接投资，必须引入内部化优势才能说明为什么对外直接投资优于许可证贸易。（3）仅仅考虑所有权优势和内部化优势仍然不足以说明为什么企业把生产地点设在国外而不是国内，必须引入区位优势才能说明企业在对外直接投资和出口之间的选择。

除经典跨国公司理论回顾外，著作还对相关内容的近年主流理论进行了全面深入的分析。例如创造性资产寻求理论的产生溯源，在邓宁（1993）正式提出这一概念前后，Kogut与Chang、Almeida、Shan与Song、Kumar等也进行了重要的理论雏形工作。再如有关后进企业的创造性资产获取探讨了四种相关理论，包括Hobday的OEM-ODM-OBM路径、Mathews的资源杠杆模式等。关于研发国际化也介绍了五种代表性理论，诸如Kuemmerle提出的HBE-HBA理论等。对这些理论的全面分析同样颇具参考价值，因此笔者窃以为这虽然是一本学术专著、创新研究意味浓厚，但同时适合作为研究生层次跨国管理教学的辅助材料。

二、实践，充实理论：创造性资产寻求的理论范式与实践模式

学科形成的标志，是拥有一套系统、成熟、能够自圆其说的理论，该著作就是这样的理论表达之一。许多新颖精辟的理论观点，辅以丰富透彻的论据支撑，被系统地组织成逻辑一贯的演绎体系，正如颗颗闪亮的珍珠被串成璀璨的项链。笔者难以抗拒转述部分内容以飨读者，因为一些华彩篇章已给阅读者留下了不易更改的印象。

1. 有关创造性资产寻求之理论范式

著者认为，正在进行的跨国公司理论范式之变是从垄断优势到创造性资产寻求，因为以下几种现象对垄断优势理论发起了有力挑战：现象之一是当前跨国公司研发活动的全球化。传统垄断优势理论框架中对外直接投资活动被看做利用既有优势并获得利润回报的过程，但研发活动大量在国外进行意味着跨国公司的全球扩张同时也是建立新的优势的过程。现象之二是跨国并购取代新建投资成为企业进入国际市场的主要方式。折中范式强调企业的垄断优势及其内部化，跨国并购则是通过整合外部资源来提升企业的优势和创造新的优势。现象之三是发展中国家跨国公司的兴起。本来全球占比微不足道的发展中国家对外直接投资增长迅猛，而且以北美、欧盟等作为最重要的东道国。为什么缺乏垄断优势的发展中国家企业会对美、欧等发达国家进行投资？这在传统的跨国公司理论中无法找到合理的解释，因为传统理论只能解释发达国家跨国企业对发展中国家的顺向投资，却不能解释后起的发展中国家企业对发达国家的逆向投资。

著作特别有突破性的，是将跨国公司理论的创造性资产观与企业战略理论的资源基础观结合起来，着重论述了后进企业的资源获取理论。这一观点非常有见地，因为从经典的资源基础观来看后进企业的成功有些不可思议：后进企业缺乏资源，导致其无法建立相应的能力；而资源基础观讨论的持续竞争优势以企业已经拥有的竞争优势为基础，强调如何通过增强或拓展其资源基础来建立并维持这种优势。因此，该理论没有深入地探究企业如何建立初始的竞争优势，及企业如何获得建立初始优势的创造性资产，不能很好地说明资源短缺的后进企业的成功。此外，资源基础观认为企业的竞争优势来自于具有稀缺和不易模仿性

质资源的组合，这对解释后进企业的成功也不适用，因为许多后进企业都是从获取容易模仿、容易替代、容易转移资源过程中不断提升竞争优势的。大量韩国、中国台湾等发展中国家和地区企业的成功案例，说明了持续的竞争优势是会被暗中破坏的，进入障碍是可以被克服的，模仿策略和紧跟策略能使先行和后进企业之间的竞争优势发生转化。

因此，著者主张 Mathews 的"关联（Linkage）—杠杆获取（Leverage）—学习（Learning）"等模式对于后进企业的资源获取更具指导意义。实行杠杆战略的途径有很多，如低成本的外包、技术许可、联盟、并购等，杠杆获取可以使后进企业在全球生产链上获得一个立足点，然后利用这个立足点取得更多的资源，将它们转化为自身的能力。企业选择的目标资源通常是跨国公司所掌握的资源中相对容易模仿、容易替代、容易转移的资源。资源杠杆理论是对传统资源观的深化，提出了资源缺乏的后进企业如何获取原始资源的机制。

2. 有关中国企业对发达国家逆向投资的实践模式

著者认为中国企业对发达国家逆向投资的兴起，也应该以创造性资产寻求的视角来分析，因为进行逆向投资的中国企业从来不曾有过垄断优势，甚至不具备寡占优势。中国企业具有的是在竞争中逐渐形成的以低成本制造、质量控制、针对中国市场需求特点的产品定位和本土营销能力为核心的局部竞争优势。诚然，中国企业可以顺着全球产业传递的链条向更穷的国家进行直接投资，利用自身的优势去获得良好的利润回报；但顺向投资的重大隐患是中国企业可能被锁定在全球产业分工的低附加值环节，始终处于产业核心活动的外围，对长期竞争地位的提升只能起到有限的作用。显然，在中国企业的逆向投资中短期利润不是主要推动因素，发达国家技术人才集中、支持性基础设施完善、具有强创新精神和高生产效率，为新技术的产生和应用提供了得天独厚的条件，有利于中国企业在全球范围内重构自己的资源和能力基础，寻求和获得重要的创造性资产。

著作中特别有价值的，是系统地提出了创造性资产获取的五种模式，并就每种模式进行了详细探讨和比较，许多深刻、精辟的观点陈列其中。限于篇幅，这里仅就"基于学习联盟的创造性资产获取模式"和"基于海外技术监听的创造性资产获取模式"之外的另三种获取模式的以下内容进行探讨：

（1）基于 OEM 的创造性资产获取模式。鉴于有些学者批评我国企业的 OEM 模式，认为通过这种方式获取的通常是一些非核心技术，该著作的观点是实际上跨国公司无论采取什么方式都不可能转移最新和核心的技术。对于许多中国企业而言，只有通过贴牌生产合作，与跨国公司在价值链上形成战略互补，为其提供资源投入或有价值的服务，才有机会学习和掌握这些相对成熟的技术，并以此为基础向产业价值链的上下游拓展。这一观点因与笔者在后进企业的发展路径上一致而尤感认同：后进企业可以利用初始的成本优势与跨国公司建立第一次合作而加入到全球价值链中，以此获得一定的制造技能和成熟的产品技术，这些知识转化为吸收能力后可以进一步获取更多的创造性资产。同时，著作对 OEM 获取模式的考虑是深入全面的，也提到中国企业在实施贴牌战略时，应当坚持贴牌与自有品牌共举、模仿与自主创新并重的战略。

（2）基于旗舰网络的创造性资产获取模式。由于成长为自有品牌的国际领先企业毕竟是少数，也是一个艰苦、长期的过程，所以吴教授认为不顾企业自身实际盲目称大的做法并不利于我国企业的长远发展。实际上，中小企业采取与跨国公司哑铃型战略互补的橄榄型战略，通过参与跨国公司主导的全球价值链，也是一种积极的获取创造性资产方式，可以被称为"价值链利基战略"——这是著作中不少可喜的准确、简洁、清新提法之一。台积电在芯片领域的发展就是落后地区企业采取专业化加工战略取得成功的典型。参与旗舰网络对后进企业的促进作用主要体现在示范与模仿效应、上下游关联效应两个方面。

（3）基于海外并购的创造性资产获取模式。跨国并购可以使中国企业迅速获得研发资源、技术诀窍、专利、商标及供应分销网络，因此成为近年增长迅猛的新兴国际化形式。著作将中国企业的跨国并购划分为四个阶段并一一总结回顾：起步阶段（1979—1984 年）以国有外贸进出口公司和大企业为主体；发展阶段（1985—1996 年）出现了首钢、国际信托、中信、华北制药、国航、华能等跨国并购行为，特点是主要涉及钢铁、石化、电力行业；扩大阶段（1997—2003 年），民营企业的跨国并购活动高速增长，典型代表是万向、京东方、华立、华为等；发力阶段（2004 年至今），联想、TCL、上工、上汽、上海电气等连续几个大的收购行动直指全球巨头。著作同时提出中国企业并购对象的几种主要选择：一是选择并购陷入经营或财务困境但技术力量雄厚的企业，如京东方收购韩国现代 TFT-LCD 业务；二是选择并购发达国家的小型科技企业，如华为收购光通信厂商 OptiMight 和网络处理器厂商 Cognigine；三是借跨国公司业务调整之机进行部分业务收购，如 TCL 收购汤姆逊、联想收购 IBM-PC、上工集团收购德国 DA。

三、归纳，补充演绎：深度案例分析、多元线性回归和结构方程模型的综合运用

在研究过程中，该著作数种研究方法并用，以获得确凿有力的结论。

著作中随处可见丰富的案例支撑材料，如上文提到的跨国并购典型企业，长虹、科龙、小天鹅、海信等设立海外技术监听站的典型企业，格兰仕、康佳、上海复华实业等进行研发国际化的典型企业。除了这样一些一般案例支撑材料外，著作中还有三个深度案例分析，即研发国际化的案例韩国三星，跨国并购的典型案例联想公司，以及全球信息中心、设计网络及技术联盟案例海尔集团。

此外，在验证研发国际化与技术竞争力的关系一节，著作从全球研发前 1000 名跨国公司中选取了 89 家美国公司，包括汽车制造、IT 硬件和生物制药三个行业，运用多元线性回归的方法，证明了样本中进行研发国际化公司的专利数量和销售额明显高于未进行研发国际化的公司，而且总体说来开展研发国际化活动的时间越长产生的效果就越明显。

同时，在研究中国企业跨国技术获取的影响因素时，著作运用了结构方程模型的方法，针对 230 家通信电子、机电和家电行业的中国大中型企业数据，采用 AMOS 软件包进行处理，证明了吸引中国企业跨国技术获取的主要因素在于接近国外的技术环境、分享科技成果的溢出以及招募国外优秀的人才。

当然，笔者认为著作的最难得之处，是将实证分析/定量分析与理论研究/定性研究有机地结合在一起，在理论演绎的深入翔实与逻辑合理基础上，定量和实证方法及其结论变得更加有力。或许所有的学术著作都应该以这种结合为理想，也正是因为这一点该著作已经成为笔者的案头读本。

中国的市场经济和真正意义上的企业在短短 30 年间从无到有、从弱到强，虽则面对跨国公司和全球巨头们还有很多地方要学习，但在不可妄自尊大的同时也不可妄自菲薄，因为它们中的一些已经走在通往全球巨头的路上。中国的学者也该如此自许，30 年间许多研究领域已从无到有，亦应从弱到强，因为我们身处世界时代变迁的最湍急洪流中，在研习西方经典和进行多国比较的前提下，是最有可能给既有理论带来新意和贡献的。

《珞珈管理评论》投稿体例要求

一、来稿请用 A4 纸单面打印，打印稿邮寄至湖北省武汉市武昌珞珈山武汉大学经济与管理学院《珞珈管理评论》编辑部；邮编：430072。相应的电子稿请发至我们为投稿所设的电子邮箱：ljglpl@163．com。

二、在第 1 页只须写出论文的中文标题和英文标题、作者姓名、单位、通信地址、邮编电话及电子信箱地址；第 2 页及以后的内容是文章标题、摘要、关键词、正文、注释和参考文献。

三、来稿以 8 000 字左右为宜。限于财力和人力，来稿一律不退。

四、投稿者来稿时提供：100~200 字的论文摘要（浓缩基本观点），不需要译为英文。

五、来稿注释一律用脚注，请勿用尾注。注释采用实注，详细标出引文页码；不要采用国外的虚注（即括号中人名加年代的注释法）；参考文献则一律放在文后，不必标注引文页码。请遵照"参考文献著录规则"将正文中的脚注与文后的参考文献规范化（见附录）。

附录：参考文献著录规则

1. 脚注在正文中的标注格式

1.1 按正文中引用文献出现的先后顺序用阿拉伯数字连续编码，并将序号用右上标①、②、③标示。

1.2 同一处引用多篇文献时，将各篇文献序号间用"，"间隔。如遇连续序号，可标注在一起。

1.3 中国著者姓名的汉语拼音按 GB/T 16159—1996 的规定书写，名字不能缩写。

示例：Zheng Guangmei。

1.4 正确著录期刊文献的年、卷、期

示例：年，卷（期）：2005，10（2）

1.5 脚注中各部分的顺序为：

作者．题名（或加其他题名信息）．版本项．出版地：出版者，出版年：引文页码（报纸需标注日期及版面）．

2. 参考文献的标注

参考文献的标注与注释（即脚注）方式基本一致，只是不需要标注页码。注释（即脚注）放在正文中，参考文献放在正文后。

投稿地址：湖北省武汉市武昌珞珈山　武汉大学经济与管理学院《珞珈管理评论》编辑部

邮编：430072

投稿信箱：ljglpl@163．com

电话、传真：027 – 68755911